KB241543

한반도경제론

새로운 발전모델을 찾아서

한반도경제론

새로운 발전모델을 찾아서

한반도사회경제연구회 지음

창비

| 책머리에 |

진보개혁 세력의 이념과 능력이 최근 들어 뚜렷하게 의심받고 있다. 노무현 정부가 입고 있는 실정과 무능의 이미지 탓도 크지만, 문제의 뿌리는 훨씬 더 깊다. 1987년 이후 형성된 정치·경제적 질서는 이전보다 진보된 체제이지만 과거 체제에서 형성된 폐쇄적·경직적 요소를 완전히 해소하지 못한 과도적이고 불안정한 체제이다. 그동안 진보개혁 세력은 정치적으로는 일정하게 헤게모니를 관철했지만 새로운 사회경제적 발전의 비전을 제시하지는 못했다.

세계화, 기술혁명과 생산방식의 변화, 사회주의권 붕괴와 같은 급속한 환경 변화로 복잡하고 경계선이 유동적인 세계가 도래했는데, 우리 사회의 민주화운동을 추동했던 민족주의와 계급주의는 이에 대한 방안을 마련하지 못한 채 정체상태에 빠졌다. 1980년대에 분화되었던 '민족해방'과 '노동해방'의 담론과 운동 들은 기본적으로 일국적 체제 안에서 성장한 것이다. 이들이 은연중 염두에 둔 경제모델은 실행 가능성도 없고 새로운 문제에 대응할 능력도 없다.

통일지상주의와 전투적 계급운동을 비판하는 이들은 사회민주주의 대안에 좀더 많은 관심을 갖기도 한다. 그러나 우리는 유럽 선진국들에서 만들어진 사회민주주의 정책모델이 동아시아·한반도의 현실에 아직은 잘 들어맞지 않는다고 생각한다. 우리는 남북한간 통합과 내부적 재구성, 그리고 새로운 지역질서 형성이라는 복잡한 연립방정식을 풀어야 한다. 남한은 아직 발전도상 수준에 있고, 북한은 핵무기를 생존수단으로 삼고 있는 최빈국이다. 북한보다는 남한의 사정이 훨씬 낫겠지만, 남한에는 정교한 복지제도에 필요한 거대한 실용적 전문가 그룹, 관대하고 문화적 교양을 갖춘 유산계급이 없다.

그래서 우리는 우리가 서 있는 곳, 동아시아의 '한반도'에서 시작할 수밖에 없다고 생각한다. 일국주의적·계급주의적 전망은 현실에 부적합하므로, 국민국가와 그 아래의 지역, 민족국가, 그리고 국민국가를 뛰어넘는 지역을 포함하는 복합적 공동체를 상상해본다. 우리는 이러한 '비판적·개방적 지역주의'론에 입각한 사회경제모델을 '한반도경제'라고 부르려 한다.

'한반도경제'는 세계화 속의 국민경제·민족경제·지역경제를 포괄한다. 세계화의 효과는 어느 한 방향으로 사전 결정된 것이 아니므로 개방을 무조건 부정할 필요는 없다. 세계화의 조건 속에서 국민경제는 새로운 성장동력, 선진화된 산업구조, 민주적인 시장제도와 규칙을 모색해야 한다. 그러나 남한만의 국민경제로는 선진화에 도달하기 어려운 구조적 요인이 있다. 세계화의 교란 요인에 대응할 수 있는 규모의 내수시장을 갖추지 못하고 있으며, 정치·군사적 긴장으로 경제 안정성에 취약하다. 세계화의 신자유주의적 측면을 교화하면서 미완성된 국민경제를 형성하고 재구성할 필요도 있다. 여기에 민족경제와 지역경제의 역할이 필요하다.

따라서 국민경제·민족경제·지역경제는 범주를 달리하면서도 서로가 서로를 필요로 하는 상호의존적인 관계다. 세계화의 흐름에는 국내체제 혁신과 선진화, 남북한의 점진적 통합, 동아시아 연대와 지역혁신 등 세 가지 차원에서 호응하면서 대처해야 한다. 우리가 말하는 '한반도경제'는, 이렇게 셋이면서 하나이고 하나이면서 다시 셋인 과제를 수행하는 과정에서 형성되는 것이다.

'한반도경제'는 새로운 방식의 발전을 지향한다. 그래서 제1부에서는 새로운 발전모델을 이론화하는 작업을 시도했다. 여기에서는 새로운 사회경제정책의 가치체계와 제도적 배열, 역동적이면서도 안정적인 정치 배열을 모색하고 있다.

'한반도경제'는 또한 여러 하위 요소를 가지고 있다. 제2부에서는 세계화 속에서의 적절한 개방모델을 구축하기 위해 외교정책, 대외경제정책, FTA 전략을 논의했다. 제3부에서는 분단체제를 넘어선 남북통합모델을 한반도경제권 형성, 북한 경제개혁, 개성공단 실험을 중심으로 구상했다. 제4부에서는 산업과 대내적 씨스템의 혁신모델을 구성하기 위해 써비스산업 발전, 재벌개혁, 대기업·중소기업 관계 및 금융혁신의 과제를 제시했다. 제5부는 사회적 연대의 모델에 관한 것으로 사회정책, 고용정책, 노사관계, 교육정책을 다루었다. 제6부에서는 지역발전모델로서 클러스터전략, 지역거버넌스, 지역금융, 지역복지 문제를 논의했다.

이 책이 나오기까지 여러 분들의 노력이 함께했다. '지역주의'의 골격은 1997년 외환위기 후 개방화에 대한 대안을 연구하기 위해 모인 '동아시아-한반도경제연구회'에서 많이 이야기되었다. 이번 연구의 직접적 계기가 된 것은 2005년 여름 대통령 자문 정책기획위원회의 연구 과제를 수행하면부터이다. 현실에 부합하는 국가전략의 비전에 대한 다양한 연구가 쌓이지 않으면 앞으로도 유능한 정부를 기대하기 어렵다고 생각했다. 넉 달 동안 거의 매주 모여서 새로운 이념과 정책방향에 대해 토론했다. 2005년말 일단 결과를 마무리했지만 아쉬운 점이 남았다. 그래서 연구 모임을 확대·정비하여 '한반도사회경제연구회'라 칭하기로 하고, 2006년 상반기에 십여 차례의 토론 모임과 씸포지엄을 더 열었다.

토론과 집필에 참여한 분들 중에는 전문영역에서 정책 실천과 이론을 겸전(兼全)한 분들이 적지 않다. 이들이 바쁜 일상 중에도 새로운 모델을 건축하기 위해 다른 분야의 논의에 열심히 귀기울이고 의견을 제시했다. 토론과 비판 속에서도 마음 다치는 일 없었고 여럿이 함께 전체의 모습을 그리는 과정이 즐거웠다. 또 집필에 참가하지는 않았지만 모임에 함께한 성공회대 이상철 교수, 서울대 박배균 교수, 한양대 정상호 교수, 지적재산권연구원 박규호 박사, 뉴욕대 대학원에 유학중인 정재연 선생의 열심도 선연히 느껴진다. 또다른 시작을 예감하므로, 함께 자축하는 마음을 나누고 싶다.

이번에 개성적인 연구자들이 기꺼이 만나고 대화할 수 있게 된 데에는 울산대 조형제 교수의 솔선수범과 조재희 박사의 너그러운 인품 덕이 컸다. 또 우리들 하는 일을 격려해주신 창비의 백낙청 선생님, 최원식 선생님, 백영서 선생님께 그 관심에 보답해야 한다는 책임감을 느낀다. 아울러 연구비를 지원해준 세교연구소에 감사를 전하며 창비 인문사회출판부의 노고도 기억하고 싶다. 이 책이 아직 부족한 점이 있지만, 일하는 많은 분들이 보고 좋았다 하시길 감히 기대해본다.

2007. 1. 5.

필자들을 대표하여 이일영 씀.

차례

제4부 산업, 기업, 금융

제5부 사회정책

제6부 지역발전

프롤로그

한반도 발전전략의 신진보주의 구상

전병유 / 안병진 / 이남주

1987년 이후 민주개혁진영은 두 번의 집권 경험에도 불구하고 정책 집행 능력을 비판받고 있다. 특히 민주개혁진영이 정책의 위기를 넘어 담론의 위기에 처해 있다는 진단이 제기된다. 그러나 비판은 무성하나 여전히 담론은 취약하다.

민주개혁진영은 1987년에 얻어낸 협소한 민주주의의 틀 안에서 냉전의 해체, 지구화, 중국의 변화, 기술혁신, 인구구조의 변화 등 세계사적 변화의 흐름에 적극적으로 대응하지 못함으로써 기존의 보수주의 담론을 극복하는 새로운 담론 창출에 성공하지 못하고 있다.

현재 한국사회에서의 담론과 제도적 규칙에서 헤게모니를 쥔 쪽은 보수주의적 정치 담론과 지배 질서이다. 과거 박정희식 발전주의모델의 온존 속에서 신자유주의적 헤게모니가 결합되어 미국중심주의, 시장중심주의, 성장주의, 경제주의, 기업주의, 갈등 없는 통합, 엘리뜨주의의 담론이 지배하는 질서가 성립되었다. 민주개혁정부는 단순히 정책의 구상과 집행에서 실패한 것이 아니라, 이러한 보수주의적 담론 구조 극복에 실패한 것이다.

보수주의적 담론과 지배 질서는 사회적 갈등과 균열을 은폐하고 배제하며 신자유주의적 욕망 구조와 미국적 힘의 질서에 순응하는 개별화된 주체를 만들어내고 있다. 예를 들어 우울증, 자살 등의 사회적 문제가 기업의 약물주의의 치료 대상으로 전락하는 등 개인 내면을 기업주의 해결방식으로 포섭하는 현상이 급속히 진행중이나, 공적 역할을 담당해야 할 정부는 오히려 이러한 기업주의를 부추기고 있다.

보수주의적 담론과 지배 질서가 향후 지속된다면 대한민국 헌법이 규정하는 민주공화국의 공적 성격은 회복되지 않고 소수 재벌 및 외국 기업들의 헤게모니에 종속된 기업전체주의국가로 전락할 위험성이 매우 크다. 한국사회는 현재 이러한 보수주의적 담론이 지향하는 종속적 기업전체주의국가로 전락하느냐 아니면 분단극복과 나아가 동아시아 평화공동체에 기여하는 민주공화국의 헌법적 정체성을 유지하느냐의 기로에 서 있다.

이러한 전환기적 위기의 '역사적 결'(historical grains)을 제대로 통찰하지 못함으로써 정책 집행에서의 좌충우돌식 동요가 발생한다. 또한 현재의 상황을 심각한 위기로 파악하지 못하고 집권 기반의 형성 과정으로 주관적으로 오판한 일부 진보진영의 시각도 일시적 정세판단의 오류를 넘어 심각한 시대인식의 문제를 내포한다.

담론의 위기를 보는 기존 진보진영의 인식 지평은 신자유주의에 대한 내용 없는 반대나 서구 사회민주주의 대안의 도입 수준에 머물러 있다. 우리 시대 진보주의자들의 중심 과제는 자신들의 이념적 독자성을 현실에 무비판적으로 투영하지 않고, 보수주의 담론의 지배적 힘과 대결하면서 진보진영 전체의 공통된 대안적 담론과 새로운 정치 질서 마련을 위해 강하고 폭넓게 힘을 창출함으로써 진보개혁 담론을 재구성하는 것이다.

보수 담론에 대항하기 위한 진보개혁 담론을 재구성하기 위해서는 현재 무엇에 반대할 것인가, 어떤 목표를 추구할 것인가, 어떻게 목표를 실현할 것인가 등의 문제에 대해 더욱 명확한 답을 제시해야 한다.

우선 무엇에 반대할 것인가의 문제와 관련해서는 신자유주의의 확산에 반대해야 한다는 것에 대체로 의견이 모아지고 있다. 그러나 신자유주의를 어떻게 정의할 것인가는 여전히 명확하지 않다. 신자유주의는 단지 시장만능주의라고만 이해되고 있다. 그러나 신자유주의에 반대하는 것이 한국에서 시장의 제도와 기능을 확장하고 시장의 효율성을 높이기 위한 개혁이 불필요하다는 것을 의미한다면 이에 동의할 수 없다. 뿐만 아니라 신자유주의 반대가 개방의 프로젝트를 일방적으로 반대하는 것이라면 이 역시 많은 사람들의 동의를 얻어내기 어려울 것이다. 시장과 개방에 대한 이념적 차원의 판단이 아니라 현실 속에서 구체적인 작동방식을 논의하고 비전을 마련하는 것이 필요하다.

그리고 신자유주의 반대를 넘어서 무엇을 추구할 것인가의 문제도 간단하지 않다. 신자유주의 비판 담론 중에는 전통적 좌파 담론에 기대는 경우가 많으나 이념의 실현 가능성을 강조하는 입장에서는 완화된 사회민주주의를 대안으로 제시하는 경우도 있다.

서구 사회민주주의를 도입하자는 담론은 87년체제가 97년체제의 신자유주의적 논리와 그에 입각한 경제정책방향을 제어하지 못함으로써 양극화와 생활의 문제를 해결하지 못하고 있다는 반성에 기초한다. 이 담론은 노동참여, 사회복지 및 사회통합을 가치로 하는 사회적 유럽(social europe) 모델이 한국사회에 내포되도록 해야 한다거나, 개혁자유주의를 사회민주주의로 전환하여 천민적인 축적질서에 따른 계급적 양극화 효과와 지구화로 비롯된 신자유주의적 효과를 상쇄하는 과감한 사회정책을 도입해야 한다는 주장을 제기한다.

그러나 사회민주주의가 과연 현단계 한반도에서 실현 가능한 목표인가에 대해서는 더욱 자세한 논의가 필요하다. 우선 사회민주주의라는 이념은 일정한 가치적 지향을 밝히는 데는 의미가 있으나 그 자체로 구체적인 실천전략을 제시하기가 어렵다. 사회민주주의 내부에서도 다양한 경향이 있고, 국가별로 자신의 조건에 따라서 여러 형태의 모델을 만들어가고 있으며, 그 자체로 고정된 것이 아니라 지속적으로 혁신되고 수정되는 것이기 때문이다.

또한 한국이 유럽의 조건에 맞게 이념화된 사회민주주의적 정책을 적극적으로 추진할 수 있는 물적·사회적 토대를 갖추고 있는가라는 현실적인 문제도 남아 있다. 예를 들면 사회민주주의 정책을 뒷받침하기 위해서는 큰 폭의 증세가 필요한데 이것이 정치적으로 가능한가라는 문제만이 아니라 경제정책적 측면에서 타당한 것인가라는 문제가 제기된다. 사회민주주의의 교조적 적용이 아니라 한국이 처해 있는 내외의 상황에서 좀더 실현 가능한 목표를 제시할 필요가 있다.

우리는 단순히 미국의 대안으로서의 유럽이 아니라 좀더 시야를 넓혀서 서구적 철학의 한계를 근본적으로 넘어서는 가치 지향을 가지며 분단이라는 특수한 현실적 조건을 고려한 정책들을 고민해야 한다. 특히 주의해야 할 것은 장기적인 지향성이 현실적으로 작동 가능한 방안을 막아서는 안된다는 점이다. 진보개혁진영의 정책 실험이 성공하지 못하는 주요한 원인은 추구하는 목표만 있을 뿐 이를 가로막는 장애물과 힘의 역관계(逆關係)를 살피지 못한 것 그리고 구체적으로 실현할 현대적 방법에 대한 고민의 부재에 있다. 특히 한국사회 시민들의 인식층이 보수/진보의 이분법적 층위를 넘어 다양하게 분화하고 있는 점을 고려할 때, 각 이슈별 실사구시적 접근이 아닌 사민주의적 강령의 단순한 이식은 현실 지도력을 발휘하기 어렵다.

마지막으로 설정된 목표를 어떻게 실현할 것인가의 문제가 있다. 이 문제에 대한 답도 단순하거나 당위론적으로 제시되는 경우가 많다. 진보정당 강화론이 그 대표적인 예이다. 진보정당이 진보개혁세력의 한 축인 것은 분명하지만 진보정당 강화만으로 문제를 해결하기는 힘들다. 이러한 발상은 현재까지 진보정당의 발전이 어떤 동력에 의해 진행되었고 어떤 어려움에 처해 있는가를 구체적으로 제시하지 않고 다른 산업화된 국가들의 경험을 바탕으로 진보정당 강화를 필연적인 추세의 하나로 제시하는 경향이 강하다. 사실 이 역시 유럽식 모델의 일방적인 수용이라고 볼 수 있다.

방법론적 차원에서 급진주의적이거나 충격요법식 발상보다는 합의주의적 모델을 추구해야 하며 이를 위해서는 더욱 다양한 경향의 세력들과의 연합하는 발상이 필요하다.

동시에 방법론적으로 그리고 내용적으로도 남북통합이라는 현실적 문제를 고려해야 한다. 남북통합 자체가 특정한 발전적 가치의 실현을 절대적으로 보장하는 것은 아니지만 실현 가능한 발전전략을 수립하면서 이 문제를 배제한다면, 그것은 어느 한순간에 공상이 될 수도 있다.

새로운 진보개혁 담론은 자본주의가 그간 치열하게 혁신해온 성과들과 자유주의 이론이 오랜 세월 추구해온 가치들을 부정해서는 안된다. 오히려 자본주의의 혁신적 성과를 질적으로 발전시키고 자유주의가 내세운 인권, 평등, 지구적 개방성 등의 가치에 실질적 민주주의의 내용이 담길 수 있도록 부단히 발전시켜야 한다. 이러한 우리의 태도는 대한민국이 발전시켜온 헌법의 정신과도 조응한다. 대한민국 헌법은 자유주의적 민주공화국의 관점하에 사회적 시장경제, 소수자 보호, 평화국가 등을 지향하고 있다. 이를 실질적으로 구체화하고 21세기 정신에 맞게 더욱 혁신해나갈 필요가 있다.

진보개혁 담론은 우리의 생활상의 진보를 유지하고 한반도의 지경학적인 사정을 고려하여 지구화와 개방을 어떻게 관리하고 활용할 것인가, 재벌 체제가 한계를 보였다면 이를 대체할 대안적인 생산체제는 무엇인가, 민중의 생활상의 위기를 어떻게 하면 지속 가능한 방식으로 해결할 것인가 등의 문제에 답해야 하는 과제를 안고 있다. 87년 민주주의체제가 개혁을 위한 사회적 합의를 유도하지 못하고 사회 주체들이 사익 추구의 함정에서 벗어나지 못하게 한 점을 반성하여 공공성에 기반한 민주주의의 가치를 재구축하는 것도 진보개혁 담론의 가장 중요한 과제이다.

따라서, 신자유주의적·보수주의적 질서에 맞서는 대안적 담론의 핵심 정신은 '역동적으로 만들어가는 공공성'(dynamic republic)의 사회경제적 질서를 만들어나가는 것이다. 여기서 공공성이란 헌법 속의 공화국이란 규정에서 비롯된 바 다수 시민의 공적 이익을 보호함을 의미한다. 이 공공성은 선험적으로 규정되는 것이 아니라 다양한 세력들간의 경쟁 속에서 정치적으로 구성된다. 이때 공적 질서는 과거 낡은 진보의 관점처럼 정체된 균형이나 통합을 말하는 것이 아니라 역동적인 갈등이나 혁신적 경쟁 속에서 균형과 질서를 이루는 '민주적 발전국가'를 의미한다. 여기서 '견제와 균형의 원리'나 '시장경제의 원리'는 역동성을 보장하는 효과적 메커니즘들이다. 역동성 없는 공공성은 무기력하고 공공성 없는 역동성은 사회의 통합을 저해한다. 현재 대한민국의 국가브랜드로 선정된 '다이나믹 코리아'는 이러한 관점에서 적절한 선택이다. 단 역동적이기만 한 한국이 아니라 국내외적으로 사회구성원에 대한 인간적 배려가 넘치는 공공성의 한국이기도 해야 한다.

우리는 이러한 역동적 공공성의 이념을 반영하는 사회가 신진보주의적 사회라고 보며 이를 구성하는 세 가지 핵심 개념으로 연대·혁신·개방을 제시하고자 한다. 공공성은 연대의 원리로 구체화된다. 역동성은 혁신과 개방의 원리로 구체화된다. 이 개념들 사이에는 상호충돌하는 측면이 있으나 이러한 충돌이 실현 가능한 이념의 재구성을 위해서는 피할 수 없는 도전이라고 받아들여야 한다. 모순과 갈등이 없는 단순한 이념적 대안이 오히려 현실의 복잡성을 사상하고 결국 잘못된 실천으로 나아가게 할 가능성이 높다.

다만 진보개혁 담론이 현실 비판적인 접근과 단선적인 발전이 아니라 모순의 지양을 통해 더욱 높은 단계로의 발전을 추구한다고 볼 때, 연대가 가장 핵심적인 가치로 간주되어야 한다. 즉 연대는 개방과 경쟁의 부작용을 해결하기 위한 잔여적인 가치가 아니라 한 사회가 가져야 할 핵심적 가치이자 가장 중요한 목표이다. 신진보주의가 추구하는 목표는 이 점에서 신자유주의의 극복이며 자유주의적 개혁에 머무르지 않는다. 다만 신진보주의적 발상은 연대의 내용을 무한하게 확장하지 않으며 실현 가능한 목표와 범위를 설정할 필요성을 강조한다. 이는 사회의 핵심적 가치를 유지하는 데 필요하며 동시에 사회의 활력을 높이는 길로 나아가는 열쇠이기도 하다.

혁신은 기본적으로 경쟁을 전제로 하지만 혁신과 연대의 가치가 서로 양립 불가능한 것만은 아니다. 경쟁이라는 것은 전체적인 혁신과정의 특정단계에서 결정적인 역할을 하지만 혁신인력의 형성, 혁신을 위한 제도의 공급, 혁신의 성과를 사회적으로 확산하는 것 등은 경쟁적 씨스템만으로는 불가능하기 때문이다. 따라서 혁신의 단계에 다른 제도적 설계를 도입해 연대와 혁신의 조화를 추구할 수 있다.

이때 혁신의 핵심적 내용은 경쟁과 협력의 네트워크형 씨스템이다. 새로운 시대적 변화의 핵심은 불확실성의 증가이다. 글로벌화에 따른 경제 관계의 확대, 기술의 급격한 변화, 정보화에 따른 경쟁의 심화와 국제금융시장에서의 유동성 증가 등은 모두 국민경제의 불확실성을 높인다. 이렇게 높아지는 불확실성에 대응하기 위해서는 경제주체들이 네트워크를 기반으로 협력하고 경쟁하는 것이 최선이다. 시장이 독립·경쟁·계약관계로 구성되어 있고, 위계가 경제주체를 조직 안에 내부화하여 감독과 명령관계로 작동함을 의미한다면, 네트워크는 협력과 신뢰에 기초한 상호의존 관계를 의미한다. 과거의 재벌체제나 신자유주의적 시장중심체제를 벗어나 네트워크형 조직으로 혁신을 가능하게 하는 산업정책과 인적자원정책 등이 필요하다. 이를 통해 혁신은 민주적 거버넌스, 연대의 가치와 연계될 수 있을 것이다.

개방은 지구화 추세 속에서 진보적 이념의 핵심적 내용의 하나가 된다. 지구화 자체는 더욱 많은 기회를 추구하는 인간의 본성적 욕구에 부합하는 것으로 교통·통신의 제약이 줄어드는 한 계속 강화될 것이다. 지구화는 진보적 가치의 실현 가능성을 높이기도 한다. 다만 지구화가 자본주의 세계체제에서 자본의 이익에만 유리하게 진행되는 경향이 있는 것은 분명하다. 따라서 자본주의 세계체제의 대안을 찾을 수 없는 상황에서는 자본에 의해 주도되는 지구화라도 이를 적극적으로 활용하는 동시에 지구화가 관리된 방향으로 진행되도록 더욱 노력할 필요가 있다. 특히 우리는 남북통합과 동아시아 차원의 지역협력을 결합하는 과정에서 이러한 가능성을 적극적으로 모색할 필요가 있다.

지구화가 진행되면서 동아시아에는 국제적 생산네트워크가 형성되었고, 한국도 이에 깊숙이 편입되고 있으며, 점차 세계가 복잡해지면서 동아시아 경제와 국내 씨스템의 관련과 교착(交錯)은 증가하고 있다. 그러나 87년체제의 경제조직, 국가조직이 경직되고 폐쇄적인 형태에서 탈피하지 못함으로써 동아시아에서의 상호의존은 교착(膠着)의 체제로 남아 있다. 거래비용의 관점에서, '상호의존'은 경제적 관계로부터의 탈출비용의 함수로 정의할 수 있다. 이때 탈출비용에는 대체할 수 있는 재화나 판매자를 이용할 수 있는 가능성, 경제적 수요를 만족시키는 데 필요한 거래의 틀을 다시 마련하고 이에 적응하는 데 필요한 비용 등이 관련된다. 이러한 탈출비용이 낮으면 시장적 거래가 용이하다는 것을 의미하고 따라서 국가간에 정치적 상호작용을 추구할 필요성은 크지 않게 된다. 한편 탈출비용이 너무 높을 때도 상호의존관계에서 벗어나려는 유인이 생기게 된다. 탈출비용이 증대하거나 국가간 비대칭성이 증가하면 일국은 타국에 대해 경제관계로부터의 탈출을 위협하고 그것을 통해 탈출비용을 타국에 전가하고자 하게 된다. 탈출비용이 매우 높은 수준에서는, 일국은 잠재적 탈출비용을 줄이는 방향으로 옮겨가고 싶어한다. 즉 기존의 경제관계를 변경하기 위해 갈등을 유발하려는 유인을 갖게 된다. 국가간 경제관계에서 탈출비용을 너무 높게 꽉 짜인 방식으로 가져가면, 오히려 그 경제관계 안에서 갈등이 생기게 된다. 그러므로 탈출비용이 너무 낮지도 높지도 않은 형태의 경제관계가 비교적 평화체제의 형성에 기여하는 환경을 마련한다. 이러한 점에서 한미FTA나 한중FTA를 너무 높은 수준으로 급진적으로 추진하는 것보다는, 점진적·기능적인 방식으로 네트워크 형태의 경제협력을 확대하는 것이 바람직할 것이다.

한반도 차원의 발전전략도 이러한 연대·혁신 그리고 개방의 틀 속에서 짜여야 한다고 본다. 신진보주의에 기초한 한반도 발전전략은 과거 국가를 기본 단위로 한 발전전략과 국민경제와 분리된 글로벌 경제를 넘어서 지역과 네트워크에 기반한 한반도경제를 목표로 한다. 이때 경제발전의 산업 중심을 제조업에만 한정하는 사고에서 벗어나, 써비스경제로의 전환에 주목하여 제조업과 써비스업의 유기적 결합과 사회써비스업의 현대화를 목표로 산업정책을 가져간다. 또한 생산력의 기초를 국가 단위의 동원전략과 초국적기업의 경쟁우위에서만 찾지 말고, 무한경쟁에 결박된 개인과 가족을 해방하여 경쟁과 협력이 공존하는 네트워크형 조직화로 능력을 최대화하는 데에서 찾는다.

개방과 혁신이라는 발전의 가치는 연대의 가치와 상충할 수 있다. 그러나 이렇게 상충하는 현실을 부정하지 않고, 상충되는 가치를 더 높은 수준에서 해결하는 능력이 곧 국가의 능력이자 진보진영의 능력이라고 할 수 있다. 즉, 국가 능력과 진보진영의 능력이란 개방·혁신의 가치와 연대의 가치를 교환하고 이를 위한 개혁 과제를 추진하는 것이다. 여기서 필요한 것은 시민참여의 책임정치이다.

이를 위해서는 본래적 의미에서의 정치의 역할과 권위를 회복하는 것이 우선적으로 필요하다. 정당정치의 복원을 통한 정치-정책의 교과서적인 기본 틀을 회복하고, 시민참여의 책임정치, 공공성의 정치, 컨텐츠 중심의 정치, 정책 중심의 정치 및 관료에 대한 정책적 통제, 제도간의 정합성의 문제 해결, 시민과 전문가가 참여하는 논의민주주의(deliberative democracy), 결사체민주주의 등이 요구된다.

우리는 이러한 신진보주의 이념이 새로운 정치세력화를 위한 조그마한 단초가 되기를 희망한다. 현재 진보적 진영은 다양한 이념적 스펙트럼을 가지고 있다. 하지만 최소한 신자유주의 질서에 대항하는 신진보주의적 지향성 아래 다양한 진영들이 각자의 색깔을 가지면서도 넓게 연대할 수 있을 것이다. 이러한 연대의 틀로 고려해볼 필요가 있는 것은 진보진영 내에서 논의민주주의를 마련하는 것이다. 즉 진보적 인사들과 적절히 선정된 시민들이 함께 소통하고 대안을 만들어가는 일을 일상화하는 것이다. 우선 예를 들어 페미니즘이 역동적 공공성의 관점에 수렴될 측면이 있는가를 고민해볼 수 있을 것이다. 만약 그것이 가능한 동맹이라면, 역동적 공공성의 유지라는 최소한의 지향점 아래 페미니즘과 노동자 진영 그리고 생태주의 등 다양한 진보가 서로 공유점을 찾고 공통된 요구들을 정식화할 수 있을 것이다. 더 나아간다면 비슷한 문제의식을 가지는 해외의 시민들과 지구적인 논의민주주의를 활성화할 수 있을 것이다.

현재 한국의 진보진영은 변화하는 시대에 조응하는 자신들의 정체성을 새롭게 해야 할 과제를 안고 기로에 서 있다. 우리는 새로운 진보적 담론의 틀을 짜는 데 돌 하나를 놓는 심정으로 공동 작업의 결과물을 제시하고자 한다. 아직 내용이 부족하고 전체적인 틀거지가 완전하지 않지만, 급변하는 한국사회에 진보 담론을 구체화하는 데 조금이라도 기여하고자 하는 기대로 본 연구를 제출한다.

제1부

국가발전모델

신진보주의 발전모델의 모색 · 신진보주의 정치모델 · 유능한 민주정부의 창출을 위한 제도개혁과제

신진보주의 발전모델의 모색

조 형 제 / 정 건 화 / 이 정 협

1. 신진보주의 발전모델 제안의 배경

현재 지구적 질서는 급변하고 있다. 세계 정치·경제 구도에서 미국 중심의 '제국적' 질서는 지속적으로 쇠퇴하고 이에 대응하여 유럽연합과 중국이 새로운 대안적 네트워크 세력으로 부상하기 위해 치열한 노력을 경주하고 있다. 동아시아 역시 중국·일본·아세안을 엮는 초국가적 생산 네트워크가 정교하게 발전하며 개방형 경제체제를 성숙시켜 가고 있어 특히 한국과 같은 중규모 국가의 경우 능동적 대응이 요구된다.

하지만 현재 한반도를 둘러싼 냉전 환경은 동북아시아의 '확장적 네트워크'로의 지향을 가로막고 있다. 따라서 한국의 향후 발전전략은 남북간의 협력과 동북아시아의 발전을 연결하는 비전으로 구체화되어야 한다. 그런데 한국은 현재 동북아시아 민주·평화공동체의 기반이 될 수 있는 민주적 발전국가로 자신을 분명히 정립하고 있지 못하다.

해방후 산업화와 민주화를 상당 정도로 진전시켜왔음에도 한국사회는 여러가지 부작용과 난관에 직면해 있다. 특히 최근 들어서는 대내외적 환경의 급격한 변화로 불확실성이 커져가는 가운데 한국사회의 새로운 발전모델을 마련하지 못한 채 '나쁜 균형'의 상태에 머물러 있다. 이를 극복하기 위해서는 사회발전을 위한 중심 가치의 설정과 그것을 실현할 수 있는 대안 마련으로 새로운 주체를 형성해가는 것이 필요하다.

특히 과거 권위주의적 발전국가의 문제가 아직 사회적으로 충분히 극복되지 않은 상태에서 세계화 이후 급속히 도입된 신자유주의 모델이 확산되면서 단기적인 경제논리에 사회가 실질적으로 포섭되어가고 있다. 또한 고용의 질이 저하되고 근로빈곤층 및 계층간 불평등도 확대되고 있다. 사회적 양극화의 심화는 기존의 권위주의적 국가 모델에서 벗어나 민주적 발전국가로 나아가는 데 가장 중요한 요건이라 할 수 있는, 공적인 연대의식을 가진 자율적 시민의 형성을 가로막고 있다.

김대중(金大中) 정부의 '민주적 시장경제' 모델 또는 참여정부의 '동반성장' 모델은 새로운 발전모델을 마련하기 위한 노력의 연장선상에 있음에도 성공한 것으로 평가하기 어렵다. 두 모델은 성장과 분배의 문제를 동시에 해결하고자 했지만, 결과적으로 재벌의 시장지배를 강화하고 사회적 양극화를 확대했다(최장집 2005).

지금의 지구적·한국적 상황은 새로운 발전모델을 요구한다. 이는 단지 선진국 모델의 단순한 이식이어서는 안되며 한국이 대내외적으로 처한 정세와 한국의 현 제도적 배열과 문화를 고려한 모델이어야 한다. 또한 국내외적으로나 정치·경제·사회·문화 전반에서 일관된 정합성을 유지해야 하며 단순한 규범적 지향성을 표현하는 것이 아니라 현 제도적 배열하에서 작동 가능한 모델이어야 한다.

2. 신진보주의 발전모델의 위상과 가치체계

(1) 신진보주의 발전모델의 위상

현싯점에서 우리는 한국사회를 새롭게 이끌어갈 '신진보주의'(new progressivism) 발전모델을 제안하고자 한다. 신진보주의란 한국사회가 직면한 문제점을 극복하고 새롭게 추구해야 할 중심 가치와 발전방안을 구체화한다는 점에서 '진보주의'를 출발점으로 한다. 따라서 신진보주의는 현상태의 기득권 유지에 이해관계를 갖는 보수주의 세력과는 입장을 달리한다. 한편, 기존의 진보주의 세력이 간과하고 실패해온 측면을 솔직히 인정하고 보완해가려 한다는 점에서, 기존의 진보주의와도 일정한 선을 긋고자 한다.

보수주의는 지난 30여년간 산업화를 추진해온 '발전국가'의 주체세력이다. 이들은 경제성장을 성취해 한국사회가 오랜 가난에서 벗어나는 데 기여했다는 점에서 어느정도 긍정적 측면을 지닌 것도 사실이다. 그러나 성장 일변도의 지향 속에 분배·복지 등의 사회경제적 가치를 희생했을 뿐 아니라, 국내외의 사회변동에 따라 추구해야 할 새로운 가치에 대해서도 무지하거나 완고했다. 최근 들어서는 모든 것을 시장에 맡겨야 한다는 자유주의 '이데올로기' 아래 재벌과 상류계층의 기득권을 고수하려는 퇴행적 지향마저 보이고 있다.

한편, 진보주의는 발전국가에 맞서 민주화를 추진해온 사회운동 세력이다. 이들은 발전국가의 독재에 맞서 민주화를 쟁취했을 뿐 아니라 분배·복지 등의 사회경제적 문제를 지속적으로 제기하여 어느정도 관철하는 성과를 이끌었다. 그러나 진보주의 세력은 분배와 복지 등 사회경제적 문제의 해결에 몰두한 나머지, 다원화되고 복합적으로 변화해가는 사회에 능동적으로 대응하지 못하고 무능력을 드러냈다. 즉, 냉전체제의 붕괴, 국민국가의 약화, 환경 파괴 등 국내외적으로 새롭게 출현하는 다양한 문제들에 제대로 대응하지 못하는 경우가 많았다. 뿐만 아니라 기존의 현실 사회주의가 붕괴한 상태에서 이것을 대체할 만한 새로운 대안을 찾지 못하는 것이 현실이다.

신보수주의는 기존 보수주의의 한계를 극복하기 위해 결집하는 새로운 보수주의 세력을 지칭한다. 신보수주의의 이념적 위상은 아직 불분명하며 이른바 '뉴라이트'라 불리는 대부분의 단체들은 '신보수주의'라는 이름이 무색할 정도로 구태의연한 수구·보수적 행태를 반복할 뿐이다. 단, 이들 중 일부(박형준 2005; 박세일 2001)는 자유·평화·생태 등을 중심 가치로 설정한다. 특히 인간의 자율과 성찰을 강조함으로써 자유주의적 '진보성'을 잠재적으로 지닌 것이 사실이다. 그러나 이 입장은 시장과 시민사회의 역할을 강조한 나머지, 국가를 기본 환경과 제도를 형성하는 잔여적 변수로 축소해버린다. 이렇게 국가의 적극적 역할을 부정하는 '작은 정부' 논리는 기득권 세력을 옹호하는 '이데올로기'로 이용될 가능성이 높다. 우리는 잠재적으로 자유주의적 '진보성'을 지닌 신보수주의 세력이 기존의 보수주의와 구분되는 의미 있는 세력으로 성장하여 한국사회의 발전을 위한 선의의 경쟁을 펼칠 수 있기를 바란다.

신진보주의는 민주화를 추진해온 기존의 사회운동 세력뿐 아니라, 성장하는 시민사회에 기반을 둔 신사회운동 세력까지 포함한 모든 진보 세력의 새로운 결집을 지향한다. 그리하여 신진보주의는 사회경제적 문제에 진보적으로 대응할 뿐 아니라, 국내외의 사회변동 속에서 새롭게 제기되는 다양한 문제의 해결을 위해서도 적극적으로 노력하고자 한다. 또한 신진보주의는 다원화되고 불확실성이 커져가는 사회에 대응하여 개방·혁신·연대 등의 새로운 가치를 중심 가치로 추구한다.

아울러 신진보주의는 기존의 진보주의와는 달리 개인의 가치에 대해서도 적극적 관심을 가지고 능동적으로 대응한다. 기존의 진보주의는 집단적 가치에만 관심을 기울인 나머지 개인의 자유와 창의력을 인정하고 발휘하도록 지원하는 방안에 대해서는 상대적으로 무관심했다. 현대사회는 자율적이고 성찰적인 개인을 기본 단위로 한다. 경제적 생존의 문제가 해결되면 개인은 자신의 다양한 욕구를 실현하는 데 관심을 갖게 마련이다. 따라서 신진보주의는 다양하게 표출되는 개인의 욕구를 존중하는 가운데, 그 기반 위에서 복지·연대 등의 집단적 가치를 실현하고자 한다.

요컨대, 신진보주의는 사회경제적 측면에서 기존의 진보주의가 지닌 긍정적 요소를 계승하되, 사회변동에 대응하여 개방·혁신·연대 등의 새로운 가치를 앞세워 능동적으로 진보의 내용을 실현하고자 한다. 〈표 1〉은 기존의 정치 이념들과 구분되는 신진보주의가 지닌 위상을 자리매김한 것이다.

〈표 1〉 신진보주의의 자리매김

	새로운 가치(소극적)	새로운 가치(적극적)
사회경제적 가치(소극적)	보수주의	신보수주의
사회경제적 가치(적극적)	진보주의	신진보주의

(2) 가치체계

한국사회의 발전 과제를 체계적으로 집약하고 일관성있게 추진할 수 있는 가치체계는 무엇인가?

신진보주의 발전모델은 중·장기적으로 한국사회의 발전을 지속하기 위한 중심 가치로서 개방·혁신·연대를 제안한다(이일영 외 2005). 개방(openness)이란 외부 환경 변화에 수동적으로 대응하는 데 그치지 않고, 그것을 고려하면서도 능동적으로 영향을 미치는 열린 가치를 지칭한다. 혁신(innovation)이란 현실에 매몰되거나 안주하지 않고 지속적으로 스스로를 새롭게 변화하는 가치를 지칭한다. 연대(solidarity)는 모든 사회구성원들이 다양한 역할을 수행하면서도 서로 협력하는 가운데 사회적 일체감을 공유하는 가치를 지칭한다.

그러면 신진보주의 중심 가치의 위상과 그들간의 상호관계는 어떻게 설정할 수 있는가? 연대의 가치는 모든 사회구성원들이 더불어 행복하게 사는 것을 지향한다는 점에서 사회발전의 기본 원리라고 할 수 있다. 아무리 성장이 진전된다고 하더라도 성장의 과실이 불평등하게 배분된 나머지 사회적 일체감이 훼손되고 갈등이 심각해진다면, 진정한 사회발전이라고 할 수 없기 때문이다. 사회발전의 목표로서의 연대는 과거와 같은 획일적이고 기계적인 연대가 아니라 다원화된 사회 속에서 서로의 차이를 인정하는 가운데 더불어 행복하게 사는 공동체적 가치의 실현을 지향한다.

혁신의 가치는 사회를 정체 상태에 머물게 하지 않고 부단히 변화시키면서 성장을 도모한다는 점에서 사회발전을 추진하는 원리라고 할 수 있다. 특정 사회가 기본 원리로서의 연대를 지향하더라도, 사회구성원들의 혁신 역량이 부족하다면 그 사회는 낙후된 상태에 머물게 된다. 그런 의미에서 혁신은 연대라는 사회발전 목표를 달성하기 위해 사회 전체를 이끌어가는 동력으로서의 위상을 지닌다. 사회발전 동력으로서의 혁신은 경제성장의 동력으로, 또한 사회 전반에 걸쳐 관습과 타성의 장애물을 넘어서는 개혁의 추진력으로 그 의미를 부여할 수 있다.

그러나 연대와 혁신은 상충되는 면이 있는 것이 사실이다. 자본주의 사회에서 혁신은 경쟁을 수반하게 마련이고, 경쟁은 불평등과 독점을 초래해 결과적으로 연대의 기반을 잠식할 가능성이 크다. 그렇기 때문에 연대는 혁신의 부작용을 완화하는 잔여적 범주로 간주되는 경향이 있다. 연대와 혁신의 상충을 근본적으로 해결할 수 있는 방법은 무엇인가?

개방의 가치가 중요해지는 것은 이런 맥락에서이다. 개방의 가치는 연대와 혁신의 상충을 해결하기 위해 사회구성원들이 수용해야 할 운영 원리로서 자리매김된다. 개방은 폐쇄된 구조에 매몰되지 않고 열린 자세로 타자와 협력해가는 방법론적 원리를 의미한다. 기존 발전모델의 한계는 모든 것을 내부화하여 해결하고자 한 폐쇄적인 구조에서 비롯된 바가 크다. 이는 소위 '문어발식' 확장을 시도한 재벌집단, 그리고 중앙집권적 위계에 의존한 발전국가를 비롯하여 한국사회의 주요 행위자 모두에게 공통적으로 해당되는 문제점이다.

재벌 대기업은 개방을 통해 타 기업과의 수직적 위계서열 관계를 극복하고 수평적 네트워크를 실현할 수 있다. 이는 네트워크적 협력으로 혁신의 가치를 실현함과 동시에, 대기업과 중소기업 간 양극화를 완화하는 연대의 효과도 지닌다. 또한 중앙집권적 국가는 개방으로 분권과 지방화를 실현할 뿐 아니라, 거버넌스(governance)를 형성하여 사회구성원들의 참여를 증진할 수 있다. 이는 지방자치를 진전시킴으로써 혁신의 가치를 실현함과 동시에, 대다수 사회구성원들의 복지를 증진하는 연대의 효과를 지닌다.

〈그림 1〉 네트워크형 발전모델의 가치체계

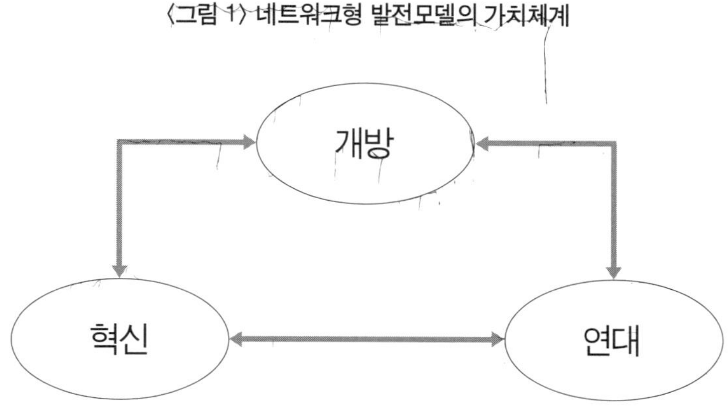

또한 신진보주의 발전모델은 대외적 측면에서도 개방의 가치를 중요시한다. 세계화의 추세 속에서 폐쇄된 민족경제를 고수하는 것이 아니라, 능동적으로 개방을 실현하는 가운데 호혜적 경제협력과 다자간 안보협력을 이뤄내는 동아시아 차원의 열린 공동체를 지향한다. 또한 사회구성원들이 개방의 가치를 내면화함으로써 자민족중심주의를 넘어 세계시민의 소양을 갖출 수 있도록 지원한다.

요컨대, 개방이라는 방법론적 원리를 실현함으로써 한국사회는 자본주의에 내재된 혁신과 연대 간의 상충을 지속적으로 보완, 개선해갈 수 있다. 즉, 신진보주의 발전모델의 가치체계는 사회발전의 주체 세력이 혁신과 연대를 지향하면서 개방으로 이를 보완해가는 3차원의 가치체계로 이루어진다(〈그림 1〉).

(3) 중심 가치와 하위 씨스템의 관계

네크워크형 발전모델은 대외적으로는 개방에 능동적으로 대응하면서 대내적으로는 혁신 능력을 조직적으로 유연하게 배양하고 사회적 연대로 부작용을 최소화하며 삶의 질을 안정적으로 고양하는 발전모델이다. 이 세 가치는 한국사회의 특정 하위 씨스템에 일대일로 대응하기보다 모든 부분에 동시적으로 관철되는 공통 원리라고 할 수 있다. 특정 과제는 해당 하위 씨스템의 특성에 따라 개방·혁신·연대의 가치가 다양한 방식으로 결합되는 가운데 구체화할 것이다.

3. 평화체제의 구축과 개방적 민족경제의 확립

이 부분은 주로 개방적 가치에 조응하는 부분이다. 개방적 가치는 신자유주의적 세계화의 여건 속에서 대내적으로는 국가의 역할에 대한 새로운 규정과 이에 기초한 정책기조의 확립, 그리고 대외적으로는 다른 나라, 특히 동북아시아 국가들과의 관계 설정에 중요한 조건으로 간주된다. 따라서 대외 관계에서 연대의 가치를 담는 동시에 대내적인 혁신을 규정하는 조건이 되기도 한다.

(1) 개방경제체제와 대내외정책기조의 확립

신진보주의 발전모델은 동북아시아의 역동적 성장과 우리나라의 발전 경로 및 단계를 고려해서 하위 씨스템들이 유기적으로 작동할 수 있도록 구성되어야 한다. 여기에서 대외정책의 발전단계와 하위 씨스템 간 관계를 규정하는 전략적 개념은 개방·평화·협력이다. 이 중에서도 '협력'은 단순히 협력 사업 몇개를 진행하는 것을 넘어서 대내외 정책의 기조를 규정하는 핵심적 개념이다. 번영과 평화는 단기적으로는 서로 조응하지 않을 수 있지만, 장기적인 관점에서 평화는 번영의 기반이 된다. 따라서 동북아시아의 역동적 성장 잠재력을 지속하기 위

〈그림 2〉 개방경제체제에서 대외정책기조의 틀

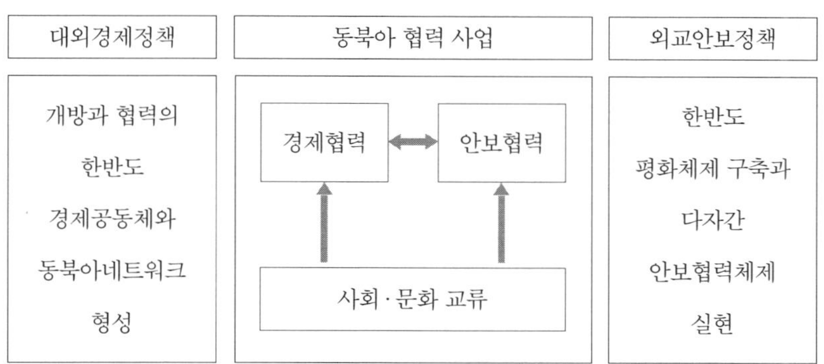

해서는 남북관계의 틀을 넘어서 지역 단위에서 협력의 토대를 구축하는 것이 필요하다. 이에 따라 경제 및 안보협력과 이를 지원하는 사회·문화 교류사업이 전략적 과제로 부각된다. 신진보주의 발전모델에서는 경제적 측면에서 개방과 협력을, 정치·군사적 측면에서 평화와 협력을 장기적·상호보완적 관계로 설정한다. 신진보주의 발전모델은 한반도 평화체제의 정착을 강조하는 '햇볕정책'을 계승·발전시킨 것이며, 평화와 공동번영의 동시 추구를 지향하는 참여정부의 '동북아 구상'을 계승·발전시키는 것이다. 단 여기에서는 '경쟁'보다는 '협력'이 새롭게 구축되어야 할 장기전략 개념이라는 점을 제시한다(〈그림 2〉).

신진보주의 발전모델에서는 경제적으로는 '열린 지역주의'[1]의 관점에서 지역, 국가, 동북아시아 차원의 개방적 민족경제체제를 확보하

□ ■

1) 배타적 지역주의와 달리 동(북)아시아 지역주의는 역외 다국적기업들의 역내 활동을 촉진한다는 의미에서 개방성을 표방한다.

고 외교·안보의 측면에서는 평화국가에 기초한 한반도 평화체제의 구축과 다자간 안보협력체제를 실현함으로써 동북아시아의 공동 번영과 평화의 토대를 구축하는 것을 지향한다. 그리고 신진보주의 발전모델은 신자유주의 세계화의 일방주의를 극복하기 위해 동(북)아시아에서 네트워크를 구축하는 데 우리나라가 노드(node, 교점)의 역할을 하는 것을 지향하며, 각 국가간의 상보성에 기초한 협력이 확대되어 궁극적으로 이 지역에 경제지대가 형성되는 것을 목표로 한다. 물론 국내 개혁 및 성장전략의 기조도 일국적 토대가 아니라 동북아시아 경제권의 형성과 내부 질서를 고려해서 결정되어야 한다.

(2) 대외경제 및 외교안보 전략

한국이 처한 지리적 위치와 중간 정도의 국가 규모를 고려할 때, 대외정책은 적극적이고 능동적으로 다루어야 할 핵심적인 전략에 속한다. 과거에도 그랬지만 현재도 동아시아는 세계체제의 변동에 따라 지역 질서의 성격이 새롭게 규정되고 있다. 미국의 주도력이 약화되고 지역 내에서 중국이 새로운 패권국가로 등장할 가능성이 높아지면서 갈등이 증폭할 개연성 또한 높아지고 있다. 한편 동아시아 경제가 성장하고 네트워크적 생산체제가 발전함에 따라, 시장도 위계조직도 아닌 협력적 네트워크로 대응하는 것이 유리한 환경이 조성되고 있다. 국가와 경제 전체가 개방적·협력적 네트워크 속에서 혁신능력을 강화하는 것이 크게 중요해진 것이다.

국제정치적 측면에서는, 구소련의 해체 및 중국의 체제전환으로 상징되는 탈냉전 시대에 들어서면서 한반도를 포함한 동북아시아 지역의 세력균형이 와해되었다. 그리하여 새로운 세력균형을 모색하는 과정에서 평화를 위협하는 폭력적 조정과정을 거칠 가능성도 있다. 한국의 경우, 한반도를 포함한 동북아시아 국가간 협력을 통한 결사체적 균형을 이루거나 한반도를 포함한 동북아시아 국가 내부에서의 정치·경제적 민주화와 국제협력이 동시에 진행되는 적극적 평화를 추구하는 것이 바람직한 대안이다.

개방·평화·협력의 대외경제정책은 국가의 '안'과 '밖'을 구분한 후에 시행되는 '밖'에 대한 정책을 의미하지 않고, 경제적 불평등과 폭력을 제어하는 정치경제를 위한 장소로서의 '지역', 즉 개방과 협력의 복합적 공동체('한반도-동아시아경제' 또는 '개방형 민족경제') 형성을 지향한다. 개방과 협력은 정책이 지향하는 가치이자 정책의 수단이기도 하다. 더불어 개방과 협력은 한국의 성장 한계를 돌파하는 수단이다. 통합된 '분단체제를 극복한 한반도경제'는 '한국경제'의 발전과 함께 이루어지는데 한반도경제는 개방과 협력을 지향하는 과정에서 형성된다. 여기에서 한반도, 황해와 동해 연안의 중국, 일본 그리고 극동러시아, 몽골을 더한 '동북아시아' 지역의 네트워크형 협력에 전략적 의의를 둔다(이일영 외 2004).

FTA(Free Trade Agreement, 자유무역협정)는 개방과 협력이 조화를 이루는 차원에서 추진한다. 한국은 FTA의 파트너로 아세안(ASEAN) 국가와 일본을 먼저 상정하고, 이들과의 FTA를 모범으로 미국·중국과 협상을 추진하도록 한다. 남북한 통합을 국제적 질서와 조화시키기 위해 남북한간에도 FTA를 체결하는 것이 좋다. 개방과 경제통합은 협력과 연대의 가치와 병행하여 이루어져야 한다. 실질적으로 작동할 수 있는 동북아-남북한 협력과 통합을 위해서는 소득격차 및 기술격차가 급속히 확대되지 않도록 할 필요가 있다. 따라서 '구조기금' '연대기금' 등 협력을 위한 제도적·재정적 인프라 구축도 함께 추진해야 한다.

개방·평화·협력의 외교안보정책은, 안보딜레마가 작동하는 냉전시대의 유산인, 동맹에 기초한 절대안보가 아니라 평화와 협력의 한반도 및 동북아시아를 형성하는 것을 목표로 한다. “자주냐 동맹이냐?”라는 냉전시대의 외교안보정책의 틀은 한반도의 미래를 설계하는 데 더이상 유효한 테제가 아닌 것으로 보인다. 자주냐 동맹이냐를 넘어서 동북아시아 다자간 안보협력을 추진하는 것은, 한국 외교안보정책 및 외교안보역량의 혁신이 이루어질 때 가능하다. 개방지향적인 평화외교와 한반도 및 동북아시아, 더 나아가 세계의 평화지향적 국가들과 연대를 구축할 때, 비로소 우리가 추구하는 한반도 및 동북아시아의 평화와 번영이 실현 가능한 과제가 될 수 있다. 북한 핵문제의 해결 및 한반도 평화체제의 구축 그리고 동북아시아 다자간 안보협력을 위한 계기로서, 동북아시아 원자력기구의 건설과 같은 시도는 개방·평화·협력의 외교안보정책을 추진하는 좋은 출발점이 될 수 있을 것이다.

4. 혁신친화적 경제발전 모델

이 부분은 우리나라에서 지속적 성장과 발전이 가능한 씨스템의 조건을 다루는 것으로 주로 혁신적 가치에 해당하는 부분이다. 여기서 다루는 혁신적 가치는 개방경제체제의 대내 정책의 기조에 입각해 있기 때문에 개방적 가치의 규정을 받으며, 성장을 위한 구체적인 전략을 참여 주체간 합의에 기초한 혁신 클러스터(cluster)에서 찾고 있기 때문에 연대적 가치를 담고 있다.

(1) 혁신친화적 경제발전의 방향

신진보주의 발전모델에서는 혁신 클러스터 육성전략을 유효한 전략

〈그림 3〉 혁신친화적 경제발전 모델의 틀

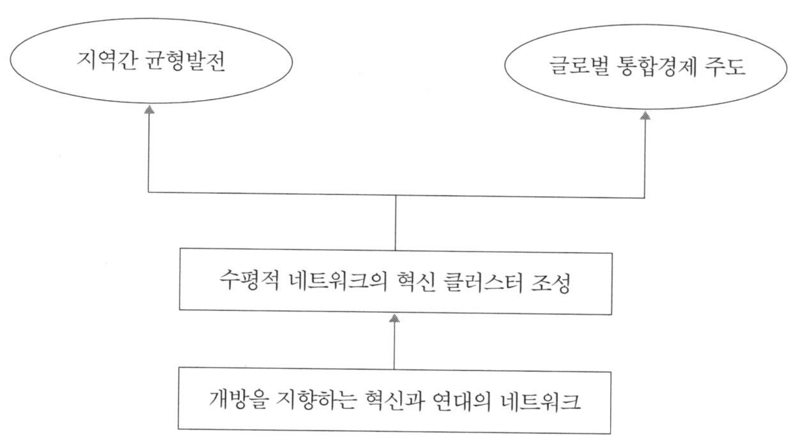

적 수단으로 간주한다. 그리고 혁신 클러스터 조성의 기본적인 원리로서 동북아시아의 개방적 환경을 적극적으로 수용하는 혁신과 연대의 네트워크 조성을 지향한다. 이러한 혁신 클러스터의 조성을 통해 한편으로는 국가의 균형발전을, 다른 한편으로는 글로벌 통합경제의 주도를 지향한다(〈그림 3〉).

(2) 네트워크형 모델과 혁신 클러스터

신진보주의 발전모델에서는 우리나라가 현재 당면한 양극화 현상을 극복하여 대외적으로나 대내적으로 공동번영의 길로 나아가기 위해 '네트워크형 모델'을 성장과 발전의 기본 방식으로 삼는다. 신진보주의 발전모델이란 이전의 개발독재형 발전모델이 지닌 자기중심성과 폐쇄성을 극복하고, 다른 부문과 수평적이고 상호보완적으로 협력해 나가면서 경제발전을 도모하는 모델이다.[2] 네트워크형 모델은 기존의 여러 갈래로 분절된 경제구조를 극복하는 길이며, 나아가 새로운 거버넌스 구조로 경제적 민주주의를 확립하는 길이기도 하다.

이러한 방향에서 단순히 내수와 수출의 양극화를 극복하는 데 멈추지 않고 열린 민족경제를 추진하여 세계 번영에 기여하고, 수도권과 지방의 이분법을 넘어 글로벌 시장에 당당히 참여하는 지역경제를 구축하며, 기업 내 사용자와 노동조합의 근시안적 대립을 넘어 자본과 노동의 생산적 연합체계를 구축하는 것을 지향한다. 아울러 금융과 산업, 첨단과 재래, 제조업과 써비스업, 초대형기업과 중소기업의 분절화를 미래지향적으로 극복할 수 있는 대안을 모색한다.

이는 양극화에 이를 정도로 파편화된 현재의 구조를 치유하여 새로운 연결망을 구축하는 것으로서 개방을 지향하며, 혁신의 내용성을 갖고 주체들간의 연대를 강화하는 것이어야 할 것이다. 그런 점에서 한국경제가 지향하는 네트워크는 다층적·복합적으로 재구성할 필요가 있다.

네트워크형 모델에서는 대기업과 중소기업 간, 그리고 중소기업들 간의 새로운 분업구조를 지향하되, 그것이 대외에 개방된 형태로 이루어짐으로써 수평적 네트워크가 형성되도록 하고, 첨단기술뿐 아니라 현장기능까지 망라하는 다양한 혁신역량을 네트워크 전체가 공유함으로써 부가가치 창출 능력을 높여야 할 것이다. 아울러 대기업이 '사회적 책임'(CSR, Corporate Social Responsibility)에 적극적이고, 또한 사회적 견제와 내부자 감시의 메커니즘이 작동하도록 함으로써 네트워크 내부의 분배 공정성을 사전에 확보해야 할 것이다(조성재 외 2005). 이러한 개방을 지향한 혁신과 연대의 네트워크는 적어도 동아시아 지

□■

2) 시장 및 위계조직과 구분되는 네트워크의 성격에 대해서는 이상원(2005)을 참조.

역에서는 국민국가 단위에서 큰 의미를 가질 것이나, 좀더 미래지향적이기 위해서는 클러스터 형성을 매개로 지역균형발전과도 연계될 필요가 있다.

이러한 한국경제 내외부의 연결망에서 대기업과 중소기업 간 관계, 그리고 기업들간의 관계뿐 아니라 대학, 연구소 그리고 노동력 재생산 공간으로서의 지역사회와의 관계를 포괄하는 혁신 클러스터의 조성은 네트워크형 모델의 전략적 수단으로 부각된다. 클러스터의 조성은 중심적 역할을 수행하는 대기업을 포함할 수도 있고, 중소기업의 집적에 의해서만 이루어질 수도 있다. 그것은 산업과 지역의 특성에 따라 좌우될 것이다(강현수 · 정준호 2004).

이러한 클러스터는 개방된 경제하에서 글로벌 시장을 지향하는데 설사 현재는 내수지향이라고 하더라도 독자 혹은 공통 브랜드의 개발, 대기업이나 외국인투자의 유치 등을 통하여 최소한 동아시아 시장을 겨냥한 개방화를 지향하는 것이 바람직하다. 그것은 부단한 기술개발 그리고 규모와 범위의 경제를 확충하는 데 보탬이 될 뿐 아니라, 거꾸로 글로벌 통합경제에서 도태되지 않기 위한 방어전략 차원에서도 필수적이라고 할 것이다.

5. 통합적 사회정책의 구축

이 부분은 주로 연대의 가치에 조응하는 부분이다. 그러나 신진보주의 발전모델에서는 분배와 혁신의 확대로 고성장을 추구하는 경로를 국가발전의 방향으로 채택하기 때문에 연대의 가치와 혁신의 가치를 동시에 추구하는 방향을 모색한다. 이것은 요소투입을 통한 양적 성장에서 총요소생산성 증가를 통한 질적 성장으로의 전환과 양극화 현상의 극복을 통한 국민경제의 건전성 도모라는 시대적 요구를 반영한 것이다. 이 부분에서는 주로 분배와 혁신을 매개로 한 성장을 이루어가는 데 절대적으로 중요한 하위체제적 조건들과 이를 실현할 수 있는 정책적 개입의 방향을 제시하고자 한다.

(1) 연대의 현재조건과 지향

외환위기를 계기로 하여 우리 경제 성장모델의 성격이 크게 변하면서 사회정책의 필요성이 제기되었다. 특히, 개발 연대의 원리였던 성장을 통한 분배의 개선이라는 성장 공유(shared growth) 모델이 더이상 작동하지 않게 되어 성장과 분배 고리가 단절되고 생산-고용-교육-복지간의 연계성이 크게 약화되었다. 즉, 글로벌화와 기술 변화, 구조조정 등을 포함한 환경 변화 속에서 글로벌 대기업과 영세 중소기업 간의 경제적 양극화 현상이 심화되었고, 이로써 성장의 분배 효과(trickle-down effects)가 사라진 것이다. 그 결과 우리 사회의 양극화 현상은 매우 심각한 수준에 이르렀다.

국민의 정부 시절 사회보험제도를 확충하고 복지 관련 예산을 크게 늘렸음에도 빈곤과 불평등 문제는 개선되지 못하고 있다. 분배를 통한 성장 기반 확충은 말할 것도 없고 재분배를 통한 빈곤 해소와 기회 평등의 제고도 이루어지지 않고 있는 것이다. 이는 현재 진행되는 양극화가 경제성장이나 경기변동에 따라 단기적으로 감내해야 하는 소득불평등의 문제와는 성격이 다른 매우 구조적인 문제이기 때문이다.

이러한 양극화 현상에 따른 사회경제적 단절과 배제 현상의 배후에는 성장-고용-분배간 선순환 구조의 해체라는 메커니즘이 작동하고 있다. 즉, 성장과 분배의 단절에는 고용의 문제가 자리하고 있어, 성장이 양질의 고용을 보장하지 못하고, 고용이 빈곤을 해결하지 못하며, 고용의 질 향상이 생산성 향상과 성장 동력으로 작용하지 못하는 상황이 전개되고 있는 것이다.

따라서, 우리의 사회정책 목표는 단순히 소득이전으로 빈곤을 해결하고 빈곤층에 기회를 높여주는 것 이상이어야 한다. 우리가 추구하는 네트워크형 발전모델의 사회정책은 경제 부문간 사회계층간 분절화 경향을 치유하고, 개방화·시장화 및 혁신 활동의 증가가 개인에게 초래하는 위험을 사회화함으로써 사회정책이 경제성장의 동력으로 작용할 수 있도록 해야 한다. 이를 위해서는 고용을 매개로 하여 교육·훈련 및 복지가 유기적으로 결합된 통합적 사회정책을 모색해야 한다. 이러한 유기적이고 통합적인 사회정책은 자본주의 경제씨스템이 초래한 사회적 탈락자들을 사회 내로, 더 나아가 노동시장 내로 통합하는 역할뿐만 아니라, 시장의 실패와 불완전성을 보완하고 위험을 사회화함으로써 자본주의 경제의 장기적 안정성을 보장하는 기능을 담당한다.

즉, 통합적 사회정책은 경제 주체들의 단기주의적 행위양식을 교정하고 불확실성과 불안정성을 줄여 다양한 위험에서 보호함으로써 개인과 국가의 경제적 성과를 높이는 데 기여할 수 있어야 한다.

이제 우리 경제는 부문간에 유기적으로 잘 설계되고 시민들의 요구에 잘 반응하는 사회정책씨스템이 경제정책의 성과를 향상하는 데 매우 중요한 역할을 해야 하는 싯점에 와 있다. 경제정책이 사회적 연대를 지향하는 사회정책과 결합하지 않고서는 능동적인 개방과 다양성을 극대화하는 혁신이라는 국가전략의 성공도 보장되지 않을 것이다.

(2) 통합적 사회정책의 기본 방향

신진보주의 발전모델은 글로벌 생산 네트워크의 진전에 따라 국민국가라는 공간구조 속에서 경제순환구조의 통합성을 증진하고, 산업부문간, 지역간, 계급 계층간 이해관계의 조정과 그에 기초한 상생의 발전전략을 실행하면서, 국가-시장 관계와 더불어 국가-시민사회의 관계를 전향적으로 재구축하는 것을 의미한다.

이를 위해 정부는 사회정책 및 노동시장 영역에 효과적이고도 적극적으로 개입하여 악순환의 나쁜 균형을 선순환의 좋은 균형으로 전환하는 데 주도적 역할을 해야 한다. 지금의 상황은 생산성과 고용, 고용의 양과 질, 고용증대와 빈곤감소 등이 모두 악순환의 고리에 빠져 있다. 또한 개인들에게 닥친 위험의 증대는 경제 주체들의 단기주의적 행위를 고착화한 가운데 기업의 단기주의적 고용전략과 노조의 단기주의적 임금전략이 대립적 노사관계의 나쁜 균형을 형성하고 있다(〈그림 4〉).

이러한 악순환의 고리를 끊으려면 국가 단위의 고용전략을 기초로 한 통합적인 사회정책을 수립할 필요가 있다(전병유 2005). 첫째, 최저임금제의 도입과 하도급 구조개선 등으로 저임금-저생산성 영역의 비중을 줄이고 공공사회 써비스 부문의 고용창출로 고용구조의 선진화를 달성하는 것, 둘째, 고용안정성과 유연성을 동시에 높이고 적극적 노동시장정책 및 사각지대의 해소 등으로 노동시장의 위험을 줄임으로써 거시경제적 안정성을 도모하고 노사관계 안정의 기초를 다지는 것, 셋째, 사회협약 정치의 활성화와 중층적 노사관계의 구축으로 사회통합적 노사관계를 정립하는 것 등이 필요하다(〈그림 5〉).

6. 결론

동아시아 개방경제체제의 부상 등 지구적 질서가 급속하게 재편되

〈그림 4〉 현재의 악순환 구조

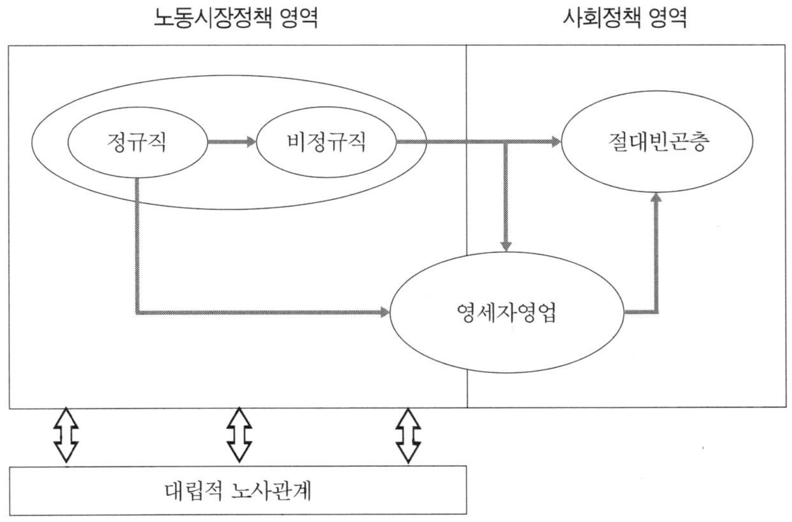

〈그림 5〉 정부개입에 의한 동반성장의 제도구축의 틀

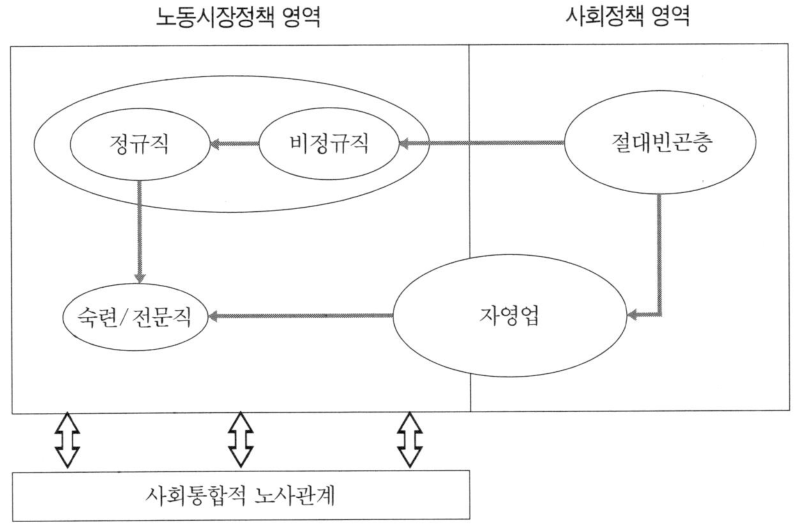

는 상황에서 한반도는 여전히 냉전적 환경이 유지되고 있으며, 대내적으로는 과거 발전국가 모델을 대체하는 새로운 발전모델이 자리잡지 못하고 있다. 이러한 문제인식에 기초해 여기서는 기존의 진보주의가 지닌 긍정적 요소를 계승하되, 사회변동에 대응하여 개방·혁신·연대 등의 새로운 가치를 도입해 능동적으로 진보의 내용을 실현하는 신진보주의 발전모델을 대안으로 제시했다.

신진보주의 발전모델은 사회발전의 주체 세력이 혁신과 연대를 지향하면서 개방으로 이를 보완해가는 3차원의 가치체계로 구성되어 있다. 그리고 대외관계와 국내경제, 사회문화 등 국가 하위 씨스템의 특성에 따라 개방·혁신·연대의 가치가 다양한 방식으로 결합되는 가운데 구체화되도록 설계했다. 이들 각각의 하위 씨스템에서는, 대내적 차원에서는 혁신경쟁 우위의 산업정책과 연대를 실현하는 사회정책을 강조하며, 대외적 차원에서는 동북아시아의 평화와 번영을 위한 개방적 네트워크를 지향한다.

신진보주의 발전모델은 개방·혁신·연대의 가치 외에도 평화와 분권, 생태 등의 가치도 적극적으로 담아낸다. 신진보주의 발전모델은 개방지향적인 평화외교를 통해 세계의 평화지향적인 국가들과 연대를 구축함으로써 냉전체제를 해체하고 세계적 평화체제의 정착을 추구한다는 측면에서 평화의 가치를 지향한다. 또한 신진보주의 발전모델에서는 개방경제체제로의 전환을 적극적으로 수용하면서 국민국가 내 하위 지역들의 자율성을 강화하는 다층적 거버넌스 창출을 강조하기 때문에 분권의 가치가 중요하게 고려된다.

마지막으로 신진보주의 발전모델에 기초한 대안적 경제체제는 사람과 사람을 둘러싼 환경, 즉 생태에 대한 관심을 중요한 가치로 설정한다. 지식기반 경제의 창출로 사회구성원들의 삶과 생활을 시장과 선순환적으로 결합하고, 제도로서 네트워크 환경에 체화된 지식자본으로 글로벌 경제 내에서 독자적으로 작동하는 로컬 영역의 창출을 추구하기 때문이다. 이런 경제씨스템은 생태친화적인 시민사회와 공존하는 메커니즘을 성립함으로써 위험사회가 아닌 '안전사회'로의 진입을 돕는다.

여기에서 우리는 한국사회의 모순을 극복하고 지속적인 발전을 담아내는 틀로서 신진보주의 발전모델의 개념적 토대를 제시했다. 그러나 이 개념은 폐쇄된 모델이 아니라 대안을 마련하고자 하는 주체들의 끊임없는 참여를 통해 발전하는 열린 모델을 지향한다. 특히 통일, FTA 등 한국사회가 당면한 다양한 문제들을 포함하여 여기서 제시된 개념을 더욱 정교화하고 이들 주제들에 대한 좀더 분명하고 논리적인 대안으로 발전시켜나가는 것을 향후의 과제로 남겨두고자 한다.

| 참고문헌 |

강현수·정준호(2004)「세계의 지역혁신 사례 분석」,『응용경제』6권 2호.

김용웅(2003)「지역중심의 분권형 국토발전체제 구축방안」, 국토연구원 편『국토』257호.

김용철(2000)「신자유주의와 코포라티즘적 관리기제—네덜란드의 경험과 한국의 노사정 협의체제」, 2000년 한국정치학회 연례학술회의 발표문.

김태현(2002)「동북아 질서의 변동과 한반도」,『국제·지역연구』11권 1호.

로버트 D. 푸트남, 안청시 외 역(2000)『사회적 자본과 민주주의』, 박영사.

박세일(2001)「21세기의 국가, 시장, 그리고 시민사회—제2세대 개혁의 기본방향」,『지역연구』10권 1호.

박형준(2005)「나라 선진화──이기는 한국, 그늘 없는 세상을 위하여」, 한나라당 연찬회 발표문.

신정완(2005)「한국 자본주의의 대안적 체제(regime) 모델로서의 '한국형 사회적 시장경제 모델'에 대한 소묘」, 미발표 초고.

양재진(2005)「한국의 발전모델과 국가관료제──민주적 발전조합주의(Democratic Developmental Corporatism)의 모색」, 한국행정학회 2005년 추계학술대회 발표논문.

앤서니 기든스, 한상진·박찬욱 역(2000)『제3의 길』, 생각의 나무.

옥원호(2002)「로컬 거버넌스를 위한 지역 NGO의 과제」,『지방정부연구』6권 3호.

울리히 벡, 문순홍 역(1998)『정치의 재발견──위험사회 그 이후: 재귀적 근대사회』, 거름.

_____, 홍성태 역(1997)『위험사회──새로운 근대(성)를 향하여』, 새물결.

이상원(2005)「네트워크 경제와 가치사슬」, 정보통신정책연구원 편『경제의 패러다임 변화와 한국의 미래』, 민음사.

이일영 외(2004)『동북아 시대의 한국경제 발전전략』, 한신대 출판부.

이일영 외(2005)「한국형 신진보주의 경제 이념──개방·혁신·연대의 한반도 경제」,『동향과전망』64호.

이호근(2002)「변화하는 유럽의 조합주의와 유럽사회정책레짐의 발전」, 한국정치학회 연말학술대회 발표문.

임혁백(2000)「21세기 한국 대의제 민주주의의 대안──심의 민주주의, 결사체 민주주의, 전자 민주주의」,『IMF 관리체제 이후의 한국 정치, 사회변화』, 한국정치학회 Post-IMF Governance 하계 학술대회 발표자료집.

전병유(1999)「동아시아경제의 성장, 위기, 조절의 메커니즘에 관한 비판적 연구」,『경제학 연구』47권 4호.

_____(2005)『노동시장의 양극화와 정책과제—고용양극화를 중심으로』, 한국노동연구원.

정건화(2003)「동북아 시대 참여정부 산업정책의 방향과 쟁점」,『동향과전망』59호.

정병기(2004)「세계화시기 코포라티즘 정치의 전환—스웨덴과 네덜란드의 예를 통해 본 통치체제적 성격과 정치체제적 성격」,『한국정치연구』13집 1호.

조성재 외(2005)『원하도급업체간 임금격차 실태분석 및 개선방안』, 한국노동연구원.

최경구(1993)『조합주의 복지국가』, 한나래.

최장집(2005)『민주화 이후의 민주주의』, 후마니타스.

Schon, Donald A.(1971) *Beyond the Stable State*, W.W. Norton & Company.

Brown, Lester R.(2003) *Plan B*, Norton & Company.

신진보주의 정치모델

신자유주의적 탈정치론을 넘어 역동적 공화주의dynamic republicanism 정치세력화로

안 병 진

1. 문제의식——신자유주의적 탈정치론의 만개

그간 노무현(盧武鉉) 정부는 이제 '권력이 시장에 넘어갔다'고 자인하면서 신자유주의의 헤게모니를 전면적으로 강화해왔다. 미국식 신자유주의 씨스템을 획기적으로 강화하는 한미FTA에 집착하고 있는 것이 그 대표적인 예일 것이다. 현정부의 신자유주의로의 급격한 경도는 심지어 정운찬(鄭雲燦) 전 서울대 총장, 조순(趙淳) 전 서울 시장 같은 보수적인 지식인마저 심각한 우려를 표명할 정도로 현기증 나는 속도로 진행되어왔다. 이는 아직도 괴물처럼 잔존하는 과거의 권위주의적 발전모델과 기이하게 결합되면서 사회의 민주적 기반을 심각하게 침식하고 있다. 예를 들어 부동산정책에서의 과거 개발주의의 답습 현상과 신자유주의적 한미FTA의 급진적 추진을 통한 미국식 자본주의로의 편입 현상은, 서로 다른 시대적 모델이지만 공히 권력의 기존 지지 기반을 해체하는 파괴적 결과를 낳고 있다.

돌이켜보면 이러한 기인한 결합은 이미 참여정부의 출범 초기 전략에서부터 어느정도 예정된 경로였다. 정부는 당시 경제는 현상 유지, 정치는 개혁이라는 이중 트랙 전략을 추진한 바 있다. 이는 참여정부가 보유한 역량에 대한 현실적 고려, 정치개혁에 강박관념에 가까운 집착을 가진 집권 세력의 정체성 등에 기인한다. 이에 따라 경제, 교육 분야 관료들은 기존 개발주의를 집행해왔거나 미국식 신자유주의를 유일한 진리처럼 떠받드는 인사들로 채워졌다.

결국 이러한 이중 트랙 전략은 갈수록 경제 영역에서 기존 관료에 포획되어가는 결과를 낳고 말았고, 애초의 현상유지에서 더 나아가 신자유주의적 혁명이라는 자장 속으로 빨려 들어가게 되었다. 더구나 노무현 정부의 의도와 달리 경제의 보수화로 일어난 사회적 기반 침식은 자신들이 집착하는 정치개혁에 대한 지지연합조차도 약화하는, 의도하지 않은 결과를 낳았다. 더 모순적인 것은 전국적 균형발전이라고 하는 정치 개혁의 핵심 어젠다가 전 국토의 개발주의 확산이라는 권위주의적 발전모델과 결합되었다는 사실이다. 따라서 이는 정부가 의도한 바 정치와 경제를 분리하여 접근한 방식이라기보다는 상호 모순적 결합 및 모순의 악화 과정으로 이해돼야 할 것이다.

이때 특히 주목해야 할 사실은 이렇듯 정치개혁에 집착한 정부가 구기득권 진영과 갈등을 겪었고, 이 갈등으로 말미암아 신자유주의적인 함의를 가진 경제와 달리 정치는 진보적으로 이루어지는 것 같은 엄청난 착시 현상을 유발했다는 사실이다. 예를 들어 기존 권위주의적 정치씨스템을 개혁하기 위해 추진된 4대입법 같은 일반민주주의 수준의 과제에 대한 집착과 갈등은 현정부를 마치 좌파적이고 포퓰리즘적인 진영인 것처럼 인식시키는 왜곡된 효과를 낳았다.

하지만 경제 영역뿐만 아니라 정치 영역에서도 부지불식간에 신자유주의적 패러다임의 영향이 급속히 확대되고 있다는 매우 심상치 않은 사실은 별반 주목받지 못했다. 오히려 정치는 이미 진보적 견해들 사이에서 광범위한 합의가 이루어져 있으며 경제가 문제라는 인식이 상식처럼 퍼져 있다. 하지만 필자는 반대로 현재 문제의 핵심은 오히려 시장의 헤게모니를 의식적으로나 무의식적으로 강화하는 잘못된 정치관이 가장 주요한 문제이며 문제 해결의 고리도 여기서 찾아야 한다고 생각한다.

여기서 신자유주의적 정치관이란 사회적 갈등을 생산적으로 조직하는 정치의 긍정적 기능을 부정하고 비용 절감과 효율성의 관점에서 접근하여 정치를 엘리뜨들간의 합리주의적 타협으로 축소하는 관점을 말한다. 예를 들어 흔히 대단히 정치주의적이라고 이해되어온 노무현 대통령의 문제의식은 정치의 정수를 구성하는 집단적 갈등, 각 세력간의 헤게모니적 경쟁, 대중적 욕망과 정서 등의 개념과 큰 거리를 두며 신자유주의적 관점하에 합리주의적이고 엘리뜨주의적인 개인간의 타협이 곧 정치의 전부인 양 호도한다는 점에서 매우 탈정치적이다(안병진 2006, 93면). 그간 엘리뜨들간의 미국식 타협의 정치, 노동 배제와 보수간의 대연정, 선진한국 건설론, 국회를 들러리로 전락시킨 한미FTA 조기 체결 등의 일련의 핵심 어젠다들은 이러한 신자유주의적 정치관의 생생한 표현들이다.

비단 노대통령뿐 아니라 지식인 사회 전반에도 신자유주의적 정치담론의 직간접적 영향은 매우 크다. 대표적인 것이 정치개혁에서 아래로부터의 사회적 힘이 투입되는 것을 배제하고, 단지 투명성과 비용절감이라는 경제적 효율성의 관점에서 접근하는 것이 지식인들의 패러다임으로 광범위하게 수용되는 과정을 들 수 있다. 또한 경제주의적 리더십 모델인 CEO 정치론, 엘리뜨주의에 근거한 포퓰리즘 비판론, 탄핵 정국에서 위용을 떨친 사법부 최종심급론, 상대를 비판하는 모든 네거티브 캠페인을 죄악시하는 포지티브 캠페인론 및 이미지 정치, 욕망의 정치를 절대적으로 죄악시하고 이성주의적인 메니페스토 운동을 특권화하는 흐름, 그리고 이 모든 경향을 집대성했다고 할 수 있는 뉴라이트 일각의 공동체자유주의론이 광의의 의미에서 그러한 신자유주의적 탈정치론의 자장 안에 있다.

신자유주의적 정치의 이러한 전면화는 신자유주의적 경제로의 이동보다 더 우려할 만한 현상이다. 왜냐하면 신자유주의적인 경제로의 급격한 경도에 대해서는 보수적인 일부 지식인들마저 이반을 보이고 있지만 신자유주의적인 정치관은 진보적 성향의 지식인들도 무의식적으로 그 담론의 장에서 움직일 정도로 그 헤게모니적 영향력이 크기 때문이다. 최장집(崔章集) 교수(2006, 64면)는 이를 다음과 같이 예리하게 지적한다.

> 정부 안팎의 운동권 출신 인사들이나 개혁적 인사들 가운데, 신자유주의에 반대하면서 공적 영역과 민주정치의 중요성을 이해하고 국가의 민주적 역할을 통해 시장의 폭주가 견제되고 사회 불평등이 완화되기를 바라는 사람들은 많다. 그러나 잘 들여다보면 이들이 정치와 정치제도의 작동을 이해하는 방법, 정치개혁의 목표와 방법을 설정하는 접근 역시 신자유주의의 원리와 가치가 깊이 삼투되어 있음을 볼 수 있다.

신자유주의적 정치관의 자연스러운 확산은 현실 정치에서 소위 개혁·진보 진영의 수세화보다 더 심각하게 다루어져야 한다. 왜냐하면 이러한 신자유주의적 정치 담론의 지배는 단기적으로 선거전에서 불리하게 작용함은 물론이고, 장기적으로 탈정치론을 강화함으로써 아래로부터의 활력있는 대안 진영의 성장을 봉쇄하거나 무력화하는 장벽이 될 것이기 때문이다. 그리고 이는 역으로 신자유주의적 경제화의 흐름에 어떠한 브레이크도 걸 수 없는 악순환의 구조를 고착화할 가능성이 크다.

이 글의 목적은 이러한 신자유주의적 탈정치론을 비판적으로 바라보면서 신진보주의적 정치관의 핵심 관점과 방향을 시론적으로 소개하는 데 있다. 신진보주의 정치관은 주로 정치의 적극적 역할을 새롭게 이론화한 무페(Mouffe 2005)의 급진적 자유주의나 호노한(Honohan 2002)의 현대적 공화주의에 이론적 빚을 지고 있다. 이 글은 지면상 주로 신자유주의적 헤게모니 정치를 극복하기 위해 바깥으로부터 사회적 힘을 투입함으로써 이뤄지는 역동적이고 혁신적인 정치의 측면을 강조할 것이다.[1]

2. 정치의 복원—공화주의적 문제의식의 도입 필요성

이미 한국의 몇몇 학자들이 공화주의적 모색의 필요성을 선구적으

□■

1) 사회적 투입에 촛점을 두는 이 글은 주로 필자의 두 논문(안병진 2006a; 2006b)을 재정리한 것이다. 사회적 투입의 중요성을 넘어서 국내외의 대안적 정치관 및 정책 전반에 대한 좀더 심층적 내용은 2007년 상반기에 코리아 연구원에서 발간될 예정인 『공동체자유주의론의 한계와 공화주의적 대안』(가제)에서 다뤄질 것이다.

로 밝힌 바 있다(이병천 2004; 홍윤기 2004). 사실 영미권을 비롯한 서구 일각에서는 개인주의적 특성을 가진 신자유주의가 오랫동안 헤게모니를 행사함에 따라 그 다양한 부작용이 심각하게 나타나기 시작했고, 그러면서 공화주의가 새로이 주목을 받았다. 공화주의의 어원은 'res publica'로서 이 말은 정치공동체 구성원의 공적인 일을 가리킨다. 이 어원에 근거하여 홍윤기 교수는 한국 헌법 1조의 공화국이란 규정의 정치적 의미를 다음과 같이 정의한다.

> 정치공동체 차원에서 제기되는 공적인 사안에 관해 공적 이익을 극대화한다는 관점에서 단지 통치자뿐만 아니라 피통치자인 정치공동체 구성원까지 그 결정과정에 참여할 권한을 행사할 수 있는 공적 영역을 정치적 의사형성과 권력 행사의 토대현장으로 운영하는 체제를 가리킨다. (홍윤기 2004, 14면)

공화주의 이론에서 다수가 참여하는 공적 결정을 강조하는 이유는 근원적으로는 사회가 일부 독점적 세력에 의해 타락하지 않고 활력(vitality)을 가지게 하기 위함이다. 이 역동적 활력을 현대적으로 재해석하면 삶의 질과 의미를 풍부하게 하는 혁신이나 '지속 가능한' 진보라 할 수 있다. 그리고 시장은 이러한 활력을 위해 이용할 수 있는 유력한 수단이란 점에서 이 이론은 매우 시장 친화적이다. 또한 동등한 공적 참여를 통한 혁신의 공화주의적 정신은 바로 토플러(A. Toffler) 등의 미래학자들이 언급하는 21세기 사회의 핵심 구성원리이기도 하다(토플러 2006).[2)]

이러한 역동적 활력을 강조하는 정치관에서 정치적 갈등은 부정적인 것이기는커녕 오히려 인간사회를 타락시키지 않고 혁신하는 원동력이다. 즉 공화주의는 갈등을 긍정하고 이를 어떻게 조직하여 정치를 혁신할 것인가에 관심을 집중한다. 공화주의 정치 형태에 독특한 입법, 사법, 행정 간 갈등과 균형의 혼합정부 원리는 바로 이러한 특정한 정치관에서 필연적인 것이다(안병진 2004, 44~53면).

이러한 공화주의의 정치적 관점은 공동체주의의 탈정치적 위험성을 지적하면서 '정치적인 것의 부활'(the return of the political)을 주창해온 무페의 관점과도 수렴된다. 정치적인 것에서 적대성을 완전히 제거하고자 하는 공동체주의나 울리히 벡 등이 주장한 '제3의 길'론의 욕망과 달리 무페는 이러한 적대성을 제거하는 것이 영원히 불가능함을 강조한다. 오히려 정치의 핵심 정수는 정치의 틀 자체를 붕괴시키지 않으면서 적대적(antagonistic) 힘들 사이의 헤게모니 투쟁을 활력있는 '논쟁적 민주주의'(agnostic democracy)로 전환하는 역할이라고 그는 지적한다(Mouffe 2005, 52면). 비슷한 관점에서 현대적 공화주의 이론 구성에 앞장서온 호노한 또한 정치의 핵심을 단지 타협으로 보는 다원주의를 비판하며 토의적(deliberative) 성격을 강조한다. 여기서 호노한이 사용한 토의민주주의라는 표현이 하버마스(J. Habermas)의 전통에서 이야기하는 합리주의적 토의로 제한되는 것은 아니다. 호노한은 하버마스에 대한 최근 페미니즘 진영의 비판적 성과 등을 수용하여 자신의 심의가 이성주의적 모델에 한정되는 것은 아니라고 분명히 밝히고 있다. 그런 점에서 그의 토의민주주의는 앞에서 언급한 무페의 '논

2) 토플러가 말하는 '프로슈머'(21세기 사회의 구성원은 단지 소비자일 뿐 아니라 동시에 적극적 생산자임을 의미)란 바로 공적 참여를 통해 사회적으로 혁신해나가는 공화주의적 시민의 경제적 존재양식이라 할 수 있다.

쟁적 민주주의'와 수렴될 수 있을 것이다(2002, 225면).

논쟁적 민주주의를 강조하는 전통은 공화주의의 가장 중요한 개념인 시민적 덕성(civic virtue)과 연결된다. 개인의 사적인 이해관계의 경합을 당연시하는 다원주의적 전통과 달리 공화주의는 이를 넘어서서 늘 공적 이익을 염두에 둔 책임있는 개인을 중시한다. 각 개인이 자신의 단순한 이해관계를 넘어 생각하려면 순간적 계산이 아닌 정의에 대한 숙고와 성찰이 필요하다. 특히 21세기의 현실에서 시민의 공적인 덕성의 함양과 논쟁적 민주주의 기능의 회복은 더욱 의미가 크다. 왜냐하면 현기증 나는 속도로 발전하는 지금 시대에서 새롭게 제기되는 인간복제, 우울증과 같은 복잡한 과제들은 이미 과부하가 걸려 있고, 지역 주민들의 유동적 선호에 반응하기에도 바쁜 기존 대의기관들의 엘리뜨들이 이런 문제들을 처리하는 데 한계가 있기 때문이다. 그리고 이들은 인문학적 성찰의 부족으로 무의식적으로 자본의 헤게모니를 내면화하고 있다. 반대로 최고의 효율성과 자본을 보유한 기업의 헤게모니적 영향력이 날로 강화됨에 따라 시민들은 서서히 내면적으로 자본의 헤게모니에 편입되고 있다. 예를 들어 신자유주의적인 삶의 고통으로 더욱 확산되는 우울증은 그 근본 원인을 두고 논쟁되기보다는 갈등과 고통 자체를 약물로 제거하는 다국적 기업의 마케팅 대상으로 전락하고 있다. 신자유주의적인 폐해가 오히려 신자유주의를 강화하는 잔인하고 아이러니한 역설이 성립하는 셈이다. 하지만 현정부는 민주공화국 정부로서의 역할을 방기하고 그저 당연하게 그러한 헤게모니적 담론을 수용함으로써 국가의 공적 질은 퇴락해가고 있다. 향후 민주공화국의 공적인 역할은 시민들의 안전과 물질적 향유에서 나아가 삶의 의미 등 정신적 영역에서의 획기적 강화가 필요하다. 말하자면 안보나 분배의 정치학을 넘어 '의미의 정치학'으로 발전되어야 한다.

이러한 점에서 한국사회는 다양한 헤게모니적 세력들간의 분명한 대립점들을 만들어내고 치열하게 논쟁하는 활력있는 공적 공간을 창출함으로써 논쟁적 민주주의의 문제의식을 끌어내는 것이 그 어느 때보다 절박하다.

3. 사회적 투입의 방안들

위에서 필자는 신진보 정치철학의 핵심 문제의식으로서 역동적 갈등의 승화인 논쟁적 민주주의, 공적인 결정과 덕성론 등을 강조했다. 현재 정치개혁의 핵심 요소인 것처럼 부상되는 중임제는 만병통치약이 아니며, 그 효과가 반드시 긍정적인 것만도 아니다. 더 중요한 것은 신자유주의적인 정치관을 넘어 활력있는 갈등적 합의를 도출해낼 관점과 이에 기초한 제도적 배열들일 것이다. 아래에서 제시하는 것들은 그중에서도 특히 바깥에서 사회적 힘들을 투입하여 정치적 활력을 증진하는 측면에 한정된다.

우선 고민해야 할 것은 한국의 대통령제가 핵심적으로 채택한 미국식 견제와 균형의 원리를 어떻게 활력있는 민주주의로 변모시킬 것인가의 문제이다. 한나 아렌트나 네그리 등의 진보적 학자들이 높이 평가한 것처럼, 공화주의적 관점에 입각한 미국식 네트워크 정치는 기본적으로는 바깥으로부터의 사회적 힘들의 투입을 통한 역동적 균형을 이룬다(안병진 2004, 49면). 하지만 동시에 왜 미국 정치가 현재 교착상태에 직면했고 활력을 상실했는지를 통찰할 필요가 있다. 이는 행정부와 입법부 간의 권력의 불일치에서만 연유하는 것은 아니다. 좀더 근원적으로는 미국 건국 시조들의 기본적 보수성 때문에 권력의 견제와 균형의 씨스템 디자인 자체가 엘리뜨주의적 경향에 지나치게 기울어진 데서 비롯된 것이다. 물론 건국 시조들은 귀족정의 형태를 가진 상원을 견제하기 위해 인민의 대표인 하원을 동원해 바깥으로부터 사회적 힘을 투입하고자 했다. 하지만 이들의 마끼아벨리적 의도와 달리 몽떼스끼외가 이미 갈파했듯 상원이든 하원이든 대의제 자체가 이미 귀족정에 다름아니다(코오진 2003, 169면).

카라따니 코오진(柄谷行人)이 예리하게 지적하듯이 밀실에서의 비밀 투표가 곧 권력의 진공상태를 의미한다는 전제는 환상일 뿐이다. 오히려 사람들은 누가 시키지 않아도 '현실의 지배관계' 안에서 투표행위를 한다(같은 책 172면). 그런 점에서 미국 정치가 공화주의자 아렌트의 찬양과 달리 점차 활력을 잃고 타락해가는 것은 출발부터 예정되어 있었던 셈이다. 바로 이러한 이유 때문에 미국 정치는 지속적인 활력을 공급받기 위해 포퓰리즘이라는 직접 민주주의적 주사를 주기적으로 맞는다. 흔히 우익적 포퓰리즘의 효과적 출구로 사용되어온 캘리포니아 주의 주민투표제는 대의민주주의의 한계를 잘 보여준다.

한국에서도 노무현 정부부터 미국식 대통령제가 본격적으로 작동함에 따라 귀족정으로서 대의민주주의의 한계가 여실히 드러나고 있다. 더구나 아이러니하게도 비밀투표가 '대표하는 자'와 '대표되는 자' 간의 관계를 임의적으로 만듦에 따라(같은 책 164면) 선출된 대통령은 민의의 위임을 자의적으로 해석하게 되고 결국 한국 민주주의의 실질적 내용은 타락되고 있다. 과거 탄핵 정국에서 민의의 위임을 자의적으로 해석하고 감행한 4대입법의 추진이나 한미FTA의 졸속 추진은 위임의 자의성을 잘 보여준 예라 할 수 있다. 이렇듯 무기력에 빠진 한국 대의민주주의는 뒷문으로 우익 포퓰리즘을 초대하고 있다. 미국 자유주의의 무능력을 계기로 캘리포니아의 슈워츠제네거 주지사가 대중적 카리스마를 가진 우익 포퓰리즘 정치인으로 성장하듯이, 이명박(李明博) 전시장은 집권여당의 무능을 계기로 서민적이고 카리스마를 가진 정치인으로 각인되고 있다. 과거 미국 백만장자 포퓰리스트인 로스 페로와 유사한 정주영(鄭周永), 정몽준(鄭夢準) 후보의 우익 포퓰리즘 때보다 시장주의 헤게모니가 더 강화된 환경이기에 이는 매우 폭발적 위력을 발휘하고 있다. 이러한 관점에서 볼 때 현 입법·사법·행정의 대의제가 가지는 귀족정 성격을 완화하고 역동적 균형을 회복할 참여민주주의적 기제가 전면적으로 도입될 필요가 있다.

우선 대표자를 선출하는 수동적 투표가 아니라 우연적 추첨에 의해 선출된 시민들에게 국정운영 과정을 맡기는 공화주의적 원리를 구현할 필요가 있다. 다시 말해 현재 민주국가들에 공화주의의 오래된 흔적 정도로 남아 있는 배심원제의 원리를 최대한 전면화해야 하는 것이다. 이를 위해서는 과거 범국민개혁특위의 긍정적 경험을 적극적으로 되살려 발전시킬 필요가 있다. 비록 이 기구가 자문기구에 불과하며 협소한 대표성에 기초했다는 점에서 많은 한계를 가지긴 했지만 반응성과 성찰의 기능이 낮은 국회에 무시 못할 압력을 가하는 수단으로 작용한 바 있다(안병진 2004, 276면). 향후 이 위원회를 단지 상층 명망가 몇사람만의 엘리뜨주의 기구가 아니라 좀더 대중적인 조직으로 만들 필요가 있다. 논의민주주의(deliberative democracy) 이론의 정신에 부합하는 이 위원회는 무작위로 선출된 적정 인원으로 채워지고 전문자문기구의 보조를 받아가면서 심층적 토론을 수행하며 그 결과 국회에 주요 입법을 제안하는 기능을 수행할 수 있을 것이다. 이러한 정치적 경험의 장기적 축적은 시민들이 공적 의사결정에 대한 책임성을 함양하고 반면에 대의적 엘리뜨들은 사회적 반응성에 더 민감해질 수 있다. 각 당의 대통령 후보에 대한 예비경선도 당원뿐 아니라 유동적 지지지자층을 획기적으로 포함하여 사회적 반응성을 더욱 높여야 한다. 그리고 이 과정은 단순히 인기투표 행위가 아니라 시민들과 함께 정책을 토론하고 만들어가는 심의적 과정을 최대한 반영해야 한다.

바깥의 사회적 힘들을 투입함에 있어 일반 시민뿐 아니라 시민운동의 활력을 강화하는 것 또한 필수적이다. 하지만 현재 풀뿌리 시민사회의 기반이 취약하고 미디어 이벤트 경향이 강한 시민단체들과의 파트너십으로는 결코 사회적 기반을 확대할 수 없다. 앞으로 이러한 경향을 극복한 각 풀뿌리 시민사회 조직에 대해서는 재정적인 지원을 하거나 미디어의 참여에서 인센티브를 부여하는 방안을 사회적으로 강구해야 한다(Gastil 1993, 278면).

스카치폴(T. Skocpol)은 대중적 뿌리를 가진 단체들에 기반한 참여민주주의 관점이 민주주의의 질을 확대하는 의의를 다음과 같이 정리하고 있는데 이는 한국사회에도 시사하는 바가 크다.

> 더 나은 정책은 정부 정책의 심의과정에 단지 회원 네트워크를 참여시킬 때 나오는 것은 아니다. PTA(학부모회의)나 노조 강당 혹은 지역환경 클럽에서의 토론이 토론에 그치지 않고 의회(혹은 시의회나 주의회)에 보내는 보고서로 구체화된다는 것을 사람들이 실감할 때 사람들은 토론에 참여하는 가치를 분명하게 느낄 것이다. 만약 공직에 있는 사람들이 어젠다를 수립할 때 대중적인 뿌리를 가진 결사체들의 가시성과 영향력을 최소한 비즈니스 로비스트, 여론조사가, 전문가 위주의 연구소, 애드버커씨 그룹의 수준으로 높인다면, 이 조직들은 조직이 끌어들이고 참여시키고자 하는 바로 그 사람들에게 좀더 의미있게 다가올 것이다. (Skocpol 2003, 290면)

이러한 아래로부터의 풀뿌리 민주주의는 현재 중앙정부에 복속된 각 지역정부의 자율성을 강화함과 동시에 중앙과 지방 간의 견제와 균형의 원리를 실현해나가는 중요한 수단이 된다. 이를 위해서는 전국적 풀뿌리 민주주의 조직들의 네트워크가 활성화되면서 상호간의 경험이 교류·축적되고 전형을 만들어가는 것이 대단히 중요하다.

정치자금제도에 있어서도 바깥으로부터의 사회적 힘들을 강화하는 관점에서 새로운 패러다임을 고민할 필요가 있다. 정치개혁법은 과거의 부패를 극복하고자 하는 긍정성은 있지만 투명성과 규제라는 신자유주의적 패러다임에 지나치게 경도되어 사회적 소통의 패러다임을 배제하고 있다. 그 결과 최근 총선은 정당 및 정치인들의 사회적 기반을 강화하는 것이 아니라 미디어에서의 브랜드를 둘러싼 이미지 선거로 귀결되었다. 향후 새로운 패러다임을 고민하는 일환으로 예일 대학의 애커만 교수(B. Ackerman)가 제안한 백지신탁(blind trust) 기부제와 가칭 애국카드(patriot card) 제도는 검토해볼 만하다.[3] 이는 충분한 사전 선거운동 기간을 부여하는 식으로 정치관계법을 개정함과 동시에 현직의 부당한 잇점을 없애고 반대로 사회적 기반을 가진 후보들의 영향력을 강화하는 것이다.

선거방식과 관련해 다음 장의 양재진 교수도 강조하고 있듯이 결선투표제의 도입으로 사회적 소통성을 확대할 필요가 있다. 현재의 선거제도는 유권자들이 자신의 선호대로 투표하는 것을 막고 끊임없이 차

□■

3) 이는 선거에 참여하는 유권자들에게만 일정한 액수가 입금된 구좌를 나누어주고 이를 자신이 지지하는 후보에게 투자하여 사회적 기반을 가진 후보들의 힘을 강화하는 제도이다. 이에 대한 좀더 자세한 소개는 안병진(2003, 278~79면) 참조.

선을 선택하게끔 유혹한다. 반대로 브라질에서 시행하여 널리 알려진 이 제도는 만약 1차 투표에서 과반수 넘게 득표한 자가 없으면 2차에서 1, 2위 득표자를 두고 결선투표를 한다. 이는 1차 투표에서 사표심리에 빠진 유권자들이 차선의 후보를 선택하는 것을 막고 그들의 선호를 좀더 더 정확하게 반영할 수 있게 한다. 이 제도가 실시되면 현재의 협애한 이념적 지반에 기초한 미국과 한국의 보수 양당씨스템은 좀더 넓은 사회적 지반을 확보하는 방향으로 발전할 수 있을 것이다. 물론 일각에서는 이러한 제도가 정치씨스템의 불안정성을 증대시킨다고 지적하기도 하나 현재 한국 정치의 핵심 문제가 사회적 반응성의 결여라는 측면에서는 불가피하게 감내해야 할 요소이다.

사회적 소통력을 강화하기 위한 이러한 제반의 노력들이 갖추어지는 것과 조응하여 민의의 자의적 위임을 막고 최종심급으로서 시민들의 정치적 결정권을 강화할 필요가 있다. 이는 대통령 및 국회의원 등에 대한 국민소환권 및 주요 사안에 대한 국민투표제의 강화일 것이다. 그리고 관료들의 자의성을 방지하기 위한 정책 실행 과정과 평가에 시민들의 참여를 높여야 할 것이다. 국민소환제는 이미 열린우리당과 한나라당 양당이 2004년 도입을 공언한 바 있다는 점에서 특별히 급진적인 정책은 아니다. 국민투표제는 한미FTA나 대통령 탄핵 같은 국가의 중대한 방향과 관련된 사안의 최종적 결정을 민의의 자의적 위임 소지가 있는 국회나 사법부의 결정에 맡기지 않는다는 점에서 민주주의의 중요한 보루가 될 수 있다. 이는 미국의 주 차원에서 직접민주주의의 도입으로서 활용되고 있다. 물론 이 제도가 우익 포퓰리즘의 왜곡된 출구로 작용해온 것도 사실이다. 왜냐하면 미국 공화정씨스템은 금권정치에 대한 근본적 제한이 없고 광범위한 시민 및 전문가들의 논쟁적 민주주의를 수단으로 하는 공론 형성의 장치가 취약하기 때문이다. 반면에 앞에서 언급한 사회적 소통력을 강화하기 위한 제도들의 도입과 함께 배열되는 국민투표제는 긍정적으로 작용할 개연성이 크다.

이와같은 사회적 소통 강화의 노력은 궁극적으로 근본적이고 영구적인 헌법 혁신 운동으로 귀결될 것이다. 궁극적으로 헌법의 혁신을 둘러싸고 다양한 사회적 요구들이 치열하게 경쟁하지 않고 현재와 같이 헌법이 협소한 권력구조의 개편 문제만으로만 인식돼서는 안된다. 한국사회의 민주주의 수준이 한 단계 발전하려면 헌법재판소가 헌법의 최종심급이라는 신화(judicial supremacy)에서 벗어나 대의기구 내의 각 부가 헌법적 혁신을 둘러싸고 치열하게 소통해야 한다. 나아가 대의제 틀을 벗어나 영구적으로 시민들의 의사가 헌법 속에 소통되고 혁신될 필요가 있다. 이러한 과정 없이 모든 이슈를 사법부가 블랙홀처럼 빨아들이는 것은 바깥의 민의의 부단한 유입을 통한 활력의 견지 및 견제와 균형의 원리를 파괴한다.

미국에서는 동성애 결혼 금지 헌법 수정안 통과를 위해 대의적 틀을 벗어나 풀뿌리 차원에서 시민적 의사를 결집하여 헌법적 혁신을 시도하는 현 부시 대통령을 누구도 민중민주주의자로 부르지 않는다. 오히려 그러한 과정에서 다양한 민의가 갈등하고 심의하고, 다수의 민의를 확인해나가는 것은 민주주의의 역동적 강점이라고 할 수 있다. 이를 컴퓨터 프로그램에 비유해서 말하자면 헌법은 마이크로쏘프트의 폐쇄적 프로그램과 달리 이러한 집단 지성 네트워크의 작용으로 부단히 혁신되는 리눅스 프로그램이 돼야 하는 것이다(안병진 2004, 282~86면).

이러한 새로운 신진보적 방향에서 제도적 배열보다 어쩌면 더 중요한 것은 신진보적 감수성의 문제이다. 아무리 좋은 제도를 새로이 만들어도 새로운 감수성이 내재되지 않는다면 결국 과거의 작동원리와 같아진다는 것을 우리는 무수히 보아왔다. 그런 점에서 역동적 공화주의의 정책 방향보다 감수성, 정치 스타일이 우선적으로 토론되고 혁신될 필요가 있다.

가장 중요한 것은 아래로부터의 공적 참여를 통한 혁신적 문제 해결의 정신일 것이다. 이러한 관점은 21세기 시민의 삶과 정신세계에서 멀리 떨어진 정치계급의 양태나 협소한 당파적 태도에 따른 구별짓기의 정치를 벗어나게 한다. 지금까지는 자신과 다른 정당과의 분파적 구별짓기에서 입장을 세워오는 경우가 매우 많았다. 예를 들어 부동산 같은 문제는 좌와 우의 차원을 넘어 일반 민주주의 차원에서 공공성을 강화하고 건전한 자본주의적 질서를 구축하는 것이기에 기존 정치질서를 뛰어넘을 수 있는 잠재력이 있다. 이는 마치 미국에서 금권선거 개혁을 좌파적 이슈라기보다는 일반 민주주의 차원의 문제로 보고 공화당의 매케인 의원과 민주당의 파인골드 의원이 협력하는 것과 같은 원리이다. 하지만 기존 정치질서는 이러한 이슈에서 리눅스적인 집단지성의 힘을 형성하고 이를 통해 민주공화국의 정신을 구현하는 데 실패해왔다.

장기적으로만 보면 이러한 철학과 감수성은 두 가지 전제가 더 필요하다. 첫째는 사회 전체의 평생교육을 전면적으로 혁신하는 것이 필요하다. 이는 21세기 공화주의적 시민·정치인 양성 프로젝트이다. 물론 이때 공화주의적 시민이란 단순히 대한민국 국내에만 국한된 것이 아니라 동북아나 지구적 시민으로서 중첩된 의미를 지닌다. 두번째는 공공성을 추구하는 시민들이 인정받고 더 나은 삶의 질을 영유할 수 있도록 공화주의적 경제·문화씨스템을 구축하는 것이다. 예를 들어 실질적으로 공정한 경제적 기회나 참여를 위한 여유가 제공되지 않는 상황에서 공화주의적 시민 교육이란 도덕주의적 호소에 지나지 않는다.

이 점은 공화주의가 도덕주의적인 공동체주의 담론과 질적으로 구별되는 지점이다. 하지만 신자유주의적 시장과 소유적·개인주의적 인간형의 헤게모니가 갈수록 강화되는 가운데 이러한 장기적 과제를 실현하는 데는 매우 험난한 과정이 있을 것이다.

지금까지 필자는 신진보주의 정치의 철학적·정책적 방향에 대해 시론적으로 살펴보았다. 이러한 방향은 노무현 정부나 집권 여당, 민주노동당 등 기성 정치질서 전반에 대한 매우 비판적인 문제의식을 전제한다. 사실 한미FTA나 재벌개혁 등에서 뉴라이트 노선을 구현해온 집권진영은 보수주의적인 공동체 자유주의 비전에 아주 가깝게 서 있다. 또한 실패한 국가인 북한에 온정주의적 태도를 견지하거나 시장의 혁신적 기능을 무조건 배타적으로 바라보는 민주노동당의 노선은 21세기적 진보라 보기 어렵다.

이렇듯 매우 비판적인 견지에서 볼 때 향후 신진보주의 정치세력은 단지 정치권 내의 부분적 이합집산이나 NGO 운동가의 영입, 혹은 기존 진보정당의 강화 등의 경로를 밟아서는 안된다. 또한 진보 지식인들의 정책 포럼 운동에만 시야를 국한해서도 안된다. 좀더 장기적 시야와 호흡, 그리고 지식인운동을 넘어서는 사회적 혁신운동으로 뿌리내려야 한다. 새로운 정당은 바로 이러한 광범위한 혁신의 깊은 뿌리 속에서만 비로소 생명력 있게 피어날 수 있다.

| **참고문헌** |

안병진(2004) 『노무현과 클린튼의 탄핵정치학—미국적 정치의 시대와 민주주의의 미래』, 푸른길.

_____(2006a)「공화주의적 민주주의」, 주성수 외 『민주주의 대 민주주의』, 아르케.

_____(2006b)「탈정치론의 시대—참여정부와 뉴라이트의 탈정치론과 공화주의적 대안 모색」, 『동향과전망』 67호.

앨빈 토플러, 김중웅 역(2006) 『부의 미래』, 청림출판사.

이병천(2004)「공화국과 자본주의—무책임 자본주의에서 시민자본주의로」, 『시민과세계』 6호, 참여사회연구소.

최장집(2006) 『민주주의의 민주화—한국 민주주의의 변형과 헤게모니』, 후마니타스.

홍윤기(2004)「공화국의 육신—시민적 앙가주망과 국민주권의 활성화」, 『시민과세계』 6호, 참여사회연구소.

카라따니 코오진, 송태욱 역(2003) 『일본정신의 기원』, 이매진.

Honohan, Iseult(2002) *Civic Republicanism*, New York: Routledge Publisher.

Mouffe, Chantal(2005) *On the Political*, Routledge.

Skocpol, Theda(2003) *Diminished Democracy: From Membership to Management in American Civic Life*, Oklahoma: University of Oklahoma Press.

유능한 민주정부의 창출을 위한 제도개혁과제

양 재 진

> 운동세력이 민주정부를 창출하는 데는 성공했지만, 그 민주정부가 공동체의 사회경제적 삶을 향상시키는 데는 실패하고 있다. 민주주의를 가져온 중심세력들이 담지하는 민주주의에 대한 가치는 운동의 열정을 통하여 분출된 바 있었지만, 제도를 만들고 제도의 작동원리를 이해하고 이를 통해 사회변화를 가져오는 데는 극히 미숙하다(최장집 2006, 38면).

1. 서론

(1) 유능한 민주정부의 필요성

노무현 정부는 새시대의 기대를 한껏 안고 출발했다. 민주화세대가 주류를 형성한 참여정부는 권력기관에 잔존했던 권위주의의 그림자와 정치사회의 선진화를 가로막고 있던 '보스'정치를 벗어던지는 성과를 낳았다. 하지만 참여정부는 고용불안정과 빈곤의 확대, 내일의 희망을 상실한 비정규직 양산, 사회적 양극화와 사회갈등의 증폭 문제에 대면해서는 무기력만을 보여주고 있다. 이 책에서 제기하는 '신진보주의 발전모델'은 개방의 과실(果實)은 추구하되 정책자율성은 포기하지 않으며, 한미FTA 같은 무분별한 '외재적 충격요법'보다는 먼저 내재적 발전동력을 극대화하고자 한다. 3만불 시대의 성장모델뿐만 아니라,

경제적 성과가 복지증진으로 이어지고 이것이 다시 성장을 견인하는 성장·복지의 선순환 구조를 그리고자 한다. 한마디로 우리 공동체의 사회경제적 삶을 향상시킬 수 있는 대안을 제시하고자 하는 것이다.

그러나 아무리 좋은 비전과 전략이 제시되어도, 민주정부가 이를 정책화하고 집행할 수 있는 능력을 결여하고 있다면 아무 소용이 없다. 국가가 다양한 경제주체와 사회집단의 개별이익 추구 행위를 조율하여 경제발전과 복지의 향상이라는 공공선을 창출할 수 있는 유무형의 제도를 만들어내는 과정은 결코 쉬운 일이 아니다. 특히 신진보주의 발전연합을 형성하기 위해 자본과 노동의 양보를 이끌어내면서, 동시에 이해관계자 참여형 기업지배구조, 노조의 산별체제화, 복지제도의 현대화, 노동시장의 유연안정성 확보, 공급 측면 산업정책과 사회안전망 확보를 위한 국가재정의 확충, 지역혁신체제의 구축, 그리고 동북아 평화체제의 정착 등 영역별 기초 인프라를 구축하는 것은 지난한 과제이다. 이 어려운 과업은 현재의 무력한 민주정부를 강하고 유능한 민주정부로 탈바꿈시킬 때 가능해진다(양재진 2006).

(2) 민주정부의 정치제도적 기반 구축 필요성

한국의 민주주의는 앞서 안병진 교수가 지적했듯이, 시민의 공화주의적 덕성을 높이고 참여정치를 활성화할 때 한 단계 성숙해질 수 있다. 한편 1987년 이후 20년간 시행된 기존 대의민주주의의 문제점을 보완하기 위한 노력도 절실한 싯점이다. 민주주의는 기본적으로 권력분립을 전제로 하는데, 수많은 거부점(veto points)의 존재로 민주정부는 과단성(decisiveness) 측면에서 취약성을 보이고 있다. 하지만, 민주정부의 취약성은 숙명이 아니다. 네덜란드처럼 격화되는 세계화의 격류 속에서 '유연안정성'(flexicurity)이라는 신조어까지 만들어내며 유연한 노동시장을 통해 성장과 고용문제를 해결하고 동시에 복지 수준도 높이는 민주국가가 있다. 반면, 이딸리아처럼 국가경쟁력의 침몰을 목도하면서도 필요한 개혁을 일구어내지 못하는 나라도 있다. 민주정부의 역량은 정치 리더십에서 큰 영향을 받는다. 하지만 영웅적 리더십의 출현에 나라의 운명을 기대기보다는, 일상의 평균적인 정치 리더십으로도 국가발전을 이룰 수 있는 씨스템적 기반을 갖추는 일이 필요하다.

필자는 우리 사회에서 시민사회와 유리된 불안정한 정당체제에 현재 민주정부가 무기력한 가장 큰 원인이 있다고 본다. 민주정부의 능력은 선거경쟁으로 집권한 여당이 시민사회의 신뢰와 지지를 이끌어내고 국가관료제를 지휘통제하여 사회발전을 견인할 수 있는 공공정책을 얼마나 잘 만들어내느냐에 달려 있기 때문이다. 따라서 어디가 여야가 되건 간에 먼저 시민사회에 깊숙이 뿌리내린 정책정당을 만들어내는 것이 국가발전을 위해 선결되어야 할 과제이다. 다음으로 최고 지도자로서 대통령의 정치적 리더십이 확보될 수 있도록 대통령제의 '헌법적 결함'(Linz 1994, 7면)인 여소야대 분점정부의 문제점을 민주적으로 극복할 수 있는 대안이 마련되어야 한다. 그리고 노사관계의 선진화와 사회적 합의의 장으로서 노사정위원회의 내실화도 요청된다. 마지막으로 쇄신된 정치 리더십에 부응하는 관료제기구의 개혁도 함께 이루어져야 한다.

2. 유능한 민주정부의 제도적 기반 형성

과거 권위주의 정부는 근대화 프로젝트를 추진하면서, 사회집단의 개별이익 추구를 필요에 따라 억제하고 배제했다. 경제성장이라는 공공재의 생산에 필요한 개혁과 변화를 이끌어낼 수 있는 과단성(decisiveness)과 함께, 제도적 변화가 착근될 수 있도록 정책적 안정성과 지속성(resoluteness)을 '권위주의'가 보장한 것이다. 경제사회의 제도개혁을 위한 과단성과 정책적 안정성은 권위주의뿐만 아니라 사회변화를 추구하는 민주정부에게도 요청되는 능력이다(Haggard and McCubbins 2001). 그렇다면, 이를 어떻게 확보할 수 있을까?

(1) 정당제도의 개혁

① 정당의 중요성과 우리나라 정당개혁의 반성

베버(M. Weber)가 지적했듯이, 대중민주주의 시대에 정당(political party)은 시민사회와 국가를 연결하는 가장 효율적인 조직이다. 그리고 선거에서 승리한 정당은 행정부의 이사회라 할 수 있는 집정부(political executive)[1]를 구성하여 국가관료제를 통제하고 국정이념을 실천하는 조직이다. 다음 선거에서 집권기간 동안의 성과에 따라 국민에게 평가를 받는 책임정치의 구현 도구이기도 하다. 한마디로 정당은 민주주의가 작동하는 데 있어 가장 핵심적인 제도적 장치인 것이다(Held 1996, 5장).

그러나 아쉽게도 한국의 정당은 선진 OECD 국가로는 보기 드물게 이념적 스펙트럼이 좁아 시민사회의 다양한 이해관계를 대표하지 못하고 있다. 그러면서도 정당간 대결은 매우 격렬하며, 정당체제는 대

1) 민주국가에서 집정부(political executive)는 대통령선거나(대통령제 국가의 경우) 총선(의원내각제 국가의 경우)에서 승리한 집권정당 혹은 집권 정치연합에 의해 형성되며, 행정수반과 내각으로 구성된다.

단히 불안정하다. 게다가 대통령 선거 때마다 집권당과 야당의 이름이 바뀌고 정당간 이합집산이 이루어져, 책임정치를 기대하기가 어려운 상황이다. 따라서 우리 사회에서 요구되는 정치개혁의 방향은 시민사회의 사회경제적 이해관계를 광범위하게 대표하는 안정적인 정당체제를 만드는 일이다.

하지만, 우리나라에서는 과거 권위주의 국가의 부속기구적 성격이 강한 정당에 대한 불신과 혐오 때문에 지나친 반동을 낳아, 미국식의 탈이념적이고 약한 정당이 개혁의 방향으로 인식되고 있다. 보스정치를 벗어나기 위해 정당민주화를 지향하고 있으나, 정당체제의 개편에는 소홀하다. 정치개혁 하면 으레 국회의원 숫자를 줄이고, 지구당을 축소하고, 선거 때에만 가동되는 의원 중심의 원내정당화를 추구하는 것으로 인식되고 있다. 후보자 선출도 미국식 예비선거제도를 가미하여 지역대표성은 유지하되 이념성은 약화하는 방향으로 개혁되고 있다. 유럽 정치에서는 당연시되는 당론투표(party unity vote)는 권위주의의 소산으로 여겨지고, 개개 의원의 소신과 이해관계에 따라 정당을 넘나드는 교차투표(cross-vote)가 바람직하다는 인식 또한 강하다. 여기에 당정분리가 마치 민주주의의 원칙인 양 인식되고 있어 책임정치의 기초마저 무너지고 있다. 유럽처럼 사회경제적인 균열을 기반으로 시민사회와 강한 연대성을 갖는 정당체제보다는, 지역대표들로 구성된 원내 중심의 약한 정당이 개혁의 방향이 되어온 것이다.

② 선거제도 개혁의 필요성과 방향

민주주의의 정상적인 작동 원리는 무엇인가? 정당이 시민사회를 대표하고 갈등을 조정하는 정치의 중심에 서고, 선거 승리시 정부를 구성하여 국가를 이끌어나가며, 그 결과에 따라 다음 선거에서 평가받고 책임을 지는 것이다. 민주정부가 무기력에서 탈피하기 위해서는 지역사회가 아닌 시민사회와 강한 연계를 갖는 정당이 필요하다. 현재처럼 정당은 지역을 대표하고 시민사회는 시민단체가 대변하는 식이어서는 곤란하다.

정당이 시민사회의 다양한 계층의 지지와 신뢰를 받으며 뿌리를 내리기 위해서는 사회경제적 균열에 근거한 다당제로의 전환이 불가피하다. 지역개발이 화두가 되는 지역간 이권배분의 정치보다는 경제·노동·복지 등 사회경제적 문제가 정당간 대결의 핵심이어야 한다. 그렇다면, 사회경제적 균열구조에 근거해 시민사회를 광범위하게 대표하는 정당체제는 어떻게 만들어낼 수 있을까? 기존에 형성된 정치적 균열구조를 바꾸기는 쉽지 않다. 하지만 후보자 중심(candidate-centered)이 아닌 정당 중심(party-centered)의 선거가 이루어질 때 변화는 시작될 수 있다(Sartori 1997, 3장; 박동천 2000). 우리의 경우, 17대 총선부터 도입된 정당투표의 비례대표제를 확대해 인물투표의 소선거구제를 완전히 대체하는 것이 필요하다는 뜻이다. 지역대표로 최다득표자 1인만을 뽑는 소선구제에서는 1등 후보의 지지표만 의회에 대표되고, 나머지 표는 모두 사표가 된다. 특정지역에서 1등 하기란 해당 지역에 기반을 둔 기존 정당 외에는 아주 어려운 일이다. 한마디로 소선거구제는 현재 지역기반을 가진 기존 정당에 매우 유리한 제도이다.

반면, 비례대표제에서 투표자는 선호하는 정당에 사표 걱정 없이 표를 던지고, 정당은 득표한 비율대로 의회에 진출하게 된다. 다양한 계층과 이념을 대표하는 정당이 의회에 진출할 기회가 많아지며, 그만큼 국민대표성이 높아진다.[2)] 전국을 단일선거구제로 하는 정당투표의 비례대표제는, 현재 지역현안 · 인물 · 국가정책이 혼재된 상태에서 치러지는 소선거구제 선거와 달리, 중앙 수준에서 국가현안에 대한 정책대결을 가장 중요한 선거전략으로 부상시킬 가능성이 크다. 정책을 중심으로 전국 단위에서 선거경쟁이 이루어지면 집권정당의 정책적 책임이 명확하게 되어, 궁극적으로 민주사회의 책임정치가 강화된다. 이러한 과정 속에서 자연스레 정당의 정책능력 또한 제고될 것이다.[3)]

③ 독일식 비례대표제 도입의 필요성

그렇다면, 과연 한국 정당정치의 새로운 시발점이 될 수 있는 비례대표제를 확대 도입할 수 있을까? 과거 정치개혁법안 처리 과정에서 볼 수 있듯이, 소선거구제에 대한 의원들의 집착은 여야를 막론하고 무척 강하다. 당선이 생명인 국회의원이 자신에게 유리한 기존의 게임룰을 바꾸자는 데 선뜻 동의할 것을 기대할 수는 없다. 따라서 현 지역구 의원들의 반발을 최소화할 수 있는 비례대표제도를 제시하는 방안이 필요하다. 독일식 비례대표제가 그 대안이다.

독일 유권자들은 우리처럼 표를 두 개 던진다. 하나는 자기가 선호하는 정당에, 다른 하나는 지역구에 출마한 후보자에게 던진다. 그러나 우리와 다른 점은, 독일에서 의석배분은 정당투표의 지지율에만 근

□■

2) 이 경우, 소수정당이 지나치게 난립하여 정당체제의 안정성이 저해되는 단점이 있다. 하지만 독일처럼 전국지지율이 5%가 안되는 정당의 의회진출을 막는 등의 방법으로 유효정당수를 적절히 통제하여 정당체제의 안정을 기할 수 있다.

3) 정당 중심의 정치를 견인하기 위해 비례대표의 후보자명부는 폐쇄형으로 작성되어야 하며, 당 지도부가 후보자와 그 순위 선정에 일정한 영향력을 행사할 수 있어야 한다. 구체적인 방법으로 당원들의 의사를 반영해 구성하고, 중앙당에 위치한 공식적인 후보자선출위원회에서 후보자와 명부상 순위를 결정하는 것을 생각해볼 수 있다.

거해 이루어진다는 데 있다. 그렇다면 지역구 투표는 왜 하는가? 이는 정당지지율에 의해 배분된 의석을 어떤 사람들로 채우느냐를 결정하는데 이용된다. 즉, 각 정당은 확보한 의석을 채울 때, 지역구 당선자를 먼저 배정하고 남는 자리를 비례명부의 1순위자부터 배정한다.[4)]

독일식 비례대표제는 정당지지율이 의석 확보에 관건이므로 여타 순수 비례대표제와 마찬가지로 다당제를 견인하며 정당간 정책대결을 유도한다. 한국 정당정치의 정상화를 위해 도입해야 할 비례대표제도의 정신이 그대로 구현되고 있는 것이다. 한편, 지역구에 후보로 나서서 1등만 하면 의회 진출이 보장되므로, 비례대표제 도입과정에서 불가피한 현행 지역구 의원들의 반발도 최소화할 수 있는 장점이 있다. 게다가 지역대표가 의회에 진출하는 길이 열려 있으므로 비례대표제의 단점인 유권자와 의원 간의 심리적 거리감을 줄일 수 있다. 소선거구제도에 친숙한 우리 국민들에게 쉽게 다가올 수 있는 선거제도인 것이다.

④ 정당인으로서 대통령의 정치적 책임과 리더십 확보

정책정당으로서 미래 발전전략을 제시하고 관료제를 운영할 수 있는 능력과 경험을 축적할 때, 대통령의 리더십도 발휘될 수 있다. 지금

□■

4) 문제는 정당지지율로 확보된 의석수보다 많은 지역구 의원을 당선시키는 경우다. 이를 막기 위해, 독일에서 지역구 수를 전체 의석수의 50% 이내로 제한한다(2002년 총선의 경우, 전체 의석수 598석, 지역구 숫자는 299석). 우리나라에 독일식 비례대표제를 도입하면서 지역구 의원의 반발을 줄이기 위해서는, 현재 243개인 지역구를 200개 정도로 조금만 줄이고 대신 전체 의석수를 400개로 늘려 선거제도 전환의 저항을 줄이는 것이 전략적으로 필요하다고 본다.

처럼 5년마다 대통령 후보캠프를 중심으로 일회성 선거용 정책대안(공약)이 급조되고, 대통령이 된 후에야 통치이념과 로드맵 등 정책대안이 만들어져서는 안된다. 국가관료제에 대한 통제도 집권당보다는, 대통령 개인의 자문팀인 대통령위원회를 통하거나(현 노무현 정부) 가신 등의 비선조직에 의존하는 경우(김영삼·김대중 정부), 정당의 정책능력과 경험은 미숙아 수준을 벗어나지 못한다. 더욱 심각한 문제는 5년간의 국정운영 경험마저 대통령의 임기종료와 함께 소속정당의 정책적 자산이 되지 못하고 사라져버린다는 것이다.

따라서 비례대표제를 통해 점차 전국 수준의 정책정당을 형성하고, 정당인으로서 대통령후보는 수권능력을 배양한 정당의 지원 속에 선거에 임해야 한다. 당선 즉시, 대통령의 국정운영 철학에 따라 정당 차원에서 준비한 정책을 국가관료제를 수단으로 실현하여 민주정치의 책임성을 높여야 한다. 시민사회에 뿌리내린 안정된 정당체제를 기반으로 개별이익의 조정을 이끌어내면서 집권 전부터 정책적 대안을 준비한다면, 집정부의 관료제 통제는 더욱 실효성을 얻게 될 것이다.

(2) 한국 대통령제의 정상화를 위한 제도개혁

① 권력분립과 여소야대시 행정부와 의회의 대립 문제

과거 대통령은 권위주의 정권의 수장이었다. 민주화된 이후에도 보스정치의 영향 때문에 한국의 대통령에게는 '제왕적 대통령'이라는 부정적 이미지가 덧칠해졌다. 따라서 민주주의는 강력한 리더십을 갖는 대통령과 대척점에 있는 것으로 인식되고, 민주주의를 위해 대통령의 권력은 견제되고 축소되는 것이 바람직하다는 컨센서스가 형성되었다. 이 입장에 서면, 대통령제하 여소야대 분점정부(divided government)가 발생하여 교착상태에 이르는 문제도 제왕적 대통령을 견제하기 위해 불가피한 현상으로 여겨지며, 적극적인 제도적 해결이 강구되지 않는다. 이보다는 리더십 스타일의 변화나 정치문화의 성숙 등 소극적이고 실효성이 낮은 대안을 제시하는 데 그치고 있다.

권력분립(separation of power)과 견제와 균형(check and balance)이 민주주의의 원칙임은 분명하다. 하지만 여소야대 국면에서는, 국민으로부터 동일하게 통치권을 위임받은 행정부와 국회가 공동체의 공동이익보다는 서로 다른 정파적 이해관계를 우선시하여 정쟁 차원의 소모적인 대립을 일삼는 경우를 종종 목격하게 된다. 야당의 입장에서 '성공한 정부'를 만드는 데 일조하는 것은 그만큼 야당의 집권가능성을 스스로 떨어뜨리는 일이 되기 때문이다.

민주주의국가에서 권력분립은 원칙이지만 금과옥조일 필요는 없다. 유럽의 많은 의원내각제 국가들은 의회권력과 행정부권력이 수상을 정점으로 융합되어 있다. 나아가 양당제하 단독정부를 구성하는 영국의 소위 '웨스트민스터' 통치구조를 그 누구도 권위주의적이며 비민주적이라고 하지 않는다. 대통령제하 여소야대 국면에서 자주 발생하는 행정부와 의회 간 대립과 교착상태를 권력분립이라는 미사여구로 용인할 필요는 없다.

② 미국식 해결방안과 프랑스식 해결방안의 비판적 검토

여소야대 분점정부의 문제를 극복하기 위한 제도적 장치는 무엇인가? 가장 확실한 방법은 선거법 개정 등으로 한국의 정당정치가 정상적으로 작동되는 것에 발맞추어, 의원내각제를 도입하는 것이다. 의원내각제에서는 그 원리상 의회의 다수당이 행정부를 장악하게 되어 있어 여소야대 현상 자체가 발생하지 않기 때문이다. 그러나 현행 대통령제를 유지하는 경우에는, 미국식 해결방법과 프랑스식 해결방법이 논의되고 있다(양재진 2002).

미국의 대통령제는 우리나라의 경우보다 여소야대시 행정부와 의회의 갈등문제를 성공적으로 해소한다고 평가된다. 대통령이 정책사안을 두고 개별적으로 여야의원들을 접촉하여 정책연합(policy coalition)을 형성할 수 있는 여건이 형성되어 있기 때문이다. 그 이유로 싸르또리(Sartori 1997, 89면)는 상대적으로 미국의 정당들이 이념적으로 무원칙적(ideological unprincipleness)이며, 정당규율이 약하고(weak and undisciplined parties), 지역구를 의식하는 지방 중심의 정치(locality-centered politics)가 지배하고 있기 때문이라고 지적한다. 대통령이나 의원들이 모두 소속 정당의 정책적 혹은 이념적 입장에서 어느정도 자유로우므로, 개별적 이익을 향유하는 댓가로 여야를 넘나드는 정책연합을 사안별로 형성한다.[5] 미국식 방법이 여소야대에서 행정부와 의회의 대립을 완화할 수 있을는지는 모르지만, 문제해결에 있어 사실상 '뒷거래'가 중요한 수단이 되고, 이 과정에서 정당정치가 후퇴하므로 바람직한 해결방법은 아니다.

프랑스식 이원집정부제도 분점정부의 해결방법으로 논의되고 있다. 집권당이 총선에서 패할 경우, 대통령은 외교와 국방만 맡고, 나머지는 총선에서 승리한 야당이 총리와 내각을 구성해 관할한다는 것이다. 소위 동거정부(cohabitation)를 구성하는 것인데, 이 경우 두 명의 행정수반이 역할을 분담한다고 이해된다. 하지만 총선에서 승리한 야당

5) 대통령이 연방정부예산으로 특정지역의 개발사업을 지원하며 정책지지를 맞바꾸거나(pork-barrel), 의원들간 상호 선호하는 법안을 서로 교환하여 지지하는 정략적 결탁(log-rolling) 등의 방법이 가능하다.

출신 총리에게로 권력이 이양된다고 보는 것이 현실에 부합한다. 총선 결과에 따라 권력이양이 일어나는 것은 의원내각제적 전통이 강한 프랑스에서나 자연스럽게 작동하는 것이지, 대통령에 대한 기대와 권한이 강한 한국적 상황에서 제대로 작동할 리 만무하다.[6] 한국에서는 동거정부 구성이 의회와 행정부의 갈등양상을 해결하기보다는 갈등구조를 행정부 안으로 끌어들일 공산이 크다. 14개월 동안 대면조차 하지 않고 서로 명예훼손으로 고소하며 갈등양상을 표출했던 슬로바키아의 코바치 대통령과 메치아르 총리의 사례가 한국에서도 재현될까 우려되는 것이다(Hague, Harrop and Breslin 1998, 214면).

③ 선거주기의 일치와 정책 중심 연립정부의 구성

약한 이념정당체제를 전제로 하는 미국식 해결방법도 프랑스식 동거정부도 제대로 작동하기 어려운 한국적 상황에서, 우리가 선택할 수 있는 방안은 무엇인가? 방법은 대통령제하 연립정부의 구성이다. 이때 연립정부 구성은, 지역연합이었던 DJP연합과 달리, 정책적 지향이 비슷한 정당과 해야 한다. 이를 위해서는 몇가지 제도적인 보완책이 필요하다.

먼저 대통령선거와 총선을 동시에 실시해야 한다. 선거과정에서 국

□ ■

6) 프랑스와 달리 우리 헌법은 총리에 대해 국회가 임명동의를 할 수 있을 뿐 임명과 해임에 대한 인사권은 전적으로 대통령에게 귀속되어 있으며 내각의 경우는 더더욱 그렇다. 한국에서 동거정부가 실현되기 위해서는 대통령이 인사권을 스스로 포기하고, 야당의 뜻대로 총리와 내각에 대한 인사권을 대리로 행사해줄 경우에만 가능하다. 헌법에 의해 국민이 대통령에게 위임한 통치권을 대통령 맘대로 포기하는 것도 문제이지만, 대통령에게 권력을 위임한 지지국민들이 이를 용인할지도 의문이다.

민에게 제시한 국가적 어젠다(national agenda)를 대통령과 집권당 의원이 공유하는 경우 높은 수준의 당정 일체감을 갖게 된다. 이는 책임정치의 수준을 높이고 동시에 연립정부 구성에 참여하는 소수정당(junior coalition partner)의 입장에서 볼 때, 협상상대가 단일해져 거래비용이 감소하는 효과를 낳는다. 또한 당정이 느슨하게 연계되거나 분리된 경우, 책임소재가 모호해져서 연립정부의 와해 가능성이 높아지는데, 이러한 가능성을 낮추게 된다.

한편, 대통령제에 결선투표제를 도입하여 과반수 이상의 지지를 받는 후보자가 대통령이 되도록 해야 한다. 이는 두 가지 이유에서이다. 첫째, 대통령의 정치적 권위와 대국민 책임성을 높이기 위해서이다. 둘째, 유력정당의 유력후보를 중심으로 정당간 정책연합이 활발하게 이루어지도록 하기 위함이다. 50%의 지지를 넘지 않고는 대통령이 될 수 없는 경우, 좌우의 유력정당 후보들은 소수정당과 연대를 맺지 않을 수 없다. 정당체제가 사회경제적 균열을 중심으로 배열될 경우, 정치적 연대는 정책연합의 형태로 나타날 것이며 연립정부의 구성 가능성을 높인다. 이 경우, 소수당은 지분을 가지고 연립정부에 임할 수 있어, 승자독식체제인 대통령제하에서도 연립정부의 안정성이 유지될 확률이 높아진다(Sartori 1997).

종합해보건대, 높은 당정 일체감을 바탕으로 이념적 색채가 비슷한 정당과 연립정부를 구성하여 의회에서 안정의석을 확보하면 개혁과 변화를 추진할 수 있는 과단성(decisiveness)이 높아진다. 동시에 다당제하 연정체제는, 하나의 거대정당이 의회와 행정부를 모두 장악하여 정권이 바뀔 때마다 정책이 급변하는 영국식 웨스트민스터 체제나 양당제하 대통령제의 경우와 달리, 정책변동 이후 착근에 필요한 최소한의 정책적 지속성(resoluteness)을 확보하는 데 기여할 것으로 예상된다.

(3) 노사정위원회와 국가관료제의 개혁

정당체제개혁과 대통령제의 안정화를 이룸과 동시에, 노사정위원회를 통해 사회적 합의의 도출을 제도화하는 것도 중요한 과제이다. 한국의 노동운동은 1987년 민주화 이후 괄목할 만한 성장을 했다. 하지만 기업별 노조체제의 틀을 벗어나지 못하고 있어, 대기업 정규직의 이해관계만 대변할 뿐, 중소기업이나 비정규직 등 우리 사회의 일반국민이라고 할 수 있는 전체 노동자의 대변자 역할은 하지 못하고 있다(양재진 2005). 따라서 노동이 취약계층을 포함한 전체 노동자의 안목으로 사회운동의 구심점 역할을 하도록 산별 및 중앙 수준의 조직화를 지원하고, 이에 걸맞은 권한과 책임을 행사하도록 노사정위원회를 정상화할 필요가 있다. 그리고 구체적인 정책수단의 결정과 이의 효율적인 집행의 중요성을 감안할 때 국가관료제에 대한 재편도 중요한 과제이다.

① 노사정위원회의 내실화

현재 한국의 노사정위원회는 법에 의해 설치된 공식화 수준이 매우 높은 사회적 합의기구이며, 노동 관련 제도와 사회보장은 물론 금융, 기업지배구조, 직업훈련, 물가안정 나아가 정치·행정·세제개혁 등 대단히 포괄적인 의제를 다루는 사회협의의 장이다. 그러나 서구의 수출지향 개방경제체제에서처럼 국가경쟁력 유지를 위해 임금조정과 거시경제조정을 실효성있게 이루고 있지는 못하다.

노사정위에서 다루는 의제를 노사 공동의 이해관계 사항(일자리 창출, 직업훈련)과 임금조정 등 핵심의제로 한정할 필요가 있으며, 노사가 정치권은 물론 관료사회와 긴밀한 네트워크를 형성하여 사회적 신뢰를 구축하도록 조치해야 한다. 노사와 정치권이 서로 신뢰를 형성하기 위해서는 노사정위원회에 교섭단체를 구성하는 모든 정당이 참여해야 한다. 실패를 반복하더라도 지속적으로 대화를 나누고 작은 것부터라도 하나둘씩 합의해나가야 하는 것이다. 그리고 노사정위원회를 지원하는 사무처의 정책보좌 능력을 강화하고, 이곳에 경제·노동·복지 분야 고위 관료의 순환 파견근무를 제도화해 상호이해를 높여야 한다. 고위 관료의 파견근무는 노사가 국가관료제와 긴밀하게 공식적·비공식적 연계를 맺고 신뢰를 형성하는 데 도움을 줄 것이다. 그리고 산업별·지역별로 해당 산업과 지역의 경제성장 문제를 노사가 함께 고민하고 풀어나갈 수 있도록 중범위 수준의 산별·지역 노사정위원회를 제도화할 필요가 있다.

한국 노동운동의 편협성과 이기주의가 비판의 대상이 되고 있으나, 민주사회에서 과거처럼 노동을 배제하거나 억압할 수도 없고, 이는 사회발전을 위해서도 바람직하지 않다. 따라서 기업 단위를 넘어 전체노동자의 이해관계를 대변할 수 있도록 노동운동의 틀을 중앙과 지역 그리고 산별 수준에서 재조직화하는 노력이 필요한 시점이다.

② 국가관료제의 개편

현재 우리나라 국가관료제는 두 가지 문제점을 안고 있다. 하나는 산업화시대의 유산으로 경제부처가 사회부처에 비해 지나치게 우위에서 있어 경제·사회의 균형발전에 어려움을 야기하고 있다는 점이다. 다른 하나는, 민주화 이후 권위주의적 통제의 부재로 부처간 할거주의가 심해지고 그 결과 정책조정이 원활하지 못하다는 점이다. 조정의 부재 문제는 정책정당화가 이루어지고 정당정치가 안정화되면 어느정도 해소될 수 있다. 선진 민주국가처럼 오랜 기간 정당에서 호흡을 맞추어온 인사들로 내각을 구성하면, 장관이 각 부처의 수장으로서 부처의 이해관계를 앞장서 대변하기보다는, 팀의 일원으로서 부처간 정책조율을 중시할 것이기 때문이다. 경제부처가 사회부처에 비해 지나치게 우위에 서 있는 문제는 경제와 사회분야 양대 부총리제를 통해 균형을 맞추어 해결할 필요가 있다.

경제부총리의 경우 그 지위는 예산권을 가진 기획예산처에 부여하고, 현재 재경부가 가진 경제정책과 조정업무를 흡수토록 한다. 부총리 겸 기획예산부장관은 국가과학기술위원회와 국가인적자원개발회의의 위원장직을 겸하여 R&D 및 인적자원 개발예산이 공급 측면의 산업정책과 긴밀히 연계될 수 있도록 한다.[7] 기획예산부는 집정부(political executive)의 민주적 통제를 받되, 기관자율성을 확보할 수 있도록 집행기능은 배제한다. 재경부는 장관급 재무부로 위상을 낮추되, 금융감독위원회와 통합하여 재정과 금융정책을 통괄케 하여 금융산업의 발전이 산업발달과 조응할 수 있도록 한다. 정보통신부는 첨단산업부로 확대개편하여 ICT산업 외에도 유연성과 급진적 혁신이 필요한 첨단산업의 진흥을 도모한다. 산자부는 전통산업의 고도화를 기하는 임무를 담당하며 첨단산업부와 선의의 경쟁을 통해 한국경제의 균형적 발전을 꾀하도록 한다.

사회부총리의 지위는 고용정책이 복지정책과 연계될 수 있도록 노동부-복지부-여성부를 통합하여 가칭 '노동복지부'에 부여한다. 노동복지부는 사회부처업무의 조정을 총괄하고, 경제부총리와 함께 대

□■

7) 교육인적자원부와 과학기술부는 장관급으로 위상을 낮추고 과학기술위원회와 국가인적자원개발회의의 간사역을 맡는다.

등한 수준에서 성장과 분배의 선순환 구조 형성의 소임을 맡는다. 따라서 노동복지부는 연금·건강보험·고용보험·산재보험의 4대 사회보험업무와 보육·요양 등의 사회적 써비스, 그리고 국민기초생활 보장제도의 운영을 책임지되, 이것이 노동자의 소득보장에 머물지 않고 숙련도를 높이고 직업능력개발로 이어지도록 정책을 마련하고 인프라를 구축하는 일을 맡는다.

3. 결론

민주정부의 무기력에 대한 실망이 대의민주주의를 포기하거나 대안적 민주주의를 지나치게 강조하는 것으로 이어져서는 안된다. 제도개혁으로 대의민주주의의 정상화가 가능하며, 이를 기반으로 신진보 발전모델을 추진하는 민주정부를 창출할 수 있기 때문이다. 노무현 정부의 임기가 끝나가면서 헌법개정 문제가 제기되고 있다. 선거주기의 일치 등을 위해 소폭이나마 헌법개정은 불가피해 보인다. 하지만, 무기력한 민주정부의 근본적인 원인은 헌법적 결함보다는 선진민주주의 국가와 달리 정상적인 정당정치가 이루어지지 않는 데 있다.

따라서 헌법개정보다 더 시급한 문제는 선거법 개정이다. 우선적으로 비례대표제를 도입하고 대통령선거에 결선투표제를 도입하는 것이 우선적으로 필요하다. 선거경쟁을 전제로 하는 현대 대의민주주의에서, 선거제도만큼 정치인들과 유권자인 시민들의 행태에 직접적인 영향을 미치는 것은 없기 때문이다. 정치발전을 이루기 위해서는 정치문화의 성숙과 뛰어난 지도자의 탄생을 기대할 수도 있겠다. 하지만, 선거제도를 개정해 대의민주주의를 정상화할 수 있는 계기를 마련하는 과제를 더이상 뒤로 미룰 수는 없다. 선거제도의 개혁을 수단으로 정치사회의 정상화를 도모할 때, 정치문화의 성숙도 앞당겨지고, 정상적인 정치과정이 이뤄짐으로써 유능한 정치지도자들이 다수 배출될 수 있기 때문이다. 이에 더해 최소한의 헌법개정과 노사정위원회의 정상화, 그리고 국가관료를 재정비하는 안목이 필요하다 하겠다.

| 참고문헌 |

박동천(2000) 『선거제도와 정치적 상상력』, 책세상.

양재진(2002) 「대통령제 이원적 정통성, 그리고 행정부의 입법부 통제와 지배—한국행정국가화 현상에 대한 함의를 중심으로」, 『한국행정연구』 11권 1호.

_____(2005) 「한국의 대기업중심 기업별 노동운동과 한국복지국가의 성격」, 『한국정치학회보』 39권 3호.

_____(2006) 「한국의 대안적 발전모델의 설정과 민주적 국가자율성 및 국가능력의 복원을 위하여」, 『국가전략』 12권 2호.

최장집(2003) 『민주화 이후의 민주주의—한국민주주의의 보수적 기원과 위기』, 후마니타스.

_____(2006) 『민주주의의 민주화—한국 민주주의의 변형과 헤게모니』, 후마니타스.

Haggard, Stephan and Mathew D. McCubbins eds.(2001) *Presidents, Parliaments, and Policy*, New York: Cambridge University Press.

Hague, Rod, Marlin Harrop and Shaun Breslin(1998) *Comparative Government and Politics*, London: Macmillan Press.

Held, David(1996) *Models of Democracy*, California: Stanford University Press.

Linz, Juan(1994) "Presidential or Parliamentary Democracy: Does it Make a Difference?" in Juan Linz and Arturo Valenzuela (eds.), *The Failure of Presidential Democracy*, Baltimore and London: The Johns Hopkins University Press.

Sartori, Giovanni(1997) *Comparative Constitutional Engineering*, New York: New York University Press.

제 2 부

대외전략

한국의 평화외교 · 개방-협력의 대외경제정책 · 한국 FTA정책의 주요 쟁점과 과제

한국의 평화외교

평화연구의 시각

구 갑 우

1. 문제설정

한국의 국가와 시민사회는 21세기 초입에서 '삼중의 전환과정'을 겪고 있다. 첫째, 국내적 수준에서는 민주주의의 민주화를 통해 새로운 정치·사회적 합의구조와 그에 기반한 성장·복지모형을 만들어내야 한다. 둘째, 한반도 수준에서는 50여년에 걸친 남북한의 적대적 공존을 그 내용으로 하는 분단체제를 해체하고 새로운 평화체제를 구축해야 한다. 셋째, 동북아 수준과 지구적 수준에서 지역적 가치 및 인류 보편적 가치의 실현을 위한 국제적 네트워크를 형성해야 한다.

이 세 과제는 한반도의 평화와 번영을 위해 한국의 국가와 시민사회가 수행해야 할 당위다. 그러나 이 삼중의 전환이 반드시 우리가 원하는 방향으로 진행될 것인지는 불분명하다. 19세기 말 20세기 초의 경험을 돌이켜볼 때, 국내의 합의구조를 창출하지 못한 상태에서 국제적 변화를 정확히 읽어내지 못할 경우, 최악의 씨나리오가 실현될 수도 있다. 한국의 정치·사회세력은 그 어느 때보다 지혜로운 정책을 실천할 수 있어야 한다. 삼중의 전환이 긴밀히 맞물려 있다는 인식이 필요할 뿐만 아니라 우리가 통제할 수 없는 국제적 변수가 한반도의 평화와 번영에 부정적 영향을 미치는 경우도 염두에 두어야 한다.

한국의 국가와 시민사회의 외교정책을 설계하는 이 글에서는, 이 삼중의 전환 가운데 한반도 수준과 국제적 수준의 전략을 고찰한다. 이 글에서 제시하는 것은 '평화와 협력'의 외교정책이다. 이를 위해 한반도 수준과 국제적 수준의 접점인 동북아 수준의 문제설정에 주목한다. 한국의 평화와 번영이 일국적 수준의 대안 제시만으로 달성될 수 없는 상황이기 때문이다. 지구적 수준에서 냉전이 해체되었는데도 냉전의 잔재가 여전히 남아 있는 한반도와 동북아에서 평화와 협력의 과제를 실현하고자 할 때, 우리는 한반도의 지정학적·지경학적 한계를 능동적으로 넘어서서 세계시간을 선도할 수 있는 기회를 갖게 될 것이다.

2. 평화와 협력의 개념과 이론

근대 국제정치학에서 평화의 개념을 둘러싸고 철학적 기반이 다른 시각들이 경쟁하고 있다. '주류' 현실주의의 안보 담론은 평화를 안보의 잔여범주로 간주하지만, 평화를 안보의 우위에 두고 궁극적으로는 안보 담론을 지양하고자 하는 '비판적' 평화 담론도 제출되고 있다. 비판적 평화 담론의 핵심은 안보 담론을 평화와 협력의 담론으로 전환하는 것이다.[1] 평화에 대한 정의와 평화에 이르는 방법을 둘러싸고 경쟁하는 담론을 간략히 정리하면 다음과 같다.

첫째, 주류 현실주의에서는 근대국가의 안과 밖의 경계를 절대화하면서 평화를 '전쟁의 부재'로 정의한다. 전형적인 근대 서구의 홉스(T. Hobbes)적 평화관이다. 홉스적 시각에서, 국가 '안'에서의 정치적 권력의 강제—예를 들어 국내적 평화를 위협하는 국가보안법—가 정당화되는 이유 가운데 하나가 무정부상태인 국가 '밖'으로부터의 위협이다. 이 위협에 대한 대응이 바로 '안보'다. 따라서 평화는 안보의 부산물인 '국제정치적 현상'이 된다. 세력균형(balance of power)이 평화이며 헤게모니 국가가 부과하는 질서가 평화일 수 있다. 대표적으로 냉전시대의 두 강대국인 미국과 소련이 형성한 양극체제에서 핵 억지에 의한 '공포의 균형'이 평화의 사례로 제시된다(Waltz 1979).

둘째, 세력균형에 대한 새로운 해석을 제안하는 그로티우스(H. Grotius)적 평화관으로 영국학파(English School)가 이를 계승하고 있다. 영국학파는 세력균형을 국제법이나 외교와 같이 공동의 이해와 가치가 존재할 때 형성되는 '국제사회의 제도'로 본다(Bull 1977). 따라서 세력균형은 작용과 반작용을 통해 반복적으로 동맹을 형성하게 하는 기계적 법칙이면서도 규범과 규칙을 공유하면서 공동이익을 추구하는 국제사회의 기초이기도 하다는 것이다. 즉, 세력균형은 적대적 세력균형일 수도 있지만, 집단안보를 실현할 수 있는 '결사체적 세력균형'의

□■

1) 비판적 안보연구 또는 평화연구는 국가 안보 담론의 지양에 촛점을 맞춘다. 비판적 연구자들은, 안보에 관해 다음과 같은 근본적 질문을 던진다: "누구와 무엇으로부터의 안보인가?" "누구와 무엇에 의한 안보인가?" "누구와 무엇을 위한 안보인가?"

형태로 나타날 수도 있다. 결사체적 세력균형은 국제법적 차원에서 주권의 상호인정이 관철되는 '협력적 균형'으로 평가할 수 있다.

셋째, 평화를 국가 '안'의 상태와 연계하려는 칸트(I. Kant)적 평화관이다. 칸트는 공화정은 군주정이나 귀족정과 달리 전쟁을 삶의 자연스러운 부분으로 인식하지 않는다고 주장했다. 즉 국가 정치체제의 성격이 전쟁과 평화를 결정한다는 견해다. 그리고 칸트는 영구평화를 위한 여정의 다음 단계로 국제체제의 무정부상태를 제거하고 개별적으로 처리되는 안보문제를 집단적으로 해결할 수 있는 국제연맹의 창설을 제안했다. 칸트가 설정한 영구평화의 최종 단계는 보편적 세계시민의 상태였다. 칸트의 이 평화관은 민주평화론으로 계승되어 이른바 '불량국가'의 민주화를 위한 폭력의 사용을 정당화하는 데 이용되기도 한다.

넷째, 평화연구의 평화관이다. 평화연구의 개척자 가운데 한명인 갈퉁(J. Galtung)은 "무엇이 평화가 아닌가"라는 질문이 아니라 "무엇이 평화인가"라는 질문을 제기한다. 갈퉁은 '전쟁과 평화'의 이항대립을 '폭력과 평화'의 이항대립으로 대체한다. 그리고 폭력을 직접적 폭력과 구조적 폭력으로 구분한다. 직접적 폭력의 정점에 전쟁이 위치한다. 구조적 폭력은 국내적·국제적 차원에서 정치적 억압과 경제적 착취를 야기하는 사회구조에 의한 폭력을 의미한다. 따라서 구조적 폭력의 대상은 명확하지만, 폭력의 주체는 분명하지 않을 수 있다. 더불어 갈퉁은 이 폭력들을 정당화하는 기제로서 '문화적 폭력' 또한 언급한다. 결국, 갈퉁은 전쟁이 없는 상태를 소극적 평화로, 구조적 폭력이 제거된 상태를 적극적 평화로 정의한다(갈퉁 2000). 갈퉁에 이르러 평화개념은 국내적·국제적 수준에서 지배계급 및 그들의 융합으로 구성된 지배체제 또는 역사적 블록에 대한 '비판'으로서의 위치를 갖게 된다.

이 평화관 가운데 냉전시대 한반도 및 동북아를 지배한 것은 전쟁이 부재한 세력균형으로서의 평화의 관념이었다. 냉전시대의 한반도는 정전체제로 평화가 유지되는 준(準) 전쟁상태였고, 한반도를 포함한 동북아 차원에서는 한미동맹과 미일동맹의 한 진영과 북중동맹과 북소동맹의 다른 진영이 핵 억지에 의한 공포의 균형을 이루고 있었다. 한반도를 포함한 동북아지역에서 공포의 균형을 대체하려는 정치적·이론적 실천은 거의 없었다고 해도 과언이 아니다. 대부분의 정책결정자나 국제정치 연구자들은 세력균형을 숙명으로 받아들였다. 미국의 대표적인 현실주의 국제정치 이론가인 모겐소(Morgenthau 1997, 187~97면)가 지적했듯이, 한반도의 평화는 세력균형 혹은 한 국가의 압도적 힘의 우위에 의해 가능하다는 논리다.

소련의 해체 및 중국의 체제전환으로 상징되는 탈냉전시대에 들어서면서 한반도를 포함한 동북아지역의 세력균형이 와해되었다. 현실주의 이론에 입각할 때, 탈냉전시대에 예상할 수 있는 한반도를 포함한 동북아의 질서는 세력균형—신냉전적 양극체제, 고전적 세력균형체제, 강대국 협조체제(김태현 2002)—이거나 단극시대의 패권국가인 미국의 힘을 바탕으로 미국과 균형을 이룰 만한 국가의 등장을 사전에 방지하려는 위협적이고, 일방적인 정책의 지속일 수 있다. 이 두 경우에, 남북한 관계의 최대 기대치는 냉전적 평화 또는 지속적인 전쟁위협이 존재하는 상태에서의 현상유지일 것이다. 특히 근대국가의 완성을 이룩하지 못한 동북아국가들—남북한, 일본, 중국, 대만—이 '정상국가'로 전화하는 과정에서 민족주의가 표출되고 군사적 긴장의 가속화를 수반하는 안보딜레마가 발생한다면, 평화를 위협할 수 있는 폭력적 조정과정을 거쳐 세력균형에 이를 수도 있다.

우리에게는, 한반도를 포함한 동북아국가들이 정책을 놓고 상호조정을 이루는 '협력'을 통한 결사체적 균형이나, 한반도를 포함한 동북아국가들 내부에서 정치경제적 민주화와 국제협력을 동시에 진행하는 적극적 평화가 바람직한 대안일 것이다. 동북아에서 발생할 수도 있는 폭력적 조정과정을 사전에 예방하기 위해서도 우리는 결사체적 균형과 적극적 평화를 우리의 대안으로 제시할 필요가 있다.

3. 참여정부의 외교정책: 현황과 평가

『2005년 외교백서』에 따르면, '평화번영 외교' '글로벌 외교' '경제통상 외교'가 참여정부 외교정책의 세 기조다. 안보정책과 관련해서는, 2004년 3월 참여정부가 "정부 수립 이후 최초"로 안보정책의 구상을 밝힌 문건으로 자평하며 발간한 『평화번영과 국가안보』를 참조할 수 있다. 이 책자에서 참여정부는 안보정책의 목표로 '한반도의 평화와 안정' '남북한과 동북아의 공동번영' '국민생활의 안전 확보' 등의 세 가지를 설정했고, 이 목표의 달성을 위한 전략기조로 '평화번영 정책의 추진' '균형적 실용외교 추구' '협력적 자주국방 추진' '포괄안보 지향' 등을 제시한 바 있다.

정리하자면, 한반도의 평화와 번영을 목표로 하는 참여정부의 외교안보정책은, 첫째 북한 핵문제의 해결 및 남북한 관계의 개선, 둘째 포괄적이고 역동적인 한미동맹의 구축, 셋째 글로벌 외교 등의 세 분야로 나뉘어 진행되었다.

첫째, 참여정부는 자신의 "적극적이고 주도적인 역할의 결과"로, 4차 6자회담의 "역사적인" 9·19 공동성명을 통해 북한 핵문제 해결을 위한 돌파구를 마련했고, 남북한 관계에서도 "제2의 6·15시대"를 열어가고 있다고 자평했다(통일부 2005). 9·19 공동성명은 한반도 평화체제와 동북아 다자간 안보협력을 연계하고 있다는 점에서 그 의의가 크다고 할 수 있다. 그러나 북한 핵문제와 남북한 관계가 비가역적 단계에 접어들었다고 평가하기는 힘들어 보인다. 미국의 대북한 제재에 맞서 북한은 2006년 7월과 10월 미사일발사와 핵실험을 하기도 했다. 우여곡절 끝에 6자회담의 재개가 이루어지고 있지만 한반도 평화의 길이 사정거리 안에 들어온 것처럼 보이지는 않는다.

둘째, 탈냉전시대 한미동맹의 구조조정은 한미 양측의 변화에 의해 추동되고 있다. 하나는 미국의 세계전략과 동북아정책의 변화고, 다른 하나는 한국의 민주화와 남북의 화해·협력이다. 한미동맹의 재편은 한미동맹이 대북 억지력으로서 그 임무를 종료하는 싯점에 이르렀음을 보여주는 것이기도 하다. 미국은 탈냉전시대 안보를 위해 해외주둔 미군의 재배치와 군사변환(military transformation)을 시도하고 있고, 이 맥락에서 한미동맹의 재편을 추구하고 있다. 반면 한국은 민주화와 남북관계의 진전을 토대로 '공정한' 한미동맹을 요구하고 있다. 한국과 미국은 주한미군을 신속기동군화하려는 주한미군의 '전략적 유연성' 문제에서 충돌을 빚었다. 미국은 자국의 패권적 지위를 위협할 수 있는 잠재적 도전세력으로 중국을 고려하면서 주한미군의 전략적 유연성을 제고하려 했지만, 한국은 만약 주한미군의 전략적 유연성을 수용한다면 동북아에서 한국이 원하지 않는 분쟁에 연루될 것을 우려했다. 그러나 한국은 2006년 1월 미국이 요구한 주한미군의 전략적 유연성을 수용함으로써 다자간 안보협력보다는 냉전시대의 동맹을 강화하는 선택을 했다. 한국정부가 중재자 역할을 스스로 포기함으로써 한반도와 동북아에서 냉전시대의 대립구도가 재현될 가능성이 높아진 것이다. 전략적 유연성의 수용은 참여정부가 동북아 구상을 폐기했음을 의미하는 것이기도 하다.[2)]

셋째, 참여정부의 글로벌 외교는 탈냉전과 지구화시대에 부합하는 외교적 대응이었지만, 글로벌 외교의 개념을 정립해가는 과정에서 혼선이 있었던 것으로 보인다. 일본, 중국, 러시아 등과의 외교가 글로벌 외교에 포함된 것은 한편의 희극이었다(『2004년도 정부업무 평가결과』). 한국외교가 대미외교 이외에는 없었다는 자백일 것이다. 그나마 2004년에 들어서면서 글로벌 외교의 개념이 정착되어가는 것처럼 보인다. 참여정부는 러시아, 남미, 동남아시아, 유럽 등의 지역에서 전방위 정상외교를 펼쳤고 BRICs 국가와의 협력 및 대중동외교의 강화는 참여정

□■

2) 한미동맹의 재편과정에서 터져나온 동북아 균형자론은 참여정부의 동북아 구상의 한계를 보여주는 대표적 사례 가운데 하나다. 참여정부의 동북아 균형자론은 주한미군의 전략적 유연성과 한미동맹의 지역동맹으로의 전화에 반대하면서도 한미동맹의 지속과 동북아 평화를 동시에 실현하겠다는 의지의 표현이었다. 참여정부는 동북아 균형자론을 현실주의 세력균형론에서 연성권력(soft power)에 기초한 평화의 균형론으로 바꾸어갔다. 균형자론을 토대로 협력적 자주국방을 언급하지만 균형자론은 사실상 현실주의적 세력균형론을 숙명처럼 받아들이는 것과 크게 다르지 않은 것이 되었다. 협력적 자주국방은 군사력 증강을 통해 균형을 이루겠다는 의지일 뿐만 아니라 한반도에서 안보딜레마를 가속화할 수 있는 정책이다. 협력적 자주국방에 기초한 참여정부의 균형자론은 그 의도와 무관하게, 이라크 파병에서 나타났듯, 평화지향적 국가로서의 정체성을 훼손할 수 있는 하나의 '사건'이었다. 한국정부의 일관되지 못한 정책노선은 국방개혁안에서도 발견된다. 참여정부의 「21세기 선진 정예 국방을 위한 국방개혁 2020(안)」의 기본 목표는 국방 전반의 체질 개선을 통해 효율적 국방체제를 구축한다는 것이다. 이 개혁안은 한국군의 양적 구조를 질적 구조로 재편하려 한다는 점에서 긍정적 평가를 받을 수 있다. 그러나 국방비를 연 11% 이상 증액하겠다는 계획은, 한반도를 포함한 동북아에서 냉전시대와 같은 '안보딜레마'를 야기할 수도 있다. 참여정부의 국방비 증액을 통한 자주국방은, 북한의 핵무기 보유와 같은 '북한판 자주국방'을 자극할 수도 있다. 이 맥락에서 생각해본다면 한국정부의 전략적 유연성 수용도 놀라운 일이 아니다.

부 외교정책의 글로벌화를 상징하는 정책이기도 했다. 유엔을 비롯한 국제기구에서의 다자외교도 활발히 진행되었지만, 국제기구 분담금의 미납 및 OECD 국가 가운데 가장 낮은 국민총소득(GNI) 대비 공적개발원조(0.06%, OECD 평균 0.25%)로 국제사회에서 한국의 국가위상은 실추될 수밖에 없었다.

참여정부의 외교안보정책에서 나타난 두드러진 특징 가운데 하나는 참여정부가 평화와 번영의 동북아시대를 구호로 내걸었음에도 동북아 차원의 정책이 거의 부재했다는 점이다. 동북아 균형자론은 동북아의 평화와 협력이 아니라 동북아의 경쟁과 갈등을 초래할 수 있는 담론이었다. 참여정부의 동북아정책의 부재는 참여정부에서 나타나곤 했던 담론과 정책의 괴리가 드러난 대표적 사례 가운데 하나라고 할 수 있다. 북한 핵문제가 참여정부의 동북아정책을 제약한 것은 사실이지만, 참여정부는 동북아 차원에서 평화와 협력을 위한 구체적 제안을 한 바 없다. 그뿐 아니라 동북아정책의 일부를 구성하는 한일관계는 그 어느 때보다 상황이 악화된 상태다. 일본의 보수화를 그 원인으로 지적할 수 있지만 일본의 국내정치를 변화시키려는 외교적 노력이나 동북아 차원에서 일본의 보수화를 제어할 수 있는 정책을 만들어내지 못하고 있다. 극단적으로 이야기한다면, 참여정부의 동북아정책은 동북아에서 시작하여 독도에서 끝을 맺고 있는 것처럼 보인다.

4. 평화와 협력을 지향하는 외교정책

(1) 전략목표

현실주의의 세력균형론을 수용한다면, 세력균형론은 한반도의 운명을 관통하는 불변의 법칙이 될 수밖에 없다. 참여정부의 등장 이후, 21세기 한국의 외교전략을 둘러싼 논쟁이 '자주냐 동맹이냐'의 형태로 전개되는 것도 이 불변의 법칙을 인정할 때만 가능한 구도다. 자주는 일견 세력균형을 벗어난 것처럼 보이지만 사실 미국과 중국 사이의 균형을 전제하고, 동맹은 기존의 한미동맹을 유지·강화하는 것이 중국, 일본 등 강대국에 둘러싸인 한국의 안보를 유지하기 위한 최선의 길이라는 주장을 담고 있다(윤덕민 2004). 결국 한미동맹에 대한 강조는 '안보와 자율성의 교환'이 불가피하다는 논리로 이어진다.

그럼에도 자주든 동맹이든 동아시아 또는 동북아시아 다자간 안보협력체를 그 내부에서 하나의 대안으로 고려하고 있다는 점이 흥미롭다. 21세기 한국의 외교전략을 둘러싼 논쟁이, 자주에 기초한 다자간 안보협력과 동맹에 기초한 다자간 안보협력의 대립으로 발전하고 있는 것이다. 참여정부도 이른바 '협력적 자주국방'이라는 이름으로 자주와 동맹 사이에서 미묘한 줄타기를 하면서, "동북아에서의 군사적 긴장을 예방하고 역내 국가간 신뢰구축을 위해 다자간안보협력의 강화가 필요"함을 인정하고 있다. 그러나 자주든 동맹이든, 아니면 동맹 속의 자주든, 다자간 안보협력체의 건설은 미래에 가능한 선택지로 제시될 뿐이다. 즉 자주냐 동맹이냐는 이분법적 선택을 보완하는 대안이지 그 대립을 넘어서는 대안으로 고려되지는 않는다. 그 이유는, 힘의 정치를 국제정치의 본질로 간주할 때, 다자간 안보협력체는 이상이고 자주냐 동맹이냐의 선택은 현실이라는 인식 때문일 것이다.

다자간 안보협력체제가 약소국에게는 매력적이지만 강대국에게는 자신들의 힘을 무력화할 가능성이 큰 대안이기 때문에 이상에 불과한 것일 수도 있다. 그럼에도 불구하고 한국이 자주냐 동맹이냐의 선택을 넘어서는 대안으로 다자간 안보협력체를 진지하게 고려할 수밖에 없는 이유가 있다. 첫째, 지구적 현실의 변화 때문이다. 현실주의적 시각에서도 냉전시대의 양극체제가 해체되고 하나의 초강대국인 미국과 중국, 일본, 러시아, 유럽연합 등의 강대국이 각축을 벌이는 '1+4 체제'로 전환중인 지구적 현실이, 지역적 안보의 상대적 자율성을 높이고 있다는 주장이 제기되고 있다(Buzan and Waever 2003). 양극체제의 해체는 양극화를 초래한 진영의 해체를 의미한다. 따라서 초강대국의 지역에 대한 침투의 내용과 형태가 변했고, 분석 수준의 측면에서도 지구적 수준과 구분되는 지역적 수준의 설정이 가능할 수 있다는 것이다. 이 가설이 동북아시아 지역에서도 입증될 수 있다면, 지역적 수준의 다자간 안보협력체는 실험 가능할 뿐만 아니라 실현 가능한 대안으로 부상할 수 있다.

둘째, 한반도의 현실 때문이다. 한반도는 1950~53년의 전쟁이 공식적으로 종결되지 않은 상태다. 한반도의 휴전선은 세계 어느 지역보다도 군사적 밀집도가 높다. 이 군사적 긴장은 정전협정에 의해 관리되고 있지만 정전협정체제도 1990년대 중반 북한에 의해 무력화된 상태다. 따라서 한국의 입장에서는, 한국의 안보와 한반도의 평화를 위해서는 정전협정체제의 평화체제로의 전환이 사활이 달린 과제일 수밖에 없다. 전쟁을 공식적으로 종식하는 평화협정이 분단을 관리하는 정전협정을 교체할 때, 비로소 '한반도 평화체제'가 수립될 수 있다. 한반도 평화체제의 수립을 위해 평화협정이 필요하지만, 평화협정은 법리적(法理的) 관점에서만 의미를 가질 뿐 그것의 체결이 한반도 평화체제를 실질적으로 보장하는 것은 아니다. 한반도 평화체제의 실질적 이행을 위해서는 남북한뿐만 아니라 한반도 주변 국가들이 신뢰구축, 예방외교 및 위기관리, 군비통제 및 군축 등을 통해 안보딜레마에서 벗어날 수 있어야 한다. 따라서 동북아 다자간 안보협력은 한반도 평화체제의 수립을 위한 국제적 조건이기도 하다.

(2) 평화와 협력의 범위와 단계

동북아 차원의 평화와 협력은 한국이 '평화국가'를 지향하는 것에서 시작된다.[3] 철저한 현실주의적 시각에 선다면, 평화국가의 지향은 국가이익을 무시하는 윤리외교로 비판될 수 있다. 그러나 어떤 국가도 자신만의 힘으로 절대안보를 추구할 수 없는 세계에서 국가이익과 국제사회의 규범을 조화하려는 노력을 할 때, 비로소 안보를 획득할 수

□■

3) 국제관계학에서 전쟁국가라는 개념은 있지만, 평화국가라는 개념은 없다. 근대 초기의 "전쟁이 국가를 만들고 국가가 전쟁을 만들었다"는 주장을 상기할 때, 평화국가라는 표현은 하나의 '모순'일 수 있다. 최소한의 폭력, 즉 전쟁수행능력을 갖추지 않은 국가란 존재할 수 없기 때문이다. 결국 평화국가는 지시적 개념이라기보다는 논쟁적 개념이고 실제 행동계획을 담지한 개념이라 할 수 있다. 따라서 평화국가는 정치사회세력의 갈등 속에서 단순한 수사로 전락할 수도 있다. 그럼에도 평화국가라는 표현을 사용하는 이유는, 한국의 지정학적·지경학적 상황에서 평화외교가 최선의 선택이라고 할 때, 한국의 지향점을 평화국가로 설정하는 것이 한반도 및 동북아의 평화를 위한 유의미한 선택일 수 있다고 생각하기 때문이다. 평화국가를 이론화하기 위해서는, 국가이론의 재구성이 필요하다. 첫째, 평화국가도 국가라고 할 때 국가의 폭력적·억압적 장치와 평화의 관계가 설정되어야 한다. 평화국가론은 국가의 폭력적·억압적 장치의 적정규모를 계산할 수 있어야 한다. 폭력적·억압적 국가장치가 존재하는 한 평화국가는 최종점에 도달했다고 할 수 없다. 따라서 현실의 평화국가는 '과정'으로서의 평화국가의 성격을 띨 수밖에 없다. 둘째, 평화국가는 단수(單數)로 존재할 수 없다. 한 국가가 혼자서 무장해제를 한다고 해서 다른 국가가 그 의도를 수용하리라는 보장은 없다. 따라서 평화국가론은 국가들의 상호작용 속에서 평화국가를 건설할 수 있는 경로를 제시해야 한다. 셋째, 평화국가가 상호작용을 통해 구성된다고 할 때, 평화국가'들'을 추동할 수 있는 국내적·국제적 주체가 설정되어야 한다. 그람씨(A. Gramsci)적 의미에서 역사적 블록 형성의 문제다.

있다. 한국이 평화국가의 지향을 확실히 할 때, 한국은 동북아 차원에서 주도적 역할을 수행할 수 있다. 바람직한 동북아 및 남북한의 평화협력의 발전단계를 제시하면 다음과 같다.

첫째, '신뢰구축'의 단계다. 6자회담을 통해 북한 핵문제가 해결과정에 진입하면서 동북아 및 한반도 차원의 신뢰구축이 시작된다. 6자회담에서 최대의 쟁점은 북한의 핵무기 폐기에 대한 댓가로 북한의 평화적 핵이용권을 보장할지 여부다. 북한에 평화적 핵이용권을 보장하는 것은 불가피할 것으로 보인다. 문제는 북한이 요구하는 경수로를 제공하는 방식과 싯점이다.

6자회담이 진행되는 과정에서 제네바 합의의 산물인 한반도에너지개발기구(KEDO) 사업을 종료한 것은 적절하지 않았던 것으로 보인다. KEDO 사업은 가장 빠른 시일 내에 북한에 경수로를 제공하는 대안이라는 점에서 북한의 선호에 부합했을 뿐만 아니라 한국정부로서도 11억달러 이상의 비용을 지출한 상태에서 이 사업을 중단한 것은 국민의 동의를 받을 만한 정당한 결정이 아니었기 때문이다. 또한 KEDO 사업이 향후 예상되는 북한에 대한 개발지원에 있어 하나의 협력모델이 될 수 있다는 점도 염두에 두었어야 했다. 한반도 농업개발기구(KADO)나 한반도 정보화개발기구(KIDO), 한반도 철도개발기구(KORADO)와 같은 새로운 형태의 국제협력을 추진할 때, KEDO는 하나의 전형이 될 수 있기 때문이다. 북한이 핵무기의 폐기를 시작하고 핵확산금지조약(NPT)에 재가입할 때, KEDO 사업을 재개하는 것이 북한 핵문제를 해결할 수 있는 가장 현실적인 대안일 수 있다. 북한 핵문제가 해결과정에 진입하면, 북한과 미국, 북한과 일본의 관계개선 및 수교협상이 전개될 것이다.

북한이 NPT에 복귀할 때, 한반도 비핵지대화를 재확인하는 절차를 거칠 필요가 있다. 이를 계기로 포괄적 남북경협을 추진하면서 동시에 남북 사이에 군비통제 및 군축회담을 시작해야 한다. 남북이 안보딜레마에서 벗어날 때 비로소 한반도 평화과정은 본 궤도에 오를 수 있을 것이다. 또한 신뢰구축의 단계에서 포괄적 안보의 시각에 입각하여 한반도의 인권문제를 다루는 남북한 인권대화를 시도해볼 수 있을 것이다.

둘째, '협력발전'의 단계다. 이 단계에서는 6자회담의 다자간 안보협력으로의 전화를 둘러싼 협상이 전개되어야 한다. 다자간 안보협력을 위한 최초 협상은 6자회담 참여국의 정상회담으로 시작될 수 있을 것이다. 6자회담 참여국의 정상회담은 적대적 관계를 유지해온 북한과 미국의 대표가 한자리에 설 수 있는 계기가 될 것이다. 동북아 다자간 안보협력의 의제설정에 있어 유럽의 헬씽키 프로쎄스의 경험을 활용하여 정치군사적 의제, 경제협력의 의제, 인권대화를 결합하는 방식이 고려될 수 있을 것이다.

동북아 다자간 안보협력을 매개할 수 있는 유용한 정책적 대안으로, 한국정부는 대북 경수로 지원을 계기로 가칭 '동북아 원자력기구'를 제안하는 것을 적극 검토할 필요가 있다. 동북아 원자력기구는 북한에 지원하는 경수로를 관리하는 조직체로 최초 상정될 수 있다. 즉 경수로의 전력 사용권은 북한에 제공되지만, 소유와 관리를 다자적으로 실행하는 것이다. 이 제안은 북한에 대한 경수로 지원이 또다른 핵개발로 이어질지 모른다는 주변국의 우려를 잠재울 수 있을 뿐만 아니라 일본과 중국의 원자력발전을 공동으로 관리하는 효과를 가져올 수 있을 것이다. 일본은 핵 재처리 시설을 재가동하려 하고, 중국은 2010년까지 20개의 핵발전소를 만들 계획이 있다. 동북아 원자력기구는 장차 동북아 비핵지대화를 추동하는 발판이 될 수 있을 것이다.

6자회담 참여국이 공동으로 출자해 동북아 또는 동아시아 '평화대학'을 건설하는 것도 다자간 안보협력으로 전화하는 과정에서 상징적인 의미를 지닐 수 있을 것이다. 유럽 각 지역에 설립된 유럽대학이 유럽통합의 지적 기반이었음을 상기할 필요가 있다. 동북아지역의 지식인들이 대거 참여하는 동북아 평화대학은 동북아에 산재한 다양한 사회적·문화적 쟁점에 대한 대안을 산출하는 기능을 수행할 것이다.

협력발전의 단계에서 남북은 실제로 군비통제와 군축을 실행하는 단계로 나아갈 수 있을 것이다. 남북이 적정 규모의 군사력을 합의할 수 있다면, 안보딜레마에서 완전히 벗어나서 군비를 남북 주민의 삶의 질을 향상시키는 비용으로 충당할 수 있을 것이다. 즉 군비통제와 군축은 한반도 차원에서 적극적 평화를 실현하기 위한 출발점의 의미를 지닌다.

셋째, '통합발전'의 단계다. 이 단계에서는 동북아 다자간 안보협력을 실행할 수 있는 조약이 체결되고, 이에 준하는 제도적 장치가 마련되어야 한다. 그리고 동북아 차원에서 군비통제 및 군축 그리고 비핵지대화가 의제로 상정될 수 있어야 한다. 동북아 국가들 사이의 정기적인 정상회담은 물론 장관급 회담 및 고위 실무자 회담이 진행되어야 하고, 유럽연합의 유럽위원회(European Commission)와 같이 동북아 차원의 이익을 추구하는 상설 제도로 가칭 '동북아위원회'가 구성되어야 한다. 또한 유럽연합의 유럽의회를 벤치마킹하여 '동북아의회'를 구성할 수도 있을 것이다.

통합발전의 단계에서 한반도 평화체제의 제도화 또한 동시에 진행될 것이다. 한반도 평화체제의 제도화는 남북이 통일의 제1단계인 남북의 '국가연합'을 협상할 수 있는 직접적 계기가 될 것이다.

(3) 한반도 평화체제와 한미동맹

한국 평화외교의 목표라고 할 수 있는 한반도 평화체제 구축과정에서 한미동맹을 둘러싼 한국과 미국의 이해관계가 분기될 소지가 있다. 미래의 한반도 평화체제는 현재의 한미동맹과 모순될 수밖에 없기 때문이다. 한반도 평화체제의 구축을 위해서는 북한을 주적으로 설정한 주한미군의 성격변화 및 전시작전통제권의 환수가 이루어져야 한다. 전시작전통제권의 환수는 한국과 미국이 동의하는 의제일 수 있지만, 주한미군의 성격변화는 한국과 미국의 이익이 갈등할 수 있는 사안이다. 앞서 지적했듯 주한미군의 전략적 유연성은 우리에게 원하지 않는 분쟁에 연루될 가능성을 높이고 있고, 따라서 한반도 평화체제를 위협할 수도 있다.

한국정부는 한미동맹의 재편과 관련하여, 미국이 생각하는 이른바 '중국위협론'을 극복할 수 있는 대안을 제시할 필요가 있다. 미래의 중국이 한국과 미국에 위협이 되지 않게 하려면 주한미군이 동북아 '평화유지군'의 성격을 띠는 것이 한국과 미국에 이익이라는 논리의 개발이다. 주한미군의 역할을 동북아의 평화유지군으로 인정함으로써 미국의 이익을 보장하는 방식이다. 다른 한편으로 한미상호방위조약에 규정된 것처럼 한미동맹을 다자간 안보협력체로 발전적으로 해체하는 문제도 미국과 협상해야 할 것이다. 궁극적으로는 현재의 한미동맹을 '정치동맹'으로 바꾼다는 문제의식을 가져야 한다.

(4) 평화외교의 원칙

앞에서 제시된 평화와 협력의 로드맵을 실현하려면 현재의 국제체제에 대한 정확한 이해와 이를 바탕으로 우리의 로드맵을 실현할 수 있는 외교적 역량을 갖추어야 한다.

현재의 국제체제를 '1(미국)+4(중국, 일본, 러시아, 유럽연합)+지구시민사회 체제'로 가정해볼 수 있다. 이 체제의 발전경로는 ① 미국의 일방주의가 관철되는 경우 ② 미국 헤게모니 하에서 다자협력이 이루어지는 경우 ③ 1+4가 해체되고 각 극 사이의 경쟁이 격화되는 경우 ④ 지구시민사회의 영향력이 1+4의 영향력을 넘어서는 경우 등등을 상정해볼 수 있다. 한국의 입장에서는 다자협력이 이루어지는 경로가 가장 바람직하나 다른 경우의 수에 대한 대비 또한 필요할 것이다.

이 불확실한 국제체제를 고려하면서 한국 평화외교의 원칙을 제시해본다.

첫째, 한국의 외교는 한반도의 평화와 번영 그리고 한국의 국가 위상 제고와 인류보편적 가치의 실현이라는 분명한 목표를 가져야 한다. 우리가 통제할 수 없는 상황에 대한 정확한 분석도 중요하지만, 우리의 국가 위상과 능력을 과소평가하는 비관주의적 태도도 경계해야 한다.

둘째, 한국외교는 1+4+지구시민사회 체제가 다자협력의 형태로 진화하는 데 기여할 수 있어야 하고, 국제적 수준에서 법의 지배와 국제기구의 민주화를 포함한 지구민주주의의 실현을 촉진하는 기능을 수행해야 한다.

셋째, 한국외교는 평화와 안보, 경제와 통상의 측면에서 한국에 가해질 수 있는 위험의 관리를 목적으로 하는 보험외교의 성격을 가지고 있어야 한다.

넷째, 한국정부는 글로벌 외교를 통해 한반도 평화과정이 가지는 세계사적 의의를 국제적으로 알려야 한다. 최후의 냉전 장소인 한반도가 평화의 길을 걷는 것에 대한 정당성의 확보다. 글로벌 외교를 통해 평화지향적 중견국가의 네트워크 또는 평화지향적 정치사회세력의 인식

공동체를 구성하는 작업을 할 수 있을 것이다.

다섯째, 한국의 평화외교는 정부 차원을 넘어서서 진행될 필요가 있다. 지구시민사회가 새로운 공간과 세력으로 부상하는 현단계에서 정부와 시민사회, 시민사회와 시민사회의 외교—track 1.5, track 2—의 중요성은 더욱 부각될 것이다. 예를 들어 동북아 시민사회는 한국이 추구하고자 하는 평화외교에 가장 강력한 지원세력이 될 수 있을 것이다.

여섯째, 한국정부는 외교정책에 대한 국내적 합의 및 지지를 확보하려는 노력을 경주해야 한다. 이는 평화지향적 윤리외교가 궁극적으로는 한국의 국가이익에 공헌할 것이라는 인식에 대한 합의 및 지지를 이끌어내야 함을 의미한다. 이 합의 및 지지에 기초할 때만 외교예산과 외교인력의 확충을 포함한 외교역량의 전반적 재편이 가능할 것이다.[4)]

외교정책 기조의 재편을 위해서는 '외교정책 거버넌스'(governance)에 참여하는 다양한 행위자들이 객관적 환경분석 및 실천방향에 대한

□■

4) 한국은 세계 12위의 교역국이다. 그리고 GDP 대비 무역의존도가 70%에 이르는 무역국가이기도 하다. 또한 아직도 정전상태에 있는 국가다. 세계 8위의 교역국이자 중견국가인 인구 1,600만명의 네덜란드의 GDP가 4,993억달러이고 인구 4,700만명인 한국의 GDP는 5,074억달러(2003년)이다. 그럼에도 네덜란드의 외교부 공무원 수가 약 3,000명 정도인 데 반해 한국의 외교부 공무원은 1,500명 정도에 불과하다. 인구가 우리의 1/9 정도이고 수출도 우리의 1/3 정도인 덴마크의 외교부 공무원(약 1,600명)보다 작은 숫자다. 한반도 평화과정이 국제적 차원에서 진행되어야 하고, '비정상적인' 대외무역 의존도를 보이고 있는 한국이야말로 외교가 사활적인 국가활동이 되어야 한다는 주장에 이견을 달기는 힘들 것이다. 그럼에도 한국은 비슷한 수준의 경제지표를 보이고 있는 국가와 비교하여, 절대적으로 적은 숫자의 외교부 공무원을 보유하고 있다.

인식을 공유할 수 있어야 한다. 외교정책의 결정이 정책결정 과정에 참여하는 엘리뜨들의 합의만으로는 이루어질 수 없는 상황이다. 외적으로는 탈냉전과 세계화라는 조건 그리고 내부적으로는 민주화라는 거대한 변환은, 환경변화에 대한 신속한 대응과 외교정책의 민주화라는 상충할 수도 있는 가치를 요구한다. 불확정성의 시대에 걸맞게 다양한 행위자들의 참여와 인식이 공유되는 외교정책 거버넌스를 만들어갈 때, 비로소 우리는 평화외교에 한발 다가설 수 있을 것이다.

5. 결론

한국이 처한 지리적 위치와 중간 정도의 국가 규모를 고려할 때, 대외정책은 적극적이고 능동적으로 다뤄져야 할 핵심적인 전략 문제이다. 탈냉전시대와 함께 한반도를 포함한 동북아지역의 세력균형이 와해되면서 평화를 위협하는 폭력적 조정과정이 발생할 수도 있다. 한국의 평화외교가 무엇보다도 중요한 이유다. 우리에게는, 한반도를 포함한 동북아국가들의 협력을 통한 결사체적 균형이나 한반도를 포함한 동북아국가들의 정치경제적 민주화와 국제협력이 동시에 진행되는 적극적 평화가 바람직한 대안이다.

그러나 2006년 12월의 싯점에서 볼 때, 우리의 소망과 달리 한반도를 둘러싼 정세는 위기국면에 들어서 있는 것처럼 보인다. 6자회담의 재개가 이루어졌지만 한일관계는 악화되고 있으며, 한중관계에서는 파열음이 나고 있다. 한국의 좌우 민족주의자들은 북중관계의 강화에 우려의 목소리를 내고 있다. 이러한 정세에서 냉전시대의 대립구도가 형성될 조짐을 읽는 것도 무리가 아니다. 한국정부는 이 조용한 혁명의 시기에 '한국판 중국위협론'에 입각하여 평화외교의 길을 포기하려는 것처럼 보인다. 여기에 '북한부담론' 또는 '북한붕괴론'까지 추가된다면, 한반도의 미래는 한치 앞도 내다볼 수 없는 상황으로 가게 될 것이다.

중국이 한국에게 정치군사적 위협은 물론 경제적 위협이 될 수 있다고 주장하는 한국판 중국위협론은 북한의 체제전환까지 염두에 둔 미국의 변환외교(transformational diplomacy)가 북한을 압박하고 있는 상황에서 한국정부가 한미동맹의 강화 쪽으로 움직일 수 있는 명분이 되고 있다. 한미FTA 협상도 전략적 유연성의 수용과 더불어 한국정부의 동북아 구상을 사실상 폐기하려는 정책적 선택으로 보인다. 경제적 측면에서 중국과의 경쟁관계 내지는 중국경제의 내파(內破) 가능성을 고려하는 '위험론'이 한미FTA 협상을 정당화하는 논리 가운데 하나로 잠재해 있기 때문이다. 그리하여 북한과 중국의 경제협력 강화를 남북중 경제협력 더 나아가 동북아 경제협력으로 전화하려는 노력도 전무한 실정이다. 한편 미국의 강압과 북한의 버티기로 두 국가 사이에 갈등이 심화되는 상황에서 한국정부는 북미갈등의 조정자와 중재자로서의 역할을 최소화하려는 것처럼 보인다.

참여정부의 초기 외교안보정책 담론과 현실적 귀착점 사이의 이 괴리를 설명하기 위해 몇가지 가설을 설정해볼 수 있다. 첫째, 참여정부의 친미적 성향이 그 원인일 수 있다. 둘째, 참여정부의 지지층은 선거국면에서 이탈하지 않을 것이라는 확신을 전제로 외교정책의 보수화가 재집권에 유리하다는 현실정치의 논리가 작용했을 수 있다. 셋째, 설정하고 싶지는 않지만 무지의 가설을 세워볼 수도 있다. 넷째, 한국정부 내의 관료정치에서 냉전시대의 경로를 추종하는 세력이 승리하면서 나타난 결과로 볼 수 있다. 다섯째, 대통령을 비롯한 청와대가 관료세력을 통제할 수 없기 때문에 발생한 괴리로 설명할 수 있다. 어느 것이 원인이든 참여정부가 참여정부라는 이름에 걸맞지 않게 외교정책에서 사회와의 소통을 단절하면서 참여정부의 외교정책에 대한 상반된 평가와 정책의 혼선이 출현하고 있다. 어느 길을 가든 평화지향적 외교정책의 실천을 위해서는 외교안보정책 거버넌스에 참여하는 다양한 행위자들이 객관적 환경과 실천방향에 대한 인식을 공유할 수 있어야 한다. 참여정부라는 이름은 특정 정치세력의 전유물이 아니다. 참여정부는 민주주의를 민주화하고자 했던 한국사회의 시대정신이 담긴 이름이다.

| 참고문헌 |

갈퉁, 강종일 외 옮김(2000)『평화적 수단에 의한 평화』, 들녘.

김태현(2002)「동북아질서의 변동과 한반도」,『국제 · 지역연구』 11권 1호.

윤덕민(2004)「한국의 전략적 선택」, 외교안보연구원.

이삼성(2004)「미국의 대북한 정보평가 및 정책의 신뢰성 위기와 북핵문제 해결방향」,『현대북한연구』 7권 2호.

통일부(2005)「제2의 6·15시대를 열며」, 통일부.

Bull, H.(1977) *The Anachical Society: A Study of Order in World Politics*, London: Macmillan Press.

Buzan, B. and O. Waever(2003) *Regions and Powers: The Structure of International Security*, Cambridge University Press.

Morgenthau, H.(1997) *Politics among Nations*, New York: McGraw-Hill.

Waltz, K.(1979) *Theory of International Politics*, Reading: Addison-Wesley.

개방-협력의 대외경제정책

이 일 영

1. 문제제기

지금까지 한국의 국가전략은 국내·국외로 영토를 경계짓는 관습적 방식으로 상상력의 범위를 스스로 제한해왔다. 그래서 개방화나 FTA 추진을 두고도 단순히 찬성론과 반대론으로만 구획되고 있다. 한편에서는 개방론이 주류를 이룬다. 정부의 통상 관련 부처, 수출부문에 종사하는 기업가, 영미식 경제에 익숙한 대부분의 경제학자들이 신고전파적 비교우위론에 입각한 대외적 개방이 국민경제에 이익을 가져다준다는 믿음을 가지고 있다. 다른 한편에는 개방반대론이 포진한다. 특히 1987년 이후 민주화 과정에서 급성장한 노동운동, 농민운동, 교육단체 그리고 이들과 관련된 정부·비정부 조직들의 상당 부분이 이러한 입장에 서서 개방론과 대칭구조를 이룬다.

필자는 이와는 달리, 지역주의적 관점에서 개방과 협력을 중시하는 한국경제의 새로운 발전모델을 구축해야 한다고 생각한다. '한반도-동북아' 단위의 지역을 형성하는 대외전략을 추진함으로써, 이미 큰 세력이 된 미국, EU와 더불어 동아시아를 새로운 삶의 터전으로 만들어내자는 것이다. 그러나 이는 타자와 패권을 겨루자는 것이 아니라, 동아시아 내에서의 개방과 협력을 전세계 평화의 기운을 북돋우는 지렛대로 이용하자는 것이다. 즉 지구화·지역화에 따라 대외적으로 개방과 협력을 중시하는 방향으로 국가의 역할과 전략을 재구성하자는 것이다. 그래서 이 글에서는 개방과 협력을 통해 민주주의의 심화, 분단체제의 극복, 새로운 연대성의 발견을 함께 이루어내는 길을 모색하고자 한다.[1)]

□■

1) 한국에서 지역주의적 관점은 두 가지 흐름으로 형성되어왔다. 먼저 1990년대 초부터 정책전문가, 지역전문가들 사이에서 '정책학적 지역주의론'이 등장했다. 이는 1970~80년대 이루어진 산업화의 자본축적 방식이 종래와 달라진 역사적 조건 속에서 새로운 활로를 모색해야 한다는 문제의식을 반영하고 있다. 한편 비판적 인문학자들을 중심으로 1990년대 중반부터 일국적 시각과 세계체제적 시각의 매개항으로서 '동아시아적 시각'이 제기되었다(정문길 외 엮음 1995; 정문길 외 엮음 2000). 이러한 '비판적 지역주의론'은 1980년대 후반 이후 전개된 국제적 환경의 변화로 민족민주운동의 일국주의적·계급주의적 전망이 현실적으로 부적합하다는 인식에 따른 것이다.

2. 개방-협력을 요구하는 환경 요인

(1) 세계체제와 개방-협력

한국이 처한 지리적 위치와 중간 정도의 국가 규모를 고려할 때, 대외관계를 어떻게 설정할 것인가 하는 문제는 단순히 수동적으로 대응할 문제가 아니라 적극적이고 능동적으로 다뤄져야 할 핵심적인 전략의 문제이다.

한국은 규모와 위치 때문에 세계체제 또는 국제질서의 강력한 영향을 받을 수밖에 없다. 규모의 면에서, 한국은 국민경제 안에서 자립적 재생산 구조를 갖추는 데 필요한 기초 자원을 갖고 있지 못하다. 또 내수시장이 작아서 그것만으로는 안정된 소득과 고용을 마련할 수 없어서 국경 밖으로 시장을 넓히는 것이 필수적이다. 위치의 면에서, 한반도는 주변에 미국, 중국, 일본, 러시아 등 4개 초강대국의 힘과 접하고 있다. 이들과의 관계를 잘 관리하고 발전시키는 것 또한 절대적인 과제이다.

과거의 역사를 보면, 세계체제의 변동은 동아시아 지역질서에, 그리고 동아시아 지역질서의 변동은 한국에 강력한 환경 요인을 제공했다.

통상 중심부에서 패권국가가 쇠퇴하는 국면에 이르면 중심부 국가들 사이에 원료와 시장을 둘러싼 경쟁이 치열해진다. 중심부 국가들은 세계시장에서 자신의 몫을 증가시키거나 회복하기 위해 관세장벽 설치, 국내시장의 대외적 봉쇄, 주변부에 대한 정치적 통제 등을 실시한다. 패권국가의 통제력이 후퇴하면 이러한 갈등구조는 더욱 증폭되고 국가간 긴장을 해소할 수 있는 장치가 비효율적이 됨으로써 정치적 긴장은 종종 무력충돌로 발전한다(Chase-Dunn 1989).

동아시아에서도 세계체제의 변동에 따라 지역질서의 성격이 새롭게 규정되고 있다. 19세기 중반 영국 우위의 세계체제가 다중심부의 구조로 변동하면서 식민지 쟁탈전은 가속화했다. 이에 따라 일정하게 공업화를 이룬 일본이 농업 중심의 경제구조를 지닌 중국 중심의 동아시아 문명공동체 네트워크, 즉 '조공체제'를 무너뜨리면서 역내 패권국가로 등장했다. 이 시기 공업화와 근대국가 형성에 지체를 보인 조선과 중국은 식민지·반식민지로 전락했다. 그러나 지역 패권을 확대하려는 일본과 세계자본주의체제의 패권국가로 부상하고 있던 미국이 태평양에서 격돌했고, 일본의 '대동아공영권'의 꿈은 좌절되었다. 이후 일본은 패권국가 미국의 하위 파트너로 동아시아의 냉전체제에 복귀하게 된다(김기정 2005).

그런데 제2차 세계대전 이후 미국의 주도 아래 형성된 세계체제는 1970년대 이후 새로운 국면으로 진전하게 된다. 브레턴우즈 체제 속에서 유지되던 국경 조건과 정책적 자율성은 1970년대를 통하여 변화했다. 선진국 사이에서 진전된 자유무역화의 거대한 흐름은 1980년대부터는 대부분의 개발도상국과 사회주의권에도 미치게 되었다. 국제적 유동성이 증가하고 국제자본시장은 확대되어, 개발도상국과 동유럽 국가들이 자본시장에 편입되었다. 또 1980년대 말 이후 세계적 차원에서 해외직접투자가 크게 증가했고, 다국적기업은 가치사슬을 분할하여 자신의 활동을 초국적 차원으로 확장했다.

이러한 조건 속에서 동아시아 경제가 급속히 팽창했다. 무역 성장은 주로 미주, 유럽, 동아시아의 3개 블록에 집중되었는데, 동아시아 개발도상국들은 주로 OECD 국가에 제품을 수출함으로써 1980~90년대에 급속히 성장했다. 해외직접투자는 동아시아에 새로운 생산 네트워크를 창출했다. 동아시아 신흥공업국들은 생산물과 투입요소 두 분야에서 모두 무역을 발전시켰고, 저임금 생산품은 다른 빈곤국으로 이전되었다.

이러한 세계적 추세는 보호와 갈등을 유발하는 측면과 개방과 협력을 필요로 하는 방향을 함께 가지고 있다. 세계체제의 구조적 측면에서는 갈등을 증대시킬 가능성이 있다. 미국의 주도력이 약화되고 지역 내에서 중국이 새로운 패권국가로 등장할 가능성이 높아지면, 기존의 중심부 국가들과 여타 주변부 국가들의 교환관계에 대한 정치적 통제가 강화될 수 있다. 그러나 동아시아 경제가 성장함으로써, 동아시아 국가, 특히 한국의 경우 종래와 같은 일방적인 중심-주변 관계에 놓여 있지는 않게 되었다.

(2) 생산네트워크와 개방-협력

게다가 국가간 무역과 투자의 증대 추세는 경쟁과 이동성을 증대시키고 불확실성을 확대한다. 절대적 불확실성은 경제주체의 독립성과

〈표 1〉 시장, 위계, 네트워크의 비교

	시장	위계	네트워크
관계의 원리	계약	내부화	협력
정보 및 의사소통	공식적 해소	위계질서 및 통제	교환규범, 신뢰
갈등해소 수단	법적 해소	감독, 명령	평판, 사회적 규제
유연성	높음	낮음	중간
참여자의 몰입	낮음	높음	중간
운영원리	기회주의 인정, 계약에 의한 위험관리	관료적·공식적	신뢰, 협력
거래파트너 선택	독립적·자율적	강제적·의존적	상호의존적

출처: Powell(1990); 이상원(2005) 156면에서 재인용.

시장원리를 강화하지만, 상대적 불확실성은 상호의존성과 위계·조직원리를 강화한다. 절대적·상대적 불확실성이 함께 증가하면 시장도 위계·조직도 아닌 네트워크로 대응하는 것이 유리해진다. 네트워크 관계의 기본 원리는 '협력'이다(〈표 1〉 참조).

한국은 타이완이나 싱가포르와 달리 1980년대 초까지 국내기업을 지원하고 외국기업 투자를 선별하는 산업정책을 실시했으며, 미국이나 일본이 주도하는 동아시아 생산 네트워크 안에 들어가서 전면적인 개방정책을 통해 첨단산업을 육성하는 전략을 채택하지는 않았다. 한국은 1980년대 후반 이후 국내 대기업들을 중심으로 첨단기술 산업으로의 독자적인 진입을 시도했다. 즉 미국 등지에서 현지기업에 투자하고 이를 인수하여 미국 내 R&D 센터로 활용하면서 국내 생산능력과 결합했다. 이는 기술력을 가진 미국 기업들과 국내 기업의 생산능력이 결합하는 네트워크를 한국 기업이 주도한 개방–혁신전략이라고 할 수 있다.

그러나 대기업은 국내적으로는 하청부문에 대한 수직적 지배력을 강화하고 비정규직부문을 확대하여 수량적 차원에서의 유연화에만 집중했다. 한편 중소기업도 이러한 국제적 생산 네트워크에 참여하는 기업과 그렇지 못한 기업 사이에 분화가 진전되었다. 재벌 대기업이 밖으로는 글로벌 쏘싱을 추구하면서 안에서는 수직적 위계를 강화하는 것은 장기적으로는 양립할 수 없는 과도적 상황이다. 따라서 교착상태에서 벗어나 새로운 단계로 도약하기 위해서는, 국가와 경제 전체가 개방적·협력적 네트워크 속에서 혁신능력을 강화하는 기회를 갖는 것이 필요하다. 미시적 차원에서는 중소기업의 혁신능력을 강화하고 기업간 경제관계를 수평적이고 협력적 네트워크로 발전시키는 것이 중요한 과제이다.

(3) 평화체제와 개방-협력

한편, 평화체제 형성에도 네트워크적 협력은 중요한 의미를 갖는다. 칸트(I. Kant)적 관점에 따르면, 국가간 경제적 관계의 확대는 정치적 갈등을 축소하고 평화를 확장하는 효과를 갖는다. 그러나 현실주의적 관점에 따르면, 경제적 교환이 정치적 갈등을 증대하는 경향도 관찰할 수 있다. 탈출의 가능성이 현저히 제한된 정치적 형태의 국가간 공동체가 확립되지 않은 상태에서, 국가간 경제관계의 증대가 반드시 정치·군사적 갈등을 완화하는 조건이 된다고는 할 수 없다. 따라서 탈출비용이 낮지도 높지도 않은 형태의 경제관계가 비교적 평화체제의 형성에 기여하는 환경을 마련한다. 이러한 점에서 점진적·기능적인 방식으로 네트워크 형태의 경제협력을 확대하는 것이 평화체제 형성에 바람직하다고 할 수 있다(Crescenzi 2005).

3. 노무현 정부의 대외경제정책: 동북아 구상을 중심으로

(1) 경쟁력과 협력기반 강화의 동시 추진

노무현 대통령 당선 후 구성된 대통령직인수위원회에서는 노무현 정부의 3개 국정목표 중 하나로 '평화와 번영의 동북아시대'를, 12대 국정과제 중의 하나로 '동북아경제중심국가 건설'을 선정했다. '평화와 번영의 동북아시대'라는 국정목표는 역시 12대 국정과제 중 하나인 '한반도 평화체제 구축'과 '동북아경제중심국가 건설' 등 2개 국정과제를 통해 구현되는 것이라 할 수 있는데, 한반도 평화체제 구축은 외교·통일·국방 분야의 국정과제이고, 동북아경제중심국가 건설이 경제 분야의 국정과제의 하나로 선정된 것이다.

'동북아경제중심추진위원회'(2003. 4~2004. 6)는 동북아경제 중심에 도달하기 위한 정책수단을 내부역량 강화와 협력기반 구축이라는 두 개의 축으로 설정했다. 내부역량 강화는 동북아 물류중심, 동북아 금융중심, 창조형 국가혁신체제를 구축함으로써 달성하려 했고, 이를 위해 전략적으로 외국인 투자유치 사업을 본격화하고 경제자유구역을 활성화하고자 했다. 협력기반 구축은 남북 경협거점 개발, 남북·대륙 철도망 연결, 동북아에너지 협력 등 평화 촉진을 위한 동북아SOC 건설과 포괄적 동아시아FTA 추진 및 동북아 사회·문화 교류 등 동북아 공동체 형성을 촉진하는 것으로 달성하고자 했다.

'동북아시대위원회'(2004. 6~)는 평화와 번영의 동북아 구상을 실현하기 위하여 전략기획, 평화, 번영, 공동체 등 4개의 전략영역으로 나누어 추진 과제를 제시했다. 금융허브, 물류허브, 외국인 투자유치 등의 번영 과제나 에너지 및 철도협력, 환경협력, 사회문화협력 등 공동체 구축 과제는 이전 '동북아경제중심추진위원회'의 사업을 계승하고, 창조형 국가혁신체제(NIS) 및 클러스터 관련 사업은 이관했으며, 사회문화협력의 비중을 늘렸다. 새롭게 추가된 과제는 전략기획 및 평화 관련 사업으로, 전략기획의 주요 과제는 중장기 정세분석, 안보전략 기획, 지역협력전략 기획, 대내외 공감대 형성 등이었다. 또한 평화 관련 사업에서는 한반도 평화체제 구축, 주변 4국과의 협력 강화, 다자간 안보협력 증진 등을 주요 과제로 추진하기로 했다.

(2) 협력적 대외경제전략의 좌절

그러나 노무현 정부의 동북아시대 구상은 당초부터 실현 가능성이 희박하다는 비판이 제기되었고, 실제 사업 성과도 부진했다. 그리고 동북아 구상을 추진하는 조직의 체계와 사업과제가 2~3년 사이에 크게 변동하고 있다. 이러한 사업 전개의 부진은 동북아 구상의 내용과 정책목표, 지향점이 불분명하다는 데 그 원인이 있었다.

김대중 정부까지의 동북아 관련 논의는 기본적으로 경쟁력 문제를 중심으로 한 국민경제 확대·강화 방안이었다. 이는 엄밀히 말하면 특정한 '지리적 토대'를 중시하는 지역전략이라기보다는 중요한 시장권을 확보하는 국민경제 전략이라고 할 수 있다. 따라서 국민경제와 조응하는 국민국가의 조직체계에 잘 적응되는 측면이 있다. 그런데 노무현 정부는 명목상으로 '평화' '협력'을 내걸었고, 협력과 경쟁을 종합하여 새로운 대외전략을 추진하자는 것이 동북아 구상에서 가장 중요하고 혁신적인 요소로 볼 수 있다. 그러나 노무현 정부의 동북아 구상은 평화와 번영의 공동체를 목표로 한다는 지향만을 제시했을 뿐, 정책과제나 추진체계는 김대중 정부의 '동북아비즈니스중심국가'의 틀을 벗어나지 못했다.

공동체 지향의 동북아 구상을 추진하면서도, 주로 정책화되고 가시화되는 것은 금융허브, 물류허브, 경제자유구역 등 국내경쟁력을 강화하는 정책이다. 이는 주변국들과의 협력으로 이루어야 할 과제라기보다는 독자적인 노력에 의해 성과를 거둘 수 있는 과제이다. 동북아에는 여전히 갈등과 경쟁구조가 존재하기 때문에 국가 차원에서는 동북아에서 평화와 번영의 공동체를 형성하자는 구상이 쉽게 진전되기 어렵다. 따라서 중앙정부 차원 이외의 사업이나 과제를 마련할 필요가 있다. 그러나 국가 역할을 새롭게 정의한다는 문제의식이 결여됨으로써 실현 가능성이 낮은 국가 차원의 협력 사업이나 과제를 각 부처가 나누어 맡아 부처별로도 갈등이 벌어지는 경향이 있었다.

동북아 구상 중에서도 특히 '평화' '협력'을 위한 사업이나 과제의 추진 성과가 부족한데, 이는 이를 뒷받침할 수 있는 국내 추진체계가 미비한 데에도 원인이 있다. 동북아국가와의 FTA 추진이나 개성공단 사업 등은 동북아 지역전략 차원에서 종합적으로 추진되어야 할 중요한 과제이다. 그러나 이들 사업은 외교통상부, 통일부에서 각각 개별적으로 진행되었다.

그나마 2004년 하반기 이후에는 통상교섭본부의 독주로 동북아 구상은 사실상 동력을 상실했다. 2004년 가을 통상교섭본부는 자유무역협정국을 신설했으나, 그때까지 교섭이 진행되던 한일FTA는 일본의 농산물시장 개방 거부, 독도 문제, 역사교과서 문제 등으로 암초에 부딪혔다. 한일간 교섭은 2004년 11월 6차 협상을 마지막으로 중단되었다.

한편 2004년 9월에는 크리스토퍼 힐(Christopher R. Hill) 당시 대사가 한미FTA의 필요성을 언급하기 시작했다. 그리고 2005년 10월 러시아 대사를 지낸 알렉산더 버시바우(Alexander Veshbow) 대사가 한국에 부임했다. 노무현 대통령은 그때까지의 동북아 구상 추진체계와는 별도로 9월경 한미FTA 추진을 결단한 것으로 알려지고 있다. 이후 2005년 10월부터 2006년 1월까지 스크린쿼터 축소, 미국산 쇠고기 금수조치 해제, 의약품과 자동차에 대한 무역장벽 해소 등 미국이 제시한 선결과제가 잇따라 풀리고, 2006년 2월초에는 협상 출범이 전격적으로 선언되었다.

결국 노무현 정부는 '지리적 토대'를 중시하는 협력적 지역경제 전략을 모색하다가, 이전의 경쟁력 문제를 중심으로 한 국민경제 확대·강화 방안으로 완전히 회귀했다. 국내영역과 국외영역의 경계선이 약화되는 방향으로 글로벌화의 새로운 변화가 진행되고 있는데, 대외경제정책은 개방을 통해 국내영역을 강화한다는 종래의 중상주의적 전략을 반복하고 있는 것이다. 개방-협력의 전략적 의의에 대한 인식이

여전히 부족한 상태다.[2)]

4. 개방-협력의 대안적 대외경제정책

(1) 전략목표

대외경제정책이라고 하지만 이는 국가의 '안'과 '밖'을 구분한 상태에서 '밖'에 대한 정책만을 의미하지는 않는다. 오히려 경제적 불평등과 폭력을 제어하는 정치경제를 위한 장소로서의 '지역' 형성을 지향한다. 즉 일국주의적·계급주의적 전망을 넘어 국민국가, 민족국가, 그리고 국가를 뛰어넘는 지역을 함께 포함하는, 개방과 협력의 복합적 공동체를 목표로 한다. 이러한 새로운 경제공동체를 '한반도-동아시아 경제', 또는 '개방형 민족경제'라고 부르기로 한다. 여기에서 민족경제는 세계화의 신자유주의적 측면을 교화하면서 분단된 국민경제를 통합하고 재구성하는 이중의 목표를 수행한다.

개방과 협력은 정책이 지향하는 가치이자 정책의 수단이다. 또한 한

□■

2) 한국은 거대경제권을 '국가' 단위로만 접근해서 지나치게 의식하는 경향이 있다. 그래서 미국과 중국이 경쟁하고 있고, 한국은 그 어느 쪽엔가 줄을 서야 한다는 강박관념이 강하다. 거시적으로 보면, 당분간 중국이 선두에 도전할 능력과 의사가 있다고 보기는 어렵다. 한편 미국의 지위도 점점 하락하고 있다. 미국의 무역적자는 2005년에만 8,050억달러에 이르렀고, 미국의 경제상황이 눈에 보이는 것보다 훨씬 더 나쁘다고 주장하는 논자들이 늘고 있다. 국가 단위로 보면, 미국은 약화되고 있고, 중국은 해결하기 어려운 문제를 안고 있다. 활력은 모두 '지역' 단위에서 찾을 수 있다.

국의 성장 한계를 돌파하는 수단이기도 하다. 이를 통해 내수시장의 한계를 확대하고 새로운 투자영역을 발굴하여 성장 동력을 자극한다. 그뿐 아니라 역내의 평화체제 태동에 조응하는 경제씨스템을 마련하는 가치이자 수단이기도 하다. 역내에서 상품과 자본이 흐르고 모일 수 있도록 하고, 여객과 노동력의 이동을 촉진함으로써, 세계화에 적응하면서 세계화를 넘어서는 수단을 마련하고, 경제가 평화의 선순환 구조를 형성하도록 한다.

통합된 한반도경제는 개방형 민족경제를 지향하는 과정에서 형성된다. 개방형 민족경제는 다자주의, 지역주의, 민족주의를 원리로 한다. 다자주의란 강대국의 일방주의를 견제하며 WTO 체제와 공존하면서 새로운 평등적 국제경제질서를 형성하는 것이다. 지역주의란 역내 국가와의 연대성에 입각하여 동아시아 경제의 통합을 추진하는 것이다. 민족주의란 남북 협력발전에서 시작하여 통합적 민족경제로 발전하는 것이다. 이들 요소들이 서로 배격하지 않고 상보적으로 발전하도록 관리하는 것이 중요한 과제이다.

민족경제는 '분단체제를 극복한 한반도경제'를 의미하지만, 통일운동의 당파성을 지시하지는 않는다. 따라서 '한국경제'의 발전이 중요하게 인식된다. 그리고 한반도, 황해와 동해 연안의 중국, 일본 지역, 그리고 극동러시아, 몽골을 더한 '동북아' 지역의 네트워크형 협력에 전략적 의의를 둔다. 이는 ① 주체들간의 경제적 이익의 파레토적 증가, 즉 공동번영 ② 역내에서의 정치·사회·문화적 갈등의 감소, 나아가 평화체제의 형성 ③ 이를 통해 한반도의 평화적·점진적 통합에 유리한 환경 조성을 목표로 한다.

경제협력이 이러한 목표를 달성하기 위해 필요한 전략적 과제이지만, 경제협력과 병행하여 다음과 같은 협력과제도 추진되어야 한다.

① 동북아 및 남북관계에서의 불행했던 과거사에 대한 정리 작업과 함께 망각을 위한 교섭과 합의 ② 최저 수준의 노동기준에 대한 교섭과 합의 ③ 환경·농업 등 비교역적 요소에 대한 교섭과 합의 ④ 국내적으로 합리적이고 민주적인 개방-보상의 교환체계 구축.

(2) 경제협력의 범위와 단계

동북아 경제협력의 범위와 단계는 세 가지 차원으로 설정할 수 있다(〈표 2〉 참조).

첫째, 동북아와 세계로 연결되는 한국 국내 공간에서 확대된 무역, 금융거래, 산업생산의 '경제 중심' 또는 '노드'를 지향한다. 이를 위해 국내에 동북아로 향하는 지역거점을 발전시키고, 한반도-환황해-환동해의 여러 점들을 선으로 잇는 네트워크를 구축한다. 또 국내적으로 국제적 무역투자 자유화의 부작용에 대비한 제도 개선에도 주력한다.

〈표 2〉 동북아-남북한 경제협력의 발전단계

	동북아 차원	남북한 차원
협력발전 단계	•국내씨스템 혁신과 지역거점 발전 •한국의 동북아 허브화를 추진 •한반도-환황해-환동해 네트워크 추진	•경제협력 거점 마련, 특구연합 추진 •경제협력망 마련(에너지, 교통) •대북한 인도적 지원, 경제회복 지원
균형발전 단계	•국내 균형발전 •한반도-환황해-환동해 경제권 형성 •역내 무역투자 자유화의 진전	•경제협력 거점 확립(금융) •남북 산업협력과 자유무역지대 형성 •북한의 시장화 개혁 지원
통합발전 단계	•동북아 자유무역지대 •동북아 통화동맹	•남북한 공동시장 및 경제공동체 •남북한 화폐통합, 국가연합

출처: 필자 작성.

북한에 대해서는 무역·투자 등 경제교류를 확대하고, 개성·금강산 특구 개발, TKR 형성, 전력 개발 등 협력사업의 거점을 마련한다(협력발전단계).

둘째, 중기적으로 한반도를 중심으로 한 인접 지역·지방으로 구성된 공간에서는 확대된 무역과 물류의 '네트워크+노드' 형성을 주도하고 협력 프로젝트를 개발하여 적극 추진함으로써 한반도-환황해-환동해 경제권 형성을 이끈다. 국내적으로는 지역거점 발전을 지역균형발전으로 확대하며, 국가 차원에서는 미국, 중국, 일본, 러시아 등과의 무역투자 자유화를 진전시킨다. 이와 함께 북한과 교통망·금융망을 연결하고 다양한 형태의 산업협력으로 남북한간 균형발전을 위한 분업구조를 마련한다. 이를 토대로 쌍무적 무역투자협정을 체결하며 나아가 자유무역지대를 형성한다. 이 과정에서 북한의 시장화 개혁에 필요한 인적·물적 자원을 지원한다(균형발전단계).

셋째, 장기적으로는 한국, 중국, 일본 등 국민국가를 단위로 구성된 공간에서 '동북아 자유무역지대'를 추진한다. 여기에는 미국, 러시아, 몽골, 북한도 참여할 수 있다. 유럽 통합의 '창안자'들 중에는 '유럽합중국'(The United State of Europe)에 대한 비전을 가진 사람도 있었지만, 지금은 국가연합의 수준에서 유럽통합을 이해하는 경향이 많다. 동북아의 경우 이보다는 더 낮은 수준인, 자유무역지대를 목표로 하고, 남북한간에는 화폐통합과 부분적인 재정통합을 이룬 유럽연합보다는 높은 수준의 국가연합을 지향한다(통합발전단계).[3]

□■

3) 동북아 통합과 남북 통합을 연계하여 추진하되 최종 목표로서의 통합 수준은 남북통합이 동북아 통합보다 높도록 한다. 물론 그 과정에서 기계적으로 통합 수준을 조정하는 것은 현실적으로 불가능하다. 남북관계가 지체된 경우 동북아 통합을 먼저

개방형 민족경제를 지향하는 대북 경제정책은 3단계 발전론으로 요약할 수 있다. 단계별로 시간이 길어지거나 짧아질 수는 있으나, 급진적 변화에 의해 단계를 건너뛸 경우 심각한 부작용과 막대한 댓가를 치러야 할 것이다.

첫째, 협력발전의 단계이다. 이때는 협력의 점을 형성하고 네트워크를 형성한다. 특구 개발과 협력 프로젝트를 통하여 종래의 비협조 게임의 틀을 협조 게임의 틀로 전환한다. 북한주민이 기본적 생존권을 확보할 수 있도록 경제기반을 복구하는 데 도움을 주고 그밖의 인도적 지원을 한다.

둘째, 균형발전의 단계이다. 남북한이 적절한 분업구조를 형성할 수 있도록 시장적 기초 위에서 무역·투자와 산업협력을 확대한다. 이에 따라 자유무역지대를 확대하고 포괄적인 무역투자협정을 통해 분업과 전문화의 이익을 얻도록 한다. 북한의 시장화 개혁을 재정·금융적으로 지원하고 북한주민의 정치적 자유권 확대를 지지한다. 북한의 시장화 개혁의 구성요소는 '사영기업+국유기업'의 기업체제, '가족농장+기업농장'의 농장체제, '시장화+정책개입'에 의한 가격·유통체제, 외부로부터의 자극과 지원에 의한 기술혁신 등이다. 이는 '아래로부터의 길'과 '위로부터의 길'이 혼합된 형태라는 점에서 '복선형(複線型) 개혁의 길'이다.

셋째, 통합발전의 단계이다. 여기에서는 경제공동체를 형성하여 경제통합의 이익을 얻도록 한다. 정치적으로는 국가연합 수준의 통합을 이루고 북한주민이 사회적 평등권을 확보하도록 한다. 이는 북한주민

□ ■

추진하고 그 수준이 남북 통합 수준보다 높아지는 시기가 있을 수도 있다.

에게 내국민 수준의 정치적 권리와 사회복지를 제공하는 부담을 남북한 경제공동체 또는 국가연합의 재정에서도 일정하게 책임진다는 것을 의미한다. 이를 위해서는 남북한 경제공동체 또는 국가연합의 재정이 상당 수준 확보되어야 한다. 또 남북한에 공통적으로 적용될 수 있는 효율적인 고용연계 복지 또는 공동체주의적(communitarian) 복지모델의 형성이 필요하다.

(3) FTA 결성의 중요성과 추진 방식

FTA란 세계주의(globalism) 혹은 다자주의(multilateralism)와 대조되는 지역주의(regionalism) 혹은 지역통합(regional integration)을 이루기 위한 법적 기초로서의 조약인 지역무역협정(regional trade agreement)의 통칭이다. 구체적으로, FTA는 동맹 당사국간에 관세, 수량 제한 등 무역장벽을 철폐하여 무역을 자유화하고 역외 국가에 대해서는 독자적인 무역정책을 실시하는 지역통합을 의미한다. 가맹국간 내부 결속도가 약하기는 하지만 공동정책의 부담이 없기 때문에 널리 선호되고 있다. 또 체결 사례가 많아짐에 따라 정형화된 틀의 형태로 발전하고 있기 때문에 보편적 틀 속에서 특수성을 반영한 응용이 가능하다.

그런데 한국이 미국, 중국, 일본 등 강대국과 FTA를 추진하는 데 있어서는, 규모와 힘의 격차 때문에 한국이 주도권을 행사하기 어렵기도 하고 강대국간의 경쟁구도 때문에 복잡한 문제가 발생하기 쉽다. 따라서 주요 강대국들과의 공간에서 한국은 각국간에 벌어지는 경쟁과 협력관계에 때로는 편승하고 때로는 주도하는 전략을 적절히 혼합해야 한다.

거대 경제권과의 FTA를 지나치게 빠른 속도와 높은 수준으로 추진할 경우, 세 가지 차원에서 갈등이 격화될 수 있다. 첫째, FTA에서 배제되는 국가와의 갈등이 유발될 수 있다. 둘째, FTA 추진과 함께 국내 피해 부문의 저항이 격화될 수 있다. 셋째, 경제규모의 비대칭성 때문에 FTA 추진과정 및 이후에 예상치 못한 문제가 발생할 경우 소국에 결정적 피해를 초래할 위험이 있다. 이러한 이유 때문에 시장통합을 위한 FTA는 위험을 관리하는 방안을 준비하여 신중히 추진하는 것이 바람직하다. 즉 한국의 입장에서는, 아세안 국가와 일본과는 높은 수준으로, 미국·중국과는 중간 수준으로 협상을 추진하고, 협상 능력을 고려해서 종합적인 일정표를 만들도록 한다.[4)]

남북한간에도 시기를 보아 FTA를 체결하는 것이 좋다. 자유무역협정을 이용하면 국제적으로 축적된 양자 협상의 경험을 참고할 수 있고, 남북한 경제통합 과정에 대한 투명성과 미래예측성을 높여 국제사회의 이해를 유도하는 데 유리하다. 북한의 경제특구를 중심으로 외국과의 무역과 투자를 확대하고 개방의 경험을 축적하면서 북한과 남한 사이에 FTA를 결성하는 방법으로 상품시장의 통합을 시도한다.[5)]

□■

4) 현단계에서 미국의 정책은 '높은 수준'의 FTA를 추진한다는 것으로 알려지고 있다. 그러나 동북아에서 개방-협력의 국제질서를 형성하기 위해서는 협력 의제가 포함된 '중간 수준'의 한미FTA, 한중FTA를 함께 추진할 필요가 있고, 이를 미국, 중국에 설득해야 한다.

5) '남북기본합의서' 정신에 따르면, 남한은 '공화국 밖에 사는 해외동포규정'에 해당되는데 그럴 경우 남한의 투자는 북한의 입장에서 내국 투자가 되고, 남북한간 교역은 내국간 거래가 된다. 그러나 이는 북한 경제에 지나치게 빠른 속도로 충격을 줄 가능성이 크다. 2005년 4월 개정된 '남북교류협력법'에서도 남북한간 거래를 '민족내부거래'로 명시했다. 그러나 WTO 규정 등에 따르면 북한은 엄연히 독립적인 관세구역을 운영하는 별개의 경제주체이다. 한국이 북한과의 거래를 내부거래로 보고 무관세 등 특혜조치를 취하면 다른 나라에도 똑같은 조치를 취해야 한다는 의미이

(4) 연대를 위한 제도 인프라

경제협력과 통합과정은 경제단위간 차별을 없애는 과정이다. 그러나 불균형 문제에 대한 고려 없이 협력과 통합을 추진하면 낙후국과 부유국 간, 낙후지역과 부유지역 간의 빈부격차는 더욱 벌어질 수 있다. 그렇게 되면 낙후국이나 낙후지역에서는 더이상 협력과 통합에 참여할 유인이 없어지게 된다. 따라서 실질적으로 작동할 수 있는 동북아-남북한 협력과 통합을 위해서는 소득격차 및 기술격차를 급속히 확대하지 않도록 할 필요가 있다. 만약 남북한FTA가 동북아FTA 논의와 연계될 수 있다면, 남북한 통합은 국제사회의 폭넓은 지지를 얻을 수 있을 것이다.

물론 동북아FTA는 중국과 일본의 경쟁, 미국의 역할, 북한에 대한 신뢰 문제 등 어려운 과제가 산적해 있다. 따라서 협력을 위한 제도적 인프라를 마련하는 것이 우선이라고 할 수 있다. 여기에는 한국이 더욱 적극적인 역할을 수행해야 한다. 이와 관련하여 유럽의 '구조기금'(Structural Funds)과 같은 공동구조조정 메커니즘을 마련하고 한국은 이에 필요한 구조기금을 조성하는 데 필요한 역할을 해야 한다.

'동북아협력기금'(가칭)은 남북한간 경제·사회적 격차를 줄이기 위해 상대적 낙후지역·국가 및 사회계층을 재정적으로 지원 혹은 보상하기 위해 조성하는 기금이다. 이 기금은 북한 낙후지역의 고용증대와 직업재훈련을 재정적으로 뒷받침하는 데 사용할 수도 있다. 여기에는 사회기금, 지역개발기금, 농업개발기금, 환경보장기금, 에너지·교

□ ■

다. 이러한 문제를 해결하기 위해서라도 FTA를 체결하는 것이 좋다.

통개발기금 등을 구상할 수 있다.[6] 부의 크기대로 비용을 부담하고 가난의 정도에 따라 혜택을 받게 하는 이러한 제도적 장치를 마련해 동북아 역내와 남북한간 경제·사회적 격차 확대를 관리함으로써 통합의 기반을 조성한다.

공동기금은 동북아에 협력과 공동번영의 정신을 고양하는 데 이용하는데, 그 일부를 북한이 신뢰할 만한 국제사회의 일원이 되도록 하는 사업에 지원한다. 이러한 제도적 장치를 마련하는 데에는 다음과 같은 점을 고려한다. 첫째, 공동기금은 역내 빈곤국에 대해 의존성과 도덕적 해이를 조장하는 것이 아니라 경제개발에 대한 자립의지를 촉발하는 건설적인 프로그램에 사용해야 한다. 이를 위해서는 각국 정부의 개발정책을 우선시하며 공동기금은 이를 보완하는 형태로 사용되어야 한다. 둘째, 동북아의 지역격차는 국가간 격차와 국가내 지역격차가 병존하는 이중구조로 되어 있다. 따라서 북한의 경우 국가 전체를 지원하고, 동북 3성이나 러시아의 극동연해와 시베리아 등 상대적 낙후지역도 지원할 수 있도록 한다. 두만강 유역 개발계획같이 여러 국가의 낙후지역을 결합한 사업을 지원하는 것도 가능하도록 한다.

동북아 차원의 거버넌스 구축을 위한 기반 조성도 중요한 과제이다. 이는 공동의 경제정책 수행을 위한 제도와 기구의 구성, 의사결정 메커니즘, 초국가적 공동체 기구와 각국간 기능 및 역할, 권한 분담 등에 관한 것을 주요 내용으로 한다.

□■

6) 유럽의 구조기금은 크게 네 가지다. 즉 유럽사회기금(ESF), 유럽지역개발기금(ERDF), 유럽농업지도 및 보장기금의 지도부문(EAGGF-Guidance), 수산업지도를 위한 재정수단(FIFG)으로 분류된다.

5. 요약 및 결론

한국이 처한 지리적 위치와 중간 정도의 국가 규모를 고려할 때, 대외정책은 적극적이고 능동적으로 다뤄져야 할 핵심적인 전략 문제이다. 과거에도 그랬던 것처럼 현재도 동아시아에서는 세계체제의 변동에 따라 지역질서의 성격이 새롭게 규정되고 있다. 미국의 주도력이 약화되고 지역 내에서 중국이 새로운 지역패권국가로 등장할 가능성이 높아지면서 갈등이 심화될 가능성 또한 높아지고 있다. 한편 동아시아 경제가 성장하고 네트워크적 생산체제가 발전함에 따라, 시장도 위계·조직도 아닌 협력적 네트워크로 대응하는 것이 유리한 환경이 형성되고 있다. 따라서 국가와 경제 전체가 개방적·협력적 네트워크 속에서 혁신능력을 강화하는 기회를 갖는 것이 중요해졌다.

개방과 협력의 대외경제정책은 국가의 '안'과 '밖'을 구분한 상태에서의 '밖'에 대한 정책만을 의미하지 않는다. 그것은 경제적 불평등과 폭력을 제어하는 정치경제를 위한 장소로서의 '지역', 즉 개방과 협력의 복합적 공동체('한반도-동아시아경제' 또는 '개방형 민족경제') 형성을 지향한다. 개방과 협력은 정책이 지향하는 가치이자 정책의 수단이고 한국의 성장 한계를 돌파하는 수단이기도 하다.

통합된 '분단체제를 극복한 한반도경제'는 '한국경제'의 발전과 함께 이루어지도록 한다. 이러한 한반도경제는 개방과 협력을 지향하는 과정에서 형성된다. 여기에서 한반도, 황해와 동해 연안의 중국, 일본 지역, 그리고 극동러시아, 몽골을 더한 '동북아' 지역의 네트워크형 협력에 전략적 의의를 둔다.

FTA는 개방과 협력이 조화되는 차원에서 추진한다. 미국·중국과는 중간 수준의 FTA를 추진하고, 일본과는 높은 수준의 FTA를 추진하되 개발 의제를 포함하도록 한다. 남북한 통합을 국제적 질서와 조화시키기 위해 남북한간에도 FTA를 체결하는 것이 좋다. 개방과 경제통합은 협력과 연대의 가치와 병행하여 이루어져야 한다. 실질적으로 작동할 수 있는 동북아-남북한 협력과 통합을 위해서는 소득격차 및 기술격차를 급속히 확대하지 않도록 할 필요가 있다. 따라서 '구조기금' '연대기금' 등 협력을 위한 제도적·재정적 인프라 구축이 함께 추진되어야 한다.

| 참고문헌 |

김기정(2005)「자본주의체제와 동아시아 지역질서의 변동」, 백영서 외『동아시아의 지역질서』, 창비.

김양희(2005)「한국경제의 미래와 동북아구상—FTA 전략의 재조명」, 참여정부 2년 평가와 3년 전망 씸포지엄 발표논문(2005. 3. 8).

이상원(2005)「네트워크 경제와 가치사슬」, 정보통신정책연구원 편『경제의 패러다임 변화와 한국의 미래』, 민음사.

이일영 외(2004)『동북아 시대의 한국경제 발전전략』, 한신대학교 출판부.

정문길·최원식·백영서·전형준 엮음(1995)『동아시아—문제와 시각』, 문학과지성사.

정문길·최원식·백영서·전형준 엮음(2000)『발견으로서의 동아시아』, 문학과지성사.

한국동북아지식인연대 편(2003)『동북아공동체를 향하여』, 동아일보사.

Chase-Dunn, Christopher(1989) *Global Formation: Structure of the World-*

Economy, Basil Blackwell.

Crescenzi, Mark J. C. (2005) *Economic Interdependence and Conflict in World Politics*, Lexington Books.

Powell, Walter W. (1990) "Neither Market Nor Hierarchy: Network Forms of Organization," *Research in Organizational Behavior* Vol. 12.

한국 FTA정책의 주요 쟁점과 과제

김 양 희

세계통합의 속도는 중요하다. 좀더 점진적인 과정을 밟아나간다는 것은 전통적인 제도와 규범이 새로운 도전에 의해 압도당하기보다도 그것에 적응하고 대응할 수 있음을 의미한다.

—스티글리츠『세계화와 그 불만』에서

2006년 7월 '도하개발어젠다'(Doha Development Agenda)의 모든 협상이 일시 중단되는 WTO 출범 이래 초유의 사태가 발생했다. 이는 WTO 다자주의의 구조적 맹점을 보여준 것으로 WTO 설립 이후 오히려 FTA가 급속히 확산되면서부터 예고된 수순이었는지 모른다. WTO 제9차 무역협상이 '도하라운드'가 아닌 '도하개발어젠다'로 명명된 데에서 엿볼 수 있듯이 WTO는 도하개발어젠다에서 전 회원의 80%를 점하는 개도국의 빈곤퇴치를 위해 무역과 연계한 개발지원을 중시하는 진일보한 모습을 보였다. 그러나 농업개방을 둘러싼 주요 강대국간 이해관계의 충돌로 정작 개도국은 별 혜택도 얻지 못한 채 도하개발어젠다는 중단되었다.

도하개발어젠다의 일시 중단 사태로 우리 정부에 그만큼 FTA의 중요성이 더해졌고, 한미FTA도 반드시 체결해야 한다는 명분을 제공했다. 현정부의 FTA 정책은 유례없는 전방위적 개방을 추구한다. 이러한 내용을 갖는 FTA는 다자주의에 기초한 무역자유화와 OECD 가입, 외환위기 이후 '워싱턴 컨센써스'(Washington Consensus)로 상징되는 신자유주의의 급속한 수용 등 일련의 개방 역사에서 정점에 위치한다. FTA가 개방으로 인한 그동안의 문제점을 증폭시킬 개연성이 더욱 높아진 것이다.

이 글에서 필자는 현정부의 FTA 정책의 특성과 추진 현황을 개괄하고 준비 안된 급속한 개방이 초래할 수 있는 문제점을 짚어본 뒤 향후 과제를 제시할 것이다.

1. 한국의 FTA[1] 추진 정책의 목표와 전략

현정부의 FTA 정책의 기초라고 할 수 있는 '자유무역협정추진 로드맵'(이하 로드맵)이 외교통상부(통상교섭본부)의 주도하에 국무회의를 통과해 공식화된 것이 불과 3년여 전인 2003년 9월 2일이다.[2] 이후 2005년

---

1) FTA를 엄밀히 정의하기란 쉽지 않다. 워낙 애초 생성될 때에 비해 복잡하고 다양해지고 있기 때문이다. 이 글에서는 편의상 자유무역협정(Free Trade Agreement)을 소수 국가들이 자유무역지대(Free Trade Areas)나 그 이상의 경제통합체를 형성하기 위해 체결하는 협정으로 폭넓게 정의한다. 그러나 FTA가 협정(Agreement)과 지역(Areas) 둘 다를 의미할 수 있으며, 후자는 또한 경제통합의 가장 낮은 단계인 FTA(협의)와도 혼동될 수 있어 WTO/GATT에서는 광의의 FTA를 뜻할 때 RTA(Regional Trade Agreement)라는 개념을 사용한다. 한국에서는 아직 협의의 FTA 이상을 추진한 사례가 없어 일반적으로 FTA를 광의의 개념으로 사용한다. FTA의 개념을 둘러싼 자세한 논의는 김양희(2005) 참조.

재정경제부가 주도한 '선진통상국가' 개념을 정립하는 과정에서 정부는 우리 경제의 지향점을 선진통상국가로 설정하고 그 주요 수단 중 하나로 FTA를 제시했다.

통상교섭본부는 WTO의 답보상태와 FTA의 세계적인 확산 추세 속에서, 우리의 높은 대외의존도를 감안하고 FTA 미체결시의 불이익을 피하기 위해서는 FTA를 통한 안정적인 해외시장 확보가 불가피하며, 궁극적으로 성장률 저하에 직면한 우리 경제가 FTA라는 능동적 시장개방을 이뤄냄으로써 체질을 개선하고 국가 전반의 씨스템 선진화와 국민후생 증대를 도모해야 한다고 주장한다.[3)]

이를 위한 FTA 전략의 특징은 크게 세 가지로 집약된다. 첫째, FTA의 경제적·정치적 효과를 극대화하기 위해 원칙적으로 일본, 중국, 미국, EU 등 거대·선진경제권(BRICs 등의 신흥유망시장 포함)과 FTA를 맺는다. 이는 우리나라와 이들의 교역 및 투자 관계가 긴밀해 FTA 체결의 경제적 효과가 크다는 판단에 기초한다. 단, 단기적으로는 경제적 타당성, 정치적 함의, 상대국 의사, 거대·선진경제권과의 FTA를 추진하는 데 도움이 되는 '교두보 확보' 등을 기준으로 대상국을 선정한다고 명시하고 있다.

둘째, 내용적으로는 '포괄적'이고 '높은 수준'의 FTA를 추구한다. 즉 포괄성의 측면에서는 상품무역뿐 아니라 투자와 써비스까지 포함하여 시장접근(MA)을 보장하며, 정부조달, 상호인증인정(MRA), 지적

□■

2) 2004년 4월 통상교섭본부는 이를 다소 보완한 '보완 로드맵'을 제시했으나 내용은 크게 달라지지 않았다.

3) http://www.fta.go.kr/fta_korea/policy.php

재산권, 경쟁정책 등에서 WTO *plus*(추가 양허)를 추구하고, 국내 제도의 조율까지 포함하는 '포괄적 FTA'(comprehensive FTA)를 지향한다. 또한 WTO 관련 규정과 정합적인 FTA를 추구함으로써 WTO의 근간인 다자주의적 무역자유화를 촉진하는 높은 수준의 FTA를 추구한다는 것이다.[4)]

셋째, 여러 대상과 동시에 협상을 진행한다는 '동시다발적 FTA 추진 전략'이다. 정부는 "그간의 지체된 FTA 체결진도를 단기간에 만회하여 우리 기업의 기회비용을 줄이고, 각 협상별 부정적 효과를 상쇄하여 전체 이익을 극대화하고 무역수지의 균형을 실현"하고 협상전략상 상대국간 경쟁심리를 유발해 우리측의 협상력을 제고하겠다는 것이다. 현재 정부는 20여개국과 동시에 논의를 진행하고 있다.

요약하면, 정부의 FTA 전략의 핵심은 거대선진경제권과, 포괄적이고 높은 수준으로, 동시다발적으로 FTA를 추진한다는 것이다.

□■

4) FTA는 WTO의 최혜국(MFN) 원칙에 위배된다. 단지 GATT XXIV:8조 (b)에 의거해 FTA의 영역을 원산지로 하는 제품의 동 구성영역간에 이뤄지는 '실질적으로 모든 무역'(substantially all the trade)'에 대해 관세 및 그밖의 제한적인 통상규제를 철폐하고, GATT XXIV:5조 (b)에 의거해 제3국의 무역에 대해 당사국이 각기 FTA 체결 이전에 비해 높거나 제한적인 통상규제를 가하지 않는 경우에 한해서 WTO 규정과 정합적인 FTA로 간주하여 GATT 의무에 대한 면제를 허용하고 있다. 그러나 여기서 말하는 '실질적으로 모든'의 기준이 모호하여 이를 충족시키는 RTA를 둘러싼 논란이 여전하다. 일반적으로는 상품양허비중이 90%를 넘고 특정 중요품목(민감품목)이 일괄 제외되지 않으면 이 기준을 충족한다고 해석된다. 한편 GATS V:1조에서도 FTA 협정에 따른 써비스의 자유화가 실질적으로 모든 차별조치를 폐지할 경우 최혜국 대우의 예외로 인정하고 있다.

2. 한국의 FTA 추진 현황

우리나라 FTA정책의 출발점은 외환위기 직후로 거슬러 올라간다. 정부는 외환위기 이후 우리 경제의 구조적 취약점을 개선하고 시장개방과 외국인 직접투자유치를 이끌어내 경제적 이익을 극대화한다는 방침 하에 1998년 11월 5일 대외경제조정회의에서 FTA 추진을 결정하고 첫 대상국으로 칠레를 선정했다.

2006년 10월 현재 정부의 FTA 추진 현황을 추진 단계별로 살펴보면, 3건을 발효했으며, 4개 국가·지역과 협상중이고 3건을 공동연구 혹은 예비협의 형태로 추진했거나 그 과정에 있다.

(1) 발효된 FTA

정부는 국내 개방여건을 고려, 첫 FTA 대상국으로 우리와의 교역규모가 미미(한국 총수출입 각각의 0.4%, 0.9%)하고 산업구조가 보완적인 역외국 칠레를 선정했다. 그러나 예상외로 농산물 개방을 둘러싸고 국내 농업계의 반발에 부딪혀 약 4년간의 진통(협상 3년, 국회비준 1년 소요) 끝에 2004년 4월 겨우 발효했다. 한국과 칠레는 각각 품목수 기준으로 94.5%, 96.5%에 대해 수입관세를 10년 이내에 철폐하기로 합의했다.

투자와 국경간 써비스에서는 금융, 운송, 통신, 정부조달, 보조금, 공공 써비스 등 의미있는 분야는 거의 제외했다. 단, 투자부문에서는 국제투자분쟁해결기구에 의한 투자자-정부 제소가 허용되는 강력한 투자규범을 도입했다. 그러나 전반적으로 볼 때 양국간 FTA는 상품무역에서는 높은 수준의 자유화를 이루었으나 정부의 FTA 전략이 표방하는 바인 '포괄적 FTA'라고 보기는 어려운 것이었다.

두번째 상대는 아세안의 중계무역국가인 싱가포르였다. 정부가 싱가포르를 선정한 배경에는 아세안에의 교두보 확보 및 싱가포르의 높은 써비스 경쟁력이나 싱가포르가 무관세가 대부분인 중계무역국가이고 상호 민감품목이 미미해 국내적 반발이 적을 것이라는 요인이 주요하게 작용했다. 이를 입증하듯 한-싱가포르FTA는 협상이 개시된 지 1년여 만인 2006년 3월 발효됐다. 상품양허의 내용을 보면, 한국은 91.6%에 대해 10년 이내에 관세를 철폐하기로 하고 농림수산물은 대부분 제외한 반면, 싱가포르는 전 상품에 대해 즉시 철폐를 약속했다.

한-싱가포르FTA에서 특기할 만한 사항은, 개성산 제품뿐 아니라 한반도의 여타 공업지구에서 생산된 것으로 인정되는 제품(HS 6단위 4,625개)에 대해 최초로 역내산 원산지 규정이 적용되어 특혜관세를 부여하도록 규정한다는 점이다.

써비스 분야에서는 금융을 제외한 전 써비스를 명시한 품목을 제외하고는 모두 개방하는 포괄주의(negative list)에 의거해 개방했으나 중요한 분야는 대부분 유보되었다. 그밖에 상호인정협정(MRA)과 전자상거래 등이 추가되었다. 투자부문에서는 국제중재에 의한 투자자-정부 제소권을 포함해 한-칠레FTA와 유사한 수준으로 투자자 보호에 합의했다.

한일 양국은 1998년부터 FTA 논의를 시작해 역내 경제통합의 교두보 건설이라는 전략적 의의를 강조하며 2003년 12월 한일FTA 협상을 개시해 2005년 말까지 체결하기로 합의했다. 그러나 그 의의가 무색하게 6차 협상(2004년 11월) 이후 협상은 2년이 넘도록 교착상태에 빠져 있다.

한국측은 일본이 농수산물 개방에는 소극적인 반면, 자국의 경쟁력이 강한 제조업 개방과 지적재산권 보호에 급급한 게 아니냐며 일본측을 비난했다. 일본측은 한국이 첨단기술 이전 및 대한투자를 요구하면서도 정작 국내 투자환경 개선 노력은 등한시한다고 불만을 표출했다.

2004년 12월 정부는 EU와의 협상을 위한 교두보 확보 차원에서 EU에 미가입한 EFTA(유럽자유무역연합: 스위스, 노르웨이, 아이슬란드, 리히텐슈타인)과 FTA 협상을 개시했다. EFTA 또한 우리와의 교역규모가 미미(총수출의 0.6%, 총수입의 1.1%)하고 민감품목이 거의 없어 8개월 만인 2005년 7월 협상이 타결되어 2006년 9월 1일 발효되었다. 이로써 한국은 대EFTA 수입품의 96.6%에 대해 최장 10년에 걸쳐, EFTA측은 대한 수입품 전체에 대해 발효 즉시 관세를 철폐하게 된다.

싱가포르에 이어 한-EFTA에서도 개성공단 생산제품과 그 외의 향후 남북 합작사업에 의한 북한지역의 생산품에 대해 특혜관세를 적용받을 수 있게 되었으나 품목수는 HS 6단위 267개 품목으로 한-싱가포르에 비해 대폭 축소되었다.

〈표 1〉 한국의 기발효 FTA의 투자 및 써비스 양허 현황

FTA 상대	상품양허 (%)		투자 및 써비스				
				투자		써비스	
	한국	상대		한국	상대	한국	상대
칠레	94.5	96.5	현재유보	15	13	22	19
			미래유보	11	9	11	9
싱가포르	91.6	100	현재유보	22	22	42	27
			미래유보	31	28	28	27
EFTA	96.6	100	유보	16	아8, 리8, 스9, 공통1	열거주의	

주: 1) 상품양허는 무역액 기준 양자간 교역 중 양허품목의 비중을 말하며, 투자 및 써비스는 유보된 항목의 개수를 의미한다.
2) '아'라는 아이슬란드, '리'는 리히텐슈타인, '스'는 스위스, '공통'은 이 세 국가 모두를 뜻한다.

서비스 무역에서는 서비스 무역 협정문 전체를 서비스 교역에 관한 일반협정(GATS)으로 대신하고 WTO에 제출한 도하개발어젠다 2차 양허안 수준으로 양허하되 항공운송 서비스를 제외하는 등 먼저 체결된 협정보다도 보수적인 수준에 그쳤다. 투자협정에서도 우리측의 요구를 반영해 투자자의 정의에 지점이 제외되고 설립 전 단계의 투자는 보호받지 못하며 당사국의 사회 혹은 경제개발 정책에 기초한 보조금의 경우 내국민대우(NT)를 요구할 수 없게 하는 등 선진국과의 FTA라는 점을 감안해 전반적으로 신중해진 것이 특징이다. 단, EFTA에서도 국제중재에 의한 투자자-정부 제소가 가능하도록 되어 있다.

(2) 협상중인 FTA

정부는 5억 인구의 신흥유망시장이자 우리의 4대 수출시장과 맺는 최초의 FTA라는 점을 강조하며 2004년 11월 아세안(태국 제외)과 협상을 개시했다. 2006년 4월 11차 협상에서 기본협정과 상품무역협정을 타결했고, 서비스 및 투자협정의 연내 타결을 목표로 협상중이다. 이에 따라 상품무역에서 한국과 아세안은 각기 수입의 90%(수입액, 품목수 기준)에 대해 2010년까지 관세를 철폐(한국은 70% 즉시 철폐)하고 7%에 대해 2016년까지 0~5%로 인하하며 3%의 초민감품목(HS 6단위 200개 품목)에 대해서는 양허 제외, 장기 관세인하, 최소수입물량(TRQ) 설정 등으로 보호했다. 한-아세안FTA에서도 우여곡절 끝에 개성공단 제품에 특혜관세를 부과하게 되었다.

이밖에 투자를 비롯해 지적재산권 보호 강화도 포함되고 서비스 분야에서는 금융서비스나 정보통신 등이 포함될 예정이며 중소기업, 인적자원관리개발 등 다양한 협력사업 추진에도 합의했으나 아세안이 개도국인만큼, 중점은 상품무역에 두어졌다.

〈표 2〉 한국의 FTA 추진 현황

(2007년 10월말 현재)

단계	상대 국가 · 지역	경과	선정 이유
발효	칠레	•협상타결: 2002. 10 •발효: 2004. 4	•중남미 진출 교두보(다수의 FTA 체결국) •보완적 산업구조
	싱가포르	•협상타결: 2004. 11 •발효: 2006. 3	•한-아세안FTA 교두보 •써비스업 경쟁력 강화
	EFTA	•협상타결: 2005. 7 •발효: 2006. 9	•EU와의 협상 유도 •보완적 산업구조
협상	일본	•협상개시: 2003. 10 •2004. 11(6차 협상) 이후 중단	•인접한 거대선진경제이자 제조업 강국 •역내통합의 모델 제시
	아세안	•협상개시: 2004. 11 •상품분야 타결(태국 제외) •투자·써비스는 2007년 타결 목표	•거대경제권(4대 수출시장) •상대적 고관세 지역
	캐나다	•협상개시: 2005. 7 •2006년 타결 목표	•보완적 산업구조 •NAFTA 교두보이자 한미FTA 대비
	인도	•협상개시: 2006. 2 •2007년 말 타결 목표	•BRICs와의 최초의 FTA •관세율 평균 29%의 고관세 국가
	미국	•협상개시: 2006. 2 •2007년 3월말 타결 목표	•거대선진경제이자 써비스 강국 •경제씨스템 선진화 및 FDI 유치 •안보동맹에 이어 경제동맹으로 승격
공동연구 · 예비협의	MERCOSUR (남미공동시장)	•2006. 3: 제3차 공동연구	•중남미 시장에의 교두보 마련
	중국	•2005. 민간 공동연구 개시 •2007년 산관학 공동연구 개시 예정	•거대시장이자 전세계의 공장 •우리와의 긴밀한 교역 및 투자관계
	EU	•2006. 7: 1차 예비협의 •2차 협의 후 협상개시 결정	•세계 최대 통합경제권이자 5대 교역상대 •FTA 계기 대한투자 및 기술이전 기대
장기검토	중 · 일 (동북아)	•2002. 11: 중국총리 제안 •2003. 1 이후 민간 공동연구 중	•동아시아의 핵심경제간 경제통합 •중국 · 일본과의 긴밀한 분업구조
	중 · 일+아세안 (동아시아)	•2002. 동아시아연구그룹 (EASG)에서 한국이 제기주도	•광역 역내 경제통합의 궁극적 지향점 •역내의 여타 FTA보다 통합효과 기대

출처: 각종 자료를 토대로 필자 작성.

캐나다와의 FTA는 양국 산업구조가 상호보완적이므로 FTA 체결에 따른 산업 구조조정 비용이 높지 않고 NAFTA에의 교두보 확보 및 한미 FTA로의 미국 유도가 가능하며 미국과 유사한 경제씨스템을 갖춰 한미FTA에 대비해 학습효과를 거둘 수 있다는 취지에서 시작되어 2006년 9월 7차 협상을 마친 상태이다. 그러나 이러한 취지가 무색하게도 돌연 한미FTA 협상이 개시되어 현재 한-캐나다FTA는 거의 주목받지 못하고 있다. 양국간에 교환한 양허안을 토대로 보면 선진국과의 FTA인만큼, 한-캐나다FTA는 투자, 지적재산권, 경쟁정책, 정부조달, 환경과 노동 등 다양한 분야를 포괄하고 있다.

한-인도FTA는 신흥유망시장인 BRICs(브라질·러시아·인도·중국) 국가와 최초로 체결한다는 것에 의의를 두고 2006년 2월 협상에 돌입해 10월 4차 협상을 완료했으며, 2007년 말 타결을 목표로 하고 있다. 그러나 인도의 발전단계를 고려할 때 상품시장 개방이 주가 될 전망이다.

한미FTA는 정부가 '한국FTA 정책의 궁극적 지향점'이라고 표현할 만큼 거대선진경제권과 포괄적이고 높은 수준으로 체결하는 FTA전략의 정점에 서 있다. 한미FTA에서 양측은 향후 추진할 모든 FTA의 '골드 스탠다드'를 만든다는 방침이다. 미국이 줄곧 요구해온 소위 '4대 통상현안'이 2005년 11월부터 3개월간 전격 처리되어 2006년 2월에 FTA 협상 개시를 선언했고 10월에 4차 협상을 마친 상태다. 한미FTA는 미국의 무역협상권한(TPA) 만료 이전에 체결한다는 방침하에 여타 FTA와는 다르게 매우 신속하게 진행되고 있다.

정부는 제조업 분야에서 중국의 추격에 직면한 우리 경제가 거대선진경제이자 써비스 강국인 미국과의 FTA를 통해 써비스 산업의 경쟁력을 강화하고 경제씨스템을 선진화함으로써 미래의 활로를 모색해야 한다고 주장한다.

(3) 검토중인 FTA

한중FTA는 양국 연구기관간에 공동연구를 진행해왔으나 그간 우리측이 중국으로부터의 급격한 농수산물 수입을 우려해 아직 정부 차원의 공식입장을 밝히지 못했다. 그러나 우리측이 우리의 농수산물 민감품목 10% 제외를 허용한다면 협상에 임할 수 있다는 입장을 중국측에 타진했고 이에 중국이 응하자 내년부터 공식협상의 전단계라 할 수 있는 산관학 공동연구를 개시하기에 이르렀다.

EU와의 FTA 논의는 한미FTA 협상이 개시된 이후 급물살을 타기 시작해 2006년 2차에 걸쳐 예비협의를 마쳤고 내년 3월경부터 협상을 개시할 예정이다. 한·EUFTA는 한미FTA나 한중FTA에 비해 큰 현안은 없을 것으로 전망된다.

3. 추진 정책의 비판적 검토

(1) 추진 목표와 전략

정부의 FTA 추진정책의 목표는 안정적인 해외시장 확보와 경쟁력 강화 및 경제씨스템 선진화로 요약할 수 있다. 그런데 문제는 과연 경제씨스템 선진화의 내용이 무엇이고 누구를 위한 것인가, 이것이 FTA 정책의 목표로 적합한 것인가 하는 점에 대해 우리는 충분한 공감대를 형성하지 못하고 있다는 점이다.

우리의 경제씨스템은 분명 과거 산업화 시대에 골격을 갖춘 이래 87년 체제 이후 그리고 97년 외환위기를 겪으면서 전기를 맞게 되었다.

많은 이들이 경제씨스템의 비합리성과 불투명함, 전근대성을 지적하나 무엇을 주된 모순으로 인식하며, 그것에 어떠한 방향으로의 처방을 제시할지를 둘러싸고는 자신이 처한 사회경제적 기반에 따라 커다란 입장 차이를 보이고 있는 것 또한 사실이다.

현정부는 산업화 시대 이래 주류세력에 대한 비주류와 소외계층의 저항을 토대로 '참여정부'를 표방하며 출범했다는 독특한 역사성을 지닌다. 그러한 참여정부가 지금과 같은 전환기에 FTA의 목표로 제시한 것이 한국이 '선진통상국가'로 가기 위한 안정적 시장확보와 경제씨스템 선진화이고, 그 궁극적 지향점이 미국과의 FTA라고 할 때 현정부의 전통적 지지기반은 이러한 부조화와 이율배반 앞에서 당혹감을 감추기 어려울 것이다.

좀더 근원적인 문제제기는, 정부가 FTA를 지나치게 맹신하고 있는 것은 아닌가 하는 점이다. 세계은행(World Bank 2005)이나 학자들이(Schiff and Winder 2003) 명징하게 지적하듯이, FTA가 경제 성장을 촉진한다는 명확한 근거는 제시하기 어렵다. 다만 개도국의 경우 인접한 거대 선진국과 FTA를 체결하고 이와 병행해 국내거시경제를 건실하게 운영할 경우 미미하게나마(mildly) 성장에 긍정적인 역할을 한다는 정도이다.

지금 시급한 것은 검증되지 않은 FTA에 대한 과신에서 벗어나 냉정하게 한국의 미래 경제씨스템과 산업발전 방향은 무엇인지, 동북아 경제공동체 형성을 주창하던 우리의 대외전략은 지금도 유효한 것인지 등에 대한 치열한 성찰에 기초해 정말 필요하다고 확신한다면 그에 조응하는 FTA 추진목표를 재정립하는 것이다. 더욱이 지구상에는 좀더 사회통합적이고 공정무역을 지향하며 공공성과 국가주권을 존중하는 다양한 형태의 통합체가 존재하고 있다. 우리는 이러한 경제통합체를

어느만큼 꼼꼼히 살펴보고 우리의 실정에 맞는 것을 모색해보았는지 묻고 싶다.[5)]

이러한 과정을 거치지 않은 채 제시된 세 가지 FTA 전략은 얄팍한 경제논리에 휩쓸려 표류하는 가운데 과거 준비 안된 개방의 문제점을 재현 혹은 확대재생산할 우려가 크다는 점 또한 지적하지 않을 수 없다.

첫째, 거대선진경제권 우선 전략은 우리의 FTA정책이 자연발생적 경제블록(Kreinin and Plummer 1994)을 형성하고 있는 동아시아 역내국과의 관계보다는 거대선진경제와의 관계를 중시하고 있음을 보여준다. 현재 외교통상부가 제시한 FTA 정책목표에 현정부의 3대 국정목표 중 하나인 동북아경제공동체 구상과의 연계는 전혀 언급이 없다. 설령 우리의 대외의존도를 고려해 거대선진경제권 시장의 안정적 확보가 불가피하다 해도 그것의 긍정적 효과 못지않게 부정적 영향도 크다는 점을 감안할 때 이는 참여정부의 역사성에 어울리게 신중히 접근하는 자세라고 보기 어렵다. 예를 들어 싱가포르와 EFTA, 특히 캐나다는 각기 아세안, EU, 미국이라는 거대시장과의 FTA에 따른 시행착오를 최소화한다는 의의를 갖는 것인데, 그 효과를 미처 확인해보기도 전에 당사자인 거대경제권과의 협상을 개시해버렸다. '교두보 확보'라는 전략이 동시다발적 추진전략에 떠밀린 것이다. 그렇게 급박하게 추진해야만 하는 당위성이 무엇이며 그렇게 할 수 있는 내부여건은 조성돼 있는 것인가? 이러한 것들이 장래 FTA의 긍정적 효과를 최대화하기보다는 오히려 부작용을 심화할 가능성을 배태하고 있다는 점에서 매우 위험천만하다.

□■

5) 다양한 FTA 유형에 대해서는 Armando Di Filippo(2005) 참조.

둘째는 포괄적이고 높은 수준의 FTA 체결이다. 엄밀히 말해 양자는 각기 상이한 사안이다. 전자는 FTA의 범위를 상품무역뿐 아니라 투자와 써비스 그리고 제반 무역규범 및 경제제도로 확장했을 때 기대효과가 최대화된다는 점에 기인한다. 따라서 상대가 선진국일 경우에 포괄적일 가능성이 높아지나 이 경우 그만큼 우리에겐 개방의 범위가 전면화되는 것을 의미한다. 한편, 높은 수준이 될지 여부는 객관적으로 체약국간 경쟁력 격차에 기인하는 민감분야 혹은 민감품목의 유무와 크기에 좌우된다.

그러나 포괄적이고 높은 수준으로 전면적인 개방을 하기 위해서는 무엇보다도 내부적인 이해조정 메커니즘의 확립 여부가 관건이다. 한국은 산업경쟁력 면에서 교역재(상품무역)와 비교역재(1차 및 써비스) 간의 비대칭성이 크다. 더욱이 '포괄적이고 높은 수준의 국내 이해조정체계' 확립은 거의 전무한 실정이다. 2006년 4월 제정된 무역조정지원법은 제조업 및 관련써비스에만 국한해 향후 10년간 약 2조 8천억원의 규모로 피해산업의 구조조정을 지원하도록 되어 있다. 그러므로 한미FTA로 피해를 입게 될 영세써비스업 종사자는 이 법의 혜택을 얻을 수 없다. 설령 제조업에만 국한한다 해도 이 지원 규모는 턱없이 부족하다. 아직도 국회에 계류중인 통상절차법은 세 가지나 되나 이른 시일 내 입법화를 기대하기 어렵다. 따라서 전방위의 강도 높은 개방을 골자로 하는 FTA는 체결 가능성이 낮거나 비용이 매우 높을 것이라는 결론이 도출된다.

셋째, 동시다발적 FTA 추진이다. 이는 사실상 한국뿐 아니라 전세계적인 추세로서, 많은 나라들이 경쟁적으로 동시다발적 FTA 체결에 나서면서 FTA의 만연상태와 '스빠게띠 보울 효과'(spaghetti bowl effects)와 같은 비효율적인 국제무역구조를 야기했다. 그러나 아직까지 동시다발적 추진 전략의 효과에 대한 이론적·실증적 검증은 거의 전무하다. 이런 상태에서 동시다발적 FTA 체결전략은 위에서 말한 두 가지 특징에 내재된 문제점을 증폭시킬 수 있다는 점에서 심각히 재고되어야 한다.

더군다나 협상인원이 턱없이 부족한 현실에서 동시다발적 FTA 추진은 많은 무리와 부작용을 낳을 수 있다. 정부조차 지난 7월 이 전략에 대한 재고 가능성을 시사했을 정도이나 내년에는 한중FTA와 한·EUFTA도 본격화된다. 외교통상부나 재정경제부, 산업자원부 등 경제관련부처의 인력상황은 그나마 양호한 편이다. 여타 부처의 경우 대부분 국제협력업무를 담당하는 서너 명의 인원이 도하개발어젠다와 FTA는 물론 여타 대외업무를 모두 담당해야 하는 실정이다. 이러한 상황이 부실한 협상을 자초하게 될까 심히 우려스럽다.

(2) 향후 전망

지금까지 발효되거나 곧 발효 예정인 3개의 FTA는 모두 소규모경제권이고 우리와의 교역규모가 미미하며 양자간 민감품목이 거의 없다보니 상품무역분야에서나마 높은 수준의 FTA가 가능했다. 문제는 앞으로 다가올 거대선진경제권과의 그야말로 동시다발적 FTA의 추진이다. 과연 이들 나라들과 포괄적이고 높은 수준의 FTA를 추구하는 것이 가능하며 또 설령 그렇다 하더라도 바람직한 것인가.

한-아세안FTA는 거대경제권이나 개도국과의 FTA이다보니 포괄적이지 않으며 상품무역의 양허수준은 소위 '높은 수준'을 가까스로 유지했으나 이미 체결된 3개 FTA에 비해 가장 낮은 수준이 되었다. 이는 그만큼 양자간에 교역규모가 크고 관세수준은 상대적으로 높으며 민감품목수가 많다는 것을 의미한다.

〈표 3〉 한국의 FTA 대상의 특성

	상대국 · 지역	경제규모	소득수준	역내 · 외 (동아시아 기준)
발효	칠레	△	△	역외
	싱가포르	△	◎	역외
	EFTA	○	◎	역외
협상 중지	일본	◎	◎	역내
협상중	ASEAN	◎	△	역내
	캐나다	○	◎	역외
	인도	◎	△	역외
	미국	◎	◎	역외
협상 예정	EU	◎	◎	역외
	중국	◎	△	역내

출처: 필자 작성.
주: '경제규모' 및 '소득수준'란의 평가는 대략적으로 △ 적음(낮음), ○ 중간, ◎ 큼(높음)을 의미.

곰곰이 되새겨보면, 거대선진경제권과 최초의 FTA였던 한일FTA는 높은 수준의 FTA를 수용하기 곤란해 결국 교착상태에 빠지고 말았다. 기실 한일 양국간 산업구조가 유사해 한일FTA의 체결 가능성은 미국이나 중국과의 FTA에 비해 높다고 말할 수 있다. 그럼에도 불구하고 양국은 그 정도의 높은 수준을 감당할 수 없어 한일FTA 협상은 중단되고 말았다.

이렇게 볼 때, 앞으로 거대선진경제이면서 우리와 커다란 경쟁력 격차가 존재하는 미국이나 중국과의 FTA 그리고 EU나 일본과의 FTA 또한 높은 수준으로 체결될지 현싯점에서는 미지수다. 특히 한미 양국간에는 제조업에 비해 농업과 써비스업에서 상호간 경쟁력 격차가 커서 미국과의 FTA가 포괄적이고 높은 수준으로 체결될 경우 우리의 차세대 성장동력이 경쟁력을 갖추기도 전에 도태될 위험성을 신중히 검토해보아야 한다. 나아가, WTO에서 투자와 써비스 관련규범의 제정이 어려워지자 한미FTA를 통해 소위 '골드 스탠다드'를 만들겠다는 미국의 의도에 이끌려 한미FTA를 체결한 결과, 써비스 산업의 경쟁력은 별로 제고되지 못한 채 경제주권의 침해와 공공성의 약화를 자초할 가능성을 유의하지 않으면 안된다.

상대적으로 농업 경쟁력이 강한 중국과의 FTA는 어떤가? 이는 포괄적이기도 힘들거니와 높은 수준으로 체결하기도 어렵다. 그 점을 익히 알아 중국과의 FTA에는 신중한 자세를 견지하는 정부가 왜 유독 한미FTA에 대해서는 대담해지는지 이해하기 어렵다.

4. 남은 과제

정부의 FTA정책은 무모하리만치 속전속결의 양상을 띠고 있다. 이는 우리가 처한 현실을 감안할 때 지나치게 이상적이고 비현실적일 뿐 아니라 바람직하다고 말하기도 어렵다. 좀더 근본적으로 지적하고 싶은 점은 전세계적으로 FTA 체결이 만연하고 있으나 그 효과에 대해서는 충분히 검증되지 않았다는 점이다. 우리는 FTA 만능주의를 경계해야 한다. 그렇다면 정부의 현 FTA정책에 대한 처방은 두 가지 중 하나다. 첫째는 우리의 여건과 역량에 맞게 현실화함으로써 실현 가능성을 높이는 것이다. 두번째는 대안적 개방정책의 모색이라는 근본적인 궤도수정이다. 필자는 이 두 가지 중 후자가 더욱 시급하다고 본다.

FTA는 정책목표가 아닌 수단이다. 그것도 단지 통상정책수단이 아니라 포괄적 대외전략수단이다. 한국 FTA정책의 궤도수정이라 함은 무엇보다도 FTA 중심 사고에서 한국의 미래전략 중심 사고로 시급히 전환하는 것을 의미한다. 우리의 미래 전망이 '선진통상국가'를 넘어 더 멀리 높게 내다보고, 경제적 측면만이 아니라 정치사회와 외교안보 그리고 지역전략을 모두 포괄하는 큰 틀에서 정립되고 그에 기초해 대안적 개방정책을 모색하는 것이 되어야 한다. 그래야만 비로소 개별 FTA 협상은 목표가 아닌 수단으로 기능할 수 있을 것이다.

마지막으로, FTA 체결의 혜택은 비대칭적으로 발생하므로 참여정부는 국내대책의 주대상이 누구인지 분명히 해야 한다. 경제학원론에서나 찾아볼 수 있는 시장의 자기조절 기능은 현실세계에서는 어디에도 존재하지 않는다. 정부는 시장실패가 엄존하는 현실에서 분명히 해야 할 역할이 있음을 외면해서 안된다. 현실적으로 FTA가 거시경제에 미칠 영향에 대한 총량적 파악은 거의 불가능하며 많은 경우 무의미하다. 국내 대기업은 글로벌 분업구조에 깊이 편입되어 있으며 시장과 제품이 매우 다각화되어 있어 개별 FTA로 인한 영향을 상대적으로 덜 받을 수 있다. 그러나 영세 소기업이나 고령화된 비교역재 생산자 그리고 그들이 고용하고 있는 대다수 근로자들의 경우는 사정이 다르다.

정부는 실체가 모호한 '국익'이나 '소비자 후생'을 앞세우는 데 급급하기보다는 바로 그 그늘에 가려진 서민들을 좀더 정책적으로 배려해야 한다. 정책적 배려가 필요한 대상이 바로 이들이며 그것이 바로 참여정부가 주력하겠다는 양극화 해소와 동반성장 기조에 조응하는 사회통합형 FTA가 아닐까.

| 참고문헌 |

김양희(2005) 「한국경제의 미래와 동북아구상—FTA 전략의 재조명」, '참여정

부 2년 평가와 3년 전망 씸포지엄' 발표논문(2005. 3. 8).

_____(2006a) 「일본의 FTA정책의 특징과 전망」, 동북아경제학회 국내학술대회 발표논문(2006. 11. 10).

_____(2006b) 「FTA의 다양성과 우리의 선택」, 『한미FTA를 넘어』(12월 출간).

김양희 · 정준호(2006) 「한국의 FTA정책의 비판적 검토와 대안 모색」, 『동향과전망』 67호.

외교통상부(2005. 6) 「새로운 성장동력 창출을 위한 동시다발적 FTA 추진」, 2005년도 외교통상부 상반기 자체평가 보고서.

외교통상부 · 대외경제정책연구원(2002. 12) 『한 · 칠레 FTA의 주요내용』.

외교통상부 · 대외경제정책연구원(2005. 8) 『한 · 싱가포르 FTA의 주요내용』.

외교통상부 · 대외경제정책연구원(2005. 12) 『한 · EFTA FTA의 주요내용』.

Armando Di Filippo(2005) "Two Types of Regional Integration Processes: The FTAA and Its Comparison with the EU and MERCOSUR," *Working Paper* No. 255, Stanford Center for International Development, Stanford University.

Kreinin, M. and M. Plummer(1994) "Natural Economic Blocks: An Alternative Formulation," *International Trade Journal* 7, No. 2, 193~205면.

Schiff, Maurice and L. Alan Winters(2003) *Regional Integration and Development*, World Band/Oxford.

World Bank(2005) *Global Economic Prospects: Trade, Regionalism, and Development*.

제 3 부

남북통합

한반도경제 구상 · 북한 경제개혁과 한반도 경제통합 · 평화경제의 상상력, 개성공단

한반도경제 구상

개방적 한반도경제권의 형성[1)]

양문수 / 이남주

1. 머리말

지난 2006년 10월의 북한 핵실험 이후 남북경협은 이제 새로운 길을 가야 한다. 북한 핵실험은 분명 새로운 역사의 시작을 요청한다. 하지만 새로운 국면을 어떻게 규정해야 할지 아직은 불명확하다. 상황 자체는 아직도 진행형이고, 앞길에는 안개만 자욱하다.

최소한 하나는 분명하다. 남북관계의 국제화 수준은 상승했으며 남

1) 이 글은 동북아시대위원회 연구 용역과제로서 지난 6월 20일 국무회의에 보고된 후 정부 차원에서 공개된 보고서를 모태로 한다. 원래는 양문수, 임강택, 이남주, 이상철 등 4인의 공동작업이지만 이번에 양문수와 이남주 등 2인의 견해를 반영하면서 수정·보완해 이들 2인의 공동작업 결과의 형태로 발표하게 되었다.

북관계는 독립변수로서의 추동력을 상실했다. “그토록 자주와 주체를 부르짖던 북한이 결국 한반도에 외세를 끌어들인 것”이라는 정부 고위 당국자의 탄식은 정곡을 찌르고 있다.

그럼에도 불구하고 남한의 역할이 사라지는 것은 아니다. 상황이 어려워진 것은 사실이지만 우리의 노력 여하에 따라서 상황을 호전시킬 수 있는 여지가 전혀 없는 것은 아니다. 전략이 중요한 것은 바로 이 때문이다.

긴 호흡으로 보았을 때 북한 및 남북관계에 대한 전망 차원의 큰 그림도 다시 그려야 할지 모른다. 그래서 새로운 길을 모색하는 논의 자체도 이제는 새로운 출발점에 서게 되었다.

여러 차원에서 논의들이 좀더 활발하게 전개되어야 한다. 그리고 논의들간에도 역할 분담이 필요한 싯점이다. 이 글은 좀더 긴 호흡에서 남북관계를 조망하고자 하는 시도이다.

이 연구는 중장기적 관점에서 남북한 경제관계의 바람직한 상을 모색해보고자 한다. 특히 대북지원, 경협과 경제통합을 통합적으로 설명하고 제시할 수 있는 논리체계 구축을 지향한다.

이는 대북 경협정책에 대한 반성적 인식에 토대를 둔다. 지금까지의 대북 지원 경협정책에 가해진 비판 중 하나는 남북통합에 대한 지향성이 부족했다는 것이다. 경협사업이 초기단계임에 따른 불가피성을 인정한다 해도 현재의 정책이 남북통합과의 연관성이 약하거나 불명확하다는 비판은 가능하다. 정부측에서는 현재의 경협사업이 남북경제공동체 형성의 토대를 구축하는 효과가 있다고 하지만 이는 너무 막연한 주장이다. 적어도 현재의 정책은 남북통합을 목적의식적으로 추구하지는 않는다고 볼 수 있다. 현재의 정책은 굳이 따진다면 남북관계 개선에 촛점이 맞추어져 있다.

사실 남북경협의 질적 발전을 위해서는 현재의 남북경협의 발전 추세를 기초로 향후 발전전망, 과제, 그리고 기대효과를 명확하게 보여줄 수 있는 남북 경제통합 모델이 필요하다. 단기적 관점도 중장기적 관점과 유기적으로 결합되어야만 그 의미가 명확해지는 것이다. 그러한 토대 위에서 제반 목표, 나아가 사업들에 대한 우선순위 설정이 가능해지고 아울러 예산 제약과 사업의 효율성에 대한 인식이 제고된다.

물론 원론적으로 단기와 중장기는 연속의 측면과 단절의 측면을 동시에 지닌다는 점이 인식되어야 한다. 여기에서 중장기적 관점이라 함은 물리적인 시간도 포함되지만 남북경협을 둘러싼 제반 제약 요인 가운데 최소한 핵문제로 대표되는 군사·안보적 여건이 개선된 상황을 주로 가리킨다.

이 연구는 대북경협, 경제통합에 대한 대내외적 설득논리 개발을 목적으로 한다. 한국국민, 북한, 국제사회를 설득할 수 있는 수준의 논리 체계를 구축하고 관련국들과 협력하에 문제를 해결할 수 있는 방향을 제시하고자 한다. 특히 이를 지식인·시민사회의 담론으로 제기하려고 한다.

아울러 이 연구는 경제통합 및 통일방안을 마련하는 새로운 시도라는 면도 포괄한다. 특히 경제통합의 실현 가능성을 높이는 데 좀더 많은 관심을 두고자 한다.

2. 한반도경제 구상의 필요성

(1) 이론적 측면에서의 필요성

한국경제 발전전략을 비롯해 남북 경제통합론, 동북아 경제협력론 등 기존의 논의들은 유기적인 연관성을 갖지 못한 채 별개의 논의로만 존재해왔다. 무엇보다도 한국경제 발전전략에서 북한은 고려의 대상이 아니었고, 남북 경제통합론에서 남한경제는 사실상 블랙박스의 상태였다. 그리하여 각각의 논의는 오늘날 한국이 직면한 제반 문제에 대한 해결방안 제시에서 제한적인 역할만 수행해왔다고 평가할 수 있다.

따라서 앞으로는 한국경제 발전전략, 남북 경제통합론, 동북아 경제협력론 등 기존 논의들을 계승·발전시키면서도 각 논의간의 유기적 연관성을 확보할 수 있는 개념틀 구축에 좀더 많은 관심을 쏟을 필요가 있다. 요컨대 새로운 남북경제공동체 구상은 한국경제의 차원, 남북관계의 차원, 동북아협력의 차원 등 세 가지 차원을 포괄할 수 있어야 한다.

첫째, 한국경제의 차원에서는 한국경제의 변화와 발전, 그리고 이에 대응하는 한국의 산업정책 등 남한의 관점에서 남북 경제통합 문제에 접근할 필요가 있다. 남북 경제통합이 한국경제에 끼칠 영향, 그리고 한국의 산업구조가 어떤 방향으로 나아갈 것인지에 대한 전망이 고려되어야 한다. 또한 북한경제와의 협력을 한국경제의 발전전략 차원에서 접근함으로써 한국경제의 새로운 대안적 발전모델 모색의 계기로 활용할 필요가 있다. 이미 모든 체계가 공고화된 남한 내에서 경제공간을 재배치하는 것만으로는 혁신이 제대로 진행되지 않기 때문에 남한 이외의 영역을 추가하여 새롭게 씨스템을 구축할 필요가 있는 것이다.

둘째, 남북관계의 차원에서는 북한이라는 변수에 능동적·적극적으로 대응할 필요가 있다. 북한문제에 리스크관리 차원에서 대응하는 데서 한걸음 더 나아가 한국경제 발전전략 차원에서 대응하는 것이다.

즉 북한문제가 한국에 미치는 영향을 중립화하는 데 그치지 말고 한국에 긍정적 영향을 미치도록 씨스템을 재구축하는 것이며 동시에 북한경제를 외생변수로 남겨놓을 것이 아니라 남한경제와의 유기적 연관성을 강화해 사실상의 내생변수화할 필요가 있다. 아울러 통일과정의 점진성·단계성을 확보할 수 있는 방안, 특히 통합과정에 대한 관리(management)가 가능한 구조를 만들어 경제·정치·사회적 통일 비용을 최소화할 수 있는 방안을 마련하는 것도 중요하다.

셋째, 동북아협력의 차원에서는 대외적으로 남북협력이 동북아협력에 어떤 긍정적인 역할을 할 것인가를 분명하게 보여줄 비전이 필요하다. 동북아협력과 좀더 친화적이고 정합적인 남북 경제통합 모델이 필요하다는 것이다. 주변국과의 협력을 통일비용의 분산·분담 차원에서가 아니라 실질적으로 이익을 공유할 수 있는 협력 차원에서 접근할 필요가 있다.

(2) 현실적 측면에서의 필요성

민족경제공동체, 나아가 민족공동체에 대해서는 학계뿐만 아니라 정부 차원에서도 일정 정도 논의가 이루어져 역대 정부는 나름대로의 '경제공동체' 구상을 제시하고 이의 실현에 노력을 기울였다.

김영삼(金泳三) 정부가 내놓은 '민족공동체 통일방안'은 남과 북이 하나의 민족공동체를 건설하는 방향으로 통일을 점진적·단계적으로 이루어 가자는 기조하에 남북연합 단계에서 경제공동체를 형성하자는 주장을 담고 있다. 그러나 남북공동발전의 분명한 비전과 현실적인 실천방향을 제시하지 못했다는 한계가 있다.

김대중 정부는 통일논의를 지양하고 화해·협력을 위한 현실적 토대 구축에 촛점을 맞춤으로써 '사실상의 통일상태'를 추구했다. 하지만 남한과 북한, 그리고 국제사회의 '변화를 수용하는 능력'의 제약으로 지속적으로 발전하지는 못했다.

노무현 정부는 평화번영정책을 제시했다. 이는 동북아공동체 형성이라는 큰 틀에서 남북경제공동체의 형성을 추구함으로써 동북아지역의 역동성과 불확실성을 내재화했다는 점에서 진일보한 정책이라고 평가받는다. 그럼에도 불구하고 아직까지는 동북아지역의 경제협력 방안과 남북간의 경제통합을 포괄하는 논의가 다소 제한적으로 제시되는 실정이다.

결국 현상황에서는 주변정세의 성격을 충분히 반영하면서도 이 지역의 변화의 흐름을 주도해나갈 수 있는 비전과 전략을 담은 남북경제공동체 형성 방안이 요구된다 하겠다.

3. 한반도경제 구상의 개념과 체계

(1) 이론적 토대

한반도경제 구상은 크게 보아 통합에 대한 일반적 이론과 한반도의 특수성을 반영하는 이론을 토대로 성립된다. 그리고 통합에 대한 일반적 이론은 국제관계이론(자유주의 혹은 제도주의), 경제통합이론 등으로 이루어지고 한반도의 특수성을 반영하는 이론은 체제전환이론, 남북관계이론 등으로 구성된다(〈그림 1〉 참조).

그렇다면 이러한 이론들은 한반도경제 구상에 어떠한 양분을 제공하는 것일까.

우선 국제관계 이론상의 자유주의·제도주의적 접근은 통합에 대한 기본적인 시각을 제시한다. 즉 경제적 상호의존의 증대와 제도적 협력

〈그림 1〉 한반도경제 구상의 이론적 원천

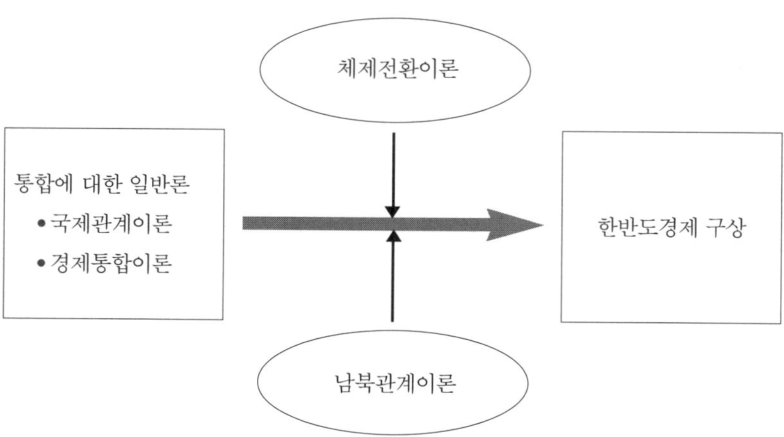

이 통합의 기본 동력이며, 힘의 논리가 아니라 협력에 의해 국가간 관계를 규율할 수 있다는 것이다.

아울러 경제통합 일반론은 국민국가간 통합의 동기, 조건, 성격, 추진전략 등을 제시한다. 우선 경제통합의 동기로는 시장 확대의 경제적 이익, 정책적 협조, 대외신인도 제고, 정치·사회·문화적 결속관계 유지 등을 상정할 수 있다. 경제통합의 조건으로는 경제구조의 유사성과 잠재적 보완성, 기대이익의 존재, 사회·문화적 동질성과 지리적 근접성을 생각할 수 있다.

이와 관련해 1990년대 이후 진행된 이른바 신지역주의(new regionalism)는 개방적 지역주의라는 특성을 지니고 있음에 주목해야 한다. 역내 우선 원칙에 기초를 두고 있으나 역외 제국 및 다자간 무역체제와 동시에 협력을 추구한다는 게 특징적이다.

경제통합의 방식으로는 다음과 같은 동태적 과정을 고려할 수 있을 것이다(〈표 1〉 참조).

〈표 1〉 경제통합 방식의 동태적 접근

초기 단계	활성화 단계	완성 단계
기능적 통합에 제도적 통합을 보완하는 형태로 진행	제도적 통합의 비중 확대	제도적 통합
초기에는 수직적 통합이 불가피	수평적 통합으로 전환하기 위해 노력	수평적 통합
기능주의적 통합	연합주의·신기능주의적 접근방식 도입	연방주의적 통합
부문별 통합	부문별 통합 확대	전면적 통합

그런데 한반도경제 구상에는 국제관계이론과 경제통합이론과 같은 통합에 대한 일반론뿐만 아니라 체제전환이론, 남북관계이론 등 한반도의 특수성과 관련된 이론도 필요하다. 남북통합은 상이한 체제의 통합과정인데다 민족통합의 성격도 가지고 있기 때문이다.

우선 체제전환이론과 남북통합을 살펴보자. 체제전환 모델은 크게 보아 급진주의 모델과 점진주의 모델이 있는데 북한의 경우, 점진적 개혁모델을 따를 가능성이 높으며 우리로서도 점진적 변화를 유도하는 것이 유리하다. 따라서 북한의 체제변화 과정을 고려하여 통합의 수준을 결정하는 점진적이고 단계적인 접근이 필요하다.

남북관계이론과 남북통합의 경우, 남북관계의 역사적 특수성을 고려할 때, 남북통합이 비록 경제적 차원에서 점진적 통합을 추구하더라도 일단 통합과정이 시작되면 사회·정치적 통합 압력은 크게 증가할 것이다. 이는 통합을 안정적으로 관리할 수 있는 전략의 필요성을 제기한다.

(2) 한반도경제 구상의 개념

한반도경제 구상을 한마디로 정의하자면 개방적 한반도경제권을 형

〈그림 2〉 한반도경제권의 개념도

1단계: 태동기
(개성공단, 금강산특구)

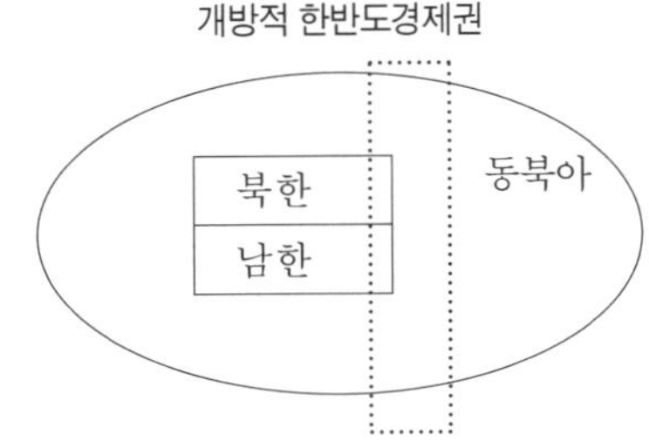

2단계: 형성기
(개성－파주경제권)
(금강산－설악산경제권)
(신의주－단동경제권)
(나진－핫산경제권)

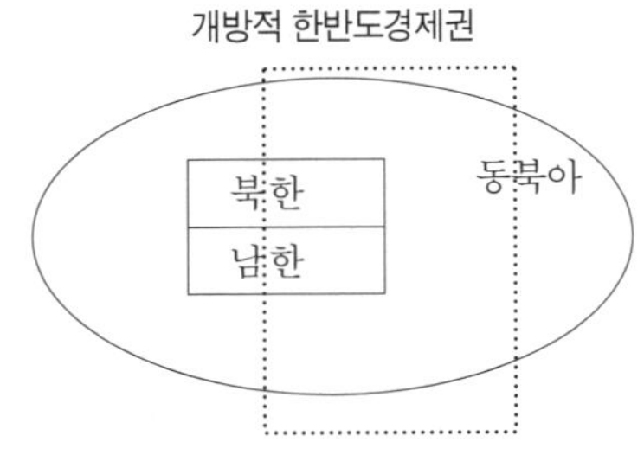

성하자는 것이다. 그리고 개방적 한반도경제권이란 기본적으로 남한경제, 북한경제, 동북아경제의 연관성을 높임으로써 형성되는 경제권이다.

한반도경제권은 추상적인 개념이 아니다. 이미 개성공단이라는 맹아적 형태가 존재하며, 이와같은 특구의 점진적인 확대가 한반도경제권의 발전과정이라고 할 수 있다. 그리고 동북아경제는 지리적인 포괄범위에 대해 다양하게 정의할 수 있으나 한반도경제권에서는 남북한, 중국의 산동성과 동북 3성, 러시아 극동, 일본의 환동해 지역 등이 대상이 될 수 있다.

(3) 한반도경제 구상의 특징

한반도경제권은 큰틀로 보아 경제공동체의 한 형태이다, 하지만 기존 통일방안에서 제기된 민족경제공동체라는 개념과 비교할 때 다음의 두 가지 특징을 지닌다.

첫째, 대외적인 측면에서 경제공동체라는 개념에 내포된 폐쇄적 이미지를 씻을 수 있다. 오늘날 전지구적 차원에서 진행되는 세계화의 흐름에 역행하는 듯한 (민족) 경제공동체 개념은 주변국의 거부감을 불러일으키기 쉽고, 그 실현 가능성도 담보하지 못한다. 이에 반해 한반도경제라는 개념은 경제의 주체를 민족으로 한정하지 않고 남북 경제협력이 동북아시아, 나아가 세계와 열린 관계를 지향한다는 점을 더욱 분명하게 표현할 수 있다. 따라서 한반도경제권은 21세기 세계화라는 대조류를 수용하고 경제통합에서 동북아지역 국가들의 역할을 적극적으로 견인하기 위한 성격이 강하다.

둘째, 대내적 측면에서는 경제공동체라는 표현이 남북 경제협력의 수준에 대한 오해를 초래할 수 있다는 문제점을 극복할 수 있다. 경제공동체의 함의는 무척 다양하지만 대부분의 경제장벽이 사라진 높은 수준의 경제통합이라는 이미지가 강하다. 그러나 이는 당분간 실현 불가능한 목표라고 할 수 있다. 따라서 남한경제와 북한경제가 국민경제로서의 자율성을 갖는 동시에 교류협력을 통해 더 높은 수준의 경제통합으로 나아가는 단계를 지칭하는 새로운 개념이 필요하다. 따라서 한반도경제권은 남북연합 단계에 부합하는 남북 경제통합을 지칭하는 개념으로 설정된다.

요컨대 한반도경제권은 통일과의 관계에서 보면 과도기로 볼 수 있지만 단계적 측면에서 북한의 체제변화, 남북 경제통합, 개방적 한반도경제 형성이 복합적으로 이루어지는 장기적 과정이고 나름의 규범과 규칙을 갖고 작동하는 정합적 질서이다. 결국, 한반도경제는 민족만을 주체로 하지 않는 개방형 경제를 추구하며, 통합을 지향하면서도 지나치게 높은 수준의 경제통합을 전제하지 않는, 단계적이며 동태적 통합과정을 지칭하는 개념이라고 할 수 있다.

(4) 한반도경제 구상의 체계

이제는 좀더 구체적인 차원에서 한반도경제 구상의 체계를 정리해 보기로 한다.

첫째, 한반도경제권은 남한과 북한이 자율적인 국민경제 관리체제를 유지한다는 것을 대전제로 한다. 이는 남북연합이 국민국가적 속성을 유지하는 정치공동체들의 연합체이며 북한의 체제개혁이 완성단계에 돌입하기 이전에 높은 수준의 경제통합을 실현하기 어렵다는 점을 고려한 것이다.

둘째, 한반도경제권은 경제활동에 있어서 남한과 북한을 별개의 단위로 사고하지 않고 한반도를 하나의 단위로 사고한다. 남과 북 각각은 한반도라는 지역적 범위를 하나의 단위로 경제적 자원의 효율적 재배치를 이뤄냄으로써 각각의 성장동력을 강화하는 것이다.

셋째, 남북간 노동시장 통합과 복지체계 통합은 매우 제한적인 수준으로 유지한다. 북한주민의 남한으로의 이주권(이동권)을 제한하고 북한주민의 복지 수준에 대해서는 기본적으로 남한정부가 간여하지 않아야 한다.

넷째, 남북간의 경제협력, 경제통합은 선진국과 개도국 간에 전형적으로 나타나는 수직적 통합에서 출발해 상호의존 관계의 수평적 통합으로 서서히 전환해야 한다.

다섯째, 남북한 및 동북아 경제의 연관성 제고는 지역과 지역, 도시와 도시, 기업과 기업을 연계·결합하는 미시적 차원의 협력에서 출발해 국가 차원의 시장통합·정책협조 등 거시적 협력도 포함하는 방향으로 나아가야 한다.

여섯째, 시장 주도의 경제통합에 따르는 부작용을 해소하기 위한 사회정책적 고려, 특히 기본 생존권, 교육 분야에서의 일부 지원은 불가피하다.

일곱째, 한반도경제권은 적극적인 대외개방, 특히 동북아에 대한 개방의 수준을 대폭 제고함과 동시에 경제권의 주체로서 외국자본의 지위를 인정한다.

여덟째, 한반도경제권은 여러가지 이유로 정부의 적극적 역할이 긴요하다. 우선 공동시장이 형성되기 이전 단계에서 재화와 써비스, 생산요소의 이동에 대한 조정을 행한다. 또한 남과 북에서 개방의 확대에 따라 발생되는 이익갈등을 조정한다. 아울러 산업정책을 전개하고 나아가 한반도 차원의 종합적인 개발계획을 수립한다. 다만 이 경우, 정부의 적극적 역할이 남북경협에 대한 정치논리의 개입으로 이어지는 것을 막기 위해 정부의 역할을 법제화·규범화할 필요가 있다.

4. 한반도경제 구상의 의의

한반도경제권 형성의 비용과 편익에 대해서는 정치·경제·사회를 아우르는 포괄적인 분석틀에 입각한 접근이 필요하다. 단기적이고 직접적인 회계학적 비용보다는 기회비용적 관점에서 접근해야 할 것이다. 즉, 한반도경제권이 형성되지 않은 대안적 상황을 가정하고, 이 경우의 비용이 얼마인가를 살펴볼 필요가 있다. 이는 주로 북한이라는 변수가 한국경제에 미치는 교란요인과 부정적 영향을 들 수 있다. 동시에 전쟁이나 급격한 붕괴 등으로 위중한 사태가 발생했을 경우 한국경제에 가져다줄 엄청난 부담, 나아가 한국이 감당하지 못할 상황까지 염두에 둘 필요가 있다.

아울러 한반도경제권이 단기적으로는 남북통합의 단초를 마련할 수 있다는 점과 함께 대외적 변수를 안정적으로 관리할 수 있다는 점도 고려해야 한다. 북한경제의 대중국 예속이 지나치게 심화되는 현상을 방치할 경우 남북통합은 물론 동북지역의 통합을 가로막는 장애요인으로 부상할 가능성을 사전적으로 관리할 필요가 있다.

중장기적으로 본다면 한반도경제권 형성에 따른 경제적 실익이 매우 클 것으로 예상되는바, 대략 다음과 같은 것들이다.

우선 한반도경제권 형성에 따른 가장 직접적인 효과는 일정 규모의 인구를 갖춘 경제권의 형성에 있다. 4,700만명의 남한경제는 한반도경제권 형성에 따라 7,000만명을 넘어서는 인구를 갖게 된다. 이는 북한경제의 발전이 일정 수준에 이르면, 한반도 전체의 내수규모가 최소효율 규모에 도달함으로써 무역에서의 대외의존성을 완화하고, 국내경제의 통합을 제고하는 데 기여할 것이다.

동시에 남한이 빠르게 고령화사회로 진입하는 것을 지연하는 효과도 클 것으로 보인다. 남한은 2016년경부터 생산가능 인구가 감소하기 시작하면서 노동력 수급 면에서 심각한 문제에 직면할 것으로 예상된다. 따라서 한반도경제권 형성 과정에서 예상되는 북한지역에서의 인구증가는 한국의 고령화 추세에 새로운 변수가 될 가능성이 있다.

또한 이질적 경제의 통합은 자원의 좀더 효율적인 배분을 가능케 하고 이것이 생산성 및 경제성장률의 제고로 이어져 남북 양 지역에서의 경제성장에 기여할 것이다. 그리고 정부 지출에서 군사비가 차지하는 비율을 낮춤으로써, 좀더 생산적인 분야로 재정자금을 활용할 수 있을 것이다. 특히 한국경제가 직면한 두 가지 과제(혁신과 통합)를 달성하기 위해 과학기술혁신 분야의 투자와 양극화 해소를 위한 각종 지원 프로그램에 자원을 효율적으로 재배분할 수 있을 것이다.

이와 함께 국가위험도가 현저히 낮아짐으로써 국내 각 기관의 차입 비용을 낮출 뿐만 아니라 외국인 직접투자 증가 등 해외로부터의 투자 유입을 촉진할 것이다. 그리고 남북간의 경제협력이 확대되고 북한의 변화가 지속적으로 추진될 경우 통일의 가장 큰 걸림돌로 인식되는 남북간 격차가 점차 해소될 것이며 통일의 경제적 기반이 구축될 것으로 보인다. 큰틀로 보아 한반도 정세의 불안정성을 해소함으로써 동북아 경제협력 활성화에 필요한 외교안보적 환경을 개선, 동북아지역의 경제공동체 형성에 기여할 것으로 예상된다.

5. 정책적 과제

(1) 로드맵의 제시

한반도경제권의 형성은 장기간에 걸쳐 이루어질 것인바, 정부 차원에서 포괄적인 로드맵을 제시할 필요가 있다. 로드맵을 통해 우리가 추구하는 목표와 방향을 분명하게 제시함으로써 해당 단계에서 필요한 정부 역할을 명확히 하며, 국민적 공감대를 도출하도록 한다. 한편 로드맵 제시는 주변국을 중심으로 하는 국제사회에 우리의 지향성을 투명하게 밝힘으로써 한반도경제권 형성에 대한 이해와 협력을 구하는 데 기여할 것이다.

한반도경제권 형성을 위한 로드맵은 환경 조성, 연계망 구축, 경협의 제도화 등 세 부문을 중심으로 단계별로 제시돼야 한다.

환경 조성은 한반도경제권을 형성하는 데 필요한 전제조건의 성격을 의미하는 것으로 북한의 개혁·개방과 한반도의 정치·외교·군사적 환경을 포함한다. 최대 현안이기도 한 북핵문제 해결도 핵심적 요소이다.

네트워크 구축은 북한지역의 개발과 남북한 경제를 연계하는 것으로 궁극적으로는 남북산업의 통합체계를 구축하는 작업이다. 네트워크 구축 작업은 산업기반시설의 연계망을 구축하는 하드웨어 부문과, 물질적인 산업 연계체계가 작동하도록 운용하고 내용을 채워주는 쏘프트웨어 부문으로 나눌 수 있다.

경협의 제도화는 경제협력을 안정적으로 뒷받침할 수 있도록 제도적 장치를 마련하는 것으로, 경제통합과정을 촉진함으로써 최종적으로는 한반도에 경제공동체를 형성하는 것을 목표로 한다. 특히 남북한 경제를 하나로 통합하기 위한 법과 제도적 기반을 구축하는 작업은 경제협력사업의 안정성을 제고하는 역할뿐 아니라 새로운 사업기회를 제공하는 기능도 수행할 것으로 기대된다.

(2) 3대 과제

① 남북간 핵심 과제 : 산업협력

한반도경제권 형성을 위한 남북간 경제협력의 초기 단계에서 핵심과제는 산업협력이 되어야 한다. 개방적 한반도경제권을 형성하기 위해서는 남북한 경제의 실질적인 연관성을 제고해야 하고, 이를 위해서는 국민경제의 생산 차원의 연관성 제고, 따라서 산업협력을 핵심적 요소로 설정해야 한다.

현재의 북한 산업구조나 생산 능력으로는 남북간 분업구조의 형성은 불가능하며, 남북 산업협력을 통한 북한산업의 육성이 전제되어야 한다. 그리고 남북간 산업협력시 북한의 인적요소 활용을 우선적으로 고려해야 한다.

물론 큰틀로 보아서는 남북간 산업협력은 북한의 산업발전에 대한 동태적인 전망에 기초해야 한다. 무엇보다도 전략산업의 육성을 중심으로 남북한 산업협력을 추진해야 한다. 일차적으로 섬유산업을 중심으로 남북한 산업협력을 추진하며, 이어 전기전자 산업을 육성하는 것이다. 아울러 농수산업, 광업, 관광업 분야에서의 남북협력도 산업협력 차원에서 추진해야 한다. 한편 인프라협력은 그 자체가 목적이라기보다는 산업협력과 결합된 형태로 추진해나가야 한다.

② **국제적 핵심 과제: 동북아지역 다자간 협력**

향후 북한에 진출하고자 하는 중·일 등 동북아지역의 정부 및 민간자본에 대해 남한정부 및 민간자본이 수수방관할 것이 아니라 오히려 적극적으로 대응, 이들과 유기적인 결합 방안을 모색해야 한다. 즉 북한지역으로 외국자본이 유입되는 것을 전제로 한 한반도경제권 형성 전략이 수립되어야 한다.

이를 위해 남북중 삼각협력 등 다자간 협력의 실현 가능성을 제고할 수 있는 방안을 마련해야 한다. 특히 구호식 접근보다는 실질적으로 한국의 역할을 강화할 수 있는 전략을 수립할 필요가 있다. 당장 남북중 삼각협력을 시작하지 않더라도 남중협력, 남북협력을 각각 추진하면서 점차 이를 남북중 삼각협력으로 통합하는 전략적 구상, 예컨대 지역적·인적 거점을 구축하는 노력이 필요하다. 아울러 국경지대의 인프라 개발 및 지역개발 관련 남북중, 남북러 삼각협력에 참여하는 것을 적극 검토해야 한다. 기업 차원에서는 중국의 동북 3성을 거쳐 북한으로 진출하는 우회진출 전략을 검토할 필요가 있으며 정부는 이에 대한 지원 방안을 마련해야 한다.[2)]

③ **국내적 핵심 과제 : 재원조달과 추진체계**

한반도경제권의 형성에는 국내적으로 볼 때 재원조달 문제가 결정적으로 중요한 과제로 대두할 것이다. 경협의 확대에 따라 불가피한 현상이기는 하지만 이는 한반도경제권 형성의 국내적 조건 중에서 핵심적 지위를 차지할 것이다.

그런데 소요재원의 조달은 사업참여 주체를 포함한 추진체계의 재편 문제와 동시에 해결되어야 한다. 이는 현재 남북경협의 주된 재원인 남북협력기금의 한계성에 대한 인식에서 출발한다. 경협 예산의 제약 문제는 각 부처 일반예산의 투입 문제의 검토 필요성을 제기하고 이는 자연스럽게 경제부처의 참여 범위 확대 여부로 귀결된다. 사실 추진체계의 문제는 소요재원뿐 아니라 경협사업의 추진력 확보와도 직결되는 매우 중요한 요소라 할 수 있다.

□■

2) FTA 체결에서 개성공단 제품을 한국산과 같은 대우를 받을 수 있도록 하는 문제는 장기적인 측면에서 '한반도경제권'을 국제사회로부터 추인받는 문제라는 측면을 내포한다. 개성공단을 출발점으로 삼아 남북경협의 폭과 깊이를 지속적으로 확대해 나감으로써 한반도경제권을 형성하고자 하는 것이기 때문이다. 하지만 현재 진행 중인 한미FTA 협상에서 개성공단 제품을 한국산으로 인정받는 문제는 좀더 신중하게 접근할 필요가 있다. 미국측 태도로 보아 실현 가능성도 그다지 크지 않거니와 무리해서 미국측의 양보를 얻어낸다 해도 치러야 할 댓가 내지 반대급부가 결코 작지 않을 것이기 때문이다. 물론 개성공단 제품의 대미 수출로 확보의 중요성을 부정하는 것은 아니다. 한편 이와는 별개로 미국을 포함한 국제사회가 납득할 수 있는 개성공단 개발 청사진을 작성, 협력을 구하는 노력이 필요하다. 이 청사진에는 북한 체제의 성격 변화를 통한 '정상국가화' 과정을 포함시킬 필요가 있다. 이 경우 강조점은, 개성공단사업이 북한의 변화를 촉진할 것이라는 점과 북한의 변화 속도에 영향을 받을 것이라는 것이다.

6. 맺음말

한반도경제 구상은 현단계에서는 문자 그대로 구상에 불과하다. 더욱이 아직은 시론적 연구 영역에 머물러 있다. 구상 그 자체로서의 완결성을 확보하기 위해서는 좀더 많은 시간과 노력이 필요하다.

한반도경제권이라는 용어 자체는 낯선 것이 아니다. 하지만 이 글에서 제시한 개념은 전문가들에게조차 생소할 수 있다. 기존 논의와의 관계를 볼 때 연속과 단절이라는 두 가지 측면을 동시에 지닌다. 또한 북핵문제 해결, 북한의 체제변화 착수 등 한반도경제 구상의 전제조건 확보에도 다소 시간이 소요될 전망이다.

따라서 당분간은 한반도경제 구상을 지식인·시민사회의 담론으로 제기하면서, 동시에 구상 차원의 시도를 전략으로 전환하는 데 노력을 경주해야 한다. 무엇보다도 '한반도 종합발전계획'의 수립이 필요하다. 남북한 지역을 아우르는 경제발전 전략을 수립함으로써 한반도경제권 형성의 청사진을 마련해야 한다. 동시에 실천 방안을 마련하는 과정에서 국내 전문가들의 의견을 수렴해 국민적 공감대를 형성하고, 북한 당국과의 협의를 통한 협력적 추진체계 구축, 국제사회의 이해 및 지지 도출 작업 등도 병행해서 추진해야 할 것이다.

| 참고문헌 |

손병해(2002) 『경제통합의 이해』, 법문사.

양문수(2005) 「현단계 남북경제교류협력의 쟁점과 과제」, 『북한연구학회보』 9권

2호.

양문수 외(2005) 『남북한 경제통합의 인프라 확장방안』, 통일연구원.

이남주(2003) 「동북아시대 남북경협의 성격과 발전방안」, 『창작과비평』 2003년 여름호.

이석기(2006) 『남북 경제통합과 북한 경제개발계획』, 통일연구원.

이일영 외(2004) 『동북아시대 남북한 협력발전의 이념과 정책방향』, 통일부 용역보고서.

임강택(2006) 「남북관계발전과 한반도경제권 형성전략」, 통일연구원 주최 학술회의 '동북아 구상과 남북관계 발전전략' 발표문.

함택영 외(2005) 『중국 동북진흥계획과 남북중 삼각협력—분석과 대책』, 동북아시대위원회 용역보고서.

David Held(2004) *Global Covenent: The Social Democratic Alternative to the Washington Consensus*, Cambridge(UK): Polity Press.

북한 경제개혁과 한반도 경제통합[1)]

이 일 영

1. 서론

한반도에서는 남북한 모두 내부적으로 구조 변화의 와중에 있고 이전의 체제를 해체 · 분해하는 힘이 강해지고 있다. 물론 북한에서 이러

□■

1) 이 글은 『동향과전망』 67호에 게재된 필자의 논문을 축약하고 일부 수정한 글이다. 북한의 핵실험 이전에 쓴 것으로 북핵문제의 악화 상황을 반영하고 있지는 않다. 만약 대립과 갈등이 계속 증대될 경우 '급진적' 이행의 가능성을 배제할 수 없다. 그렇다 하더라도 새로운 체제의 형성은 한번에 이루어질 수 없고 불가피하게 '점진적' 과정을 밟게 된다. 이 글은 남북 국가연합으로 가는 '점진적' 과정과 단계를 논의했는데, '급진적' 이행이 진행되는 경우에도 이행에 필요한 과제가 사라지는 것은 아니다. 물론 시간적 압축과 재배열이 필요하게 된다.

한 변화의 압력은 훨씬 강하고 변화의 속도는 더딘 편이지만, 남북한 모두 경제 내부에 작동하던 강제적 · 명령적 동원체제의 힘은 전보다 약화되었고, 양극화 또는 이중구조화가 진행되고 있다. 한반도 차원에서 통합된 경제체제를 수립하기 위해서는, 남북한 모두 개방경제를 지향하면서 혁신적 산업씨스템과 공정하고 효율적인 공공씨스템을 구축하는 개혁과정이 결합되어야 한다. 이하에서는 북한경제의 개방·개혁이 남한의 개방·개혁과 한반도경제의 형성과 연계하는 청사진을 제도적 측면에서 고찰하고자 한다.

필자의 판단으로 북한의 초기발전 수준은 동유럽에 좀더 가깝고, 역사·지리적 조건, 참고할 개혁모델은 중국에 가까운 편이다. 또 북한에서의 이행 주체는 중국형, 속도와 순서는 동유럽과 중국의 혼합형이 될 것으로 본다. 본 연구의 기본 관점은 다음과 같다. 첫째, 경제통합과 개혁·개방은 북한, 남한, 남북한관계, 국제사회의 네 차원에서 '연계'되어야 한다. 둘째, 개방·개혁·통합은 '점진적'으로 추진되어야 한다. 이때 '점진적'이란 말의 의미는, 시간의 장기성을 의미하는 것은 아니고 단계를 뛰어넘지 않는다는 의미이다.[2] 단계는 이륙 단계, 이륙 이후 단계, 통합 단계로 나뉘고, 이륙 단계는 다시 개방에 집중하는 전기와 제도개혁에 본격 시동을 거는 후기로 구분한다.[3]

□ ■

2) 점진주의적 이행의 전형이라 할 수 있는 중국의 경우, 이륙 단계에서는 서서히 수평적으로 활주로를 달리면서 속도를 붙였고, 본격적인 이륙을 감행한 이후의 궤도는 좀더 수직적이고 속도는 점점 가속화되었다고 할 수 있다.

3) 남한 당국의 공식적 통일방안이 화해협력단계－국가연합단계－단일국가단계를 밟는 것이라면, 북한은 연방제를 통한 급진적 통일을 주장해왔다. 6·15선언에서는 남북한은 연방제를 높은 단계와 (연합제에 접근한) 낮은 단계로 나눈다는 데 합의했다. 본 연구에서는 제시한 이륙 전기, 이륙 후기, 이륙 이후의 단계 개념은 국가연합

2. 이륙 전기: 대외개방

(1) 개성특구의 확대 발전

현단계에서 북한이 전국토를 전면적으로 개방하기에는 정치적·경제적으로 많은 부담을 안을 수밖에 없다. 경제 전체의 개방화 및 규제완화가 현실적으로 어려울 때, 특정 지역부터 이를 실시하여 그 성과를 차츰 타 지역으로 확대하는 경우가 많다. 현재 개성공단의 입지를 고려할 때, 개성을 수도권과 연계하여 발전시키는 것이 성과를 극대화할 수 있다. 개성을 생산중심형 경제특구로 발전시키면서 무역중심형 특구인 인천과 연계해 서울 주변의 첨단 기술력을 보유하는 산업단지(IT·BT 분야 등의 특화된 산업단지)와 클러스터를 이루도록 하는 것이다.

(2) 남북한 CEPA 및 FTA 추진

남한과 개성특구 사이에 중국-홍콩간에 체결된 포괄적 경제동반자협정(Close Economic Partnership Agreement, CEPA)과 유사한 협정 체결을 추진한다. 만일 남북간 상호신뢰 구축을 바탕으로 이와 유사한 협정을 체결할 수 있다면 남한은 대북지원을 제도적으로 보장하는 한편, 남북한 상호의존도를 획기적으로 증대시킬 수 있을 것이다. 북한의 특구와 남한 인접지역의 결합도를 높이기 위해 한국에서도 특구를 지정하고 특구간에 좀더 긴밀한 관계를 맺도록 보장하는 방안도 개발

□■

이전의 화해협력 단계를 다시 세분화한 것이다.

할 수 있다.[4]

남북한FTA는 남북한 경제통합의 실질적 내용을 확보해가는 교두보 역할을 한다. 그리고 남북한FTA의 체결은 어느 한순간에 이루어지는 것이 아니라 중장기적으로 추진되는 과정으로, 경제적 측면과 비경제적 측면에서 단계적으로 협력과제를 추진해야 한다. 남북한간에는 특히 인력이동, 정부조달, 비관세장벽 등과 같은 과제에서 일반적인 FTA와는 다른 특별한 예외조치가 불가피할 것으로 보인다. 북한경제의 특성상 시장통합과 북한의 산업구조조정 압력 사이의 관계를 좀더 감안해야 하고, 동북아 및 동아시아 경제통합과의 연계성을 확보하는 것에도 유의해야 한다.[5]

□■

4) 2004년 1월 1일 중국은 홍콩과 CEPA를 체결했다. 중국-홍콩 CEPA 체결은 중국이 여타국과의 FTA 체결에 앞서 홍콩기업에 대중 비즈니스의 선점 기회를 제공한 것으로, 홍콩기업은 대중수출품(상품·써비스)의 가격 경쟁력 향상, 무역·투자 장벽 해소 등을 통해 대중사업의 수익성을 획기적으로 제고하게 되었다. 한편 중국은 CEPA의 특혜원산지규정에 따라 대홍콩 무관세수출품목 대부분이 홍콩산으로 적용되는 특혜를 얻게 되어 홍콩 기반 제조업체의 중국 내 생산제품의 고가수출을 보장받게 되었다. 또 중국이 특히 취약한 써비스 산업(금융, 영화·음반, 전시산업 등)의 대홍콩 조기개방을 통해 써비스산업의 경쟁력을 강화하고 동시에 동일 민족인 홍콩기업에 우선적인 개방혜택을 안겨주고자 했다(김양희 2004).

5) 통상 경제통합 과정에서 농업부문이 장애가 되는 경우가 많다. 남북 공동농업정책의 기반을 마련한다는 차원에서 남북농업협력을 진전시킬 필요가 있다. 남북한 공동농업경영은 물론 남한의 관련 기구들이 북한에 농산물 저장 및 운송 거점을 마련하는 프로젝트를 추진한다. 아울러 민간 차원에서 이를 위한 재원조달이 가능하도록 프로젝트 파이낸싱을 지원하는 가능한 환경을 마련한다.

(3) 북한의 대외개방을 위한 제도개혁

이 협력단계에서는 북한 내에 무역 확대와 외자도입을 위한 제도적 인프라를 구축해야 한다. 북한에서는 외국무역을 국가(중앙)가 독점하고 있으며, 외자도 집중 관리되고 있다. 우선 중앙 단위에서 하달하는 지령성·지도성 무역계획을 축소해야 하며, 지방과 기업의 무역과 외자도입에 관한 자주권을 확대해야 한다. 전면적인 개방을 시행하는 것이 현실적으로 어렵다면, 특정 지역을 수출기지로 삼는 지역경사정책을 채택할 수밖에 없다.

북한에서 개성, 금강산, 나진-선봉, 신의주 등 특구 설치에 대한 의지는 이미 공표된 바 있다. 중국에서는 외자도입을 위한 법적·제도적 인프라를 마련한 후 특구를 지정했으나, 북한에선 특구 지정 방침이 먼저 제시된 셈이다. 따라서 중국에서 외국인투자를 유치하기 위해 마련한 관련 법제와 유사한 형태의 법률적 인프라를 갖출 필요가 있다. 중국의 경우 중외합자경영기업법 및 실시세칙, 외자기업법 및 실시세칙을 마련한 바 있다.

(4) 남한과 국제사회의 역할

남한에서는 대북한 교류가 민간 차원에서 시장원리에 의해 진행될 수 있도록 기반을 확충하는 것이 필요하다. 이를 위해 대북사업에 필요한 정보 제공 및 상담, 대북사업 기획, 기업간의 과다경쟁 및 중복투자 조정, 대북사업에 필요한 자금 알선, 남북한간의 이해관계 조정, 경협사업 과정에서 발생하는 문제(클레임처리, 분쟁처리, 청산결제 등) 해결을 지원하는 민간기구를 조직한다. 남북한간 무역·투자 절차는 기본적으로 남북한 정부가 관리하는 것이 원칙이다. 다만 북한에서 경제특구를 지정하고 외자도입을 촉진하는 법제를 마련할 경우, 남한에서도 북한 특구지역과의 무역·투자 절차를 간소화하는 방향으로 남북교류협력법에 관련된 규정을 추가할 필요가 있다.

북한의 경제특구에 국제적 차원의 자금이 원활하게 유입될 수 있는 환경을 조성하는 것이 중요하다. 이를 위해 일본, 중국, 미국과의 FTA에 북한 경제특구에 국제적 투자를 확대할 수 있는 방안을 마련할 필요가 있다. 국제금융기구가 북한에 본격적으로 투자하기 이전 단계에서 민간기금 형식의 사회간접자본기금을 설립하여 북한에 투자하는 방법을 모색할 수도 있다. 여기에는 아시아개발은행을 비롯한 국제개발금융기구와 상업금융기관, 보증회사, 연금기금 및 국제기업들이 투자자로 참여할 수 있도록 해야 한다.

3. 이륙 후기: 제도개혁

(1) 기업제도 개혁

북한의 생산조직 개혁은 상당 기간 동유럽형 분권화 모델과 중국의 분권화 모델이 혼합된 방식으로 추진될 것이다. 국유부문 바깥에서는 특구나 농촌지역에서 중국에서와 같이 비국유기업이 형성될 것이지만, 국유부문의 비중, 경제규모 등을 고려할 때 국유부문의 개편 압박은 중국보다 훨씬 큰 편이다.

이 단계에서는 외국인 직접투자에 의해 운영되는 외자기업의 활동을 확고히 보장하는 한편, 국유기업의 생산 정상화를 위해서 기업 차원에서 생산 유인을 제공하는 제도를 마련해야 한다. 아울러 새로운 기업경영 메커니즘을 도입하기 위하여 여러가지 형식의 경영책임제를 도입하고, 소형 국유기업은 임차제(租賃制) 도입 또는 매각을 추진한다. 또 개인이 기업을 영위할 수 있는 민법적 권리를 보장해야 한다. 기업조세제도도 수립하도록 한다. 기업소득세를 부과한다는 것은 국가의 기능을 기업의 직접적 운영자에서 사회관리자 및 국유자산 소유자로 전환한다는 것을 의미한다.

기업지배구조에 대한 고려도 해야 한다. 북한의 생산 정상화가 시급하므로 단계적인 방식으로 기업지배구조를 개선하는 수밖에 없다. 이때에는 분권화와 외부자통제를 결합하는 방식으로 기업지배구조를 재설계해야 한다. 자본시장과 상업은행이 없는 북한으로서는 시장메커니즘에 기초한 외부자 통제씨스템을 곧바로 도입하기는 어렵다. 따라서 먼저 기업 단위의 인센티브 씨스템을 강화하기 위해서 내부자에 권한을 대폭 위임하고, 이를 보완하기 위한 위계적 형태의 외부자 통제씨스템을 결합하는 방식이 바람직하다.

(2) 농업개혁

북한의 식량난을 감안하면 수매가격을 인상하여 생산을 자극하는 것이 시급하다. 정부가 재정보조를 통해 수매가격을 인상하지 않으면 공급량은 확보되지 않는다. 공급량이 확보되지 않으면 다양한 시장경로가 생겨날 수 없다. 생산 유인을 자극하는 가격정책 설계와 함께 양정사업소 등 국유 유통기업을 행정기관에서 독립시켜 기업화해야 한다. 식량기업의 신구 채무를 분리하여 경영적인 손실은 기업이 부담하도록 하며 비축기능에 따르는 비용은 국가재정에서 부담해야 한다.

농장조직 차원에서의 제도 혁신도 이루어져야 한다. 현재의 조직형태로는 구성원들의 무임승차 문제를 해결할 수 없다. 가족농장은 당장의 거래비용을 감소시키기 때문에, 북한의 경우에도 조건이 허용하는 한에서 신속하게 가족농장으로 전환해야 한다. 적절한 기준에 의해 토지소유권을 농장원들에게 분여하는 것이 바람직하나, 토지정리사업 등으로 소유권 처리 문제가 복잡해진 경우가 전체 농지에서 상당한 비중을 차지할 가능성이 크다. 이 경우에는 무리하게 농장을 분할하는 것보다는 주식합작 형태의 농기업 형태로 전환하고 운영의 효율성을 가져올 수 있는 내부구조 수립에 주력해야 한다.

(3) 노동 및 사회보장제도 개혁

임금, 고용, 사회적 써비스 제공 씨스템을 점진적으로 시장화해야 한다. 급격한 충격이 발생하지 않도록 미시적 단위에서의 조정에 주력하고 포괄적으로 적용되는 법 제도 형성을 준비한다. 기본 방향은 시장화 개혁이다. 임금이 노동자의 생계비를 충족하는 수단으로 그치지 않고 노동 인쎈티브를 유발할 수 있는 씨스템으로 정착되어야 한다(임금제도 개혁). 임금이 노력투입을 촉진하기 위한 인쎈티브로 작동하기 위해서는 임금차등화를 적절하게 설계하고, 노동이동과 직업선택의 자유도 확대해야 한다(고용제도 개혁). 국유기업의 노동력 축장(labor hoarding) 관행을 단계적으로 해소하고, 비국유기업에 채용권과 해고권을 부여해야 한다.

그러나 사회보장씨스템이 갖추어지지 않은 상태에서의 노동제도 개혁은 개혁을 불가능하게 할 정도의 충격이 될 수 있다. 따라서 임금을 안정시키고 고용은 유지하는 정책을 함께 사용해야 한다.[6] 우선 배급

□■

6) 독일의 경우, 빈곤 및 이주 문제를 해결하기 위해 동독지역의 임금 및 사회보장 수준을 급격히 상승시키는 정책을 채택했으나 결과적으로 실업을 크게 발생시켜 대규모 재정적자를 초래했다.

과 임금 간의 비중을 단계적으로 조정하는 것이 필요하다. 교육, 보건, 의료, 주택과 일부 기초 생필품을 제외한 배급 품목은 단계적으로 축소하면서, 나머지 소비재들은 임금으로 충당할 수 있도록 해야 한다. 실업보험의 경우 처음에는 적용대상을 국유기업으로 하다가 점차 도시 비국유기업과 외국인 투자기업, 사영기업 그리고 비영리성 사업단위까지 확대한다.

(4) 토지·부동산 제도

사회주의하의 농촌 토지는 집단 또는 국가가 소유하며, 도시 토지는 모두 국가에 귀속되어 무상으로 무기한 사용하도록 되어 있다. 개혁 초기에는 기업활동에 필요한 토지와 부동산이 원활히 공급될 수 있도록 하고 농장 단위의 생산 유인 제고를 위해 농지 사용권을 보장해야 한다. 우선 외국인 투자기업이 활동하는 데 필요한 부지를 제공하기 위해 외국인투자 관련법에 토지와 관련된 사항을 포함하여 제정해야 한다. 특구 이외의 지역에까지 기업활동을 활성화하기 위해서는 좀더 일반적인 차원에서 토지 및 부동산 관련 입법을 추진할 필요가 있다. 초기부터 토지의 사유화를 추진할 수는 없으므로 민법상 제한물권의 개념으로 법적 권리·의무관계를 규정하도록 한다.

(5) 남한과 국제사회의 협력

북한의 제도개혁에는 대외협력을 통한 재정 확보가 중요한 전제조건이 된다. 또 북한 내부에서 새로운 기술체계를 채용하는 데에는 많은 비용이 소요되므로 외부와의 기술교류를 통해 적정 기술체계를 찾아야 한다. 이때 북한의 경제개혁이 본격적으로 기동하기 위해서는 외부로부터의 충격이나 지원이 중요한 역할을 한다. 국제사회의 대북한

식량 지원, 에너지 지원, 무역과 투자 확대는 북한 내부의 시장화 개혁의 계기가 된다. 또한 실무적 차원에서의 지원도 필요한데, 특히 중요한 것은 인력 지원이다. 시장경제의 경험을 지닌 전문 인력의 지원이 있어야 기업들이 시장경제에서 생존할 수 있는 노하우를 전달받을 수 있다. 이러한 조치들은 앞서 언급한 비영리 민간법인에서 이루어지는 것이 좋을 것이다.

북한경제가 신속하게 정상화되지 않는 한 북한에서 남한으로 이주하여 남한의 노동조건과 사회보장제도의 적용을 받으려는 유인이 증대할 것이다. 남한 헌법에 북한주민을 남한국민으로 취급하고 있기 때문에 이 문제는 확대될 가능성이 크다. 북한경제를 정상화함으로써 이주압력을 완화하고, 남한 헌법의 국민 조항을 재검토할 필요가 있다.

남한에서는, 정부 출연금, 민간자본 유치 등을 이끌어내 협력기금을 확충해야 한다. 더 중요한 것은 정부 차원에서의 재정 확보이다. 남북협력기금을 확대하고, 이와 함께 재정투융자 및 특별회계의 일부분을 남북협력사업으로 사용할 수 있도록 해야 한다. 다른 항목을 전용하기보다는 좀더 근본적인 방안을 마련해야 한다. 본격적인 통합단계에 들어가서 갑자기 조세 수입을 대폭 확충하는 것은 어렵기 때문에, 비교적 재정 부담이 덜한 단계부터 조세 기반을 확충해야 한다. 물론 남한경제 및 납세자의 조세부담 능력을 감안하여 점진적으로 조세부담률을 인상하고, 새로운 목적세 신설의 저항감을 완화하기 위해 우선은 미미한 세율에서 시작하는 것이 좋다.

4. 이륙 이후: 개혁의 심화

(1)기업제도

이 단계에는 사적 소유권을 창출하는 소유권 개혁에 들어감으로써 남북한의 소유제를 조화시키기 위한 노력을 기울여야 한다. 다만 북한 지역에서 일거에 사유화를 시도할 필요는 없고 단계적으로 사유화를 추진하면서 일부는 공공성을 유지하는 것이 좋다. 소유권을 완전히 민간으로 이전하는 사유화 과정에서 사유화 대상 기업을 누구에게 우선적으로 양도할 것인가에 대해서는 정치적 결정이 내려져야 한다. 북한으로의 자본 및 노하우의 이전을 위해서는 남한인이나 외국인의 소유를 허용하는 것이 필요하다. 그리고 기업소유권을 어떤 형태로 분산할 것인가 하는 데 대한 원칙도 마련되어야 한다. 일정 비율을 이해당사자에게 분산하되 외부투자자에게 지분 보유를 허용하고 최대투자자가 경영권을 확보할 수 있는 정도의 소유 집중은 허용하도록 한다.

사유화의 진전과 함께 민간기업이 운영될 수 있는 지배구조를 규정한 법 제도가 마련되어야 한다. 북한의 경우 기존의 경제조직 관련 법이 존재하고 있는데, 이를 일거에 남한의 상법과 유사한 체계로 변경하면 법적 안정성에 엄청난 혼란을 초래하게 된다. 따라서 법적 일관성이 다소 훼손되더라도 총칙, 상행위, 회사, 보험, 해상, 어음·수표법을 포함한 독립법전으로 상법을 제정하기보다는 실질적으로 필요한 회사법, 해상법, 기업파산법, 국유기업법, 증권법, 어음법, 보험법 등을 나누어 입법하는 방식을 고려할 수 있다. 그리고 국유기업이 회사로 전환되는 과정에 대해서도 법적 요건과 절차를 마련해야 한다. 이는 남북한간에 조화를 이루어야 하는 회사법체계 안에 넣기보다는 특별법적 성격을 갖는 국유기업법에 규정하는 것이 좋을 것이다.

(2) 농업제도

생산 정상화를 위한 유인 제공에서 나아가 남한과의 시장적 분업을 위한 토대를 구축해야 한다. 농지소유권도 제한적인 범위에서 점진적으로 사유화한다. 생산조직의 경우 가족농장의 비중을 대폭 늘리고, 가족농에 분여된 농지를 매우 저렴한 가격으로 사유화한다. 생산기반 등 여건 때문에 가족농장으로 세분화하기 어려운 경우 기업조직 또는 협동조합으로 재편한다. 협동조합으로 재편되는 경우, 과거의 사적 소유지 상태를 파악하기 어렵고 공유지 비중이 많을 것이지만, 농장의 총의에 의해 비교적 빠른 속도로 농지를 분배하여 농지사유화를 완료할 수 있다. 문제는 국유농지인데, 일부는 공공적으로 이용하여 국가에 유보하고 일부는 점진적인 방식으로 매각하여 처리한다. 매각하는 경우 시장가격으로 매각하는 것을 원칙으로 하고, 국가에 유보된 국유농지의 경우 선진적 경영구조를 창출하기 위한 목적에 이용한다.[7)]

(3) 노동제도

이 단계에는 남북한간 노동시장 통합에 대비하여 노동 관련 시장제도를 형성하는 것이 본격적인 과제로 설정된다. 그러나 북한의 임금수준을 남한과 비슷한 수준으로 가져가는 데는 시간이 필요하다. 과도

□■

7) 독일의 경우 임대보다는 공개 입찰을 통한 매각을 먼저 했으며, 토지가격에는 신탁청(THA)의 관리경비를 포함시켰다. 임대 후 매각하는 방식은 보충적으로만 시행되었다.

적으로 정부는 북한기업에 적극적인 임금 가이드라인을 제시하고 이를 구조조정 지원 프로그램과 연계하도록 한다. 정부의 임금 가이드라인이 안착할 수 있는 수단으로 북한의 기업들에 제공되는 보조금의 일부를 임금 추세와 관련되도록 한다. 즉 종업원은 정부의 보조금으로 기업에서 지급되는 임금보다 더 많은 임금을 받게 된다.

남북한간의 임금격차를 단기간에 줄이는 것은 불가능하므로 실업자를 양산할 수 있는 고용제도의 유연화도 제한적으로 실시할 수밖에 없다. 북한에서 새로이 형성되는 기업과 남한 및 해외로부터의 투자가 실업을 충분히 흡수할 때까지 고용을 안정화하고 보호하는 제도가 필요하다. 농업부문에서 배출되는 인구이동을 억제하기 위해 농지사유화 과정을 농촌거주와 연계할 필요가 있다.[8] 광업과 제조업부문에 종사하는 노동력 가운데 불가피하게 배출되는 실업자는 신설되는 기업과 써비스부문에서 흡수해야 한다. 한편 배출된 노동력이 재취업하여 새로운 직무에 적응할 수 있도록 직업훈련과 정보써비스를 제공하는 씨스템도 마련되어야 한다.

(4) 사회보장제도

북한의 사회보장씨스템은 연금 및 산업재해보험, 의료써비스, 교육, 주택, 기본 필수품에 대한 현물사회보조로 구성되어 있다. 이 단계에는 남북한간 사회보장제도 통합의 전제로서 북한의 사회보장제도가

□ ■

8) 베트남의 집단농장 해체는 토지분할과 경작권의 사유화를 통하여 생산성의 손실 없이 다른 산업부문이 성장하여 인력을 흡수할 수 있을 때까지 당분간 많은 농업 노동자들을 농촌에 묶어두었다. 중국의 경우도 사유화를 회피했지만 사용권을 안정적으로 분여함으로써 급속한 노동력 이출을 막을 수 있었다.

독립된 체계를 갖도록 한다.

기업개혁과 노동개혁이 진전됨에 따라 주로 기업을 통해 제공되던 복지 기능을 분리하여 사회보장제도를 마련해야 한다. 이전 단계에 마련된 실업보험제도 외에 연금보험, 의료보험, 산업재해보험을 도입하여 사회보험체계를 완비하도록 한다. 북한의 연금제도는 임금 가이드라인과 연계하여 유지한다. 아울러 공공부조제도를 새롭게 확립해야 한다. 현실적으로 존재하는 빈곤층에게 사회보장 써비스를 제공하기 위해 생활보호사업, 의료보호사업, 재해보호사업 등 공적부조제도, 노인과 장애인, 아동 등의 재활을 위한 시설을 운영하는 사회복지 써비스 제도를 도입한다.

(5) 토지 · 부동산 제도

토지시장 통합에 대비하여 전국적 차원에서 시장제도의 심화가 이루어져야 하고, 다른 한편으로 국토관리 차원에서 계획적인 개발씨스템이 마련되어야 한다. 전국에서 토지사용권의 유상 양도와 사용권 거래가 가능하도록 하고, 토지용도제도, 토지이용규획제도, 경지보호제도, 건설용지제도 등을 마련함으로써 토지관리제도의 체계를 수립해야 한다. 이러한 관리체계가 확립되면 부분적으로 토지소유권을 매각하는 제도를 실험적으로 도입한다. 주택의 경우도 정부에 의한 실물분배를 중단하고 주택소유권을 전국 차원에서 수립하며 점진적으로 화폐 단위로 거래되도록 한다. 이를 위해서는 정부는 염가로 취득할 수 있는 서민주택 공급을 위한 기구를 결성하고, 화폐 단위로 주택소유권을 획득할 수 있도록 지원하는 금융체계를 마련해야 한다.

5. 통합으로의 진전

(1) 통합장치의 형성

남북한FTA가 안정적으로 운영되는 단계에 이르면 남북한 사이에 효율적인 자원배분, 경제 안정화, 통합이익의 재분배, 공동체의 대외관계 조정을 수행해야 한다. 이를 위해 남북한 정부 차원에서 대표성을 위임한 경제공동체를 구성하며 이의 권능을 보장하는 국내법을 각각 제정해야 한다.

자원배분의 효율성 제고를 위해서 남북한 공동정책이 수립되거나 정책의 조화를 이룰 필요가 있다. 남북한간에 통합된 상품시장의 효율성을 보장하기 위해 독점을 견제하고 경쟁을 촉진하는 공동경쟁정책과 법·제도의 정비가 필요하다. 최저임금제나 농가의 경영·소득 안정화를 위한 조치 등 공동체 차원의 가격·수량 조치 또한 필요하다. 보건·위생·환경·기술 등에서 후생 감소가 있을 경우 시장접근 통제 조치도 함께 수립하도록 한다. 또 농업·써비스업 등 시장신호가 불완전한 부문의 경우 남북한 산업구조조정이 합리적으로 진행될 수 있도록 하는 공동의 조정정책과 법·제도가 필요하다.

시장통합의 진전은 남북한 모두에 경제변동 폭을 확대할 수 있다. 또 경제의 상호의존성이 증가함으로써 일국의 경제정책 변경이 상대방에 미치는 영향이 확대된다. 따라서 남북한간에는 각각의 경제안정과 조화로운 발전을 도모하기 위해 주요 거시정책 및 통화정책에서의 정책 조화 또는 공동정책을 시행하고 관련 법·제도를 정비해야 한다. 남북한의 시장통합과 무역 확대에 따른 재분배 효과를 교정하기 위한 공동정책 또한 마련되어야 한다. 아울러 제3국에 대한 무역·투자정책, 경제협력정책 등도 남북한간에 조화되도록 해야 한다.

마지막 단계에서는 시장통합과 관련된 공동정책에서 나아가 남북한 통화동맹을 결성한다. 최초에는 남북한 통화의 환율 비율을 고정함으로써 환율변동으로 인한 불확실성을 제거한다. 이어 남북한간에 공동통화를 제정하여 통화간 교환에 따른 비용을 제거한다. 외환보유고에 대해 풀(pool)제를 시행하고, 자본시장·금융시장도 통합한다. 통화동맹이 결성되면 참여 국가가 환율정책을 통해 단독으로 국제수지를 조정하는 것이 불가능해지므로 국제수지 적자를 일시적으로 지원하기 위한 공동기금과 신용기관을 설치하도록 한다.

(2) 제도개혁의 완성

공공성이 약한 국유기업은 시장에 의해 규율되는 체제로 전환하고, 농지는 원칙적으로 사유화를 추진한다. 사유화 방식은 이전 자산소유자에 대한 정당한 배상, 판매와 경매, 참가모델 등 세가지 방식이 있다. 배상을 하기 위해서는 이전의 소유권을 확인해야 하는데, 그 과정에서 많은 분쟁이 발생하고 오랜 시간이 소요될 것이다. 따라서 기본적으로는 매각을 주된 방식으로 하되 여기에서 생기는 문제를 참가모델을 통해 제거하는 것이 좋다.

참가모델은 다음과 같은 방식으로 운영할 수 있다. 민영화 기구가 초기에 기업의 주식을 모두 보유하는데, 남한에도 투자를 허용한다. 투자자는 기업혁신과 구조조정에 쓰일 현금뿐만 아니라 그들의 경영·기술적 지식 면에서도 경합적으로 입찰한다. 민영화 기구는 침묵하는 파트너로서 존재하고 기업의 실질적 경영은 투자자에게 맡긴다. 시간이 흐를수록 투자자들은 추가적인 경영권과 투자자금으로 기업의 보유주식을 증가시키고, 일정 기간이 지나면 민영화 기구의 주식은 북한

주민과 기업 관계자에게 비교적 낮은 가격으로 매각, 이전한다.[9]

6. 요약 및 결론

본 연구에서는 남북한 경제통합과 '북한형' 개혁을 제도적으로 연계하는 방안을 고찰했다. 통합과 개혁을 연계하는 단계는 이륙 전기, 이륙 후기, 이륙 이후, 통합 단계로 구분했다.

이륙 전기에는 북한의 대외개방을 집중적으로 추진한다. 개성특구를 확대 발전시키고 남한과 개성특구 사이에 CEPA를 체결하며 특별지역을 해주, 남포, 평양까지 확대한다. 이를 남북한FTA로 발전시키되, 인력이동, 정부조달, 비관세장벽 등에서 특별한 예외조치를 허용한다. 북한에서는 외국인투자를 유인하는 법제를 정비하고, 남한은 경제협력 프로젝트를 추진하고 지원하는 민간기구를 조직한다.

이륙 후기에는 북한의 제도개혁이 집중적으로 진행된다. 이때 특구에 유치한 외자기업에 자유로운 기업활동을 보장하고, 이에 경쟁할 수 있도록 기존 기업의 분권화와 인센티브 개혁을 추진한다. 남한은 합작기업 설립에 따르는 위험을 분산해주는 재정·금융적 지원체계를 마련해야 한다. 북한으로부터의 이주를 보장하는 남한 헌법의 국민 조항을

9) 독일에서도 참가모델이 채택되기도 했지만 이는 극히 제한적이었다. 그러나 독일에서 일부 실험된 참가모델에서는 많은 장점이 발견되었다. 현금뿐만이 아니라 경영기술과 기업가의 열정을 고려해서 신탁청과 팀을 이뤄 기업을 경영했고, 40여년간 동독 사회주의체제 때문에 상당히 소실된 기업가 정신에 많은 자극을 주었다(김성우 2000).

재검토하고, 재정 확보를 위한 조세정책을 추진해야 한다.

이륙 이후에는 제도개혁의 심화가 이루어져야 한다. 기업과 농업부문에서는 사적 소유권을 창출하는 소유권 개혁에 들어감으로써 남북한간 소유제 조화를 위한 노력을 기울인다. 시장원리에 입각한 임금·고용제도를 형성하지만, 거시적 안정화를 해치지 않는 수준에서 추진한다. 기업·노동제도에 포함된 사회보장제도는 독립적인 체계를 갖도록 한다. 토지사용권을 거래하고 부분적으로 토지소유권을 매각한다.

통합된 시장의 안정화가 이루어지면 마지막 통합단계에 진입한다. 남북한 정부 차원에서 대표성을 위임한 경제공동체를 구성하며 이의 권능을 보장하는 국내법을 각각 제정해야 한다.

| 참고문헌 |

고일동 편(1997) 『남북한 경제통합의 새로운 접근 방법』, KDI.

김성우(2000) 「통일과 노동력 이동방지를 위한 경제정책」, 선한승·에릭 임 편 『북한의 노동제도와 노동력에 관한 국제비교연구』, KLI.

김양희(2004) 「동북아경제공동체 형성을 위한 시론」, 한반도평화포럼(2004. 10. 21).

김영윤(2004) 「남북연합과 경제공동체 형성 방안」, 신정현 외 『국가연합 사례와 남북한 통일과정』, 한울.

북한경제포럼 편(1999) 『남북한경제통합론』, 오름.

양문수 외(2005) 『남북한 경제통합의 인프라 확장방안』, 통일연구원.

이일영(2004) 『북한 농업개혁의 현황과 전망』, 통일부 통일교육원.

_____(2005) 「'북한형' 기업·노동개혁—체제이행의 유형과 대안」, 『국가전략』

11권 2호, 세종연구소.

전홍택 · 이영선 편(1997) 『한반도 통일시의 경제통합전략』, KDI.

평화경제의 상상력, 개성공단

김 연 철

1. 개성, 평화경제의 꿈

개성은 북한의 가장 중요한 경제특구이자, 동시에 남북경제협력의 가장 주목받는 현장이다. 북한이 2002년부터 동부에서는 금강산, 서부에서는 신의주, 남부에서는 개성, 그리고 북부에서는 나진·선봉을 경제특구로 지정하고 있지만 개성의 의미는 그중에서도 남다르다.

개성은 유구한 역사적 전통을 자랑하는 도시이자 분단의 상징 도시이다. 개성은 고려의 500년 수도였다. 상상력을 자극하는 전설이 있고, 찬란한 고려인의 문화의 숨결이 남아 있다. 동시에 현재 남북한간의 화해와 협력을 보여주는 상징적 도시이다.

역사적으로 개성상인들은 괴테(J. W. Goethe)가 인간의 지혜가 낳은 가장 위대한 발명이라고 부른 복식부기 방식을 서양보다 200년이나 앞서 사용했다. 이른바 '송도사개치부법(松都四介治簿法)'은 인류역사상 최초의 복식부기 방식이라고 볼 수 있다.[1] 국제무역의 중심지였으며, 개성인삼이라는 오래전부터 국제적으로 인지도가 높은 고유 상표도 갖고 있었다. 그래서 몇몇 학자들은 개성을 한국 자본주의의 기원으로 부른다.

개성이 유명한 상업도시의 역사적 전통을 갖게 된 것은 두 가지 이유 때문이다. 첫째는 지리적 잇점이다. 고려시대부터 개성은 한반도와 중국 무역의 통로이면서 상품의 집산지였다. 조선시대에 이르러 한양으로 가는 거의 대부분의 중국 상품은 개성에서 개성상인의 중계를 거쳐 거래되었다. 둘째는 정치적 이유 때문이다. 정몽주의 죽음과 선죽교의 전설로 상징되는 고려왕조가 몰락하고, 조선왕조가 들어서면서 개성사람들은 정치적 박해의 대상이 되었다. 이 과정에서 많은 사대부들은 관료의 꿈을 접고 상인의 길을 걸었다. 독특한 회계방식, 자본주의적 경영, 그리고 국제무역은 바로 교육수준이 높은 상인계층이 형성되면서 가능해졌다. 이같은 개성의 역사적 전통은 현대에 이르러 남북경제협력의 상징적 장소로 되살아난다. 이는 개성상인의 부활이라 불릴 만하다.

개성은 또한 분단의 역사를 상징하는 도시다. 역사적 상징성 때문에 이 도시는 한국전쟁 당시 필사적인 공격과 탈환의 대상이 되기도 했다. 그리고 1951년 7월부터 약 4개월간 최초의 휴전협상이 이곳에서

□■

1) 사개치부법은 고려 전성시대(1010~1274)에 시작되어, 서양식 복식부기로 변경되는 1920년대까지 통용되었다. 김영수(2002) 참조; 개성에 발달한 시장 형태에 대해서는 강만길(1973) 참조.

열리면서, 개성은 분단과 탈분단의 상징 도시가 되었다. 비록 그 4개월 동안 귀머거리 대화와 기 싸움으로 아무런 성과 없이 협상장소를 판문점으로 넘겨주었지만, 개성은 전쟁발발 이후 최초의 중립지대였다. 만남이 있었고 대화가 이루어졌으며 이로써 그후 오랫동안 이어진 냉전시대 협상의 기원이 되었다.[2)]

개성공단은 남북경협이 단순교역과 위탁가공 중심의 초보적인 수준에서 직접투자 국면으로 전환했음을 의미한다. 공단입지로서 개성지역[3)]은 단점도 있지만 장점도 많다. 우선 남한과의 지리적 인접성을 들 수 있다. 개성에 다녀온 많은 기업인들은 분단으로 인한 '인식의 거리감'과 너무 다른 가까운 지리에 놀란다. 판문점에서 8km 떨어져 있고 서울에서는 약 60km 거리에 불과하니 청주공단보다 가깝다. 수도권에 가장 인접한 공단 중 하나라고 할 수 있다. 따라서 남측 전력을 이용할 수 있고, 남측의 수도권을 배후도시로 활용할 수 있다.

둘째, 개성은 고려시대부터 교통의 요충지이다. 개성은 경의선을 통해 사리원-평양-신의주와 연결되고, 나아가 중국(TCR) 및 러시아(TSR)를 통해 유럽대륙까지 연결되어 있다. 또한 평산-세포청년간의 청년이천선을 통해 동해안으로도 연결된다. 우선 경의선 연결 철도는 평양-개성 축의 물류체계를 개선하는 중요한 역할을 할 것이다. 경의

□■

2) 개성의 역사적 의미에 대해서는 김연철(2004) 참조.

3) 개성은 판문점에서 8km 정도 떨어진 국경도시로 문화도시이기도 하다. 개성의 면적은 1,308.6km²이며, 인구는 38만명, 연평균 기온은 10.3°C(1월 평균 : -5.9°C, 8월 평균: 24.7°C), 연평균 강우량은 1,300mm~1,400mm이다. 유적지로는 3개의 토성과 고려 3대왕 정종릉을 비롯한 9개의 왕릉이 있다. 지질 기반암은 화강암, 고희암, 석회암, 모래암, 편암 등이며, 토양은 산림적갈색 토양이다.

선 연결구간은 총 24km(문산-군사분계선:12km, 군사분계선-개성:12km)다. 도로는 총 17.1km(통일대교 북단-군사분계선:5.1km, 군사분계선-개성: 12km)다. 경의선의 물류기능이 정상화된다면, 위탁가공이나 투자사업의 경제성을 높이는 결정적 역할을 할 것이다. 그동안 남북경협에서 주로 활용되어온 인천~남포의 해상운송은 육상물류에 비해 시간과 비용이 많이 들었다. 육상물류가 활성화되면, 시간은 7~8일에서 1일로 단축되고, 비용은 20ft 컨테이너 기준으로 700~850달러에서 100~250달러로 절감할 수 있다.

한편 교통의 요충지라는 장점은 남북 기업인의 접촉 구조를 변화시켜 거래비용을 낮추는 역할을 할 것이다. 경의선 연결 이후 기업인들이 도로나 철도를 통해 직접 방북하게 된다면, 방북 비용을 최소화할 수 있다. 그동안 기업인들은 중국 등 제3국을 경유하여 방북해야 했기 때문에 쉽게 엄두를 내지 못했다. 현재의 높은 방북 비용이 낮아지면, 좀더 많은 기업이 대북사업에 참여할 수 있을 것이다.

2. 개성공단의 의미

한반도에서 개성공단은 '평화의 상징' '경제협력의 거점' '경제통합 실험의 장'이라는 의미를 가진다. 첫째, 평화의 상징이라는 점은 개성의 지정학적 위치 때문이다. 개성은 고려의 수도로서 '역사도시'이며, 1951년 최초의 휴전협상이 시작되었고, 남북한의 군사력이 대치한 중부전선의 접경도시이다. 개성공단의 착공과 확장은 그만큼 군사적 긴장완화 효과가 있다.

둘째, 개성은 경제협력의 거점이다. 북한은 국내의 영향력을 최소화하면서 대외개방을 추진하고 있다. 이에 따라 개성과 금강산, 신의주와 나진·선봉과 같이 상대 투자측과의 지리적 인접성은 높이면서 국내적 영향은 최소화할 수 있는 4대 거점을 개방하고 있다. 개성공단을 중심으로 보면, 한국의 입장에서도 지리적 근접성으로 인한 물류의 편의성과 전략물자 반출제도의 용도 통제가 가능하다는 점에서 거점 개발 전략을 경협정책의 기조로 삼고 있다. 따라서 거점 개발 협력은 남북한의 이해가 일치하는 부분으로서 북핵문제 해결 등 국제환경의 개선과 북한의 전면적 개방 노선이 본격화되는 시기까지 '현실 가능한 경제협력'의 핵심이 될 것이다.

셋째, 개성공단은 남측의 자본·기술과 북측의 노동력이 결합한 직접투자 형태로, 향후 남북경제협력이 해결해야 할 많은 과제들을 극복해나가는 '실험의 장'이라 할 수 있다. 남북한의 상호이해와 문화적 이질성의 완화, 그리고 제도협력은 향후 경제협력의 심화와 경제통합의 기반을 준비하는 중요한 과정이라고 할 수 있다. 특히 많은 기업들이 북측의 노동력을 활용하고자 개성공단에 진출하기 때문에, 노동협력은 매우 중요한 의미가 있다.

개성공단이 정착하고 성공하기 위해서는 해결해야 할 과제가 많다. 개성공단이 중국이나 베트남의 경제특구에 비해 비교우위를 갖고 있다고 보기는 어렵다. 세금감면 조치를 비롯한 투자유치 제도의 측면에서도 북한의 경제특구는 불리한 것은 아니지만, 특별히 유리한 것도 아니다. 사실 자유로운 기업활동의 보장 부분에서 북한의 투자환경은 경쟁국가와 비교했을 때 대단히 불리하다. 주변국과의 협력구조에서도 핵문제를 비롯한 북미·북일 관계 악화로 유리하지 않다.

개성공단은 불리한 국제환경과 북한의 산업인프라 부족으로 당분간 노동집약 산업 중심의 중소기업 전용공단의 형태를 유지할 것이다. 하지만 우리 중소기업들의 개성공단에 대한 기대는 대단히 크다. 국내적으로 경쟁력이 급격히 약화되었고, 해외진출에도 성공하지 못하고 있기 때문이다. 1990년대 들어 국내에서 경쟁력을 상실한 중소기업들은 꾸준히 해외진출을 시도한 바 있다. 그렇지만 2000년대 들어 중국이나 동남아국가들의 기술 고도화로 어려움을 겪고 있다. 중국에 투자한 많은 중소기업들이 투자 실패로 기업을 철수하고 있다.[4] 중국의 저임금 이용을 목적으로 한 기존 투자 형태가 근본적 한계를 드러내고 있는 것이다. 중국에 진출한 노동집약적 산업의 경쟁력이 급속히 하락하면서 중소기업들이 개성공단에 거는 기대는 커지고 있다.

개성공단이 극복해야 할 것 중 국제환경도 중요하다. 특히 미국의 대북경제제재가 완화되지 않으면, 개성공단의 규모 및 산업협력 수준이 제한될 수밖에 없다. 우선적으로 개성공단에서 수출하는 주력 업종이 노동집약 산업이기 때문에 가장 큰 시장인 미국에 수출할 수 있어야 한다. 현재 미국은 북한을 테러지원국으로 규정하기 때문에 보복관세를 부여하고 있다. 현재의 관세 수준에서 중국산 저가제품과 미국시장에서 경쟁한다는 것은 불가능하다. 남한의 내수시장이 소화할 수 있는 능력 또한 한계가 있다.[5]

□■

4) 중국에 진출한 한국 중소기업 실제 철수 규모는 알려진 것보다 많다고 볼 수 있다. 한국의 대중국 투자통계가 중국에서 발표한 것보다 훨씬 적은 것으로 집계되고 있고, 이미 진출한 기업들의 재투자시 중국측 통계에는 집계되나 국내통계에는 집계되지 않으며, 국내에서 상당수의 기업들이 사업철수에 대한 신고나 공표를 회피하고 있기 때문이다.

5) 한미FTA 논의에서 개성공단의 원산지 문제는 쉽게 해결될 것으로 보이지 않는다. 일부에서는 ① 한-싱가포르FTA나 한-아세안FTA에서 원산지를 한국산으로 하기로 합의했고 ② 미-싱가포르FTA나 미-이스라엘FTA에서 역외가공(이스라엘의 경

3. 개성공단의 추진 현황

개성공단 사업은 개성시 및 판문군 일대에 공단구역과 배후도시를 포함한 총 2,000만평(66.1㎢)을 3단계에 걸쳐 개발하는 사업이다. 현재 1단계 100만평 부지조성 공사와 함께 시범단지 2만 8천평을 조성하여 2004년부터 입주를 시작했다. 나머지 1,900만평에 대한 개발계획은 북측과 협의를 거쳐 추진될 예정이다.

2006년 6월 현재 시범단지 분양을 받은 15개 기업 중 생산 가동중인 기업은 총 11개 기업이고, 2개 기업은 공장가동 준비를, 2개 기업은 공장 건축중에 있다. 생산 가동중인 시범단지 입주기업의 2005년 생산총액은 1,490만달러이며, 업종별로는 섬유 624만달러(45%), 금속기계 520만달러(35%), 화학 177만달러(12%) 등이다. 이중 해외수출은 중국, 호주, 멕시코를 대상으로 87만달러어치가 이뤄진다.[6]

1단계 1차 5만평 분양업체들도 대부분 남한의 중소기업이다.[7] 5만평은 입주수요가 가장 많은 섬유·봉제·의복 및 가죽·가방·신발업종

□■

우, 이집트나 PLO, 싱가포르의 경우 인도네시아 등)이 인정받았다는 점을 들어, 가능성을 제기한다. 그러나 이러한 사례에서 간과하고 있는 점은 북한은 미국에 의해 테러지원국 및 적성국으로 규정되고 있다는 점이다. 미국은 이러한 국가에 대해서는 비정상국 교역대상국으로 분류하고, 보복관세인 'column 2'를 부여하고 있다. 따라서 개성공단에서의 원산지 문제는 역외가공의 형태를 인정받을 것인가의 문제라기보다는 미국의 대북경제제재와 관련된 정치적인 쟁점이라고 볼 수 있다.

6) 통일부 『통일백서 2005』 참조.

7) 남북경협에서 투자사업의 현황과 쟁점에 대해서는 김연철(2003) 참조.

〈표 1〉 시범단지 입주기업 현황

(단위 : 평, 억원)

업체명 (대표)	업종	분양면적 (건축면적)	투자 금액	승인일	준공일
부천공업(주)	전기공급 제어장치	2,439 (850)	45	2004.9.8	2005.7.30
(주)매직마이크로	전자부품 영상장비	1,222 (590)	30		2005.6.30
(주)대화연료펌프	자동차부품	1,221 (611)	50.8		2005.6.30
삼덕통상(주)	신발제조	2,439 (2,900)	49.6		2005.7.15
(주)태성산업	플라스틱 제품 제조	2,439 (1,273)	60		2005.8.30
문창기업(주)	봉제의복	1,627 (761)	38		2005.8.10
용인전자(주)	전자부품	2,439 (1,134)	40		-
(주)리빙아트	기타 금속제품	999 (590)	45	2004.9.20	2004.12.15
(주)SJ 테크	플라스틱 제품	1,626 (783)	40		2004.12.28
(주)신원	봉제의복	2,439 (693)	37.9		2005.2.28
(주)호산에이스	일반기계 제조	999 (583)	26		-
(주)로만손	시계 및 부품 제조	2,621 (1,417)	155.8	2004.10.19	2005.8.30
(주)TS정밀	반도체, 전자 부품 제조	1,627 (654)	28		2005.11.10
(주)제시콤	통신, 방송 장비 제조	1,778 (606)	43	2005.1.26	-
재영솔루텍(주)	기타 기계 제조	2,439 (821)	50		-

* 출처 : 통일부 개성공단 사업지원단(2006).

〈표 2〉 개성공단 본단지 1차 5만평 분양기업 현황

구분	업종	업체명
일반 공장용지	섬유봉제의류	성화물산, 지아이씨상사, 서도산업, 좋은사람들, 엠엔에스, 진글라이더, 아이보리, 코튼클럽, 평안, 제일상품, 육일섬유공업사, 녹색섬유, 에스엔지(13개)
	가죽가방신발	아트랑, 제이슨상사, 밀리온스, 평화유통(4개)
협동화 산업단지	섬유봉제의류	만선, 한국마이크로휠터, 화인레나운(3개)
	가죽가방신발	삼덕통상, 영일신소재, 영화상사(3개)
아파트형 공장용지	섬유봉제의류 가죽가방신발	한국산업단지공단이 건설 · 분양

* 출처: 〈표 1〉과 같은 곳.

에 우선 분양하기 위하여 일반 공장용지(3만9,000평), 협동화산업단지(8,000평), 아파트형 공장용지(4,000평)로 구분하여 추진하고 있다.

개성공단의 기반시설을 비롯한 인프라 수준도 입주 규모가 증가함에 따라 자리를 잡아가고 있다. 개성공단 1단계 100만평 개발사업은 2006년까지 공사를 완료할 계획이다. 주요 기반시설은 용수시설, 폐수처리시설, 폐기물처리시설, 단지내시설(도로, 상·하수도, 조경, 특수시설물) 등 내부 기반시설과 외부 기반시설인 전력·통신으로 구분할 수 있는데, 2006년 말까지 모든 공사가 완료될 예정이다.[8)]

2005년 12월말 기준 개성공단 내에 근무하는 북측 근로자는 6,011

□ ■

8) 정부는 내부 기반시설 건설비용을 남북협력기금에서 무상 지원하여 시공하고 있으며, 외부 기반시설인 전력·통신 사업의 경우 남북협력기금에서 장기저리대출 방식으로 지원하는 방안을 추진중이다. 통일부(2006) 참조.

〈표 3〉 개성공단 북측 근로자 규모

(단위: 명)

합계	소계	리빙	신원	SJ	삼덕	문창	대화	로만손	호산	부천	태성	재영	제시콤	티에피
	4,211	376	330	143	1,056	567	152	552	40	350	454	116	70	5
6,011	소계	관리위원회			지원기관		한국토지공사 · 현대아산(건축 · 토목 · 정비 포함)							
	1,800	54			20		1,726							

* 출처: 〈표 1〉과 같은 곳.

명이며 남측 근로자 507명을 포함한 전체 근무인원은 6,518명이다.

입주기업은 필요한 인력을 관리위원회를 통하여 북측의 중앙특구개발 지도총국에 요청하고 지도총국은 개성시 인민위원회에서 인력을 공급받는다. 입주기업이 지도총국으로부터 인력을 공급받으면 통상 2~3개월간 기술 교육을 실시한다.

북측 근로자들의 생산성 수준은 업종과 기술에 따라 다를 수 있다. 봉제가 주요 직종인 신원의 경우, 중국의 현지법인 설립 13년이 지난 현재 생산성 수준이 남측의 80% 정도인데, 개성공단은 1년 3~4개월 만에 이를 달성했다는 점에서 만족스럽게 평가하고 있다.

한편, 개성공단 북측 근로자들에 대한 체계적·전문적 직업교육으로 우수 인력을 양성하고 적재적소에 배치할 수 있도록 하기 위해 개성공단 직업훈련센터 설립을 추진중이다.[9)]

개성공단 북측 근로자들은 통근버스(관리위원회 18대, 현대아산 5대, 지에스 1대 운영) 혹은 자전거를 이용하여 오전 7시 30분에서 9시 사이에 출근하고, 오후 5시에서 7시 사이에 퇴근하며, 주 48시간 내에

□ ■

9) 직업훈련센터는 부지 7,000평, 연건평 3,000평의 3층 건물로서 연간 2~3만명 교육을 목표로 하고 있으며, 2005년에 부지매입, 설계착수를 했고, 2007년 3월 완공할 예정이다.

서 월요일에서 토요일까지 근무한다. 물량증가 등 필요한 경우에는 북측 직장장과 협의하여 연장·휴일근무 등을 하는데, 이 경우 기업이 북측에 가급금을 지급한다. 임금지급과 관련해서는 노동규정에서 정한 화폐로 종업원에게 직접 지불하는 방식에 관한 세부시행방안을 협의 중이다.

4. 개성공단의 발전 방향

(1) 제도적 기반의 개혁 필요성

경제특구 개성공단의 노동생산성을 높이려면 제도적 기반이 개선될 필요가 있는데 이를 위해서는 무엇보다 북한의 경제개혁이 진전되어야 한다. 대외개방지역에서의 정책변화 수준은 국내 개혁수준과 밀접한 관계를 갖기 때문이다.

국내 경제정책에서 7·1조치는 화폐임금제도가 정착될 수 있는 제도적 환경을 마련했다. 다시 말해 소비재 공급제도를 판매제도로 변화시켰고 임금수준을 현실화했다. 북한에서 가장 강조되는 것은 바로 차등 임금제도의 핵심인 누진도급제다. 특히 석탄생산과 같이 우선 육성 분야의 누진도급 기준은 다른 분야와 차이가 있다. 그렇지만 북한의 경제개혁 확대에서 '인센티브의 효과'가 경제운영에서 정확한 신호로 작동하고 있는지는 불명확하다. 우선 일시적으로 현실화한 행정 가격의 탄력성을 제고해야 한다.[10] (행정)가격이 수요와 공급이라는 시장

□■

10) 경제관리 개선 이후 북한의 가격체계는 고정가격(쌀), 한도가격(소비재 및 중간재), 시장가격(암시장 가격)으로 구성되어 있다. 사실 대부분의 소비재는 생산비용

신호를 반영하지 못할 경우, 소비재 유통망의 주도권은 암시장으로 넘어간다. 동시에 북한 원화의 가치가 불안정해지면, 임금인상 조치는 효과를 보기 어렵다. 개성공단에서의 임금지급이 향후 직접지급 형태로 변화하기 위해서도 북한의 가격정책이 시장 탄력성을 가져야 한다.

둘째, 환율의 현실화 역시 불가피하다. 북한 원의 평가절하가 단행된 현실에서 달러화의 교환비율 역시 재조정되어야 한다. (상업적 차원의) 대외의존도가 낮은 북한 현실에서 무역 환율정책의 변화는 시간이 걸릴 수도 있다. 현재 공식환율과 실제환율 사이에는 엄청난 격차가 있기 때문에, 최대한 격차를 줄이는 것이 북한 당국의 과제이다. 과도기적 환율정책이라고 하더라도 남북교역 및 경협에서 상당한 가격 경쟁력이 확보되는 계기로 작용할 것으로 예상된다.

셋째, 재정개혁도 필요하다. 북한 당국은 임금 및 가격 현실화를 단행했지만, 정부 보조금 폐지와 전력, 통신, 운수, 주거부문의 사용료 인상으로 재정균형을 달성하고자 한다. 거시경제의 안정적 관리를 위해서는 적자재정이 불가피하다. 좀더 시간이 걸리겠지만, 재정수입을 확대하기 위해서는 비공식 부문을 합법화하고, 소득세 개념을 도입해야 한다.

좀더 장기적인 시각에서 노동 인센티브가 효과적으로 발휘되기 위해서는 실질임금 체계가 정착되어야 한다. 가격개혁을 통해 시장가격이 형성되고, 기업의 이윤과 손실에 따라 존폐가 결정되는 전반적인 경제개혁 정도에 따라 노동 인센티브 정책은 의미를 가질 수 있다.

□■

과 수요-공급에 따라 결정될 것으로 보이나, 도시주민들의 생활 안정을 위해 가격 인상 상한을 정부가 관리하는 방식으로 운영될 것으로 예상된다.

기업 내의 인센티브 정책과 관련해서는 우선 인플레이션 상승을 억제해야 한다. 명목임금이 아무리 증가해도, 인플레이션으로 실질임금이 정체하면 실질적인 인센티브 효과를 내기 어렵다. 인플레이션 아래서는 명목임금 상승에도 불구하고 실질임금은 하락할 수밖에 없기 때문이다. 또한 원자재의 대외 구매도 줄어들 수밖에 없는 상황에서 공장가동률을 높이기 어렵고, 이에 따라 가격체계가 다시금 불안정해질 수 있다.

(2) 탈분단의 상상력과 복합경제특구

개성 개발이 한반도의 분단 역사에서 갖는 의미가 크기 때문에 좀더 창조적인 상상력이 필요하다. 개성 개발은 탈분단의 상징이라는 측면에서 접근해야 한다. 그래서 좀더 실용적인 개성 개발 전략이 필요하다. 우선 경의선 연결 이후 개성관광을 활성화할 필요가 있다. 개성지역은 고려의 수도였기 때문에 문화재가 풍부하고, 우리에게 익숙한 전설과 설화가 많은 도시이다. 지리적으로도 가까워 수도권 주민들은 하루 일정으로도 충분히 개성을 다녀올 수 있다.

북한측에서 보더라도 관광은 제조업보다 외화 확보가 쉽다는 점에서 매력적이다. 분단 동서독에서 상호 이질감을 줄일 수 있었던 것은 좀더 많은 접촉이 있었기에 가능했고, 그중에서도 다양한 하루 관광 프로그램이 중요한 역할을 했다. 금강산 관광과 비교하여 좀더 저렴한 비용으로 좀더 폭넓은 관광체험을 할 수 있다는 비교우위도 있다. 따라서 개성지역의 관광인프라를 확충하는 데 지원이 필요하다. 중요 문화재의 개보수를 위한 공동조사 및 개선방안도 필요하고, 환경친화적인 관광 편의사업(숙박 등)도 적극적으로 모색해야 한다. 또한 개성을 실질적인 화해협력 중심의 통일교육을 할 수 있는 역사교육의 중심으로 만들어야 할 것이다.

북한측 철도구간의 개량화가 이루어질 때까지는 이용률이 저조할 것으로 예상되는 경의선 연결 철도를 관광열차로 적극 활용할 수 있다. 개성 관광열차는 남북 주민들의 거리감을 좁힐 수 있는 중요한 매개가 될 것이다.

산업분야에서도 개성을 단순한 제조업체의 생산 부지로 인식하기보다는 남북한의 경쟁력을 최대화할 수 있는 다양한 협력 방안의 모색이 필요하다. 이런 측면에서 개성과 동대문 간에 섬유·봉제 분야의 합리적 분업 방안도 생각해볼 수 있다. 동대문은 패션 기획 및 유통으로 성공한 대표적 사례다. 하지만 국내 생산비용의 증가로 가공공정을 중국이나 동남아에 의존함으로써 주문에서 생산까지의 시간을 좀더 최소화해야 하는 과제에 직면해 있다. 개성이 동대문의 생산공정을 맡을 수 있다면, 동대문은 기동력 있는 기획과 세계적인 유통망을 통해 좀더 경쟁력 있는 중저가 패션 중심지로 도약할 수 있을 것이다.

상호호혜적 분업구조의 정착은 장기적으로 개성-서울-인천을 잇는 복합경제특구의 꿈을 키울 수 있다. 서울이 기획과 금융을 담당하고, 인천은 물류를 담당하며, 개성이 생산을 담당한다면, 남북한의 발전 격차를 상호이익이 될 수 있도록 활용하는 길이 될 것이다. 지금이야말로 개성상인의 전통을 탈분단의 상상력으로 현실화할 수 있는 지혜가 필요한 싯점이다.

5. 결론: 경제협력 거점의 확대를 위하여

북한이 경제적으로 생산기반을 정상화할 수 있는 능력이 제한되어 있다는 점에서, 경제특구를 통한 외자유치와 기술습득의 필요성은 더욱 중요해질 수밖에 없다. 북한은 경제특구를 통해 투자환경을 정비하고, 이 과정에서 남한 및 외국의 새로운 자본장비를 수입해 기술이전을 가속화해야 할 것이다. 해외로부터 탁월한 신기술을 활용한 자본장비를 수입, 총요소생산성(TFP)을 향상시킴으로써 기존 생산요소의 생산성을 높일 수 있을 것이다.

북한은 우선적으로 경제특구를 발전시킴으로써 수출산업을 육성해야 한다. 단기적으로 수출가공 특구의 성공적 개발로 상품생산능력 및 기업경영능력을 향상시킨 이후, 북한이 주체가 되어 수출산업을 선별적으로 육성하는 것이 필요하며, 장기적으로 수출산업 육성을 위한 국내기업의 선별적 육성과 국제적으로 경쟁력을 가질 수 있는 수출특화산업의 기반을 형성해야 할 것이다. 이 과정에서 현재 북한 국내적으로 공장가동률이 낮은 데 비해 고용규모가 큰 중공업 부문 공장 기업소의 전면적 개편이 필요할 것이다.

다른 한편 경제특구의 진화는 필연적으로 국내 경제정책의 변화를 요구할 것이다. 개혁과 개방은 서로 밀접히 연계되어 있으며, 동전의 양면처럼 상호보완성을 갖는다. 특히 환율정책을 비롯하여, 특구의 임금정책과 가격정책의 격차를 좁혀나가야 북한이 갖고 있는 유일한 비교우위인 특구에서의 노동생산성이 제고될 수 있을 것이다. 장기적으로 경제특구의 범위를 넘어서 북한 전지역에서 수출산업 육성을 위한 정책으로 나아가야 하며, 이를 위해서는 특구건설 초기부터 특구와 공단과의 연계를 통해서 국내산업을 육성할 필요가 있다.

북한의 산업현실과 국제환경으로 남북경협은 당분간 협력거점 지역인 특구를 중심으로 진행될 것이다. 향후 남북 경제특구는 개성과 금강산 지역을 확대발전시키면서, 추가적으로 남포 개발 및 신의주 참여를 고려해볼 수 있을 것이다. 개성-남포지역은 남한을 상대로 한 수출가공공단으로 개발하고, 신의주는 중국시장을 대상으로 남북중 3각협력 방식으로 개발을 추진할 필요가 있다. 중요한 것은 당분간 개성공단의 확대에 집중할 필요가 있다는 점이다.

남포는 중장기적으로 항만시설 재구축을 토대로 물류-임가공 단지로 개발할 필요가 있다. 북한의 입장에서 남포의 주요 투자대상국은 중국이라기보다는 한국이라고 볼 수 있다. 따라서 한국의 투자여력이 남포 특구의 성공을 가늠하는 결정적 변수가 될 것이다. 우선 남포항의 물류체계를 개선하는 사업부터 시작해, 서해평화정착 방안이 현실화되는 상황을 보아가며, 본격적인 임가공 단지로 개발할 필요가 있다.

북한의 서부지역과 북부지역의 경제특구 활성화를 위해서는 한중, 한러 협력이 필요하다. 한중 양국은 북한을 둘러싼 경제협력 과정에서 구조적으로 경쟁할 수밖에 없다. 그러나 북한의 경제개혁 확대를 위해서는 한중 협력이 필요하다. 신의주 특구와 관련해서는 초기 인프라 구축과정에 한국이 참여하는 남북중 3각 협력 방식으로 진행되어야 조기에 사업이 정착될 것이다.

| 참고문헌 |

강만길(1973)「개성상인 연구—조선후기 상업자본의 성장」, 『한국사연구』 8집.

김연철(2003)「남북경제협력 10년의 평가—투자 분야」, KOTRA 편 『21세기 동북아시대의 남북협력전략』, KOTRA.

_____(2004)「개성공단—탈분단의 상상력」, 『황해문화』 2004년 봄호.

김영수(2002)「한국 자본주의 가치관의 역사적 전통—조선시대 개성상인의 상업활동을 중심으로 한 고찰」, 『동아연구』 43집.

통일부(2005) 『통일백서』, 통일부.

통일부 개성공단사업지원단(2006) 『개성공단 사업추진 현황』, 통일부.

제 4 부

산업, 기업, 금융

한국경제의 써비스화 현황과 과제 · 재벌개혁과 한국경제
대-중소기업간 관계와 혁신 과제 · 금융부문의 혁신

한국경제의 써비스화 현황과 과제[1)]

정 준 호

1. 서론

시장개방과 관련하여 써비스산업의 육성이 한국경제의 화두로 등장하고 있다(재경부 2006). 금융, 보험, 법률, 회계, 컨썰팅, 의료, 교육 등 소위 지식기반 써비스[2)]를 차세대 성장동력으로 자리매김하고 이 분야를 재빠르게 육성하기 위해서는 우선적으로 시장을 개방해야 한다는 주장이 제기되고 있는 것이다. 한국경제의 선진화와 지속적인 발전을

□■

1) 이 글은 『동향과전망』 68호에 실린 졸고 「한국 써비스산업의 구조와 발전방향」을 일부 수정·보완한 것이다.

2) OECD의 분류에 따르면 지식기반 써비스는 금융, 보험, 통신, 사업써비스 등의 생산자써비스와 교육 및 보건·의료 등의 사회써비스를 포괄한다.

위해서는 경제의 써비스화가 필수적이라는 데는 누구나 공감한다. 문제는 어떤 써비스가 우리 경제를 위해 필요하고 어떻게 이를 육성할 수 있는가에 대한 방법론의 차이이다. 외부적 시장충격에 의한 써비스산업 육성론과 내부적인 혁신과 개혁을 통해 한국경제의 사회통합적인 경제발전이 가능하다는 견해(이병천 · 정준호 2006)가 대립하고 있는 것이다.

이러한 맥락에서 본고는 주요 OECD 국가와의 비교를 통해 우리나라 경제의 써비스화 추세를 고찰함으로써 생산적인 논의를 지속하기 위한 기초적인 자료를 제공하고 써비스산업의 현황과 특징을 살펴보고자 한다. 또한 경제의 써비스화와 성장 간의 관계를 검토함으로써 써비스산업의 특성에 대한 면밀한 이해를 돕고, 특히 지식기반 써비스산업의 시장실패 가능성까지도 유의해서 살펴야 한다는 점도 강조하고자 한다. 마지막으로 써비스산업의 발전을 위한 몇가지 과제들을 제시할 것이다.

2. 써비스산업의 현황과 특징: OECD 국가와의 비교

(1) 생산과 고용 측면에서의 경제의 써비스화

명목가격 기준으로 한국 써비스산업의 부가가치 비중은 상승하는 추세이다(〈표 1〉 참조). 1980년 47.3%에서 2005년에는 56.3%로 증가했다. 경제성장과 생산성 향상에 긍정적인 영향을 미치는 지식기반 써비스산업도 1980년 14.4%에서 2005년 25.5%로 빠르게 상승했다. 하지만 OECD 국가와 비교할 경우 생산의 써비스화 진전은 매우 완만한 추세를 보인다(〈그림 1〉 참조). 또한 OECD 국가와 마찬가지로 명목과 불변

〈표 1〉 전산업 대비 써비스산업의 부가가치 비중 (경상가격 기준, 단위: %)

구분	1980	1990	1995	2000	2005
제조업	24.4	27.3	27.6	29.4	28.4
지식기반 써비스	14.4 (15.8)	18.3 (18.4)	20.6 (20.0)	21.8 (19.4)	25.5 (20.6)
써비스 전체	47.3 (53.5)	49.5 (49.8)	51.8 (49.4)	54.4 (48.3)	56.3 (46.7)

출처: 한국은행.
주: 1) 괄호 안의 수치는 불변가격 기준.
2) 지식기반 써비스=통신+금융·보험+사업써비스+교육+보건 및 사회복지.

〈그림 1〉 생산의 써비스화 추세: 주요 OECD국과의 비교

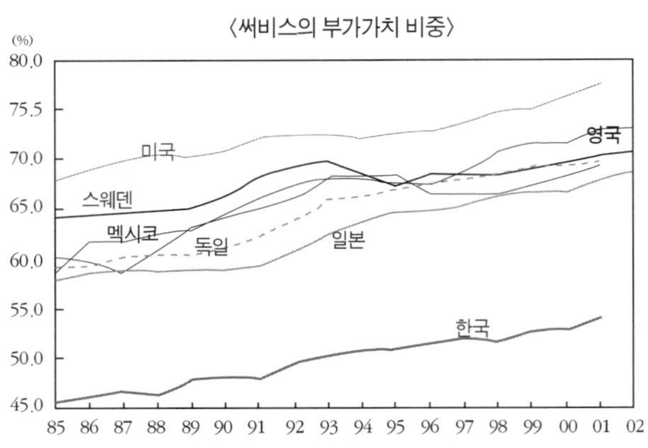

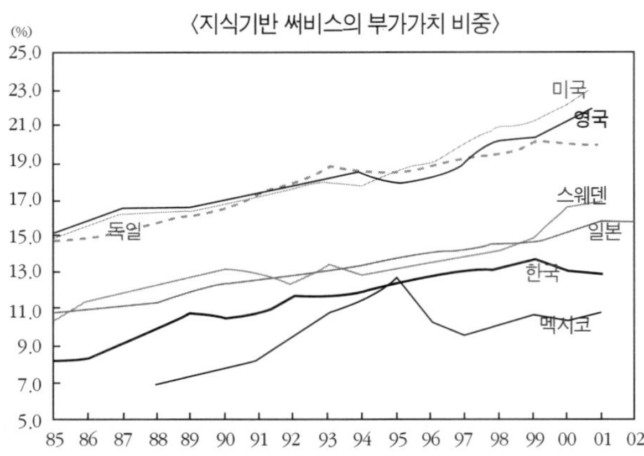

출처: OECD STAN Data (2005).
주: 1) 경상가격 기준 2) 지식기반 써비스=통신+금융·보험+사업써비스.

〈그림 2〉 써비스 취업 비중 추이: 주요 OECD국과의 비교

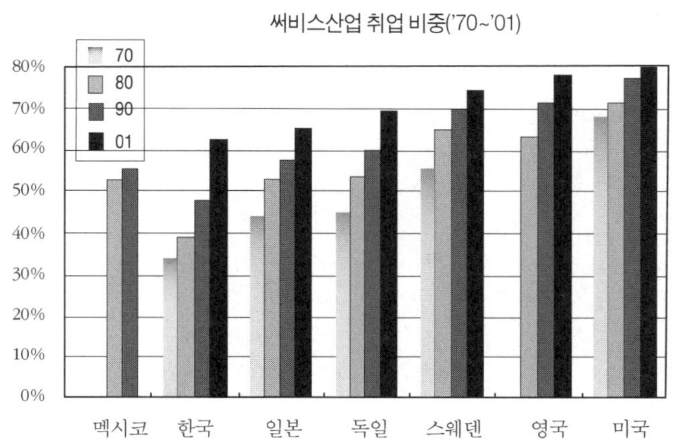

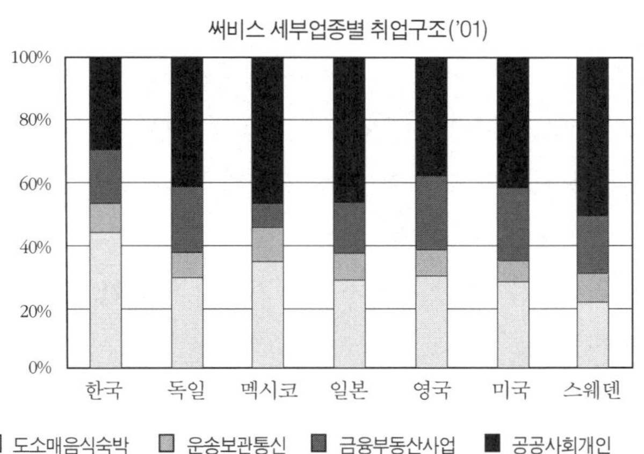

출처: OECD STAN Data(2005).

가격 기준 모두 지식기반 써비스 비중은 상승하는 추세이지만, OECD 국가와의 그 격차가 점차 축소되다가 2000년대에는 확대되고 있다.

고용측면의 써비스화는 생산측면과는 약간은 다른 모습이다. OECD 국가와의 고용 격차는 빠르게 줄고 있다(〈그림 2〉 참조). 사업체

〈표 2〉 전산업 대비 써비스산업의 종사자 비중 (단위: %)

구분	1993	1998	2003	2004
제조업	31.7 (24.5)	24.1 (19.6)	23.2 (19.0)	23.1 (19.0)
지식기반 써비스	18.3	22.0	24.8	25.6
써비스 전체	62.0 (52.5)	69.1 (60.0)	71.2 (63.6)	71.2 (64.4)

출처: 통계청 KOSIS.
주: 1) 괄호 안의 수치는 취업자 기준.
2) 지식기반 써비스=통신+금융·보험+사업써비스+교육+보건·사회복지+오락·문화 및 운동 관련 써비스.

단위 종사자 통계를 사용할 경우 고용의 써비스화 추세는 더욱더 가파르다는 것을 알 수 있다. 종사자 비중이 1993년 62.0%에서 2004년 71.2%로, 지식기반 써비스도 1993년 18.3%에서 2004년 25.6%로 증가했다(〈표 2〉 참조). 이처럼 종사자 기준으로는 OECD 국가와의 격차가 매우 빠르게 축소되고 있지만, 취업자 기준으로는 여전히 5~10% 정도 낮은 수준을 보여준다.[3)]

다른 한편으로, 한국의 경우 저부가가치 업종인 도소매·음식숙박업의 비중은 매우 높지만 고부가가치의 금융, 사업써비스 등의 생산자 써비스 비중은 상대적으로 낮다. 특히 삶의 질의 향상과 연관된 보건, 교육 등 사회써비스 비중은 현저히 낮다.

□■

3) 가계 단위로 조사되는 취업자 통계의 경우 그 비중이 1970년 34.3%에서 2004년 64.4%로 높아졌다. 종사자 통계는 사업체 단위로 조사되기 때문에 농림어업과 노점상 등의 취업자들을 온전히 포괄하지 못한다.

(2) 생산과정의 써비스화

써비스업과 제조업 간의 긴밀한 상호작용은 경제의 써비스화에서 매우 중요한 현상이다(Castells 1996; Wölfl 2005). 이는 두 가지 측면에서 이해될 수 있다. 첫째는 제조업 생산에 필요하거나 보완적인 써비스 수요가 증가하고 있다는 점이다. 예를 들면 기업의 가치사슬에서 시장조사, 기술개발, 디자인, 인적자원 관리, 컨썰팅 등의 써비스 지원 없이는 신제품을 개발하기가 힘든 현실이다. 둘째는 연구개발, 금융, 물류 등의 생산자써비스가 외부 전문기업으로 아웃쏘싱되는 경향이 확대된다는 점이다. 이는 고품질의 전문써비스를 저가로 구입하게 할 뿐만 아니라 외부의 혁신적 기술과 노하우의 습득 기회로 활용할 수 있다.

제조업 생산과정에 써비스가 중간재로 투입되는 비중은 써비스와 제조업 간의 상호작용, 즉 제조업과 써비스 간의 분업과 전문화에 기초한 산업 연관의 정도를 나타내는 데 유용하다. 미국 및 일본과 비교할 때 한국은 2000년 14.0%로 미국과 일본의 절반 수준에 머물렀다(〈표 3〉 참조).

〈표 3〉 한국 · 미국 · 일본 제조업의 써비스 중간투입 비중 (단위: %)

한국(2000년)	미국(1999년)	일본(2001년)
14.0	29.9	31.4

출처: 신창식 · 조한상(2003).

(3) 써비스의 대외개방 수준과 교역 수준

써비스산업의 전반적인 개방 수준을 일률적으로 단언하기는 힘들다. 써비스는 주로 무형재이기 때문에 대외교역상의 관세가 없다. 따라서 주로 비관세장벽 등과 같은 규제 장치 등이 써비스교역의 개방

〈표 4〉 써비스 교역장벽의 관세 상당치 비교

(단위: %)

국가	교역	시장 접근		내국민 대우	
		기업설립	기업경영	기업설립	기업경영
한국	4.6	1.9	5.1	22.0	6.8
미국	4.3	0.0	0.1	3.8	1.1
일본	4.4	0.3	3.6	3.0	4.8
멕시코	5.2	0.7	2.2	13.0	5.6

출처: OECD(2003)

주: 시장접근은 국내·외 기업 모두 적용, 내국인 대우는 외국기업만 적용

〈그림 3〉 주요국 사업써비스의 무역수지 추이

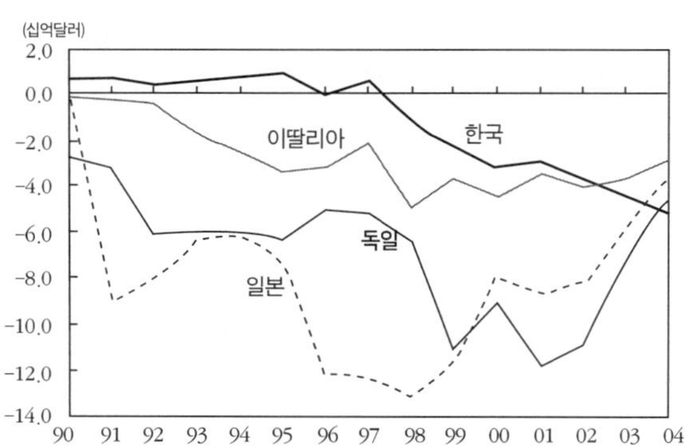

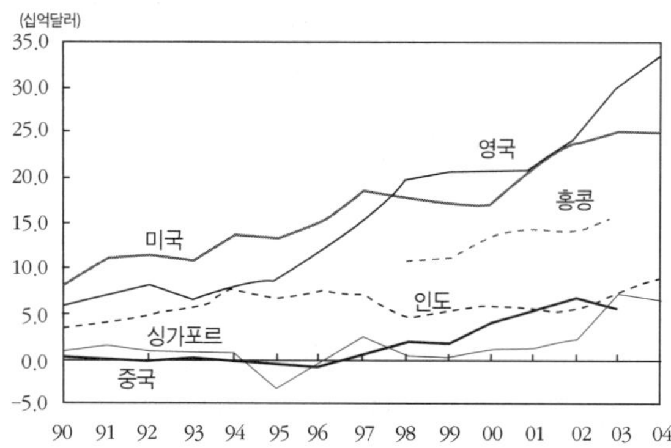

출처: IMF Balance of Payments.

주: 1) IMF 국제수지 분류상의 사업써비스와 컴퓨터 및 정보써비스의 합계.

2) 일부 국가 특정년도의 경우 컴퓨터 및 정보써비스 자료가 없어 합계에서 제외.

수준을 나타낸다고 할 수 있는데 이를 계량화하기란 쉽지 않다. 이러한 점을 감안하고 볼 때 한국의 써비스산업의 개방 수준은 시장접근이란 측면에서는 높지만 내국인 대우 등과 같은 외국인투자의 현지화 측면에서는 상대적으로 낮다(〈표 4〉 참조). 써비스교역이 각국의 규제조건에 많이 좌우된다는 점에서 한국의 개방 수준은 미국, 일본 등에 비해 낮고, 특히 법인 설립시 외국기업에 대한 진입장벽이 상대적으로 높다고 할 수 있다.

한국의 써비스 수지 적자는 최근 해외여행, 유학경비 증가 등으로 심화되고 있다. 2000년에 28.5억달러 적자에서 2005년에 130.1억달러로 약 4.5배 이상 급증했다. 또한 사업써비스 수지 적자는 1997년 이후 지속적으로 증가하고 있다. 1990년 6억달러 흑자에서 1998년 12억달러, 2004년 52억달러 적자로 전환되었다(〈그림 3〉 참조). 하지만 써비스산업이 발전한 영미권의 미국, 영국, 싱가포르, 인도, 홍콩, 중국 등은 사업써비스에서 흑자를 기록하고 있다. 또한 상대적으로 제조업에 강세를 보이는 독일, 일본, 이딸리아 등은 우리와 마찬가지로 적자이지만 최근에는 적자폭이 감소하고 있다. 이는 일본, 독일 등이 생산자써비스에 대한 개방을 추진하고 이를 육성하기 위한 여러 조치들을 강구하고 있기 때문이다. 이에 따라 각기 특색있는 국민경제의 발전경로가 영미형의 그것으로 수렴하는 경향이 있다는 주장이 제기되고 있다(Clark and Wojcik 2003).

써비스업의 교역규모도 세계평균에 비해 낮은 수준이다. 2004년 총수출과 총수입에서 써비스 수출과 수입이 차지하는 비중이 각각 13.4%와 18.4%로 세계평균 19.1%와 18.9%에 비해 낮은 수준을 보였다(WTO 2005). 특히 상대적으로 미약한 수출비중은 써비스산업의 대외경쟁력이 취약하다는 방증이라 하겠다.

〈그림 4〉 주요 OECD 국가의 산업별 노동생산성 기여율: 1990~2002 (단위: %)

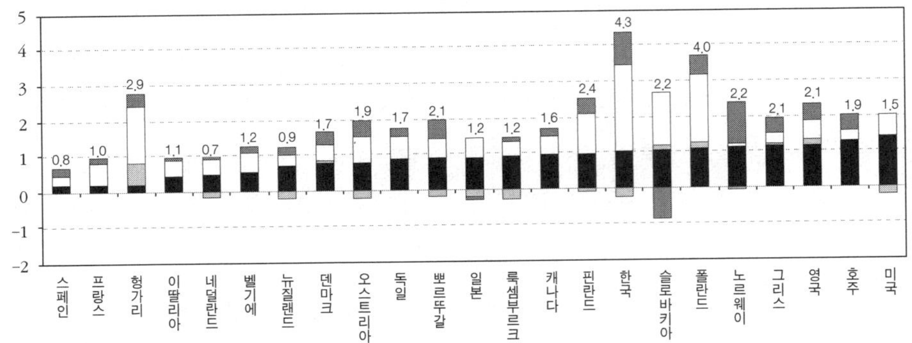

■ 비즈니스부문 써비스 ▨ 기타 써비스산업 □ 제조업 ▩ 기타 산업

출처: Wölfl(2005, 27면).

주: 1) ISIC(Rev.3)의 분류에 따라 비즈니스부문 써비스는 50-99, 기타 써비스산업(공공사회개인써비스)은 75-99, 그리고 기타산업은 01-05, 40-41, 46을 의미함.

2) 그래프 위의 숫자는 전체 노동생산성 성장률임.

(4) 써비스산업의 생산성 수준

제조업의 생산성은 써비스업보다 높은 것으로 알려져 있다. OECD 국가들의 경우도 별반 다르지 않다. 1990~2002년 한국을 포함한 대부분의 OECD 국가에서 써비스 생산성 증가율은 제조업의 1/2 수준이었다. 미국, 스웨덴, 핀란드 등은 1/3 이하 수준으로 그 증가율이 상대적으로 높았다(〈그림 4〉 참조).

하지만 써비스의 생산성 증가율에는 세부적으로 차이가 있다. 주로 국내시장에서 최종 수요재로 소비되는 노동집약적인 음식·숙박업, 사회·개인써비스의 생산성 증가는 미미하고 일부 국가에서는 전체 노동생산성 증가에 부정적이었다. 하지만 금융·사업써비스, 운송, 보관, 통신 등과 같은 생산자써비스는 써비스산업과 경제 전체의 생산성 증

〈표 5〉 써비스 세부업종별 노동생산성 국제비교

	도소매·음식숙박	운수·창고·통신	금융보험·부동산 사업써비스	기타써비스
한국	100.0	100.0	100.0	100.0
미국	371.3	186.5	176.9	167.3
독일	195.0	138.9	165.3	156.1

출처: KIEP, 한국생산성 본부.
주: 2000년 구매력 평가 기준.

가를 선도하고 있다. 또한 도소매업의 경우도 생산성이 증가하고 있다. 이는 물류와 재고관리의 혁신, ICT(정보·통신) 장비의 활용, 경쟁 심화와 규모의 경제 추구 등에 힘입은 바가 크다. 그리고 써비스부문의 전체 노동생산성 기여도 측면을 보면 미국, 호주, 영국 등 영미권 국가가 다른 국가들을 압도하고 있다. 이는 금융·사업써비스, 운송, 보관, 통신 등과 같이 생산성이 높은 써비스의 성장에 근거한다(Wölfl 2005).

이처럼 제조업과 써비스 간의 생산성 격차의 심화뿐만 아니라 써비스산업 전반의 노동생산성 수준도 선진국에 비해 낮다(〈표 5〉 참조). 그렇다면 우리나라 써비스산업의 낮은 생산성을 어떻게 설명할 수 있을 것인가?

무엇보다 써비스산업에서 저부가가치 업종인 도소매·음식숙박업의 비중이 높고 고부가가치 업종인 지식기반 써비스의 비중이 낮은 것에 기인한 바가 크다. 특히 1997년 외환위기 이후 지속적인 구조조정으로 많은 인력이 제조업과 여타 생산자써비스업에서 음식·숙박, 도·소매업 등으로 유입된 것도 큰 요인으로 작용했다.

저생산성 구조는 써비스산업 자체가 독자적인 시장으로 기능하거나 활성화되지 않은 것에 기인할 수 있다. 가령 광고, 디자인, 기술·경영 컨썰팅 등 주요 생산자써비스산업의 시장구조를 살펴보면 재벌계 대기업이 시장을 좌지우지하는 경우가 많다(정준호·송우경 1993). 이들 기업은 해당 재벌과의 준내부시장을 형성하여 시장거래보다 값싸게 써비스를 공급한다.[4] 이는 중소기업이 대기업과 전속적인 하청관계를 유지할 경우 중소기업의 생산성 향상 노력이 대기업으로 유출되어 중소기업부문의 생산성 향상이 더딘 것으로 파악되는 것과 유사하다. 이런 구조하에서 해당 써비스업의 생산성은 높지 않을 수 있다.

조윤제(2006)가 지적하듯이 써비스업, 특히 도소매업, 음식숙박업, 개인써비스업 등에서의 부가가치 통계가 과소평가되고 있기 때문에 써비스부문의 생산성은 낮을 수밖에 없다. 그는 이들 써비스부문의 제조업 대비 생산성이 미국과 일본 등에 비해 터무니없이 낮은 것은 과소평가된 부가가치 통계에서 기인하는 바가 크기 때문에 통계개선이 필요하다는 점을 강조한다. 이를 위해서는 이들 부문의 세원 양성화가 필요하다는 점에서 이는 써비스산업 시장구조의 투명성 강화와도 연계될 수 있을 것이다.

(5) 한국 써비스산업의 특징

한국경제 써비스화의 진전 추이를 주요 OECD 국가와 비교했을 때 몇가지 특징이 도출된다. 첫째, 써비스업의 고용은 지속적으로 증가하여 OECD 국가 수준에 빠른 속도로 육박하고 있으나 생산성과 부가가치 비중은 크게 떨어져 써비스산업의 발육이 부진하다는 사실이다. 둘째, 써비스산업 중에서 지식기반 써비스의 비중은 OECD 국가와 마찬

□■

4) 비슷한 수준의 전문지식과 경쟁력을 가진 외국계기업의 시장가격과 해당 재벌의 계열사의 경우에는 타 고객에 비해 더 많은 노력이 들어간다는 점을 고려한다면 상대적으로 저렴한 써비스가 해당 계열사에 공급되고 있다고 생각할 수 있다.

가지로 증가중이지만 그 절대 비중은 아직 낮다. 특히 사회써비스의 비중은 OECD 국가와 비교했을 때 현저히 낮다. 셋째, 써비스의 중간 투입재로서의 중요성이 강조되고 있으나 그 비중도 낮아 제조업과 써비스업 간의 산업 연관 정도가 높지 않다. 넷째, 무역에서 써비스 비중이 증가하고 있으나 수입이 더 빠른 속도로 증가하여 1997년 이후 사업써비스를 중심으로 적자폭이 더욱 확대되고 있다. 마지막으로, 써비스부문이 전체 생산성 성장에서 여전히 주변적인 역할에 머물고 있으며, 제조업과의 생산성 증가율의 격차가 축소되지 않고 있다. 이는 도소매 및 음식숙박업과 같이 저부가가치 업종이 과잉 발전한 측면, 불완전한 시장 경쟁구조, 과소평가된 써비스 부가가치 통계 등에 기인한다.

3. 경제의 써비스화와 경제성장

경제의 써비스화가 경제성장에 어떠한 영향을 미치는가는 정책 당국자에게는 중요한 사안이다(Wölfl 2005). 특히 성장만능주의적 사고가 깊게 뿌리내린 우리나라 현실에서 경제의 써비스화에 따른 성장 효과를 검토하는 것은 중요한 논제일 수 있다. 따라서 경제의 써비스화와 경제성장 간의 관계를 살펴볼 필요가 있다.

보몰(Baumol 1967)의 불균형 성장론에 따르면, 써비스부문의 확대는 성장을 보장하지 못한다. 즉, 사회 및 개인 써비스부문과 제조업부문과의 생산성 격차와 정체가 경제 전반의 성장률을 저하시킨다는 것이다. 이를 흔히 '보몰 병'(Baumol Disease)이라고 한다. 이러한 논리는 노동집약적인 사회써비스의 특성에서 원인을 찾을 수 있지만 무엇보다 단기 성장주의적 사고에 기인하는 바도 크다고 할 것이다. 중·장기적 시간지평하에서 사회써비스 분야는 인적자본뿐만 아니라 사회자본의 축적과 밀접히 관련되어 있다는 점에서 성장잠재력 확충에 기여할 수 있다. 또한 노동집약적인 특성으로 고용흡수력도 높아 최근의 양극화 문제를 생산적으로 해소하는 데 이바지할 수 있다. 이러한 점에서 사회써비스 분야는 공공재적 성격의 사회자본 확충을 통해 안정과 성장의 선순환을 형성하는 중·장기적 경제발전모델을 정립하는 데 필수불가결한 요소이다.

다른 한편으로, 써비스가 중간재로 이용될 경우 이러한 정체론적 견해는 타당하지 않을 수 있다(Oulton 1999; Fixler and Siegel 1999; Wölfl 2005). 이는 생산자써비스산업의 정보·통신 장비 도입에 따른 생산성 향상 효과를 강조한다. 이 논리에 따르면 생산자써비스는 기업들의 기술혁신을 도와주거나 대행해주고 기존의 전문지식이나 노하우를 모범사례(best practice)의 형태로 전파하며 지식·인적자본과 관련하여 개별기업이 규모의 경제를 달성하는 데 드는 비용을 절감해준다. 정보·통신장비로 중소기업도 대기업 못지않게 전문지식에 쉽게 접근하여 이를 활용할 수 있다. 결론적으로 이같은 이유들로 생산자써비스가 경제 전반의 생산성을 향상시키기 때문에 생산자써비스부문의 확대를 통한 성장촉진은 앞에서 제기한 '보몰 병' 발생의 소지와 관련이 적을 수 있다.

이러한 논리의 연장선상에서 한국경제의 선진화와 지속 가능한 발전을 도모하기 위해서는 중간투입재를 공급하는 생산자써비스, 즉 금융·보험, 법률·회계, 쏘프트웨어, 엔지니어링, 경영컨썰팅 등이 성장동력으로서 경제성장에 적극적으로 기여해야 한다는 주장이 강력히 제기되고 있다(재경부 2006).

이러한 주장은 합당한 것이긴 하지만 생산자써비스의 시장실패 가능성을 간과하고 있다. 생산자써비스가 성장의 만병통치약이 아니고 구조적으로 시장실패를 일으키는 산업적 특성을 가진다는 점에 유의할 필요가 있다(정준호 2006). 첫째, 제품차별화 및 가격에 의해 고급시장과 저급시장으로 명확히 구분되는 시장분절화의 가능성이 매우 높아 불완전 경쟁의 소지가 있다. 둘째, 혁신과 지식의 창출에 따른 외부경제의 창출과 공공재적 특성은 모방의 가능성을 증대시켜 혁신과 지식 생산에 대한 댓가(즉 가격)가 제대로 평가받지 못한다(예: 쏘프트웨어의 불법 유통). 이에 따라 외부경제를 수반하는 지식기반써비스는 과소 공급될 가능성이 있다. 셋째, 제품의 질에 대한 고객 평가에 있어서 불확실성, 즉 정보의 비대칭성이 존재하기 때문에 시장의 투명성이 저해되고 고객이 기존의 시장평판에 의존하게 됨에 따라 시장분절화와 경쟁의 감소를 초래한다. 특정 써비스의 공급이 표준화되기 힘들기 때문에 특정 소수인력의 평판과 네트워크에 좌우되기 십상이고 이들이 시장을 과도하게 지배할 경우 써비스기업들은 규모의 경제를 추구하여 효율성을 증대시키기가 힘들 수도 있다. 마지막으로 일정한 수준의 써비스를 확보하기 위해 소요되는 비용이 막대하기 때문에 중소기업들은 이러한 써비스에 접근하기가 쉽지 않다.

이상에서 본 바와 같이 생산자써비스부문은 외부경제, 공공재적 특성, 차별화에 의한 시장분절화, 중소기업 접근성 제고의 어려움 등의 특성이 있기 때문에 적정한 선에서 공공부문이 개입할 필요가 있다. 생산자써비스, 특히 사업써비스의 시장실패 가능성에 대비하지 않고 확대한다면, 시장실패에서 기인하는 생산성 정체가 오히려 경제성장에 부정적인 효과, 즉 보몰 병을 낳을 수도 있다. 따라서 무조건적인 규제완화 또는 심한 경쟁에의 노출은 오히려 역효과를 가져올 수 있다.

4. 써비스산업의 발전을 위한 몇가지 과제

한국경제의 선진화와 지속적인 성장동력을 확보하기 위해서는 써비스산업의 육성이 필요하다(재경부 2006; 조윤제 2006). 이는 제조업을 비롯한 여타 산업의 경쟁력을 제고할 뿐만 아니라 삶의 질을 향상시킬 수 있다. 이러한 점에서 써비스산업의 육성은 한국경제의 지속 가능한 발전을 위해서는 필수적이다.

써비스산업이 경제적 파급효과가 크다는 점에서 이러한 주장은 적실성을 갖는다. 예를 들어 사업써비스업의 발전은 최근의 써비스 적자의 해소뿐만 아니라 경제 전반의 경쟁력 제고에도 도움이 된다. 마찬가지로 교육보건, 사회 기타 써비스 등의 경우도 장기적으로 성장잠재력 확충에 기여하고 안정과 성장을 동시에 가져올 수 있다는 점에서 중요하다.

하지만 경제의 써비스화 경향은 소득증가와 경제 분업구조의 심화뿐만 아니라 사회·정치적 지향 등과 연계되어 각국별로 상이한 양상을 띠고 전개되어왔다는 점을 염두에 두어야 한다. 제조업의 구조 고도화를 지원하고 보완할 수 있는 방향으로 써비스업의 성장동력화를 추구할 것인지, 아니면 영미권 국가처럼 써비스산업 자체의 성장동력화를 추구할 것인지, 또는 북구권 국가처럼 제조업과 사회써비스를 중심으로 성장과 안정을 취하는 발전경로를 추구할 것인지에 따라 경제의 써비스화의 경로가 구체화될 것이다. 첫번째와 세번째의 길은 소위 정보산업형 발전모델, 두번째 길은 써비스 경제형 발전모델[5]과 연관성이 깊다(Castells 1996). 전자는 제조업의 기반 위에서 생산자써비스와 사회써비스를 발전시키는 경우로 일본, 독일, 북유럽의 스웨덴, 핀란드 등이 해당되고, 반면에 후자는 써비스 자체를 성장동력화하는 경우로서 미국, 영국, 호주 등의 영미권이 대표적이다.

문제는 생산자써비스와 사회써비스를 어떠한 방식으로 발전시킬 것인가이다. 이는 외부시장 충격에 의한 경쟁압력의 증대를 통해 산업구조를 써비스경제형으로 가져가는, 소위 빅뱅(big bang)식의 해결책을 택할 것인가(재경부 2006), 아니면 제조업을 중심으로 그것을 보완하는 양날개로서 써비스업의 동반발전을 추구할 것인가(이병천 · 정준호 2006)로 귀결된다.

본고는 외부적인 충격보다는 내부적인 혁신과 개혁을 통한 제조업과 써비스의 동반 발전경로를 염두에 두고 생산자써비스와 사회써비스, 즉 지식기반 써비스를 중심으로 이들 산업의 발전을 위한 몇가지 과제를 제시하고자 한다.[6]

(1) 시장 창출 및 공정한 시장환경 조성을 위한 내부적인 혁신과 개혁

외부 충격에 의해 써비스의 발전을 주장하는 논리는 외부 경쟁에의 노출 → 생산성 향상 노력 → 가격의 인하 → 써비스의 수요증대 → 부가가치 및 고용창출 등으로 이어지는 선순환을 가정한다. 이러한 논리는 생산자써비스뿐만 아니라 거의 모든 산업부문에 적용되는 일반적인 것이다. 이러한 주장이 좀더 설득력을 가지려면 써비스산업, 특히

□■

5) 두번째 경로의 써비스 발전에 대한 비판적 검토에 대해서는 이병천 · 정준호(2006)의 논의를 참조.

6) 고용의 완충역할을 수행해온 도소매 · 음식 · 숙박 등과 같은 전통적 써비스산업, 즉 한국경제의 아킬레스건이라 할 수 있는 이 부분에 대한 분석과 정책방향의 제시가 취약한 것은 본고의 한계임을 밝혀둔다.

생산자써비스에 대한 산업적 특성, 혁신체계, 타 부문과의 관계, 시장실패 가능성 등에 대한 면밀한 분석이 선행되어야 한다.

새로운 기업의 진입과 퇴출이 용이한 공정한 시장환경을 조성하는 것이 우선적으로 필요한데 이를 위해서는 시장수요가 창출되어야 한다. 기업본사 자체가 유사 생산자써비스 기능을 수행하는데, 우리의 경우 본사가 상당히 비대화되어 있다는 점에서 생산자써비스의 시장확대를 위해서는 제조업의 아웃쏘싱이 유도될 필요가 있다.

다른 한편으로, 계열사와 해당 재벌 간의 준내부시장을 활용한 사업거래는 규모의 확대를 통한 해당 써비스기업의 전문화에 걸림돌로 작용할 수 있다. 왜냐하면 계열사가 아닌 경쟁사의 물량을 확보하기가 어렵기 때문이다(『동아일보』 2006년 6월 2일자). 따라서 이들 기업들의 전문화 촉진을 위해서는 대기업간에 경쟁과 협력이 이루어질 수 있는 신뢰가 조성되어야 한다.

써비스의 기업화를 촉진하기 위해서는 우수한 인력들이 공급되어야 하고, 이들은 혁신적인 기업가 정신을 소유하고 있어야 한다. 쌕스니언(Saxenian, 2006)은 인도의 IT 써비스산업 발전 요인을 미국 씰리콘밸리와 인도의 방갈로르를 왕래하는, 혁신적인 기업가 정신을 가진 이들의 두뇌순환(brain drain)에서 찾고 있다. 이들이 씰리콘밸리에서 구축한 인적·사회적 네트워크를 인도로 돌아가서도 지속적으로 활용함으로써 인도가 성공적으로 국제 분업에 진입할 수 있었다는 것이다. 하지만 한국의 경우 씰리콘밸리 등에서 학교를 마친 후 본국으로 돌아와 안정된 직장에 안주하는 바람에 이와같은 현상이 일어나지 않았다고 그녀는 지적한다(Saxenian 2006, 52면). 이러한 점에서 우수인력이 기업가 정신을 발휘하도록 경쟁을 촉진하는 공정한 규칙이 마련되어야 한다.

그런가 하면 생산자써비스의 혁신체제에 대한 이해를 바탕으로 시장개방에 앞서 여러가지 제도적 장치가 구비되어야 한다. 첫째, 쏘프트웨어, 컴퓨터, 연구개발 써비스, 통신 등의 분야에서는 지적재산권, 개인보안, 전자결재 및 전자배달 등에 따른 소비자의 피해구제 등에 관한 제도 정비가 필요하다(OECD 2005). 둘째, 써비스기업의 혁신은 주로 연구개발을 통해서가 아니라 신기술의 활용, 무형자산에 대한 훈련과 투자에서 비롯되기 때문에 이를 감안해 기업 경영상의 제조업과 차별대우를 시정하는 것도 중요하다. 셋째, 사업자가 적정 수준 이상의 품질을 가진 써비스를 공급할 수 있도록 자격기준을 강화·심사하고, 일단 자격을 얻은 후에는 지속적인 교육을 통해 해당 분야의 기술발전을 습득할 수 있는 씨스템을 구축하는 것이 요구된다. 마지막으로, 써비스분야에 대한 규제완화와 함께 써비스 공급자들도 이에 상응하는 노력을 해야 하고, 이를 위해 경영 및 회계상의 투명성을 제고할 수 있는 장치를 마련해야 한다.

이러한 내부적인 혁신과 개혁과제들은 단순히 시장개방만으로 해결될 수 없다. 써비스기업의 원활한 진입과 퇴출, 전문화를 추구할 수 있는 공정한 시장구조가 형성되지 않는다면 다국적 써비스기업과 국내의 시장 지배적 기업이 제휴하여 독과점적 지위 및 전문기술을 활용함으로써 고가로 써비스를 공급하게 되어 써비스시장의 분절화가 심화될 수 있다. 그리하여 이들 기업들이 독점적 지대를 전유한다면 제조업 등 여타 산업의 경쟁력 제고에 역행할 수도 있다.

(2) 제조업과 써비스가 융합되는 제3의 영역 개척

한국에는 성공적인 추격 전략으로 선진국을 따라잡은 제조업의 경험이 있다. 이처럼 써비스산업의 개방으로 이 분야에서 제2의 추격 전략이 가능하고, 이를 통해 동북아의 비즈니스 허브로 한국이 그 역할을 수행할 수 있다는 주장이 대두되고 있다(재경부 2006). 하지만 생산자 써비스는 상징분석가의 세계이다(Reich 1991). 이는 고도의 지식축적과 경제·사회 환경에 맞는 고객 맞춤형 이해를 필요로 한다는 점에서 장기의 시간지평을 요구한다. 이러한 점에서 언어습득은 필수적이다. 현재의 국제구도하에서 자유롭게 영어를 구사할 수 있는 인력의 보유는 이들 산업의 경쟁력을 좌우하는 중요한 요소 중 하나이다. 언어는 상호간에 의사소통을 촉진시켜 사회적 맥락과 규범을 공유할 수 있게 함으로써 인적·사회적 네트워크 형성의 토대가 된다. 따라서 초기투자비용이 막대한 반면 일단 일정한 궤도에 오르면 수확체증의 논리가 작용한다. 결과적으로 후발주자가 추격하기가 쉽지 않다. 산업발전의 경로의존성이 존재한다는 점에서 현재 제조업의 경쟁우위를 바탕으로 생산자써비스산업의 외연을 확대하는 것이 현실적인 전략이라고 생각된다.

일본처럼 영미형 경제의 써비스화 발전경로를 택하는 대신에 하드웨어와 쏘프트웨어가 결합되는 제3상품군을 발굴(예: 정보가전, 홈네트워크 등)하여 첨단제조업과 지식기반 써비스를 동시에 육성할 필요가 있다. 즉 이종간 산업융합을 촉진하는 투입재로서 생산자써비스를 육성하고, 이것이 제조업의 2.5차 산업화를 유도해 제조업의 수출 확대뿐만 아니라 써비스업의 동반 수출을 추구하는 것이다.

다국적기업들이 모듈화된 써비스의 일부분을 오프쇼오링(off-shoring, 해외 위탁 생산)하려는 전략을 구사하는 상황에서 플랜트 관련 엔지니어링, 컴퓨터써비스, 웹디자인, 인터넷 기반 써비스, 통신써비스 등의 IT 관련 분야에서 강점을 보유한 우리는 이들 써비스를 더 많이 수출할 수 있다. 최근의 써비스 교역 확대에 따른 국제분업을 잘 활용하여 제조업에서와 같은 추격 전략을 구사하는 것이다.

(3) 기업지원 써비스 확충을 통한 중소기업의 생산자써비스 접근성 증대

생산자써비스의 외부화에 따른 위험 분산 및 보완적 자산의 활용을 통해 기업은 경쟁력을 향상시킬 수 있으므로 그 수요가 증가하고 있다. 문제는 그러한 질 좋은 써비스가 시장분절화로 다수의 중소기업에 공급되지 않을 수 있다는 것이다. 따라서 질 좋은 써비스가 다수의 기업들에 공급될 수 있는 채널을 구축하는 것은 산업구조의 고도화를 위해서는 필수불가결한 과제이다(Jeong and Kim 2002). 이처럼 기업의 가치사슬 전반에 걸쳐 기업이 필요로 하는 중간 투입물을 공공부문이 제공 또는 연계하는 유사 생산자써비스를 기업지원 써비스라 한다.

〈표 6〉 OECD 주요국가의 기업지원 써비스 지원 현황

지원내역 \ 프로그램		영국 CI	미국 NYS, ITES	덴마크 CIM	독일 FUKMU	호주 NIES	일본 Kohsetsushi
주요 지원분야	사업계획 수립	●	●	●	●	●	●
	기술지원	●	●	●	●	●	●
	디자인개발	●				●	●
	품질검사	●	●			●	●
	마케팅	●	●		●	●	
	경영 및 금융	●	●	●	●	●	
	인력훈련		●			●	●
지원 대상기업		500인 이하	500인 이하, 주로 100인	주로 중소기업	자본금 1천만M 이하	중소기업	자본금 ¥100M 300인 이하
지원기간		5~15일	가변적	가변적	-	가변적	보통 단기
지원비율		33~66% (지역별 차등)	최대 50%까지	50~75%	50~60%	50%, 상담 무료	50~100%
연간 수혜기업수		12,000개	200개	50개	24,000개	2,500개	25,000개

출처: OECD(1995).

주요 OECD 국가들은 공적 개입을 통해 이러한 써비스를 다양한 방식으로 공급한다(〈표 6〉 참조). 수요자의 형평성과 도덕적 해이를 방지하기 위해 일정 정도 써비스의 유료화를 시행하고 있으며, 가능한 한 자금 지원 대신 기업이 필요로 하는 실물(재화 및 써비스)을 저렴한 비용으로 제공하는 리얼(real) 써비스를 공급하기 위해 노력하고 있다(OECD 1995). 특히 기업지원 써비스의 부분적인 유료화는 써비스 제공기관간의 경쟁을 자극하여 써비스의 다양화와 전문화에 기여하고 민간 써비스기업의 참여를 유도하여 시장의 창출과 확대를 가져온다.

기업지원 써비스를 확충하는 것은 기업의 핵심역량 구축과 보완적 자산의 외부 활용을 증대해 기업경쟁력을 제고할 수 있는 중요한 수단인 동시에 산업발전에 필요한 자산을 국민경제 내에 축적하고 확충하여 국가경쟁력을 향상시키는 중요한 정책수단이 된다. 다시 말해서, 이는 국가 차원에서는 해당 써비스시장의 확대를 도모하고, 기업 특히 중소기업 차원에서는 외부경제의 잇점을 활용할 수 있는 전략이다.

(4) 공공부문의 주도를 통한 사회써비스의 발전

한국경제의 산업구조는 OECD 국가와 비교하여 사회써비스부문의 비중이 비정상적으로 낮다. 하지만 급격한 고령화 추세, 소득증가에 따른 삶의 질 추구 등에 따라 교육·보건 등의 사회써비스 수요가 증대하고 있고, 여성의 노동시장 참여가 선진국에 비해 미흡하다는 점에서 사회써비스를 확대할 여지가 크다. 특히 고령화에 따른 인력 부족에 대비하기 위해서도 양질의 여성노동력을 활용해야 하며, 이를 위해서는 보육시설의 정비, 유연한 노동시간 도입, 가내노동에 대한 보조나 세액공제 등이 고려될 필요가 있다.

또한 제조업의 고용 없는 성장에 대한 대안으로서 일자리창출 및 장기적으로 인적자원의 확충과 사회자본의 축적에 사회써비스가 기여할 수 있다는 점에서 공공부문에 의한 사회써비스의 확충은 최근의 양극화 현상을 생산적으로 해소할 수 있는 정책수단이기도 하다.

사회써비스의 미비로 보육·간병·교육 등의 각종 부담이 개인에게 고스란히 전가됨으로써 각 개인은 과부하에 시달리고 있다. 이런 과부하가 저출산의 행태로 이어지는 것이다. 이처럼 한국형 '연복지' 체제가 한계에 도달한 상황에서 사회복지의 책임을 오로지 개인에게 전가하는 것은 무책임한 일이다. 이러한 의미에서 사회써비스의 생산성 기여도가 낮다는 근시안적 평가로 이 부문을 축소하는 것은 사회통합과 지속적인 성장을 위해서도 바람직하지 않다.

보건·교육 등과 같은 사회써비스는 비시장 기제로 공급되는 것이 일반적이다. 따라서 수요자의 요구나 변화에 민첩하게 대처하기가 쉽지 않다. 이를 해결하기 위해 공공 사회써비스의 민간부문에의 시장개방, 성과에 기초한 공적자금 지원, 일정 정도의 유료화를 통한 사용자 선택권(예: 쿠폰제)의 도입 등이 이루어질 수 있다(OECD 2005). 이 경우 효율성의 추구는 공공부문 본연의 역할을 망각하지 않는 범위 내에서 이루어져야 한다. 그렇지 않다면 굳이 공공부문이 이러한 역할을 수행할 필요가 없기 때문이다.

| 참고문헌 |

「다국적기업 '창' 광고시장 토종기업 '방패'」, 『동아일보』 2006년 6월 2일자.

「기업가정신 부족 vs 대기업 횡포 때문」, 『동아일보』 2006년 7월 14일자.

신창식·조한상(2003) 「우리나라 써비스산업의 연관구조 및 경쟁력 분석」, 한국은행 『조사통계월보』 6월호.
이병천·정준호(2006) 「양극화 함정의 산업경제와 선진화의 방향——한국은 동반성장의 길을 건너뛰는가」, 정책기획위원회 지방순회토론회 '양극화 해소를 위한 사회경제적 과제와 정책' 발표문.
재경부(2006) 『Beyond Manufacturing——우리경제의 미래 써비스산업에서 찾는다』, 재경부.
정준호(2006) 「생산자써비스의 시장실패」, 『시민의 신문』 2006년 7월 20일자.
정준호·송우경(1993) 「기업구조변화와 생산자써비스의 성장」, 한국공간환경연구회 엮음 『서울연구——유연적 산업화와 새로운 도시·사회·정치』, 한울아카데미, 129~51면.
조윤제(2006) 『한국경제 어떻게 보고 어떻게 대응할 것인가』, 한국금융연구원.
Baumol, W.J.(1967) "Macroeconomics of Unbalanced Growth: The Anatomy of Urban Crisis," *American Economic Review*, 57(3), 415~26면.
Castells, M.(1996) *The Rise of Network Society*, Oxford: Blackwell.
Clark G.L. and D. Wojcik(2003) "Path Dependence and the Alchemy of Finance: The Economic Geography of the German Model, 1997~2003," mimeo, School of Geography, University of Oxford.
Fixler, D.J. and D. Siegel(1999) "Outsourcing and Productivity Growth in Services," *Structural Change and Economic Dynamics*, 10, 177~94면.
Jeong Jun Ho and Kim Sun Bae(2002) "Boosting Enterprise-support Services for Regional Industrial Development in Korea," *Journal of the Korean Geographical Society*, 37(5), 465~79면.
OECD(1995) *Boosting Business Advisory Service*.
OECD(2003) *Quantifying the Benefits of Liberalizing Trade in Service*.
OECD(2005) "Growth in Services: Fostering Employment, Productivity and

Innovation," Meeting of the OECD Council at Ministerial Level.

Oulton, N.(1999) "Must the Growth Rate Decline?: Baumol's Unbalanced Growth Revisited," London: Bank of England.

Reich, R.(1991) *The Work of Nations*, New York: Brandon House.

Saxenian, A.(2006) *The New Argonauts: Regional Advantage in a Global Economy*, MA: Harvard University Press.

Wölfl, A.(2005) "The Service Economy in OECD Countries," *STI Working Paper Series*, 2005. 3, OECD.

WTO(2005) *International Trade Statistics*.

재벌개혁과 한국경제

정 건 화

1. 들어가는 말

IMF 경제위기 이후 진행된 한국경제의 변화를 두고 상반된 평가가 존재한다. 한편에서는 경제위기를 초래한 구조적 문제점이 크게 개선되고 있다고 보는 데 반해 다른 한편에서는 한국 현실에 전혀 맞지 않은 정책으로 한국경제 성장의 원동력이 소멸될 위기에 직면했다고 본다.

논란의 핵심에 바로 재벌이 있다. 한쪽에서는 재벌체제의 개혁만이 살 길이라고 하는데 다른 한쪽에서는 재벌체제를 살려두어야 살 길이 열린다고 한다. 한쪽에서는 계열사간 상호출자와 가공자본이 한국경제의 아킬레스건이라고 하는데 다른 한쪽은 그것이 한국경제의 힘이라는 것이다.

한동안 재벌의 방만한 경영과 과잉투자가 경제위기를 초래했다는 반성 속에 다양한 재벌개혁정책이 추진되었다. 그러나 언제부턴가 재벌은 글로벌 기업으로서 민족적 자긍심의 상징으로 대접받고 있다. 또 언제부턴가 '정부가 재벌을 규제하는 동안 외국자본이 한국경제를 거덜내고 있다'며 재벌규제정책의 폐기 목소리가 높아지고 있다. 이른바 진보학계 내에서도 재벌씨스템은 효율적인 경제씨스템이며 한국경제의 새로운 성장동력도 재벌에서 비롯된다는 주장이 정면으로 제기되었다.

외환위기로 촉발된 경제위기와 이어진 구조조정 과정에서 재벌개혁은 어떻게 진행되었으며 그 성과와 한계, 또 쟁점은 무엇인가? 결코 충분하지 않으며, 이제 막 시작단계에 들어선 것에 불과하지만 우리 사회에서 재벌은 점진적이나마 투명경영, 책임경영, 윤리경영으로의 길을 가려고 하는 것인가?

이 글은 이러한 궁금증들에 대한 해답의 단초를 찾아보려는 시도로서 '재벌체제'로 불려온 한국경제의 변화를 살펴보고자 한다. 좀더 구체적으로는 외환위기 이후 나타난 경제환경과 제도여건의 변화를 기업지배구조의 측면에서 정리·평가함으로써 한국경제의 구조변화를 추적할 것이다. 글의 순서는 다음과 같다. 먼저 재벌개혁을 둘러싼 최근의 쟁점과 과제를 검토한다. 다음으로 경제위기 이후 이루어진 기업의 지배구조 변화와 재벌의 소유구조 변화를 구체적으로 살펴본다. 이어서 이러한 변화를 경제씨스템 이행의 문제와 관련시켜 평가한다.

2. 재벌개혁을 둘러싼 쟁점들

(1) 기업지배구조 개혁조치 평가: '구조개선'인가 '구조적 위기'인가

● **관점 A** 경제위기 이후 일련의 기업 개혁조치와 제도개선을 통해 기업경영에 대한 내·외부 감시기제가 마련됨으로써 부실경영이나 분식회계의 책임을 묻는 것이 가능해졌다. 이에 따라 재벌기업의 방만한 경영을 감시하는 시장규율 메커니즘이 어느정도 작동하기 시작했다. 그것은 새로운 제도의 도입(사외이사제도, 독립적 감사위원회 제도, 증권집단소송제 등)과 이를 위한 관련법의 개정(공인회계사법, 증권거래법, 외부감사법 등)을 통해 이루어졌다.

● **관점 B** 외환위기 이후 7년에 걸친 이른바 '신자유주의적 구조개혁' 조치들은 재벌이 '기업집단'으로 활동할 수 있는 기본 수단들을 봉쇄하여 그룹구조가 갖는 긍정적인 측면을 활용할 수 없도록 만듦으로써 재벌체제의 장점을 해체하고 있다. 이들 정책은 궁극적으로 외국자본의 국내 금융시장 지배와 영미식 주주가치 극대화 원리의 관철로 귀결될 것이며, 이 과정에서 한국경제의 성장잠재력은 훼손되고 한국경제는 구조적 위기상황에 빠질 것이다.

(2) 총수체제와 피라미드 출자: '개혁의 대상'인가 '성장의 동력'인가

● **관점 A** 한국경제는 여전히 재벌에 발목잡혀 있으며 그 이유는 재벌의 소유구조 개혁이 전혀 이루어지지 않았기 때문이다. 이른바 '총수' 및 창업자 가족을 정점에 둔 피라미드식 소유를 기초로, 지배주주가 소유권을 초과하는 통제권을 행사하는 한 기업의 경영활동에 대한

내부 감시체제는 무력화될 수밖에 없다. 실제로 경제위기 이후 재벌그룹의 총수들은 금융 계열사를 동원한 계열사간 상호출자를 이용하여 과거보다 더 적은 지분으로 더 많은 계열사를 지배하고 있다. 그러므로 개별기업 차원의 지배구조 개선 조치로는 무력하고 '기업집단'의 지배구조를 개선하는 조치를 강화할 필요가 있다.

• **관점 B** 피라미드형 출자 등을 통한 '가공자본' 창조는 내부자금이 절대적으로 부족한 기업들의 적극적인 투자를 가능하게 했으므로 나쁘게만 볼 수 없으며 가공성 자체보다는 그것이 소득과 고용을 얼마나 창출하는가에 의해 평가되어야 한다. 따라서 재벌의 소유구조를 바꾸려는 정책들이 강도 높게 추진되면 복합그룹경영이라는 재벌체제의 장점과 역동성이 훼손되며 재벌의 경영권을 외국자본에 넘기는 결과가 된다. 예를 들면 출자총액제한제도 등 현재 진행중인 재벌개혁정책이 경영권 방어에 심각한 문제를 야기한다.

(3) 재벌가문의 총수 승계: 재산상속인가 기업지배권 승계인가

• **관점 A** 재벌기업과 그 지배주주, 즉 총수는 구별되어야 하며 특히 총수일가의 승계는 기업의 정당성을 심각하게 훼손하는(상법, 증권거래법, 형법상의) 불법·탈법적인 행위를 수반하는 경우가 대부분이며 사회적으로 용납될 수도 없다. 재벌총수가 평균 5% 수준에도 미달하는 지분으로 기업 전체에 대해 주인 역할을 하면서 그 권한을 세습하는 것은 재산권의 침해이자 민주주의의 원칙에 어긋난다. 더욱이 재산권과 달리 경영권은 주주가 최고경영자에게 기업가치를 높이는 데 대해 위임한 '조건부 권리'일 따름이며 재벌총수 일가가 자손에게 승계하는 권한이 아니다. 그러므로 이른바 '경영권' 세습에 대한 차단장치

가 필요하다.

•관점 B 총수의 승계는 단순한 자연인(가족)의 재산상속이 아니라 기업집단의 '기업지배권' 승계라는 관점에서 볼 필요가 있다. 재벌들이 사회적 비난과 법률적 위험성을 무릅쓰고 상속세를 회피하려고 하는 것은 단순히 상속세를 회피하거나 총수가족을 위한 것이 아니라 그룹계열사들의 이해관계가 기업집단의 유지와 이를 위한 그룹 지배구조의 연속성 문제와 연관되어 있기 때문이다. 재산상속이 상속재산의 50%에 이르는 상속세를 지불하여 적법하게 이루어지면, 소유권과 지배권의 괴리로 가뜩이나 비판받는 현실에서 총수 지분은 더욱 줄어들고 결과적으로 기업지배권 승계는 불가능해진다. 이는 각 계열사들을 하나로 묶고 있는 구조가 와해되고 지배주주가 사라지는 것을 의미하며 재벌의 해체로 이어질 것이다.

(4) 국민경제에 대한 재벌의 기여: 더이상 아님(no more) 혹은 다시 한번(once again)

•관점 A 경제력 집중의 차원이나 한국경제의 장기적 전망과 관련해서 재벌체제의 효율성은 이미 그 수명을 다했다. 문어발식 확장으로 기업집단의 비관련 다각화가 이뤄진 결과 다양한 업종을 아우르는 재벌의 과도한 영향력은 경제 영역을 넘어 정치, 사회, 문화, 이데올로기 등 방대한 영역에까지 이르게 되었고, 그 결과 한국사회는 재벌공화국으로 불리게 되었다. 이처럼 사회에 압도적인 영향력을 행사하는 기업집단은 지구상의 어느 사회에도 존재하지 않는다.

재벌체제가 한국경제의 성장에 기여한 측면이 크다고 해도 변화된 국내외적 상황에서 재벌체제는 더이상 한국경제의 미래상이 될 수 없다. 일부 첨단산업 분야에서 선도적 기업들이 글로벌 경쟁력을 갖춘 기업으로 발전할 수 있을지는 몰라도 산업 연관이나 고용 등의 측면에서 우리 사회 구성원 전체의 경제적 삶을 책임질 수 없기 때문이다. 현재 한국경제에서 심화되는 경제 양극화 현상이 정확히 그것을 보여주고 있다.

• **관점 B** 현재 한국경제의 심각한 문제들, 즉 저투자-저성장, 실업, 비정규직 증대, 사회 양극화 등은 과도한 신자유주의적 구조개혁의 결과이고 무리한 재벌개혁에 기인하는 것이기도 하다. 특히 투자감소는 현재 한국경제의 심각한 침체의 원인이며 한국경제의 성장동력의 상실을 예고하는 결정적인 지표인데 재벌개혁은 이런 대규모투자, 장기투자를 결정적으로 위축시킬 것이다. 그러므로 한국경제가 앞으로 상당 기간 제조업 기반의 성장을 유지하려면 재벌 중심의 고성장-고축적 발전전략을 지속해야 한다.

(5) 재벌개혁의 방향: '재벌체제의 지양'인가 '사회적 타협'인가

• **관점 A** 재벌개혁은 공정한 시장경쟁과 경제 민주주의의 실현의 문제이다. 투명성과 책임성의 원칙은 민주주의사회에서 어떤 조직에도 적용되어야 하는 보편적인 원칙이며 재벌 또한 예외일 수 없다. 한 걸음 더 나아가 개별 경제주체들이 협력게임(cooperative game)의 규칙을 충실히 준수하도록 하는 제도와 관행의 확립은 단순히 공정성만의 문제가 아니라 경제체제의 장기적 효율성에도 필수적이다. 그런 점에서 불특정 다수의 경제행위자들의 법적·계약적 권리와 의무의 실현에 관한 규칙을 엄격히 적용하기 위해서는 상법과 증권거래법, 공정거래법 등 법체계의 엄격한 집행을 통한 사후규제가 필수적이다. 재벌체

제의 문제점을 해소하는 대안으로는 재벌의 소유구조 해소를 전제한 책임전문경영체제가 있고 그외 독립기업들의 느슨한 연합체, 전문 업종별 소그룹화 등이 있다.

● **관점 B** 재벌의 소유구조를 인정해주고 다른 한편으로 재벌과의 '사회적 타협'을 통해 여타 이해관계자들, 나아가 국민경제 전체에 기여하도록 해야 한다. 유럽(스웨덴)의 예처럼 재벌의 사회적 책임을 전제로 재벌의 지배권을 인정하고, 대신 재벌은 사회공헌기금을 출연하거나 일정 수준을 초과하는 이익에 대해 투자적립금을 쌓도록 하는 등 재벌총수의 이익과 주주의 이익뿐 아니라 사회적 이익을 합치할 수 있는 타협이 필요하다. 국내연기금을 통해 재벌기업의 경영을 감시하는 방법도 있고 낮은 수준으로는 출자총액제한[1)]을 풀거나 지주회사 제도의 기준을 완화해주고 대신 재벌의 사회적 책임을 요구하는 것에서 시작할 수도 있다.

지금까지 검토한 쟁점별로 대립되는 두 관점을 요약해보면 〈표 1〉과 같다. 관점 A의 경우 실질소유권과 의결권의 괴리, 지배주주의 의사결정권 독점, 소수주주의 희생과 지배주주의 사익 추구 등 '정당한 주주권(1주 1의결권)의 확립'에 촛점이 맞춰져 있는 것이 아니라 '정당한 주주권의 훼손'에 촛점이 맞춰져 있다. 관점 B의 경우 '사회적 타협'과 '사회적 책임'을 강조하며 주식시장 위주의 기업금융방식을 비판하고

□■

1) 자산 5조원 이상인 기업집단에 속하는 회사에 대해 순자산액의 25%를 초과해 국내 다른 기업에 출자할 수 없도록 하는 제도.

〈표 1〉 재벌 관련 쟁점 비교

쟁점	관점 A	관점 B
1. 기업개혁 정책 평가	내·외부 모니터링 작동의 계기가 됨	신자유주의적 개혁으로 한국경제는 위기에 직면
2. 총수체제와 피라미드 출자	왜곡된 소유구조의 근원으로서 해체되어야 함	대규모 투자를 가능케 하는 성장의 동력임
3. 재벌가문의 총수승계	불법·탈법적 세습(상속)은 엄격히 규제되어야 함	지배권 승계는(과도적으로) 보장되어야 함
4. 국민경제에의 기여	예전처럼 기여하지 못함	다시 한번 핵심동력이 되어야 함
5. 재벌개혁의 방향	재벌체제 '지양' 혹은 '해체'	'사회적 타협'

독일이나 일본의 주거래 은행제도와 같은 이른바 '관계적 금융'에 상당한 관심을 보인다.

3. IMF 경제위기 이후 기업지배구조의 변화와 재벌

평가는 크게 엇갈리지만 IMF 경제위기 이후 최대의 변화를 겪은 부문이 금융부문이며, 기업금융과 기업 모니터링의 핵심역할이 은행에서 주식시장으로 넘어감으로써 우리나라 금융 및 기업씨스템에 큰 변화가 있었다는 데는 이견이 없다. IMF 경제위기 이후 전체 금융기관의 약 35%가 사라지는 구조조정 과정을 거치면서 과거 은행차입에 의존하던 기업의 투자자금 조달 방법은 종언을 고하게 되었다. 그 결과 기업의 투자재원 자급도가 현저히 높아졌으며 기업의 부채비율도 크게 낮아졌다.

기업금융씨스템이 어떻게 발전하느냐에 따라 지배구조의 진화 방향이 영향을 받는다. 기업지배구조에서 주주, 채권자의 책임과 역할은 기업금융에서의 역할과 밀접한 관련을 갖기 때문이다. 경제위기 이후 한국경제는 기업씨스템의 변화에 영향을 미치는 여러 제도 및 조치가 시행되었는데, 계열기업간 부당내부거래 감시 강화, 부채비율상한 설정, 소액주주 권리 강화, 기업회계 기준 강화, 사외이사제 도입 등이 그 대표적인 것들이다.

이 과정에서 기업의 투자패턴은 수익성을 좀더 중시하는 방향으로 전환되었다. 이는 IMF 경제위기 이후 정부의 암묵적 보증이 사라짐에 따라 위험관리의 중요성이 높아지면서 상장기업들의 투자행태와 재무구조의 변화가 나타난 데 기인한다. 대신 주주 중심 경영에 대한 압력이 높아지면서 상장사의 배당금 지급액은 크게 증가했다.[2] 또한 외국인 투자가 크게 늘었고 국내 증권시장의 개방으로 국내 금융기관이나 기업에 대한 외국인 지분과 영향력이 꾸준히 증가했다.[3]

금융씨스템의 변화를 추동한 중요한 변수는 자본시장 개방을 통해 유입된 외국자본이었다. 이들은 국내 주식시장에서 절대적인 영향력을 행사하는 투자자로서 기업행위의 여러 측면에 대해서 변화를 요구

□■

2) 상장사의 배당금 지급액은 1996년 1.5조원에서 2004년에는 7.7조원으로 증가했다(KDI 2005).

3) 1998년 연간 외국인 직접투자 유입액이 GDP 대비 1%를 넘어섰으며 외국인 직접투자 누계액은 2004년 10월 8일 현재 1,000억달러(경상가격기준)를 기록했고, 그 중 82.2%는 1997년 경제위기 이후 누적된 금액이다. 또 2003년 10월에는 처음으로 국내증시에서 상장기업에 대한 외국인 지분율이 45%를 넘어섰다. 삼성전자와 포스코의 외국인 지분이 각각 54%와 70%이고, 국민은행 77%, 외환은행 72%를 포함해서 은행주식의 78%는 외국인이 보유한 것으로 나타났다(*The Economist*, 2004년 9월 16일자).

했고 그런 점에서 이들은 영미형 주주가치 극대화 행위양식을 한국경제에 이식하고 있다고 할 수 있다. 또 정부의 지배구조 개혁정책의 목표가 기업경영의 투명성을 높여 이해관계자의 권한과 책임, 보상을 분명히 하는 데 있는 것을 볼 때 기업지배구조 변화의 방향은 주로 주주권의 강화와 주주평등, 사외이사제도의 도입 등 영미식 주주자본주의의 구성요소를 중심으로 진행된 것이 분명하다.

그러나 변화하지 않은 것이 있다. 기업지배구조 변화와 관련해서 가장 중요한 것은 재벌의 소유구조 문제이다. 경제위기 이후 재벌개혁에 대한 사회적 요구가 그 어느 때보다도 강도 높게 제기되었지만 IMF 경제위기 이후 지난 8년간 기업지배구조의 측면에서 재벌계 기업의 '실질적 통제' 메커니즘은 여전히 작동하고 있다. 즉 재벌의 내부지분율은 외환위기 이후 오히려 높아졌으며, 내부지분 구성에서도 동일인 지분율은 약간 줄어든 대신 계열사 지분율은 오히려 증가했다. 2004년 현재 출자총액제한 기업집단 총수의 지분율은 1.5%인 반면 계열회사 지분율은 40.0%에 달한다. 주주권 행사 요건이 완화되었지만 높은 내부지분율 장벽으로 주주에 의한 시장규율이 작동하기 어려운 사정에는 변화가 없는 것이다(〈표 2〉 참조).

요약하자면, 기업지배구조 측면에서 제도개혁과 오랜 관행이 개선되고 있는 것은 부인할 수 없지만 소유구조의 개선에는 별 변화가 없었다고 할 수 있다. 재벌총수가 적은 지분으로 계열회사간 상호출자를 통해 그룹 전체를 실질적으로 통제함으로써 기업지배구조의 개혁 취지를 변질시키는 상황이 지속되고 있는 것이다. 게다가 비상장회사의 경우 상장회사에 비해 계열회사의 지분율이 더 높아 소유지배구조의 왜곡이 더 심하다. 그런데 출자총액제한 기업집단 계열회사의 73.85%, 상호출자제한 기업집단 계열회사의 79.6%가 비공개회사이다

〈표 2〉 10대 민간기업 집단의 내부지분율 변동 추이 (단위: %)

구분	1998.4	1999.4	2001.4	2002.4	2003.4	2004.4
동일인	2.2	1.3	1.5	1.6	1.4	1.5
특수관계인	4.9	3.6	2.1	2.4	2.7	2.5
계열회사	38.0	46.4	43.0	42.4	42.6	40.8
계	45.1	51.3	46.6	46.4	46.7	44.8

출처: 공정거래위원회(2004).

(공정거래위원회 2004).

더욱이 국내 금융기관의 경우 대기업의 금융회사 지배현상은 지속적으로 심화되었다. 법적으로 재벌이 진출할 수 없는 은행부문에서는 외국자본의 몫이 크게 늘어났지만 비은행 금융기관에 대한 국내 재벌의 영향력은 계속 커지고 있는 것이다.[4]

이처럼 한편에서 외국자본의 금융시장 장악과 주주이익 극대화 논리가 관철되면서도, 다른 한편으로는 재벌중심의 경제체제가 지닌 구조적 특성 역시 여전히 한국경제를 규정한다고 할 수 있다. 더욱이 경제위기를 거치면서 오히려 경쟁력이 강화된 소수 상위 재벌들은 사회 모든 영역에서 그 유례를 찾기 힘들 정도의 영향력을 행사하고 있다.

□■

4) 출자총액제한 기업집단 소속 금융회사가 전체 자산에서 차지하는 비중을 보면 생명보험사의 경우 1998년 41.9%에서 2002년 53.9%로 증가했고 증권사도 같은 기간 44.4%에서 51.8%로 늘어났다(이건범 2005).

4. 경제씨스템 변화의 방향

경제위기 이후 한국경제의 변화 방향과 그 의미를 해석하기 위해서는 체제이행이나 비교경제체제적 접근이 유용하다. 이는 구체적으로 기업지배구조(corporate governance)의 변화를 중심으로 경제씨스템의 특성을 파악하는 방법이다. 자본주의적 시장경제체제 내에서 경제씨스템의 효율성을 비교분석할 때는 시장을 둘러싼 제도환경, 특히 기업의 작동 메커니즘에 대한 분석이 필수적이기 때문이다.

기업지배구조란 주주, 채권자, 종업원, 관련 기업, 고객 등 기업의 이해관계자들(stakeholders)간의 권리와 책임의 구조, 합의된 게임의 규칙들(accepted rules of the game)로 정의된다(Aoki 2006). 여기서 쟁점은 이해관계자 범주에 대한 것이다. 기업을 주주의 소유권에 기초해서만 정의하는 경우와 주주 외에 채권자, 종업원, 관련 기업, 고객 등 여러 이해관계자들의 관계의 집합으로 정의하는 경우가 그것이다. 이에 따라 기업지배구조는 주주 모델과 이해관계자 모델로 나뉜다.

주주 모델은 주주와 경영자의 관계에 국한하여 경영자가 발생시킬 수 있는 대리인 비용을 방지하고 주주의 가치를 극대화하기 위해 경영자를 대상으로 행해지는 감시와 동기부여 체제(monitoring & incentive system)를 의미한다.[5] 이해관계자 모델은 기업을 둘러싼 모

□■

5) 이때 지배구조는 내부 통제씨스템과 외부 통제씨스템으로 나뉜다. 내부 통제씨스템은 이사회, 대주주의 감시체제, 기관투자자의 감시, 경영자 보상씨스템 등이 있고 외부 통제씨스템은 인수합병시장, 경영자 노동시장, 자본시장 등 외부의 시장 메커니즘으로 구성된다(조동성 · 김주태 2003, 278~79면).

든 이해관계자 집단의 이해가 어떻게 통제되고 관리되는가, 각 주체들이 어떻게 경영에 영향을 미치고 책임을 지는가를 설명하는 틀이 된다. 주주 모델은 기업을 주주의 소유권에 기초하여 정의하며 미국식 기업 전통에 근거한다. 이해관계자 모델에서는 기업을 주주 외에 채권자, 종업원, 관련 기업, 소비자, 지역주민 등 여러 이해관계자들의 관계의 집합으로 정의하며 기업금융방식이나 주식소유 분산이 미국과는 다른 유럽(대륙)적 전통을 대변한다.[6]

금융씨스템과 기업지배구조 측면에서 보자면 현재 한국경제는 주주 모델과 재벌체제가 모순적으로 결합된 불안정한 상태에 있으며, 그 모순적 결합의 결절점에 재벌의 소유구조 문제가 놓여 있다. 주주가치 모델은 역사적으로 '분산된 소유와 강력한 전문경영자가 존재하는 기업'을 전제로 하며, 지배구조 논의는 경영자의 재량과 기회주의를 감독하는 데 모아진다. IMF 경제위기를 계기로 적극적으로 도입되기 시작했고 몇년에 걸친 제도개혁 과정을 통해 한국경제가 상당히 적응성을 높인 이 모델은 한국사회 전반에 더욱 깊이 착근될 가능성이 높다.

무엇보다도 이 모델의 대표국인 미국이 한국에 대해 행사하는 정치·경제·사회적 영향력이 크고 재벌기업이나 은행 등 핵심 경제주체

□■

6) 기업지배구조의 두 가지 정의 혹은 두 모델이 반드시 양자택일적인 것은 아니다. 세계 각국의 지배구조를 조사한 OECD의 지적대로 기업지배구조에 대한 단일 모델은 존재하지 않으며, 주주 모델인가 이해당사자 모델인가를 둘러싼 1930년대 이래의 논쟁은 아직도 명확한 결론을 내리지 못하고 있다(OECD 2003). 한 모델이 유력한 모델로 받아들여지다가 상황이 바뀌면 다른 모델이 그 자리를 대신하곤 해온 것이 현실이다. 아시아의 발전국가 위기나 일본의 장기불황, 미국 기업들의 대규모 회계부정 스캔들 등은 상황 반전의 계기를 제공했다.

들의 행위양식이 여기에 상당한 정도로 적응해 있다는 점에서 그러하다(신정완 2005; 송홍선 2005). 현재 추진중인 한미FTA가 체결된다면 이러한 경향은 더욱 가속화할 것이다.

흔히 '신자유주의'라 불리는 영미식 주주 모델이 과연 한국사회에 바람직한 모델인가에 대해서는 많은 비판적 견해들이 제출된 바 있다.[7] 그러한 가치판단을 떠나서 주주 모델로의 이행과 주주 모델 자체의 작동여부에 대한 논의로 한정할 때, 한국경제가 이 모델로 이행하거나 이행 후 제대로 작동하는 데 장애가 될 만한 조건들이 적지 않다.

무엇보다도 자유로운 경쟁을 통한 활력이 중시되는 영미형 주주 모델은 재벌체제와 부딪치는 측면이 있으며, 이 모델이 제대로 잘 작동하려면 재벌체제의 개혁이 필요하다. 현재 재벌체제의 핵심에 총수가 있고 재벌 내부의 조정은 오직 총수의 '전횡'에 의해서만 가능하다. 그러나 총수는 시장에서 공식적으로 승인받지 않고 세습되며 총수의 경영능력은 내부에서 통제되지 않는다. 총수에 의한 재벌계열기업 전체에 대한 간접지배구조는 주주 주권 모델이 지닌 자본시장, 기업M&A를 통한 기업 모니터링 원리와 조응하지 않는다.

또 재벌의 금융기관 소유, 재벌의 다양한 부당내부거래, 재벌간의 담합 행위 등은 시장에서의 공정한 경쟁과 수평적이고 대등한 기업간 관계를 침식하고 훼손한다. 경제위기 이후 재벌계 대기업과 중소기업간 하도급 관계에서 협력적 측면은 약화되고 수탈적 측면이 강화되었고, 이는 장기적으로 중소기업의 성장기반을 위축시키며 재벌기업의

□■

7) 한국경제의 대안적 모델에 대한 논의와 평가에 대해서는 필자의 다른 글들을 참조하기 바란다(정건화 2006a; 정건화 2006b).

경제력 집중과 시장지배력을 부단히 높일 뿐이다. 글로벌 아웃쏘싱에 대비해서라도 국민경제에서 전체 고용의 압도적 비중을 차지하는 중소기업이 공정하고 대등하게 거래할 수 있는 환경을 만들어주어야 한다.[8] 따라서 기업간 관계에서 거래의 투명성과 규칙성을 강화하기 위한 제도환경의 변화가 절실하다.

한국의 재벌체제는 오랜 역사를 지니고 있다. 여러 제도환경과 행위양식들은 재벌체제에 대한 경로의존성이 높아 변화나 개혁은 아주 점진적으로만 이루어지며, 제도개혁에 대한 반발도 만만치 않다. 일부에서는 투명하고 공정한 시장규율을 강화하기 위한 제도개혁과 규제정책은 재벌체제가 갖고 있는 역동성과 긍정성을 훼손한다는 의견을 정면으로 내놓는다.

이처럼 한국사회는 시장에서 공정한 경쟁이 잘 이루어지도록 지원하는 제도와 관행이 정착되어 있지 않다. 미국이나 영국처럼 신자유주의 모델의 작동을 지원할 사회문화적 여건이 충분히 마련되어 있지 않은 것이다. 게다가 신자유주의 모델은 경제적 효율성과 달리 정치·사회적 효율성 측면에서 많은 비용을 치러야 하는 문제도 있다. 특히 한

□■

8) 중소기업이 한국경제에서 차지하는 비중을 보면 2003년 기준으로 사업체 수, 종사자 수, 부가가치, 생산액 등이 각각 전체의 99.4%, 76.9%, 52.8%, 50.6%를 차지하여 사업체 수나 종사자 수에서는 국민경제의 압도적 다수를 이루며, 생산액, 부가가치 측면에서는 절반 이상이다(한국은행 2004). 이에 비해 대기업의 비중은 계속 떨어지고 있다. 제조업의 경우 300인 이상 사업체의 고용비중은 1997년 56.1%에서 2002년 23.0%로 하락했고, 부가가치 비중은 같은 기간중 70.1%에서 47.9%로 줄었다(동반성장연구팀 2005).

국경제는 미국이나 영국 등에 비해 자본시장의 발달수준이 낮고 금융제도가 제대로 정비되어 있지 않아 금융 불안정성이 높으며, 신자유주의적 성장전략이 초래하는 사회적 양극화현상을 완화하고 완충역할을 해줄 사회안전망도 허술한 실정이다.

5. 맺음말

금융씨스템의 측면에서 보자면 한국경제는 영미형 모델의 제도여건을 갖추고 있다. 이는 대내외적으로 신자유주의적 개혁의 요구에 따른 것으로 국내 재벌계 대기업들이 글로벌 플레이어로 나서기 위해 필요한 과정이기도 했다. 그러나 재벌계열 대기업의 소유구조는 소수 혈연에 기초한 인맥에 집중되어 있고, 이들이 계열기업간 상호출자를 통해 전체 계열기업을 실질적으로 통제하는 등 전반적으로 보자면 한국경제의 제도환경은 여전히 재벌 중심적 경제체제의 요소가 강하다.

이런 조건에서 기업지배구조에 기초한 경제씨스템의 두 모델 중 유럽식 이해관계자 모델이 더 바람직하더라도 그것을 우리 사회에 단기간에 실현할 수 있는 방법은 사실 없다. 기업지배구조의 효율성은 여타 제도와의 상호작용과 보완을 통해 발현된다. 기업의 생존 여부는 내부의 구조보다는 전체 환경의 힘에 의해 결정되는 것으로 설명하는 조직생태학의 관점에서 볼 때, 주주 모델이든 이해관계자 모델이든 경제씨스템이 효율적으로 작동되도록 제도여건을 마련하는 것이 먼저다.

실제로 재벌개혁의 문제는 경제씨스템이 작동하기 위한 기본적인 법적·절차적 규칙을 제정하는 수준의 문제와 맞닿아 있다. 기업경영과 기업지배구조의 책임성과 투명성을 위한 제도개혁이 꼭 영미식 주주 모델을 위해서만은 아니다. 재벌개혁은 이러한 전제조건 충족 여부의 문제이다.

한편 두 모델의 이념형적 차이와 달리 현실세계에서는 주주 모델과 이해관계자 모델의 융합과 수렴도 나타나고 있다. 이해관계자 모델에서 금융글로벌화에 따라 은행의 역할이 감소하거나 주식시장을 통한 외부감시가 강화되는 경향이 있으며(Aoki 2006), 주주 모델 역시 이해관계자에 대한 고려가 강화되고 있다.[9] 이런 점들을 고려할 때 경제위기 이후의 재벌 관련 기업지배구조의 개혁과 그에 따른 제도환경 변화의 궁극적 종착점이 영미식 주주 모델인가 아닌가에 대한 '판별논의'에서 한걸음 나아갈 필요가 있다. 또 주주 모델적 경로가 강화되는 가운데 재벌체제의 소유구조 개혁을 어떻게 앞당길 것인가, 또 주주 모델의 경로가 강화되더라도 좀더 많은 이해관계자적 요소를 도입하는 방법은 무엇인지 등에 대한 고민이 절실하다.

현대사회에서 기업은 가장 영향력 있는 조직으로 평가받는다. 기업은 자원을 가장 많이 보유한 조직이며, 또한 외부환경의 변화에 가장 신속히 적응하는 조직이다. 특히 대기업의 사회적 영향력은 그야말로 막강하다. 이런 점에서 기업이 단지 '주주의 이윤을 극대화하기 위해서 존재'한다는 것은 더이상 수용되기 어려워졌고, 기업의 책임은 주주이익 극대화를 넘어 상당히 확대된 개념으로 받아들여지고 있다.

우리나라 기업의 경우 성장과정에서 국내시장 보호와 금융지원의 형태로 정부나 사회의 도움을 많이 받았으며, 특히 재벌은 한번도 주

9) 주주 모델에서는 '기업의 사회적 책임'(Corporate Social Responsibility)이라는 방식으로 이해관계자적 요소가 도입되고 있다.

주 모형에 의한 경영을 했다고 할 수 없다. 국민들의 인식 역시 재벌기업을 총수가문 혹은 주주 일반의 재산으로 보지 않으며 재벌의 사회적 책임에 대해 높은 요구와 기대를 갖고 있다.

그런 가운데 재벌은 대내외적 환경의 요구와 스스로의 선택을 통해 변화를 강요받고 있다. 물론 재벌의 소유구조는 쉽게 변할 것으로 기대하기 어려우며, 그런 점에서 주주 모델로의 이행도 쉽지 않은 상황이다. 그렇지만 재벌들의 편법상속에 사법적 제재가 가해지고 기업의 사회적 책임(CSR)에 대한 요구와 참여가 커지는 등 작은 변화들이 없는 것은 아니다. 따라서 기업의 사회적 책임을 점차 높은 수준으로 올려 실질적인 내용을 갖추게 하는 과정에서 이해관계자를 명시적으로 기업지배구조 내로 포함시키기 위한 노력이 필요하다.

이를 위해 시민사회는 그 변화가 사회적으로 필요하고 바람직한 변화가 되도록 문제제기자 역할과 모니터링 역할을 지속적으로 수행해야 하며 정부는 제도설정자로서, 장기적으로 이해관계자 모델로의 길을 강화하기 위한 정책에 더 많은 관심을 가져야 할 것이다.

| 참고문헌 |

공정거래위원회(2004) 「2004년 출자총액제한기업집단 주식소유 현황 분석」(2004. 8).

동반성장연구팀(2005) 「동반성장의 길」(미발표자료).

송홍선(2006) 「기업지배구조의 개혁—평가와 과제, 3만불 시대의 한국경제 재구조화 전략」, 경기개발연구원 『연구총서』.

신정완(2005) 「한국경제의 대안적 경제체제 모델로서 '한국형 사회적 시장경제

모델' 구상」(미발표논문).

이건범(2005) 「현단계 한국금융의 성격과 금융씨스템」, 『동향과전망』 64호.

정건화(2006a) 「2000년대 한국경제의 쟁점—외국자본 지배론에 대한 비판적 검토」, 『동향과전망』 56호.

_____(2006b) 「IMF 경제위기 이후 한국경제의 현황과 과제—경제씨스템 변화에 대한 제도경제론적 검토」, 대외경제정책연구원 학술대회 발표문.

조동성 · 김주태(2003) 「기업지배구조 연구의 한계와 전망」, 한국전략경영학회 학술대회 발표논문집.

한국은행(2004) 「경제양극화의 원인과 정책과제」(보도자료, 2004. 7)

아오끼 마사히꼬 외 편, 이근 외 역(1998) 『기업씨스템의 비교경제학』, 연암사.

KDI(2005) 『KDI 경제전망』(2005년 2/4분기), 22권 1호.

OECD(2003) *Survey of Corporate Governance Developments in OECD Countries*.

대-중소기업간 관계와 혁신 과제

조 성 재

1. 문제제기

경제의 선도부문인 수도권과 영남권에 소재한 첨단산업과 중화학공업 중심 재벌 대기업들의 수출 증대효과가 전국 각지의 중소기업이나 노동자, 영세자영업자에게 제대로 파급되지 않는 문제, 다시 말해 적하효과(trickle-down effect)의 약화 문제는 단순한 분배 문제를 넘어서서 지속 가능한 성장과 사회통합성 유지에 커다란 위협이 되고 있다. 그런데 재벌과 중소기업 문제에 있어서 원하청 관계 자체에 대한 연구도 부족하지만, 글로벌 경쟁 시대에 이들과 외부 주체들과의 관계를 어떻게 설정하고, 또 대안으로서의 새로운 네트워크를 어떻게 형성해나갈 것인가에 대한 고민 역시 부족한 것으로 보인다. 아울러 연결망의 재구성 속에서 어떠한 사업, 경쟁력, 구조를 선택해나갈 것인가에 대한 고민도 충분치 않은 것으로 보인다.

본고는 양극화 현상을 극복하여 대외적으로나 대내적으로 공동번영의 길로 나아가기 위해서 우리나라가 '네트워크형 발전모델'을 모색할 필요가 있다고 주장한다. 이는 기존의 여러 갈래로 분절화된 경제구조를 극복하는 길이며, 나아가 새로운 협치구조(governance structure)를 통하여 경제적 민주주의를 확립하는 길이기도 하다.[1] 이러한 방향에서 단순히 내수와 수출의 양극화를 극복하는 것이 아니라 열린 민족경제를 통하여 세계 번영에 기여하고, 수도권과 지방의 이분법을 넘어서서 글로벌 시장에 당당히 참여하는 지역경제를 설립하며, 기업 내 사용자와 노동조합의 근시안적 대립을 넘어서는 자본과 노동의 생산적 연합체계 구축을 지향한다. 아울러 금융과 산업, 첨단과 재래, 제조업과 써비스업, 초대형기업과 중소기업의 분절화를 미래지향적으로 극복할 수 있는 대안을 모색한다. 이는 양극화에 이를 정도로 파편화된 구조를 치유하여 새로운 연결망을 구축하는 것을 의미하는데, 그것은 개방을 지향하면서 혁신의 내용성을 갖고 주체들간의 연대를 강화하는 것이어야 한다. 그러한 점에서 한국경제가 지향하는 네트워크는 다층적·복합적으로 재구성될 필요가 있다. 다시 말해서 양극화 극복이라는 명분 아래 폐쇄된 공간 내의 기계적 형평성의 추구, 혹은 평균적 수렴을 지향하는 것이어서는 곤란하며 적극적으로 개방을 목표로 삼으면서 연대의 원리에 의해 지지되는, 부단한 혁신의 모멘텀을 갖는 씨스템을 지향해야 한다. 이하에서는 그중에서도 대-중소기업간 관계

□■

1) 그러한 점에서 '네트워크형 발전모델'은 기존의 국가주도형 성장전략, 선성장·후분배 철학, 그리고 불균형 성장모델과 대비된다.

에 주목하여 실태와 개선 방향을 탐색해보기로 한다. 여기서 대-중소기업간 관계는 단순히 하도급 관계만을 의미하는 것이 아니며, 언급한 바와 같이 혁신 과제를 중심으로 기업을 비롯한 여러 주체들의 역할을 새로운 연결망 내에서 모색하는 것을 함의한다.

2. 혁신과 중소기업 문제를 중심으로 본 한국경제의 실태

대-중소기업간의 하도급 구조와 거래 관행에 문제가 많다는 것은 공공연한 사실이며(조성재 외 2005) 참여정부는 여러 차례에 걸쳐 하도급 정책과 중소기업 정책의 쇄신을 단행한 바 있다. 대표적으로 2005년 2월 하도급법을 개정했으며 피해 당사자가 신고하기 어렵다는 구조적 한계를 감안하여 서면실태조사를 2001년 2만 5천개에서 2007년 7만개까지 점차 늘릴 예정이다. 그럼에도 불구하고 여러 정책적 과제들을 남겨두고 있는데, 앞서 언급했듯이 대-중소기업간 관계 그 자체보다 이를 둘러싼 제반 혁신 과제를 고찰하기 위해서는 우선 현단계 한국경제의 특성을 파악할 필요가 있다.

〈표 1〉의 생산요소별 GDP 성장 기여율을 살펴보면, 1990년 이전 30년간의 고도성장기에 비해 1990년대의 GDP 성장률이 떨어진 가운데 노동의 기여도는 떨어지고 자본의 기여도가 크게 올라갔음을 알 수 있다. 더욱이 연구개발 및 혁신 등에 의한 총요소생산성 향상이 성장에 기여한 정도도 4.4% 포인트 하락했다. 결국 1990년대는 자본투입의 확대로 성장을 추구하는 투자주도형(investment-driven) 전략이 일반적이었고, 이는 재벌과 같이 대단위 투자를 수행할 자금과 조직을 갖춘 주체가 첨단설비의 수입으로 성장을 주도했다는 경제상식에 부합

〈표 1〉 생산요소별 GDP 성장기여율

기간	GDP 성장률	자본의 기여율	노동의 기여율	총요소생산성
1960~1990	8.6	67.0	19.0	14.0
1990~2001	5.9	79.8	10.6	9.6

출처: 1960~1990년은 World Bank(1996), 1990~2001년은 산업연구원(KIET) 추정.

하는 결과이다. 역으로 고용창출력이 높고 소규모 혁신의 누적과 내수 기반 확충을 통하여 경제성장에 기여하는 중소기업의 역할이 상대적으로 위축되었거나[2] 이들조차 신설비의 도입에 의존하여 대기업의 요구에 부응하는 생산방식을 채택했을 가능성을 시사한다.[3]

1999년을 전후하여 벤처 붐의 확산에 따라 혁신형 중소기업이 우후죽순으로 늘어나기도 했으나, 이후 벤처 열풍이 가라앉으면서 이 또한 혁신적 성장의 주체로 자리잡지 못했다. 결국 IT 산업이 크게 발전했지만 우리나라의 경우 지식과 정보, 그리고 숙련을 토대로 한 혁신이 성장을 주도한 게 아니라 자본과 신설비에 의존한 성장을 거듭해왔을

□■

2) 중소기업중앙회의 발표(2006. 5. 29)에 따르면 2004년 말 기준으로 우리나라 중소기업 수는 전체의 99.8%인 299만 8,223개다. 전체 노동자의 86.5%인 1,041만 5,383명이 중소기업에서 일하고 있으며, 제조업으로 한정하면 고용의 75.7%를 차지한다. 이 자료에 따르면 지난 5년간 중소기업의 고용은 154만명이 증가한 반면 대기업은 34만여명이 오히려 감소했다. 한편 노동생산성지수에서 대기업은 2000년 100을 기준으로 2005년 169.7로 크게 높아진 반면, 중소기업은 같은 기간 115.6으로 증가하는 데 그쳤다.

3) 김종선(2006)에 따르면 1991~2002년에 중소기업의 산출증가(13.92%)는 중간재투입 증가(8.37%)와 자본투입 증가(4.19%)에 주로 기인했으며, 노동투입 증가(0.07%)와 총요소생산성 증가(1.30%)는 적은 기여에 머물렀다. 그런데 이를 시기별로 나누어보면 1999년 이후 특히 총요소생산성이 기여한 정도가 크게 감소했다.

〈표 2〉 설비투자의 수입대체도 추이 (2000년=100)

1998	1999	2000	2001	2002	2003
93.7	95.3	100.0	100.7	115.7	136.9

출처: 삼성경제연구원.
주: 설비투자의 수입대체도=(기계류 수입물량지수/설비 기계류 내수출하지수)×100.

가능성이 높다. 이는 자주 언급된 사실로 완성품 수출이 증가했음에도 설비와 부품소재산업의 기반이 취약하여 대일 무역적자가 확대된 현실을 반영한다.

결국 재벌 중심의 중화학공업 수출이 늘어나도 대일본 부품소재 수입이 늘어나기 때문에 국내의 산업 연관 효과가 약화되고 있는 것으로 보인다. 이는 혁신역량을 기초로 새로운 네트워크를 재구성할 필요가 절실하다는 것을 시사한다. 특히 현재와 같이 생산유발계수가 작고 수입 중간재 투입 비중이 큰 전자산업의 혁신이 이루어지지 않는다면 반도체나 가전, 통신장비 등의 수출 증가가 거시경제지표의 왜곡 혹은 착시현상을 초래할 위험성도 큰 것으로 보인다.

마찬가지로 설비투자에 있어서도 수입품에 의존하는 비율은 〈표 2〉와 같이 꾸준히 상승했다. 이처럼 부품소재와 설비부문의 해외의존도가 높은 상황에서 더욱 높아지는 것은 산업구조는 선진화됐지만 그 내적 연계구조가 취약하며, 무엇보다 글로벌 경쟁력을 갖춘 소수 대기업을 중심으로 가공·조립 위주의 성장에 국한되어왔음을 시사한다.

이와같은 부품소재와 설비부문의 역량 부족을 극복하는 것이 한국경제의 현안 중 핵심적인 과제임을 부정하는 사람은 없을 것이다. 문제는 이에 대한 해법을 둘러싸고 올바른 길이 모색되고 있는가이다. 기존의 논의에서는 기술개발 역량을 확충하여 부품소재의 국산화를 달성하자는 것이 주류였으며, 참여정부 역시 중소기업 대책과 더불어 부품소재산업 육성정책을 적극적으로 추진해왔다. 그러나 어떠한 조건하에서 이러한 기술개발 역량이 확충될 수 있는 것인지, 어떤 기술개발에 집중해야 하는 것인지, 그리고 그러한 노력이 십수년간 이루어져왔음에도 왜 일본 등 선진국과의 격차는 좁혀지지 않는지 등에 대한 설명은 여전히 부족해 보인다.

기술에 대한 명확한 인식과 분류의 결여 속에서 그 하단에 있는 숙련과 노동의 중요성 역시 간과되고 있는 것은 매우 심각한 문제이다. 앞서 〈표 1〉에서 보았듯이 노동과 총요소생산성의 성장에 대한 기여도가 떨어진 것은 이러한 인식상의 결함, 그리고 그 결과로서의 '노동배제적 자동화' 중심의 성장전략과 관련된 것은 아닐까 생각된다. 그러한 점에서 기술인력뿐 아니라 기능인력을 포함하는 포괄적인 인적자원 활용 계획이 제출될 필요가 있다. 이는 특히 우리나라와 같이 물적자원은 부족한 데 비해 양질의 인적자원은 풍부한 국가에서는 핵심적인 과제라고 할 것이다. 지식기반 경제로의 전환 과정에서 이러한 인적자원의 중요성은 거듭 강조되고 있으나, 현실에선 그와는 반대로 양극화된 노동시장, 좀더 넓게는 소득분배구조의 악화 속에서 상층 일부에게만 이러한 혜택과 접근가능성이 보장되고 있는 것으로 보인다. 그러한 점에서 당위적 인적자원 개발 논의를 넘어서는 노동력의 재생산, 숙련 및 기술력 향상, 그리고 이들의 참여에 기초한 조직과 네트워크의 역량 증진을 모색하려는 논의가 활성화될 필요가 있다. 이는 인력난을 겪고 있고, 첨단기술의 개발보다는 숙련된 기술의 응용이 더 시급한 중소기업에 특별한 의미를 갖게 될 것이다.

3. 혁신친화적인 기업간 관계의 모색

최근 혁신 과제와 관련하여 클러스터(cluster)에 대한 논의가 활발하다. 산업 클러스터의 형성은 중심적 역할을 수행하는 대기업을 포함할 수도 있고 중소기업들의 집적에 의해서만 이루어질 수도 있다. 그것은 산업과 지역의 특성에 따라 좌우될 것이다. 그런데 이러한 클러스터는 개방된 경제하에서 글로벌 시장을 지향하고 지금은 내수지향이라고 하더라도 독자 혹은 공통 브랜드의 개발, 대기업이나 외국인 투자유치 등을 통해 최소한 동아시아시장을 겨냥한 개방화를 지향하는 것이 바람직하다. 그것은 부단한 기술개발과 규모와 범위의 경제를 확충하는 데 보탬이 될 뿐 아니라 글로벌 통합경제에서 도태되지 않기 위한 방어전략 차원에서도 필수적이기 때문이다.[4)]

그런데 글로벌 통합경제 아래에서는 경제의 중핵은 여전히 다국적 기업(MNEs)이 차지하는 경우가 일반적이며, 이들을 중심으로 글로벌 생산씨스템(GPS, Global Production System or Network)이 구축되어 있다. 그것이 수요자 주도형(buyer driven)이든 생산자 주도형(producer driven)이든 부가가치가 낮은 가치사슬(value chain)의 중간 영역을 차지하면서 세계시장에 통합된 동아시아지역의 수많은 기

□■

4) 우리나라 수출에서 중소기업이 차지하는 비중은 2003년 42.2%에서 2005년 31.3%로 급격하게 감소했는데, 이는 수출-내수 양극화 및 대-중소기업 양극화가 중첩되어 있음을 확인해준다. 중소기업의 경쟁력 강화를 바탕으로 산업 연관관계 및 수출 경쟁력 강화를 이루는 방법이 양극화 해소에 가장 근본적인 방법이라는 것에는 이론의 여지가 없을 것이다.

업들은 한편으로는 고부가가치화로 나아갈 수 있는 길이 다국적기업에 의하여 봉쇄되어 있다. 주로 동남아나 중국 기업들을 대상으로 한 기존 연구들은 이같은 현실에 주목하면서 부분적인 혁신을 통하여 가치사슬의 인접 고리로 사업영역을 점진적으로 확장·심화할 것을 주장한다(Sturgeon & Lester 2004; Humphrey & Schmitz 2002). 그러나 GPS를 둘러싼 기존의 논의들은 한국의 삼성전자나 현대자동차와 같은 성공사례, 나아가 중국의 롄샹(聯想)이나 하이얼(海爾)과 같은 초대형 기업의 부상을 설명하기에 다소 부적합한 것으로 보인다(조성재 외 2006).

이론적 논란과 무관하게 브랜드 파워를 갖춘 초대형 글로벌 기업이 국경 없는 경쟁시대의 주인공이 될 것이라는 점을 부정하기는 어렵다. 결국 우리나라 산업이 고부가가치화의 길로 나아가기 위해서는 부품·소재·설비산업의 육성 혹은 고도화와 더불어 더 많은 중견 기업들이 글로벌 플레이어로 성장해나갈 수 있는 길을 개척하는 것이 중요하다. 이와 관련하여 두 가지 과제에 착목할 필요가 있는데, 첫째, 재벌의 경제력 집중 문제를 일국 차원에서 다룰 것이 아니라 개방된 경제환경하에서 시장의 규율(market discipline)이 동아시아, 나아가 세계 전체에서 적용되도록 하는 데 집중할 필요가 있다. 이는 정경유착, 혹은 정책과 사업구조의 왜곡을 바탕으로 지대(rent)를 수취하는 데 주력하기보다는 기술력과 생산성을 기반으로 승부를 거는 체질을 강화할 것을 요구한다. 둘째, 재벌이 글로벌 플레이어로 성장해가는 것을 지지하는 것에 부응하여 재벌 역시 국내적 산업 연관을 고도화·심화하고, 이에 따라 부품소재산업이 육성되는 환경을 조성할 필요가 있다. 이는 재벌의 존재를 인정하는 것에 대한 반대급부로 기업의 사회적 책임(CSR, Corporate Social Responsibility)을 표명하는 것 이상으로 한국사회와 경제에 실질적으로 기여해줄 것을 재벌에 요구하는 것이다.[5)]

중화학공업을 중심으로 하는 국가의 주력산업에서 이러한 글로벌 생산씨스템의 일부분을 한국 업체들이 주도하도록 하는 것은 가치사슬 내부에 편입된 중소기업의 고도화를 지향할 뿐 아니라 그 주변의 물류, 정보화, 금융, 사업써비스, 나아가 문화콘텐츠산업 등의 확장과 심화를 유인한다는 점에서 대단히 중요하다. 그러나 단시일 내에 이것이 애초에 상정된 글로벌 시장규율에 따라 수직적 원하청 관계를 탈각하고 수평적 네트워크로 발전해가리라 기대하기는 곤란할 것이다. 따라서 부품소재산업의 발전을 위한 별도의 전략을 병행할 필요가 있는데, 중소기업들, 좀더 넓게는 중견기업들이 다국적기업에 대한 납품 기회를 이용하여 독자적으로 다른 가치사슬에 편입되는 것을 지향하면서, 다른 한편으로 지역 클러스터 차원의 사업영역 확대, 혹은 브랜드 개발을 통하여 독립적인 활동을 강화해나가는 것이다. 이는 중소기업의 입장에서 하청기업으로서 내적 충실화를 기함으로써 글로벌 하청기업으로서의 비전을 가짐과 동시에 이 과정에서 수요 대기업에 대한 교섭력을 높여 더 많은 부가가치를 향유하도록 하는 것을 의미한다.

그러나 모든 중소기업들이 이러한 글로벌 가치사슬에 편입되는 것은 아닐 것이다. 독립사업자에 적합한 업종에 특화한 중소기업의 활로 역시 적극 개척해야 할 것이며 그 과정에서 지역별로 특색있는 클러스터를 형성함으로써 집적의 경제가 향유될 수 있을 것이다. 특히 내수

□■

5) 이상의 재벌에 대한 지지, 그리고 그에 상응하는 재벌의 책임과 의무에 대한 강조가 흔히 이야기되듯이 '재벌과의 대타협'을 의미하는 것은 아니다. 이하에서 언급하듯이 재벌가의 편법·탈법 상속은 타협의 대상이 될 수 없기 때문이다. 다만, 재벌 가족과 대기업 및 기업집단은 구분지어 접근할 필요가 있다는 점은 강조하고자 한다.

지향의 중소기업들이 이러한 집적의 경제, 규모와 범위의 경제를 누리면서 점차 동아시아지역으로 시장을 넓혀가려는 전략이 중요한데, 이는 일본과 중국에 비해 내수시장 규모가 작은 우리나라로서는 불가피한 선택이기도 하다. 이상의 내용은 〈그림 1〉과 같이 요약되는데, 글로벌 플레이어로 성장하는 데 있어서 부품소재 중심의 중소기업들 역시 세계시장을 지향한 경쟁력을 갖추도록 하고 이를 통해 적하효과를 도덕적 당위에 의하여 복원하는 것이 아니라 대-중소기업이 서로 상생하여 경쟁력 강화에 이바지하는 방식으로 이뤄내야 한다는 것을 의미한다.

한편 중소기업의 발전단계에 적합한 정책수단을 개발하는 것도 중요한 과제이다. 시장구조적인 면에서 볼 때, 중소기업이 속한 대부분의 산업이 진입장벽이 낮고 경쟁자가 많으며 상대적인 협상력이 약하

〈그림 1〉 대-중소기업간 관계의 변화 방향

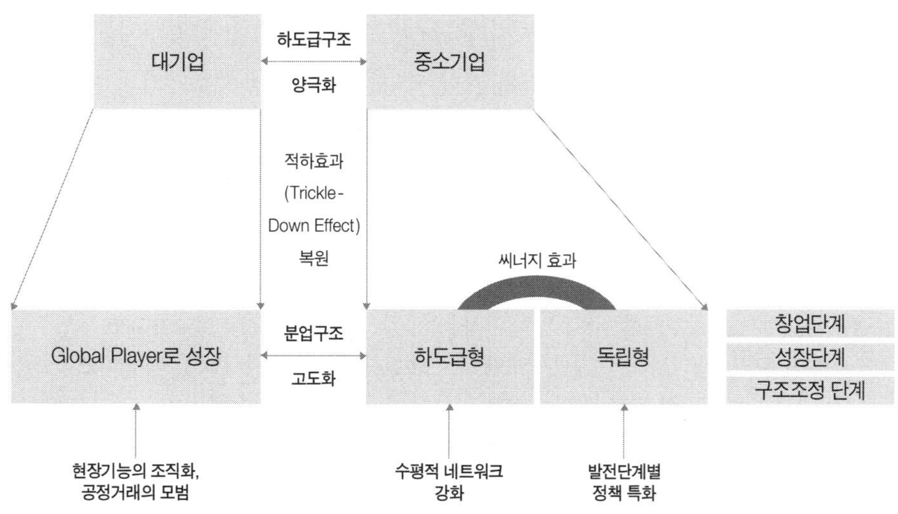

기 때문에 구조적으로 낮은 수익성을 벗어나기 어렵다. 특히 창업 후 많은 중소기업이 생존주기의 초기 단계에서 '신생의 부담'(liability of newness) 또는 '소규모의 불리함'(liability of smallness)을 갖고 있다(한정화 2006). 한편 최근 산자부는 종업원 수가 300~999명 또는 매출액이 400억원~1조원인 기업을 중견기업으로 새롭게 정의하여 대기업으로의 도약을 지원하고 있다. 그러나 한 조사에 따르면 1994년 56,472개의 중소기업 중에서 2003년 생존한 기업은 14,315개로 생존율 25.3%를 나타냈으며, 그중 중견기업으로 성장한 기업은 75개, 성장률은 0.13%에 불과하다(김종선 2006). 마지막으로 퇴출장벽이 원활하게 작동하지 않으면 비효율적인 중소기업이 시장에 퇴적되어 상시적인 과당·출혈경쟁의 함정에 빠질 수밖에 없다. 그러한 점에서 〈그림 1〉에서 보여주듯 하도급업체이든 독립업체이든, 아니면 두 가지를 병행하든간에 중소기업의 발전단계별로 적합한 기업생태계를 조성하고 적절한 정책을 구사할 필요가 있다.

이 대목에서 우리는 하도급관계에 대한 인식을 새롭게 할 필요가 있다. 하도급관계는 대기업이 자본비용과 노동비용을 절감하고 불확실성에 대응하여 유연성을 확보하기 위하여 구축한다. 이 과정에서 비용절감 요구와 물량변동에 대한 완충판 역할이 지나치게 강할 경우 중소기업의 성장은 질식될 것이다. 한편 과거 30여년간의 부품 국산화 노력에서 엿볼 수 있듯 모기업은 자회사 혹은 협력 중소기업의 역량을 키우기 위해 정부와 더불어 지원을 확대하기도 했다. 〈그림 2〉와 〈그림 3〉에서 볼 수 있듯이 중소기업들은 단가인하 등의 애로사항을 호소하고 있으나, 그것은 지난 10여년간 거의 비슷한 수준에 머물고 있다. 이는 하도급거래에서는 언제나 '착취'의 그림자가 드리워져 있다는 것, 그리고 원사업자는 항상 생산성 향상과 경영합리화를 요구한다는 것

〈그림 2〉 수급기업의 납품거래시 애로사항(복수응답)

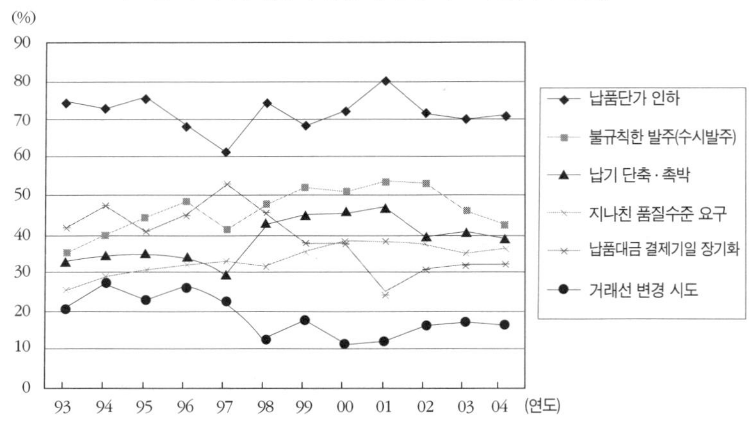

출처: 중소기업중앙회 『중소기업 실태조사보고』(각년도)

〈그림 3〉 수급기업이 거래 모기업으로부터 지원받은 사항(복수응답)

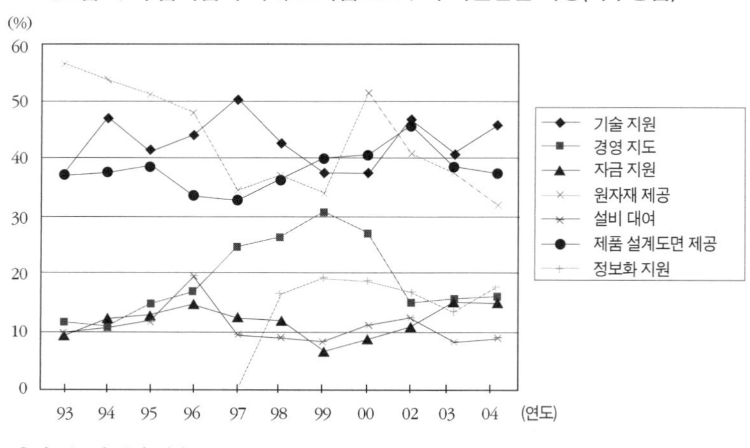

출처: 〈그림 2〉와 같음

을 보여주는 것이다.

그런데 동태적 변화를 살펴보면 최근 그 정도가 약화되기는 했으나 외환위기 이후 납품단가 인하와 더불어 물량변동의 완충지대로서의 활용(불규칙한 발주, 납기 단축·촉박), 그리고 품질수준에 대한 요구가 크게 늘어났음을 알 수 있다. 반면 모기업의 지원은 다소간 줄어든 것으로 확인되는데, 그러한 점에서 하도급의 두 가지 측면 중 '착취'를 완화하고 '육성' 측면을 좀더 강화해나갈 필요성을 제기하는 것이라 할 수 있다.[6] 이때 앞서 언급한 바와 같은 수평적 네트워크를 지향하면서 하도급기업의 교섭력을 높이는 것과 아울러, 모기업의 지원을 좀더 많이 끌어내면서 그 요구를 원활하게 충족시킬 수 있도록 지역이나 업종 단위의 대-중소기업간, 그리고 중소기업간 네트워크 강화로 대응할 필요가 있다. 그리고 그 실현수단의 하나로 클러스터 전략을 배치하는 것은 아주 큰 의미를 가질 것이다.

마지막으로 이러한 대-중소기업간 관계, 그리고 중소기업간 관계를 새롭게 형성해가는 데 있어서 지역 내 기술개발의 역량을 대학이나 연구소 등과 더불어 구축하고, 노동의 의미를 재조명하여 숙련에 기반한 혁신역량을 구비하는 것 역시 글로벌 시장을 지향하는 네트워크에서 반드시 갖추어야 할 과제임을 강조하고자 한다. 특히 대기업집단에 대하여 노동이 그 대표조직을 통해 우리사주의 확대, 경영 참가(정보공유 및 의사결정 참가), 지역사회에 대한 기여 촉구 등 여타의 발언권을 강화하는 것은 이들을 사회적 통제하에 두면서 경제발전의 선도적 역할을 담당하도록 하는 데 핵심적인 과제가 될 것이며 이는 노동운동

□■

6) 이와 관련하여 한정화(2006)의 경우 한국의 기업생태계는 대기업과 중소기업의 공존과 갈등의 관점에서 인식해야 한다고 주장한다. 그 연장선상에서 중소기업 정책은 경제정책과 사회정책이 복합되어 있으며, 따라서 두 정책간의 구분과 조화가 필요함을 역설한다.

역시 혁신의 주체 중 하나로 자기 역할을 다할 것을 요구받는다는 것을 함축한다. 또한 이러한 자본과 노동 간의 대타협 구도 속에서 지역이 삶의 공동체로 기능할 수 있도록 하는 것은 안정적 노동력 재생산(연대)을 기반으로 한 개방과 혁신의 경제씨스템 구축에 있어서 중심적인 의미를 갖게 될 것이다.

4. 향후 전략방향과 정책과제

(1) 네트워크형 발전모델과 기업간 관계

참여정부를 비롯하여 역대 정권은 중소기업에 대한 정책을 중심과제로 설정해왔다. 그러나 정책의 백화점식 나열이 아니라 정확한 침로(針路)에 입각한 혁신친화적인 기업간 관계를 형성하기 위해서는 각 주체의 역할을 분명히 하고 새로운 협치구조 속에서 경제민주주의와 효율성이 공존할 수 있도록 해야 한다. 그것은 단지 중소기업의 활동 공간을 넓힌다는 차원을 넘어서서 노동자와 지역주민, 그리고 대학과 연구소가 함께 참여하여 글로벌 경쟁에 대한 대응능력을 갖춰나가는 혁신과 연대의 공동체 형성을 지향한다.

네트워크형 발전모델에서는 그러한 점에서 대기업과 기업집단의 역할에 새로운 의미를 부여한다. 글로벌 통합경제에서 초국적기업은 함장(global flagship) 역할을 맡고, 그 브랜드 파워는 가치사슬의 전체 부가가치 창출 능력을 좌우한다. 우리나라의 경우 5대 재벌 이외에 그러한 함장 역할을 할 수 있는 중견 재벌이 외환위기 이후 크게 약화되었다는 점에 주목할 필요가 있다. 아울러 괜찮은 일자리(decent job)를 창출할 수 있는 대기업의 고용비중이 지난 10여년간 하락해왔으며 여타 OECD 국가에 비해 특히 낮은 현실에 주목할 필요가 있다.[7] 글로벌 플레이어는 이밖에도 물류, IT, 금융, 사업써비스 등과 관련한 외부효과를 창출할 수 있다는 점에서 그 중요성을 아무리 강조해도 지나치지 않다.

그럼에도 불구하고 여전히 불법과 탈법에 의존하는 재벌의 상속 시도와 경제 전반에 걸친 권력 남용 현상은 국민들로 하여금 선뜻 재벌에 대한 지지를 주저하게 한다. 그러한 점에서 새로운 협치구조에서는 재벌에 대한 사회적 감시와 견제를 명시적으로 언급할 필요가 있다. 다만, 그것이 기업가정신이나 경제활동의 자유를 억압하는 형태여서는 곤란할 것이기 때문에 법적 규제 혹은 사전적 영업활동에 대한 제약보다는 사회적 타협 형식의 좀더 유연한 접근법이 필요하다. 이를 위해서는 특히 기업정보에 정통한 노동조합, 노사협의회 등 내부자의 감시 역할이 결정적인 변수가 될 수 있다는 점에서 우리사주제 등과 연계한 경영 참가 모델은 그 의미가 크다 하겠다. 아울러 이러한 내부감시자와 시민단체, 지역주민 등 외부 감시자의 공조 행동 역시 강조될 필요가 있을 것이다.[8]

생산 네트워크의 정점에서부터 이러한 형식적인 경제민주주의의 틀을 갖추어나가되, 그 내용적인 측면에서 작업장 혁신, 임금과 직무, 숙

□ ■

7) 우리나라에서 500인 이상 사업체에 종사하는 노동자 비율은 1993년 17.2%에서 2003년에는 8.7%로 하락했다(통계청 「사업체기초통계조사」). 이는 OECD 국가들의 20~40%와 비교하여 턱없이 낮은 수준이다.

8) 내부와 외부 감시자의 중간 영역에 금융의 역할이 존재한다. 특히 주거래은행 등을 중심으로 한 원활한 자금 공급은 대기업보다는 중소기업에 절실하다는 점에서 금융의 역할에 대한 탐색이 필요하다. 이를 누락한 것은 본고의 결정적 한계이다.

련, 작업조직 씨스템을 구비해나가는 데도 주목할 필요가 있다. 이는 기술혁신에 대한 강조에 비해 기능인력의 중요성이 간과되어온 현실에 주목하고자 하기 때문이다. 특히 점진적 혁신이 중요한 전통적인 제조업에서는 '노동배제적 자동화'를 넘어서는 노동과 자본의 통합적 모델이 추구되어야 경제성장의 성과가 자연스럽게 확산되고 노동자들을 비롯한 각 주체들 역시 혁신친화적으로 생산에 참여하게 된다는 점을 강조하고자 한다.

아울러 네트워크형 발전모델에서 중소기업은 거대기업의 사회적 책임의 대상임을 인식할 필요가 있다. 그러나 그것은 기계적·하향적 평균주의로 매몰되는 것이 아닌, 혁신에 의하여 주도되는 새로운 기업관계의 형성을 지향하는 것이어야 한다. 그것은 하도급의 두 얼굴인 '착취'와 '육성' 중 착취를 억제하고 육성을 극대화하는 전략을 필요로 하며, 궁극적으로는 글로벌 시장으로 나아가는 대기업과 중소기업의 수평적 네트워크 형성을 지향한다. 특히 대기업과 중소기업 모두 글로벌 시장에 대한 개방과 편입의 정도를 높일수록 일국 내에서의 수요독점적 지위와 종속적 거래관계로부터 탈피할 가능성이 높아지고, 그렇게 개방형 거래로 나아갈수록 비생산적인 지대를 전유할 가능성이 낮아져 대·중소기업 모두 기술 및 작업장 혁신에 좀더 더 적극적이게 된다는 사실에 주목할 필요가 있다.[9)]

□ ■

9) 미국과 일본 자동차산업의 부품조달체계를 연구한 헬퍼(Helper 1991)에 따르면 미국은 빅3(GM, 포드, 크라이슬러)의 과점 구조로 부품업체를 혁신의 동반자로 삼기보다는 시장거래관계(arm's length relation)를 통하여 수요독점적으로 착취하는 데 집중했으나, 일본은 1950년대부터 11개 업체간의 치열한 경쟁관계로 부품업체들의 도움이 필요했고, 이로 인하여 협력적인 장기거래관계와 공동 혁신씨스템이 구축되었다고 한다. 이는 완성차업체간 경쟁의 정도, 최근에는 개방의 정도가 하도

요컨대 네트워크형 발전모델에서는 대기업과 중소기업 간, 그리고 중소기업 상호간의 새로운 분업구조를 지향하되, 그것이 대외에 개방적인 형태로 이루어짐으로써 수평적 네트워크가 형성되도록 하고, 첨단기술뿐 아니라 현장기능에까지 이르는 다양한 혁신 역량을 네트워크 전체가 공유하도록 함으로써 부가가치 창출 능력을 높이도록 해야 할 것이다. 아울러 대기업이 사회적 책임에 적극적이고, 또한 사회적 견제와 내부자 감시를 통해 이를 견인함으로써 네트워크 내부의 분배 공정성이 사전에 확보되도록 해야 할 것이다. 이러한 개방을 지향한 혁신과 연대의 네트워크는 적어도 동아시아지역에서는 국민국가 단위에서 큰 의미를 가질 것이나, 좀더 미래지향적이기 위해서는 클러스터 형성을 매개로 지역 균형발전과도 연계될 필요가 있을 것이다.

(2) 하도급 및 중소기업 정책 과제

하도급구조와 거래관행의 개선은 네트워크형 발전모델의 핵심과제 중 하나로서 기존 정책의 한계를 보완하면서 이루어져야 한다. 하도급구조 자체가 워낙 복잡하기 때문에 다양한 정책수단의 혼합을 통하여 이 문제에 접근할 필요가 있다. 정책혼합에서 가장 기본이 되는 것은 〈그림 4〉에서와 같이 기업간 거래의 투명성을 확보하는 것이다. 외환위기를 거치면서 개별기업의 경영 투명성은 크게 제고되었으나, '기업간 거래의 투명성'은 여전히 개선되지 않고 있으며, 이것이 구래의 하도급구조를 온존시켜 중소기업의 발전을 저해하고 근로조건 격차를 확대해왔다. 특히 재벌 중심의 친소구분 관계에 따라 지대가 사전적으

□■

급구조를 크게 변화시킬 수 있음을 시사한다.

〈그림 4〉 공정한 하도급 질서 확립과 격차 완화를 위한 정책혼합

업종별 노사정협의회를 통한 자율감시와 개선 노력	•하도급구조 개선 위한 공공부문 노사정협의회	공공부문에서의 모범 창출
•산업별 노사정 공공감시단 •업종별 노사정의 기업횡단적 노동시장 구축 노력 •대기업에 사외이사로 구성된 내부거래위원회 설치 •대·중소기업 공동 기술개발에 대폭 지원 혹은 기금 조성 •중소기업 대형화 유도	기업간 거래의 투명성 제고 (임률, 단가결정방식, 업체선정방식 공개)	•표준단가 및 표준품셈표 작성·고시 •노무비 산정기준 기재 의무화 •4대 보험료 별도 정산 •조달업체 선정시 임금격차 축소 우수업체 가산점
초대형 원사업자의 CSR과 전략변화 위한 사회적 압력	•하도급 적용대상 확대 •수급사업자에 대한 원사업자의 책임 강화	정부조달에서의 인센티브·페널티 정책

로 배분되어버리는 불공정성을 치유하기 위해서는 기업집단 내부거래를 감시하는 사외이사제 같은 상시감시체제가 구축되어야 할 것이다. 또한 하도급거래와 관련하여 업체 선정방식, 단가 결정방식 등이 공개되어야 수의계약이 만연한 하도급거래의 불공정거래 소지를 근본적으로 치유할 수 있다. 한편 납품가격 결정에서 임률과 공수(工數)가 가장 결정적인 영향을 미치는데(조성재 외 2005), 공정한 하도급 질서를 확립하기 위해 임률 공개를 강력히 추진해야 한다.

이때 업종별 노사정협의회와[10] 같은 기구가 활성화되어 있을 경우 업종의 특성에 맞게 민간에서 자율적으로 표준계약서 양식을 설정해 나감으로써 민간부문의 계약자유 원칙을 침해한다는 비판에 대응하는

방안도 있을 것이다. 좀더 근본적으로는 민간부문의 재량권과 창의성을 노사간, 사사간 자율에 남겨두면서 공공부문에서 선도적인 노력을 기울임으로써 긍정적인 파급효과를 겨냥하는 방안을 검토해야 한다.

요컨대 정부는 하도급 정책을 구사함에 있어 하도급거래가 '착취'와 '육성'의 양면성을 갖는다는 사실을 충분히 숙지하고, '착취'를 억제하는 제재(penalty) 정책과 '육성'을 극대화하는 유인(incentive) 정책을 전략적으로 병행하고 배합할 필요가 있다. 이 과정에서 민간 자율의 감시와 견제씨스템이 작동할 수 있도록 힘의 균형을 맞추어주고 정보의 원활한 흐름을 촉진하는 고도의 정책적 판단을 지속해나가야 할 것이다.

중소기업 정책 일반에서는 중소기업의 명확한 분류에 기초하여 대상에 특화된 정책수단을 개발해야 한다. 하청형 이외에 기술혁신형과 품목다변화형 등의 중소기업 유형에 맞추어 기술개발 지원, 해당 인력에 대한 훈련과 공급 확대, 그리고 M&A 촉진 등의 다양한 정책을 구사할 필요가 있다.[11] 이러한 정책 접근에 있어서도 과정상의 의견 수렴 등 민주적 절차를 강화할 필요가 있는데, 그것은 구조조정에 대한 저항감이 중소기업이나 노동자들 사이에서 매우 크다는 점을 감안해야 하기 때문이다. 그러한 점에서도 사회적 타협체제의 구축은 대단히

□■

10) 7개 업종 사례를 연구한 조성재 외(2005)에 따르면 업종별로 하도급 거래질서와 관행은 상당한 차이를 보인다. 따라서 대기업과 중소기업, 원청과 하청기업은 물론 불공정한 하도급거래로 가장 큰 피해를 보는 노동자들의 대표가 참여하는 업종 단위의 노사정협의회는 풍부한 내부 정보를 토대로 자율적인 조정을 해나가기 좋은 기구이다. 이때 노동조합의 참여가 필요한 이유는 중소기업 사업주는 원청에 애로와 불평을 피력하기 어렵지만, 중소기업 노조는 대기업 노조와 연대할 경우 이러한 발언이 상대적으로 용이하기 때문이다.

11) 중소기업의 유형 구분과 그에 따른 정책 과제에 대해서는 이병헌(2005) 참조.

중요한데, 중소기업이나 산업의 다양성을 고려할 때 거시적 노사정위원회 이외에 업종별·지역별과 같은 중범위 수준(meso-level)의 대화와 타협이 중요하게 부각될 필요가 있다.

| 참고문헌 |

김종선(2006)「동반성장을 위한 제조업 내 중소기업 육성 정책의 시사점」,『과학기술정책』 2006년 5·6월호, 과학기술정책연구원.

이병헌(2005)「우리나라 중소기업의 유형별 경쟁력 강화방안과 정책과제」, 한국노동연구원 수요간담회 발표자료(미공개).

조성재 외(2005)『원하도급업체간 임금격차 실태분석 및 개선방안』, 한국노동연구원.

조성재 외(2006)『동북아 제조업의 분업구조와 고용관계』 II, 한국노동연구원.

한정화(2006)「중소기업 문제의 본질에 대한 이해와 해결대안의 모색」,『과학기술정책』 2006년 5·6월호, 과학기술정책연구원.

Helper, S.(1991) "How Much Has Really Changed Between U.S. Automakers and Their Suppliers?," *Sloan Management Review*, Summer.

Humphrey, J. and Hubert Schmitz(2002) "How Does Insertion in Global Value Chains Affect Upgrading in Industrial Clusters?" *Regional Studies* Vol. 9, 36~39면, 1017~27면.

Sturgeon, T. J. and Richard K. Lester(2004) "The New Global Supply-Base: New Challenges for Local Suppliers in East Asia," Shahid Yusuf, M. Anjum Altaf and Kaoru Nabeshima (eds.), *Global Production Networking and Technological Change in East Asia*, The World Bank.

금융부문의 혁신[1)]

이 건 범

1. 서론

경제의 선진화를 위해서는 금융부문의 효율화가 필수적이라고 할 수 있다. 금융부문의 역할은 경제의 성장단계와 정부의 간섭 정도, 기업씨스템에 따라서 다를 수 있으나, 자원의 효율적인 배분과 지급씨스템의 유지, 정보의 전달 등 기본적인 기능을 수행하지 않는다면 금융부문이 경제성장을 견인하기보다는 오히려 제약할 수 있다. 본 연구에서는 향후 지속 가능하고 안정적인 성장을 위해 필요한 금융부문의 개혁 과제를 살펴보겠다.

□ ■

1) 이 글은 『동향과전망』 64호에 발표한 필자의 글(이건범 2005)을 수정 · 보완하여 작성한 것이다.

외환위기 이후 우리나라 금융부문은 큰 변화를 겪었다. 해방 이후 최대라 할 수 있는 금융권의 구조조정이 있었고 대마불사의 대기업들이 구조조정의 대상이 되었으며 정치적인 스캔들이 아니면 좀처럼 해체되지 않던 재벌들이 해체되고 해외자본에 매각되기도 했다. 외환위기 이후 금융 및 기업구조조정에 대해서는 다양한 견해가 있다. 위기상황에 대응하여 공적자금을 이용해 신속하게 대처하여 경제의 조기 안정화에 기여했다는 긍정적인 견해도 있는가 하면, 섣부른 영미식 개혁을 실시하는 바람에 씨스템 와해를 초래하고 기업금융씨스템을 마비시켰다는 부정적인 견해도 있다. 어떠한 견해를 택하든 우리나라 금융 및 기업씨스템에 큰 변화가 있었다고 평가할 수 있다. 즉 우리나라에서 금융기관수가 크게 감소했고 대기업 위주의 은행대출은 가계와 중소기업 대출로 전환되었으며 기업의 자금조달에서 내부자금의 비중이 크게 상승했다. 금융기관의 부실채권 비중 또한 크게 낮아졌고 BIS 비율이 제고되었으며 수익성도 향상되었다. 또한 자본시장에서는 주식시장의 시가총액이 상승하고 있으며 채권시장 발행 잔액도 꾸준히 증가하고 있다. 그러나 이러한 외형상의 변화에도 불구하고 투신사 사태, 카드사 사태, 신용불량자 문제, 중소기업대출의 부실화 우려 등 금융시장의 불안정성이 지속되었다. 한편 주식시장에서의 기업 저평가도 지속되고 있다. 그리고 금융부문에서 외국자본의 진입이 크게 확대되어 외국자본의 국내 금융산업 지배가 현실화되는 것이 아니냐는 우려도 있다.

본 연구에서는 효율적이고 안정적인 금융씨스템을 구축하는 데 필요한 것이 무엇인지를 살펴보고자 한다. 외환위기 이후에 이전의 정책방향과는 다른 영미식의 많은 제도가 도입되었고 이러한 제도적인 변화에 주목하여 우리 금융씨스템이 시장중심형 금융구조(market-based financial system)로 변화했다는 주장이 있으나, 은행중심형 금융구조(bank-based financial system)인지 시장중심형 금융구조인지가 중요한 것이 아니라 금융의 다양한 기능이 효율적으로 수행되는 금융씨스템을 갖는 것이 중요하다는 시각에서 금융구조를 파악하고자 한다. 즉 금융은 그것이 어떠한 기관에 의해서 수행되든지 다음과 같은 기능을 원활하게 충족시키는가에 따라서 그 효율성을 판단해야 한다. 크레인 외(Crane et al. 1995)에 따르면 지급결제(clearing and settling payments), 자원의 집중과 분할(pooling resources and subdividing shares), 자원의 이전(transferring resources across time and space), 위험의 관리(managing risk), 정보의 제공(providing information), 인센티브 문제 해결(dealing with incentive problems) 등을 금융의 핵심적인 기능으로 보고 있다. 이 글에서는 어떠한 과제를 해결해야 이러한 금융의 기능을 제대로 수행할 수 있는지를 파악하기로 한다. 경제의 글로벌화 과정과 경제정책(economic policy) 및 사회정책(social policy)의 변화 속에서 금융의 역할을 새롭게 재정립할 필요가 있다고 할 수 있다. 즉 글로벌화와 더불어 전세계적으로 양극화와 고용의 불안정성 강화가 진행되는 싯점에서 취약계층의 보호와 삶의 질 향상을 위한 금융의 역할을 살펴볼 필요가 있다. 우선 최근 금융씨스템의 변화에 대하여 알아보고 향후 추진 과제를 살펴보도록 한다.

2. 외환위기 이후 금융씨스템 변화

외환위기 이후 금융부문의 변화와 관련해 기업부문, 개인부문, 금융부문 특히 자본시장의 변화에 대하여 간략하게 살펴보자.

우선 기업의 자금조달 구조가 크게 변했다. 전통적으로 외부자금에 주로 의존하던 우리나라 기업부문이 영업잉여나 감가상각비 등 내부자금 이용을 확대했으며 외부자금에 대한 의존을 크게 줄여 1990년대 초 약 30%에 미치지 못하던 내부자금 비중이 2000년대 들어서서 약 50%에 이르게 되었다. 물론 투자부진에 따라서 자금조달 규모가 감소해 외부자금의 규모를 축소한 것도 내부자금 비중이 커진 한 원인이라 할 수 있다. 그러나 이러한 자금조달 구조의 변화는 우리나라 기업부문의 자금조달이 선진국 기업의 자금조달 형태와 유사한 형태로 변화된 것을 보여주는 것이라 할 수 있다.

이와같은 기업부문의 변화와 더불어 은행의 기업부문에 대한 대출도 외환위기 이후 크게 변했다. 1990년대 초반까지 약 80~90%에 달하던 기업 대출이 2000년에 들어 50%대로 떨어지고 2003년말 현재 43.9%(시중은행 기준)에 머무르고 있다. 이 비율은 미국 상업은행의 기업대출 비중인 약 30%보다는 높으나 일본 은행의 비율(약 70%)에 비해서는 매우 낮은 것이다.

기업의 자금조달 구조 변화와 은행의 대출전략 변화에 따라서 우리나라 기업의 부채비율은 급속히 하락했다. 즉 1997년 말 약 400%에 육박하던 부채비율이 2003년 말 현재 123.4%로 감소했으며, 이 비율은 미국의 154.8%(2003년), 일본의 156.2%(2002년)보다도 낮은 수치이다.

이상과 같은 기업부문의 자금조달상의 변화는 외환위기가 기업의 과도한 부채와 방만한 경영에 기인했다는 문제의식 아래 취해진 조치와 무관하지 않다. 즉 재무구조 개선 약정을 통해 대기업집단의 부채비율을 200%로 낮추도록 유도한 조치와 기업의 자산재평가 등에 따라서 기업의 부채비율이 급속도로 낮아진 것, 그리고 기업이 내부자금 의존을 높인 것, 그리고 낮은 투자율로 외부자금을 크게 늘리지 않은 것 등이 기업부채율을 낮춘 주요원인이라고 할 수 있다. 이러한 부채비율의 감소는 차입금에 대한 의존을 낮추고 이자율이 하락하는 가운데 금융비용을 줄이는 효과를 가져와 매출액경상이익률(제조업 기준)이 2002년과 2003년에는 1974년 이후 가장 높은 4.7%를 기록하는 데 크게 기여했다.

한편 기업부문과는 달리 가계의 재무구조는 부채 의존적으로 크게 변화했다. 외환위기 이전까지는 기업 위주의 은행대출, 소비자 금융수단의 부재, 주택금융제도의 미비 등으로 금융기관의 가계대출은 낮은 수준이었다. 그러나 외환위기 이후 가계대출 위주의 은행대출 전략의 변화, 신용카드 이용의 확대 등으로 가계부채가 크게 확대되었고 가계의 채무부담이 크게 확대되었다. 즉 금융자산대비 금융부채비율이 1998년 이후 지속적으로 상승하여 일본이나 미국의 두배에 이르는 51%를 기록하고 있으며, 가처분 소득대비 지급이자비율도 일본의 2.1배, 미국의 1.4배에 달하는 10.6%를 기록해 과잉채무부담의 현황을 보여준다(한국·미국: 2004년 6월, 일본: 2003년 9월).

한편 외환위기 이후 가계자산 운용은 가계의 부채 운용 변화에 비한다면 큰 변화를 보였다고 할 수는 없으나 안정자산 위주의 자산운용 성향이 다소 강화되었다고 할 수 있다. 이러한 가계의 자산운용으로 금융자산에 비하여 실물자산을 과도하게 보유한 상태에서 위험에 대한 인식이 커졌고 결국 가계 전체의 자산보유가 자본시장 발전을 제약하는 형태로 변화하여 적절한 수준의 위험을 분산시키는 금융의 기능이 효율적으로 이루어지지 않았다.

또한 금융기관간 자산의 분포를 살펴볼 때 은행의 신탁계정은 하락하고 고유계정은 증가하여 은행권이 대체로 총자산의 절반을 차지하고 있으며, 보험은 증가하고 비은행은 조금 감소한 것으로 나타나서 권역별 자산분포가 대체적으로 크게 변했다고 할 수 없다. 한편 위험성 금융자산을 주로 다루는 증권과 투자기관의 비율이 하락하고 은행신탁 부문의 비중이 줄어든 반면 예금보험의 적용을 받고 안정적인 수익을 올릴 수 있는 은행의 고유계정, 지역 금융기관 및 보험사의 비중이 높아진 것은 개인의 금융자산 수요가 좀더 안정지향적으로 변했음을 시사한다.

한편 외환위기 이후 우리나라 금융씨스템이 은행중심형에서 시장중심형으로 전환되었다는 논의도 있는데 이러한 논의는 자금조달이나 자본시장의 규모 확대 등 객관적인 자료에 의존한 것이라기보다는 IMF 이후 주주자본주의 지향형 제도개선 및 각종 자본시장 육성정책에 강조점을 두었기 때문이라고 할 수 있다. 즉 외환위기 이후 자본시장에서 M&A를 활성화하기 위해 제도를 개선한 것, 소액주주의 권익을 보호하는 장치를 보강한 것, 자본시장의 공시 및 투명성을 제고한 것 등 영미식 자본시장제도를 안착시키는 과정에서 다양한 제도를 도입한 것이 이러한 판단을 유도했다고 생각된다.

자본시장의 변화 가운데 특징적이라고 할 수 있는 것은 벤처붐과 코스닥의 부침이다. 우리나라의 기업금융이 전통적으로 부채계약에 따른 금융(debt financing)이었으나 벤처붐을 통해서 주식에 의한 금융(equity financing)도 주목받게 된 것은 이전의 기업성장 역사와는 매우 다른 특징적인 것이라고 할 수 있다. 벤처붐이 있었던 2000년에 벤처캐피탈 투자는 1998년에 비하여 3배가량 증가하여 놀라운 성장세를 보였다.

또한 벤처붐에 힘입은 코스닥시장의 1999년, 2000년대 호황은 이후 거품붕괴로 부작용이 표출되기는 했지만 재벌 이외의 기업이 크게 성장할 수 있다는 새로운 가능성을 보여주었다. 물론 거품붕괴 이후 정체상황을 맞고 있으나, 코스닥시장의 성장은 전세계의 신시장거래소(new market exchanges)가 문을 닫거나 다른 거래소에 합병당한 사례에 비추어 크게 성공한 케이스라고 할 수 있다.

한편 자본시장 규모의 확대를 살펴보면 주식시장의 경우 시가총액이 크게 증가(1997년 약 71조원에서 2004년 약 413조원)했고, 회사채의 발행잔액 역시 확대(1997년 약 232조원에서 2004년 약 716조원)되었다. 그러나 경제규모 대비 자본시장 규모의 국제비교에서 우리나라의 시가총액이나 채권시장 규모는 여타 국가에 비하여 작은 수준이라 할 수 있다. 즉 자본시장이 확대되고는 있으나 아직 그 규모가 우리 경제의 규모에 비해 크지는 않다. 또한 외환위기 이후 일시적으로 자금조달에서 직접금융의 역할이 증대된 시기가 있었으나 이후 평년 수준을 되찾고 있다는 점도 자본시장의 역할이 크게 제고되었다고 판단할 수 없는 근거라 할 수 있다.

이와같이 자본시장이 크게 확대되지 않은 이유로는 여러가지를 생각해볼 수 있으나 주식시장의 경우 변동성이 매우 높고 투자자 보호가 소홀한 점 등이 주요요인이라고 할 수 있으며 채권시장의 경우 채권투자자의 법률적 보호가 미흡하고 유통시장의 유동성이 부족한 점 등이 지적되고 있다. 또한 자본시장에서 중개기능을 담당하는 증권회사가 위탁매매 수수료에 크게 의존하고 인수, 자기매매, 자산관리 등의 투자은행(investment bank)으로서의 기능을 충분히 수행하지 못하는 것도 자본시장 발전의 제약요인이라고 할 수 있다. 따라서 금융씨스템이 은행중심형에서 시장중심형으로 전화했다고 판단하기는 어렵다.

아래에서는 이러한 금융씨스템의 변화에 기초하여 향후 경제의 지속 가능하고 안정적 성장을 위하여 필요한 금융부문의 과제를 경제의 안정화와 효율화를 위한 과제, 그리고 혁신과 사회안정화를 위한 과제로 나누어 살펴보자.

3. 경제의 안정화와 효율화를 위한 과제

(1) 금융시장의 안정성 강화

금융시장의 안정성은 경제가 안정적으로 성장하는 데 필수불가결한 요소라고 할 수 있다. 금융자산과 부채를 갖고 있는 개인 및 기업은 금융시장에 급격한 변동이 오면 큰 타격을 입게 되고 안정적인 경제생활을 영위할 수 없게 된다. 외환위기 이후 공적자금의 투입, 금융기관의 대규모 구조조정, 금융기관에 대한 적기 시정조치의 도입, 금융기관의 자산 건전성 분류 기준 도입 등 금융회사의 건전성과 금융시장의 안정성을 제고하려는 제도들이 대거 도입되었는데도 1999년 투신사 사태, 2002~3년 신용카드 사태와 카드채 환매사태 등 금융시장의 씨스템적 위기가 있었다. 그런가 하면 가계대출 확대에 따른 가계부담 증가, 부동산 가격 상승 및 중소기업여신의 급속한 확대에 따른 연체율 상승 우려 등 금융시장의 문제점이 제기되었다. 그리고 이러한 금융씨스템 및 금융시장의 문제가 발생했을 때 외환위기 이전과 마찬가지로 정부가 적극 개입함으로써 선진제도의 도입 등 표면적인 변화가 있었지만 실질에 있어서는 과거와 같은 정부의 과도한 개입 행태에서 벗어나지 못했음을 드러냈다.

금융씨스템 위기의 지속적인 출현은 가계 및 기업의 금융행위에서 시계(time horizon)를 줄이고 실물선호 성향을 강화하는 부정적인 영향을 미친다. 이는 결국 금융기관 자산운용의 단기화를 초래하고, 위험자본에 대한 투자를 줄여 실물자본의 성장을 도모하는 금융기능의 약화를 초래한다. 특히 금융시장의 자금 편중 및 단기 부동화 현상이 심화된 것은 금융시장의 불안요인에 대한 우려 속에서 안정지향적인 자금운용이 증가했기 때문이라고 할 수 있다. 이는 자금의 장기화를 억제하고 자본시장의 성장을 제약하는 효과를 가져온다. 더욱이 최근 개인부문의 부채가 증가하고 금융시장의 안정성이 확보되지 않은 상태에서 자본시장의 발전을 위해 위험도가 높은 금융자산에 대한 급증하는 수요를 방치할 경우 금융시장의 불안이 경제에 미치는 영향은 더욱 증대될 것이다.

따라서 금융시장의 안정성을 확보하는 것이야말로 금융부문의 기능을 정상화하는 데 무엇보다도 중요한 것이라 할 수 있다. 이를 위해서는 금융기관의 건전성에 대한 감독 당국의 감독 능력을 확충해야 하고 금융기관 역시 자체적으로 위험관리 능력을 강화해야 한다. 또한 개인신용평가회사(credit bureau) 제도가 미비한 상태에서 카드를 남발하게끔 방치하여 문제를 확대시킨 신용카드 사태를 참고하여 금융씨스템의 위험을 사전에 제어할 수 있도록 제도를 보완할 필요가 있다.

(2) 금융감독체제의 개편

1999년 우리나라는 종전의 은행감독원, 증권감독원, 보험감독원, 신용관리기금 등 4개 감독기관을 통합하여 금융감독원을 출범시켰다. 감독기구를 통합한 것은 금융기관 고유 업무영역이 모호해지는 상황에서 분산으로 인해 어려웠던 감독기관간의 정보공유 및 업무제휴 등을 보완하고 권역별 감독기능의 상호연계를 통해 유기적이고 신속한 감독정책을 수행하기 위한 것이라고 할 수 있다. 또한 통합감독기구의 출범으로 금융씨스템의 안정을 기하고 금융소비자를 보호하기 위한 것이라고 할 수 있다.

이러한 통합 금융감독기구의 출범은 금융겸업화의 확대와 금융기관의 기능 수렴화 현상에 대응하여 감독기구를 통합한 선진국의 사례를 발빠르게 벤치마킹한 것이다. 그러나 좋은 취지에도 불구하고 통합기구가 감독업무를 충실히 수행하고 있는지에 대해서는 회의적이다. 특히 공무원조직인 금감위 사무국과 민간조직인 금감원의 업무 분담 문제, 법률제정권이 있는 재경부와 금감위 및 금감원의 업무 협조 문제, 금감위 및 금감원과 한은, 예보와의 업무 협조 문제 등 감독체계 전반에 걸친 개편 논의가 계속되어왔다. 신용카드 위기에 대한 감사원 감사를 계기로 촉발된 참여정부의 금융감독체제 개편 문제는 2004년 8월 금융감독의 틀을 바꾸지 않으면서 재경부, 금감위, 금감원 간 역할 분담을 확정하는 것으로 일단락된 상태이다.

그러나 신용카드 위기에 대한 감독기능 미비라는 문제제기에서 촉발된 감독체제 개편은 금융위기 재발 방지와 금융소비자 보호라는 목적을 어떻게 수행할 것인지에 대한 근본적인 대책 마련이라기보다는 오히려 기관간 영역조정이라는 부차적인 문제에 집중한 점이 없지 않다. 특히 경제정책의 일환으로서 '금융정책'과 금융회사 건전성 제고, 금융씨스템 보호, 금융이용자 보호라는 '금융감독정책'이 뚜렷하게 구분되도록 제도를 개선하려고 하는 노력은 부족했던 것으로 보인다. 즉 금융감독정책은 여타의 경제정책과 독립적·중립적으로 이루어져야 본연의 기능을 다할 수 있는데 아직도 충분히 해결되었다고 볼 수 없다. 감독기구의 위상을 제도화해 기관간 마찰을 최소화하고 감독기구의 인력 혁신을 전제로 공적 민간기구화하는 방안을 고려할 필요가 있다. 제도적인 안정성이 경제정책과 금융감독정책의 분리를 명확히 하여 금융제도의 안정성을 보장할 수 있을 것으로 기대되기 때문이다. 정부로부터의 독립과 제도적 중립성을 지킬 수 있어야만 금융감독정책은 단기적이고 시류에 편승한 정책에서 자유로울 수 있을 것이다. 신용카드 사태에서 보듯 그간의 감독정책은 장단기 정책의 효과를 냉정히 판단하여 효과적으로 대처하기보다는 냉탕, 온탕식의 정책을 반복하여 시장의 신뢰를 잃고 부실을 더 확대한 측면이 없지 않다. 현재 단순히 봉합되었다고 할 수 있는 금융감독체제의 개편 문제는 향후 또 다른 금융위기가 와야만 근본적인 치유가 가능할 것이라는 우려를 불식시키기 위해서라도 전반적인 재검토가 필요하다.

(3) 소유구조 및 지배구조의 개선

영미식 시장 중심형의 금융구조와 독일, 일본식의 은행 중심형 금융구조는 기업 주식소유자의 분포가 크게 다르다는 것이 중요 차이점으로 지적된다. 즉 독일과 일본의 경우 은행의 주식소유 비율과 비금융 일반기업(non-financial firms)의 주식소유 비율이 높다는 것이 특징이라면 영국과 미국은 연금기금(pension funds)과 투자기금(investment funds)의 비중이 높다는 점이 특징이다. 즉 영국과 미국은 기업간 주식소유(상호출자 또는 순환출자)가 거의 없는 반면 독일과 일본은 기업간 주식소유, 은행 및 보험사의 주식소유를 통하여 일정 부분 기업 지배권을 보호하고 있다.

외환위기 이후 우리나라의 주식 소유구조를 살펴보면 몇가지 변화가 눈에 띈다. 우선 외국인의 주식소유 비중이 매우 커졌다는 점을 들 수 있는데 1997년 9.1%(시가 기준은 13.7%)에 머물던 외국인의 비중이 2004년 22%(시가 기준 42%)로 2배 이상 상승했다. 특히 주식수에 비해 시가 기준의 비중이 높다는 점은 외국인들이 우량주에 집중적으로 투자하고 있음을 나타낸다. 반면 일반 기업의 주식소유 비중은 그리 큰 변화를 보이지 않고 있다. 즉 기업간 주식소유를 통하여 그룹체제를 유지하는 관행은 계속되고 있다는 점이다. 세번째로 특징적인 것은 기관투자가의 비중이 하락하고 있다는 점이다. 자본시장의 발전을 주장하면서 기관투자가의 역량을 강화하겠다는 정책을 폈음에도 국내 기관투자가들은 우리 주식시장의 안정판 역할을 충분히 수행하지 못하고 있다.

다음으로 외환위기 이후 국내 금융기관의 소유 및 지배의 변화를 살펴보면 우선 비은행 금융기관에 대한 재벌소유와 외국투자가의 금융기관 지배가 확대되었다. 우선 대기업의 금융회사 지배현상은 지속적으로 심화되었는데, 상호출자제한 기업집단 소속 금융 회사가 전체 자산에서 차지하는 비중을 기준으로 생명보험회사의 경우 1998년 41.9%에서 2002년 53.9%로 확대되었고, 증권회사도 44.4%에서 51.8%로 확대되었다. 즉 법적으로 진입이 불가능한 은행을 제외한 비은행 금융기관에 대한 국내 재벌의 영향력은 이전에 비해 크게 늘어났다.

한편 은행의 소유구조에서 특징적인 것은 외국자본의 확대이다. 지분인수를 통해 경영권을 장악한 한국씨티, 제일은행, 외환은행 이외의 은행에 대해서도 외국인들은 은행주 매수에 나서 2004년 9월 현재 국내 일반 은행의 외국인 지분율은 57.8%에 달한다. 그리고 외국계 은행의 국내 은행산업 시장점유율도 점차 상승했는데 1998년 7.7%에 머물던 외국계 은행의 비중이 2004년 10월에는 21.8%에 이르렀다.

기업 및 금융회사에 대한 외국인 투자의 확대 문제는 일부 외국계 사모펀드들의 문제점과 함께 크게 부각되어 국부유출, 외국자본에의 종속 등의 우려를 낳았다(전승철 외 2004). 특히 은행의 경우 공적자금 회수에 급급하여 주주자격 요건 등과 관련하여 외국의 펀드를 엄격하게 심사하지 않은 것에 대한 비난이 있었다. 또한 주식시장에서 기존 주주들이 경영권 방어수단을 충분히 갖지 못한 상황에서 M&A를 제한

없이 허용하여 자사주 매입을 비롯한 사업 외 경영권 방어에 너무 많은 비용을 지불한다는 주장도 제기되었다. 외환위기 이전 우리나라 주식시장에서 국내자본 보호라는 명분 아래 외국인 투자를 제한했고, 공개매수제도 같은 대주주의 기득권을 인정하는 제도가 있었다는 점을 감안하면 외환위기 이후 주식시장의 제도 개선으로 그동안 투자가 억제되던 외국인 투자의 비중이 빠른 시간 안에 상승한 것은 어느정도 예상할 수 있는 일이었다. 문제는 외국인의 비중이 너무 높아서 급격한 환율변동이나 외국인 투자자의 전세계적인 포트폴리오 재조정 과정에서 국내 증시가 충격을 받을 수밖에 없다는 점인데, 이 문제를 해결하려고 현재의 정책기조와는 달리 외국인 투자자에 대해 적대적인 정책을 쓰기는 어려우며, 결국 국내의 주식투자를 제고하는 것으로 해결해야 할 것으로 판단된다. 국내 기관투자가의 역할을 제고해 주식시장의 안정성을 강화하고 안정적인 주주층을 형성해 경영권에 대한 견제는 물론 불필요한 도전을 제어할 수 있어야 한다.

기관투자가의 역량 제고를 통한 주식시장의 안정화는 궁극적으로 우리나라 기업의 소유구조의 변화를 가져와 지배구조 개선으로 이어질 수 있을 것이다. 즉 금융기관과 연기금 등 기관투자가의 주식소유 비중 상승은 기업간 소유 및 핵심 지주회사에 대한 지배가문의 소유 집중이라는 재벌 소유구조의 문제점을 개선할 수 있을 것이다. 물론 금융기관 자체의 소유 및 지배구조의 문제점이 먼저 개선되어야 이와 같은 소유 및 지배구조의 문제점도 해결될 것이라는 점은 재론할 필요가 없다.

결국 대출자로서만이 아니라 주식소유자로서도 금융의 기업 견제 기능을 강화하는 것이 우리나라 기업의 소유구조 및 지배구조의 개선에 기여할 것으로 생각된다.

4. 혁신과 사회안정화를 위한 금융의 역할 강화

(1) 혁신을 유도하는 금융 역할 강화

정부는 1996년 코스닥시장을 도입하고 1997년 벤처기업 육성을 위한 특별법을 제정하는 등 벤처산업에 대한 적극적인 지원정책을 시행해왔다. 이러한 정책은 벤처붐의 촉매제로 작용했고 외환위기 이후 IT 산업의 확대와 새로운 고용 창출에 크게 기여한 것으로 평가된다. 그러나 벤처지정제도의 악용, 코스닥시장의 불공정행위 등 각종 부작용이 드러나고 경기가 침체에 빠지자 벤처붐은 붕괴되고 주식가격은 폭락했으며 벤처캐피탈 자금 유입 및 조합결성은 급속하게 줄어들었다.

한편 참여정부로 넘어와 사회 각 분야의 양극화가 사회문제로 대두하면서 중소기업 금융지원에 대한 관심이 커졌다. 또한 참여정부에서는 혁신이 화두로 등장했고 국가혁신체제(National Innovation System)에 대한 논의가 활발했다.

이와같이 벤처 및 중소기업 금융씨스템에 대한 관심이 고조되었지만 중소벤처 금융씨스템 및 혁신주도형 경제를 위한 금융 기반이 충분히 조성되었다고 보기는 어렵다. 중소기업은 대기업 고용이 감소하는 가운데서도 고용을 늘려 총고용의 86.7%(2002년)를 점하고, 생산액과 부가가치의 비중도 2002년 각각 50.8%, 51.7%를 차지하고 있다. 그러나 최근 성장성·수익성·안정성 측면에서 대기업에 비해 경쟁력이 약화되고 있다. 중소기업의 이러한 어려움은 최근의 경기침체뿐만 아니라 중국경제 부상, 부품소재산업의 경쟁력 약화, 금융 지원체제 미흡 등 구조적인 문제에 기인한다. 특히 보호 위주의 자금 지원, 높은 위험에 대한 투자자의 투자 기피, 기업신용정보 체제의 미비 등에서 알 수 있듯 중소벤처기업의 금융 기반은 매우 취약한 실정이었다.

또한 중소기업 대출에서 신용보증이 차지하는 비중이 20% 정도인데 부실대출로 인한 대위변제가 확대되고 있는 점을 고려할 때 현재의 신용보증제도를 개선할 필요가 있다. 특히 신용보증제도는 은행의 대출심사기능을 오히려 위축하고, 결과적으로 은행과 기업 간 정보의 원활한 흐름을 통한 관계금융(relationship banking)의 형성을 제약한다는 점에서 그러하다. 즉 공적기구에 의한 신용보증제도를 유지하되 은행과 중소기업의 긴밀한 정보 교류가 일어날 수 있는 방향으로 제도를 개선할 필요가 있다. 현재와 같이 지원 위주의 보증제도가 규모의 축소 없이 지속될 경우 추가적인 손실과 정부자금 투입이 요구될 것이다. 따라서 보증심사에서 은행의 역할을 강화하고, 사후관리에 대해서도 은행이 주요 역할을 할 수 있도록 제도를 개선해야 한다.

다음으로 중소벤처기업에 대한 혁신지향적인 금융제도를 구축하기 위해서는 자본시장을 개선해야 한다. 벤처자금의 회수가 원활하게 이루어질 수 있도록 코스닥시장을 개선하는 것은 물론, 인수합병 등 다양한 방식으로 자금회수가 이루어질 수 있도록 제도를 개선할 필요가 있다. 특히 코스닥시장의 투명성을 강화하고 불공정거래를 차단하여 신뢰를 회복하는 것은 퇴출(exit)시장의 활성화를 가져와 벤처자금 육성에 기여할 것이다.

(2) 사회안정화를 위한 금융 역할 강화

고도성장기 우리나라 금융의 역할이 산업부문을 지원하는 것이었음에는 큰 이론이 없을 것이다. 즉 국영은행 및 시중은행을 통해 저리자금을 집중 지원하여 전략산업을 육성했는데, 고도성장기에 확립된 금융체제는 금융의 자율화 시기(80년대 이후), 외환위기 이후 제도개혁 시기를 거치면서 크게 변화했다. 즉 금리가 자율화되어서 보조금 성격의 융자(subsidized credit)를 지속하기가 어려워졌으며, 정부의 선별적인 산업정책을 수행하기 위해 금융부문을 이용하는 것도 중단되었다. 이러한 변화 과정에서 금융부문의 공공적인 역할에 대한 새로운 정의와 논의가 필요해졌다.

지속 가능하고 안정적인 성장을 위해 금융부문에 요구되는 공공적인 기능으로서 우선 교육 및 주택금융의 지원을 꼽을 수 있다. 우리나라처럼 교육에 대한 지출 비율이 높은 나라에서 금융적인 지원 없이 개인의 부에 의존한다면 현재의 부의 수준에 따라서 교육투자가 이루어져 부의 세습이 현실화될 가능성이 높다. 더욱이 경제구조가 고도화되고 교육이 소득에 미치는 영향이 커지는 상황에서 교육에서의 기회평등 문제는 사회적 불평등을 장기적으로 해소하는 주요한 정책수단이라 할 수 있다. 따라서 교육 투자를 지원하는 금융의 역할을 강화해야 하는데 이를 위해 학자금대출 시장을 확대할 수 있도록 새로운 상품을 개발하고 대출조건 및 상환조건을 다양화하는 것이 필요하다. 또한 공적기관(현재 주택금융공사)의 학자금 대출을 위한 신용보증을 확대하고 공공기관의 채권발행으로 저리의 자금을 동원할 필요가 있다. 다음으로 사회안정화에 기여할 수 있는 대표적인 금융 역할은 주택 마련을 돕는 것이다. 앞에서 살펴본 바와 같이 외환위기 이후 은행의 주요 대출처가 개인으로 변화했고 개인대출의 대부분은 주택 관련 대출이다. 주택 구입은 주거문제 해결의 기본 요소일 뿐 아니라 재산 형성에도 중요한 역할을 수행한다. 따라서 재산 형성 및 생활안정화를 위한 주택 구입에 대해서는 공공적인 지원이 필요하다. 공공기관의 저리자금 대출, 융자이자 지불에 대한 조세상의 혜택 확대 등의 방법을 통해 주택 마련을 지원하여 재산 형성 및 서민 주거 안정에 기여해야 할 것이다.

한편 교육이나 주택 금융 같은 장기적인 재산 형성 및 생활안정화 외에 단기적인 경기변동에 대응할 수 있도록 서민금융제도를 확립하는 것도 필요하다. 특히 세계화가 진행되고 구조조정이 상시화되어가는 상황에서는 고용안정성이 약화되고 마찰적 실업이 증가할 가능성이 높다. 실업보험 등 공적인 보장제도 외에도 서민금융제도를 활성화함으로써 경기변동의 충격을 흡수할 수 있어야 한다. 또한 위협받는 계층이 신용도가 낮은 층이 대부분일 것을 감안하여 소액금융(micro-finance)을 전문적으로 취급하는 금융기관의 확대를 고려할 필요가 있다.

5. 맺음말

외환위기 이후 우리나라 금융부문은 큰 변화를 겪었다. 금융부문의 구조조정과 더불어 개인 및 기업부문의 금융 행태도 변화했다. 대기업 위주의 은행대출은 가계와 중소기업 대출로 전환되었고, 기업의 자금 조달에서 내부자금의 비중이 크게 상승했다. 금융기관들도 수익성이 향상되었고 건전성이 높아졌다. 자본시장의 규모도 어느정도 확대되고 있다. 그러나 이러한 외형상의 변화에도 불구하고 금융시장의 불안정성이 지속되고 있으며, 새로운 금융감독체계도 정착했다고 보기 어렵다.

본 연구에서는 이러한 금융부문의 변화를 감안하여 향후 금융부문의 과제를 제시했다. 우선 금융부문의 안정성을 확립하는 것이 무엇보다 중요하다는 점을 제시했으며 이와 함께 금융감독체계의 개선 필요성을 주장했다. 그리고 금융부문이 경제의 효율화에 기여하는 데 있어

소유 및 지배구조의 개선에 선도적인 역할을 할 필요가 있다는 점을 지적했다. 한편 과거 고도성장기 선도산업 육성이라는 공공적 역할과 구별되는, 금융의 공공적 역할을 모색했는데 그것은 혁신을 유도할 수 있도록 금융부문의 역량을 강화하는 것과 교육 및 주택부문에서 공적인 금융의 역할을 제고하는 것 등이다.

이상에서 살펴본 금융부문의 혁신이 잘 이행되는 것은 경제의 지속가능하고 안정적인 성장을 위하여 필수불가결한 것이라고 할 수 있다.

| 참고문헌 |

강종구(2004) 『은행의 금융중개기능 약화 원인과 정책과제』, 한국은행.

김현정(2003) 『외환위기 이후 기업대출 위축의 원인과 정책과제』, 한국은행 금융경제연구원.

김형태(2005) 「자본시장 발전을 위한 새로운 패러다임」, 매경 자본시장발전 씸포지엄 발표자료.

이건범(2005) 「현단계 한국 금융의 성격과 금융 혁신의 방향」, 『동향과전망』 64호.

이건호 · 김서경 · 이태규 (2004) 『기업금융씨스템 하부구조 개선방안』, 한국경제연구원

전승철 외(2004) 『투기성 외국자본의 문제점과 정책과제』, 한국은행.

정운찬(2004) 「금융정책의 평가와 정책과제」, 『한국경제의 분석』 제10권 제3호.

Crane, Dwight et al.(1995) *The Global Financial Systems: A Functional Perspectives*, Harvard Business School.

Rajan, Raghuram and Luigi Zingales(2003) "The Great Reversals: The Politics of Financial Development in the Twentieth Century," *Journal of Financial Economics* Vol. 69.

제 5 부

사회정책

새로운 사회정책 패러다임의 구축 · 고용의 위기에 대한 정책 대응 방향
연대와 혁신의 노사관계 · 교육문제의 실타래, 어디서부터 풀어야 하나?

새로운 사회정책 패러다임의 구축

김 연 명

1. 사회정책: 비용인가? 투자인가?

경제와 사회정책은 상호 영향을 주고받는 상당히 밀접한 관계를 갖는다. 경제는 사회정책에 사용될 수 있는 국가 자원의 총량을 규정한다. 따라서 한 사회의 사회정책 수준은 그 사회의 경제력과 밀접하게 연관되어 있다. 그러나 사회정책이 경제에 의해 일방적으로 규정되지는 않는다. 사회정책은 저축, 소비, 노동력 공급과 노동력 재생산에 직간접적으로 관련되기 때문에 경제가 움직이는 여러 부문에 매우 중요한 영향을 미친다. 사회과학에서는 자본주의 경제체제와 사회정책의 관계에 대해서 대립되는 두 개의 시각이 존재해왔다(Anderssen 2005).

첫번째 시각은 사회정책이 자본주의 경제의 활성화에 부정적인 영향을 준다고 보는 시각이다. 이 시각에는 다양한 주장이 포함되어 있는데 가장 핵심적인 것은 사회정책에 투입되는 정부 지출을 비생산적인 부문에 소비되는 '비용'(cost)으로 인식하는 것이다. 정부가 사회정책에 지출을 많이 하면 할수록 경제정책 등 생산적인 부분에 지출될 수 있는 자원을 소비하게 되므로 성장잠재력을 약화한다는 것이다. 또한 사회정책에 투입될 국가예산을 확보하기 위해서는 세금을 많이 걷을 수밖에 없는데 높은 세금이 기업의 투자의욕과 근로자의 근로의욕을 저해하여 경제의 역동성을 떨어뜨린다는 것이다. 이러한 시각에 따르면 개별 복지정책들이 경제에 미치는 부정적 효과를 강조할 수밖에 없다. 예를 들어 관대한 연금은 노인들의 조기퇴직을 유도하여 노동공급량을 줄이게 된다. 또한 관대한 실업수당은 실업자들의 적극적인 구직 노력을 저해하며, 빈민층에 지원되는 생계비는 일을 통해 자립하려는 의지를 약화한다는 것이다. 따라서 이 시각에 의하면 국가의 사회정책은 가능한 한 최소화하는 것이 경제는 물론 사회 전체의 역동성을 유지하는 데 유리하다고 본다.

두번째 견해는 사회정책의 '투자'(investment)적 성격을 강조하며, 이 성격이 경제의 성장잠재력을 높이는 데 도움을 준다는 시각이다 (Esping-Andersen et al. 2003, 9~10면). 이 논리는 교육이나 직업훈련 등에 대한 정부의 투자는 양질의 노동력 공급을 유도하여 경제성장의 잠재력을 높인다고 본다. 또한 아동보육(탁아)에 대한 투자는 아동의 인적자본을 늘려 고등교육에 접근할 기회를 늘리고 동시에 여성이 취업할 수 있는 조건을 마련해줌으로써 여성노동력을 활용할 수 있는 기회를 만들어준다. 또한 실업보험제도나 의료보장제도는 기업의 구조조정 등으로 직장을 잃은 사람에게 안정적인 삶을 보장함으로써 노동시장의 유연성을 높이고 산업 구조조정을 원활하게 진행할 수 있는 사회적 기반이 된다는 점도 강조된다. 저소득층에 대한 최저생계비 지원 역시 단순한 비용이 아니라 정치·사회적 안정을 가져오는 사회통합 효과가 크다고 본다. 이 시각에서는 사회정책은 투자적 성격이 강하며 전체 사회의 원활한 작동과 경제의 성장잠재력을 높이는 데 기여한다고 판단한다.

비용적 성격과 투자적 성격 중 어느 것이 사회정책의 본질적 성격인가를 단정하기는 어려운데 여기에는 세 가지 이유가 있다. 첫번째는 대부분의 사회정책이 두 가지 성격을 모두 갖고 있기 때문이다. 가령 아동보육에 대한 정부 지원은 생산능력이 없는 아동을 지원하기 때문에 비용이지만 여성의 경제활동 참여를 늘리고 아동의 인적자본을 발달시키기 때문에 투자적 성격을 띤다. 두번째는 개별 사회정책이 어떤 방식으로 설계·운영되는가에 따라 소비적 측면 혹은 투자적 측면이 더 부각될 수 있기 때문이다. 가령 연금제도가 우리나라처럼 기금을 많이 적립하는 방식으로 운영되면 거대한 사회적 투자자본(국민연금기금)이 형성되고 이것은 기업투자의 자금원으로 기능하므로 생산적이라 할 수 있다. 세번째는 사회발전의 단계에 따라 사회정책의 기능이 변하기 때문이다. 산업화 초기에는 경제성장을 위해 대규모 자본이 필요하고 젊은 인구구조로 노동력이 풍부하며 또한 가족의 보호기능이 강하게 살아 있어 과도한 사회정책 비용이 생산적인 부문에 대한 투자를 억제하는 비용으로 인식될 수 있다. 그러나 저출산으로 노동력이 부족해지고, 부의 창출이 주로 지식과 정보에 의존하는 '지식기반사회'에서는 복지·교육에 대한 정부 지출의 투자적 성격이 강하며 사회발전에 있어서 사회정책의 역할이 더 중요해진다. 이처럼 사회정책의 소비적 성격과 투자적 성격은 사회정책이 어떤 방식으로 설계되어 있는가와 사회발전의 단계에 따라 다르게 나타날 수 있다. 따라서 중요한 것은 한 국가의 사회발전 단계에 맞춰 사회정책의 두 가지 성격을 적절히 조정함으로써 사회정책이 경제는 물론 전체 사회의 역동적 발전에 기여하도록 하는 것이다.

2. 압축성장기 사회정책 패러다임의 특징과 한계

(1) 사회정책의 지배 원리: 비용으로서의 사회정책

우리나라가 본격적인 산업화를 시작한 1960년대 중반 이후 1997년 IMF 시기 이전까지는 선진국이 100년 이상 걸린 산업화를 단기간에 달성한 압축성장기에 해당된다. 이 시기를 거치면서 우리 사회는 농업국가에서 완전한 산업국가로 변모했다. 이 시기의 사회정책을 보면 몇 가지 특징이 나타난다. 첫째, 산업화를 위해 국가재정을 경제·산업부문 등 생산적인 부문에 집중 투자함으로써 사회부문에 대한 지출은 최소한으로 한정되었다. 〈표 1〉에서 보는 것처럼 사회정책과 비슷한 범주의 예산으로 볼 수 있는 사회개발예산이 중앙정부 전체 세출구조에서 차지하는 비중은 한국이 중진국 수준으로 진입한 1990년대 초반까지 선진국과 비교가 안될 정도로 낮았다. 즉, 이 시기의 사회정책은 투자가 아닌 비용으로 인식되었고 복지, 노동시장, 교육, 주택 등에 대한 국가의 역할은 최소한으로 한정되었다.

둘째, 이 시기는 높은 경제성장 덕분에 대규모의 일자리와 소득이

〈표 1〉 중앙정부 세출구조 중 사회개발비 비중 (1992~94) (단위: %)

한국	캐나다	미국	독일	스웨덴	영국
2.1	11.6	12.1	21.1	25.2	20.3

출처: IMF *Government Statistical Yearbook*, 1994.
주: 사회개발비는 보건, 사회복지, 주택 및 지역사회개발에 대한 지출을 의미.

창출되었고, 고용 자체가 복지의 효과를 가져왔다. 당시의 성장전략을 상징적으로 보여주는 '선성장, 후분배' 원칙은 경제성장을 통해 사회정책의 재분배 효과를 대체하려 한 접근방식을 보여준다. 세계은행이 전세계 60여개 개발도상국의 1965년에서 1990년까지 경제성장과 소득분배 상태를 비교조사한 자료에 따르면 한국은 대만, 홍콩 등과 더불어 여타 개발도상국과는 비교가 안될 정도로 높은 소득증가와 극히 양호한 수준의 소득분배라는 두 개의 목표를 성공적으로 달성한 대표적 국가로 평가되고 있다(World Bank 1993, 29~32면). 즉, 압축성장기에는 높은 경제성장이 실질소득의 상승과 양호한 소득분배라는 복지적 효과를 가져왔기 때문에 재분배를 위해 별도의 사회정책을 실시해야 하는 경제·사회적 유인이 매우 약했다.

셋째, 이 시기는 산업화에도 불구하고 가족구성원에 대한 가족의 상호원조 기능이 강력하게 존재했기 때문에 사회복지부문에서 '선가정보호, 후국가보호'라는 원칙이 적용되었다. 즉 시장에서 탈락한 사람이 아무리 가난하더라도 가족 구성원이 저소득층을 부양할 능력이 있는 경우에는 국가의 복지 지원이 이루어지지 않았으며, 가족과 지역사회의 도움조차 불가능한 극소수의 아동과 노인들만 복지시설에 수용하여 최소한의 삶을 보장했다.

(2) 사회정책의 특징과 한계

사회정책을 비용으로 보는 인식의 지배, 그리고 '선성장, 후분배' '선가정보호, 후국가보호'라는 원칙은 압축성장기 사회정책의 특징이었다. 사회복지정책과 보건의료정책은 국가재정 부담을 최소화하는 방식으로, 그리고 복지제도에의 의존성을 최소화하는 방향으로 설계되었다. 즉, 사고나 질병, 그리고 노령으로 인한 노동력 상실시 소득을 보장해주는 소득보장제도는 재원의 대부분을 개인과 기업의 보험료로 부담하는 사회보험방식으로 설계되었다. 국민연금의 경우도 대규모 기금을 축적하여 연금의 상당 부분을 기금에서 지급하는 적립방식의 제도로 설계되었다. 빈곤층에 대한 지원 역시 철저하게 노동능력이 없는 아동과 노인들에게 한정했고, 노동능력이 있는 경우는 정부의 지원 대상에서 원천적으로 배제되었다. 노인이나 아동을 위한 써비스정책은 가족의 책임으로 맡겨두고 극소수의 계층만 고아원이나 양로원 같은 시설에 수용했다. 그 결과 〈표 1〉에서 본 것처럼 급속한 경제성장에도 불구하고 국가의 사회분야 재정은 형편없이 낮게 유지되었다. 노동정책 역시 노동자를 부를 창출하는 동반자로 인식하지 않았다. 노동자의 삶의 질을 높여 건강한 노동력을 유지하게 하기보다는 부를 창출하는 과정의 소모품으로 보는 억압적인 노동정책이 주류를 이루었다.

이러한 사회정책은 압축성장기의 우리 사회의 경제사회구조를 반영한다. 이 시기에는 산업구조상 경공업 위주의 소품종 대량생산방식이 주류를 이루었고, 이에 필요한 노동력은 농촌에서 무한정 공급되었다. 고부가가치 창출을 위해 필요한 양질의 고급노동력에 대한 수요도 없었기 때문에 창의적인 교육프로그램과 선진적인 직업훈련정책도 부재할 수밖에 없었다. 또한 인구구조가 젊었고 출산율 수준도 매우 높았다. 1인당 GDP를 높이기 위해 오히려 출산억제정책이 인구정책의 핵심을 이루었다.

비용 개념에 입각한 이러한 제한적 사회정책의 문제점은 1997년 IMF 구제금융과 한국 경제사회구조의 근본적 변화 이후 본격적으로 드러났다. IMF 구제금융은 압축성장기를 지배한 요소 투입적 성장전략과 대기업 위주의 경제운용으로는 한국사회의 균형적 발전이 어렵다는 점을 사회 전체에 각인시켜주었다. 또한 대량실업과 빈곤층의 양산은 우리 사회의 사회안전망이 얼마나 형편없는 수준인가를 보여주었다. IMF 사태 이후 뚜렷이 나타나기 시작한 경제구조와 노동시장의 양극화 추세는 사회보험과 공공부조에서 배제된 대규모 복지 사각지대를 확대했다. 빈곤층의 급속한 증가로 단순히 생계비를 지원하는 정책으로는 문제가 해결되지 않는다는 것이 분명하게 드러났다. 특히 급속한 저출산과 인구고령화는 한국사회의 성장잠재력을 결정적으로 훼손할 수 있는 중요한 사안으로 떠올랐고, 국가의 적극적인 사회정책적 개입이 필요하다는 점을 부각시켰다. 결국 압축성장기를 지탱한 경제사회구조의 붕괴와 새로운 경제사회구조의 등장으로 과거와는 질적으로 다른 사회정책이 필요하다는 공감대가 확산되었다.

3. 새로운 사회정책 패러다임의 모색

(1) 서구 복지국가의 경험과 그 의미

최근 부각되는 한국 경제사회구조의 양극화와 저출산·노령화 문제는 경제성장전략만으로는 해결되지 않는다는 점이 점차 명확해지고 있다(국민경제자문회의 2006). 물론 지속적인 경제성장으로 부의 크기를 늘리고 양질의 일자리를 많이 창출하는 것이 우선적인 중요성을 갖는다. 하지만 한국사회의 양극화 경향은 과거의 성장정책이 가져온 후유증이며, 더이상 사회정책의 보완 없는 경제성장 일변도의 전략으로는 해결되기 어렵다. 즉, 기존의 압축성장기의 성장전략을 유지한 채 비용개념에 입각한 제한적인 사회정책으로는 양극화 문제를 해결할 수 없다. 저출산·고령화 문제 역시 국가의 정책적 지원과 개입 없이 가족 스스로 해결하기 어렵다.

선진국들은 이러한 시장제도의 결함과 가족기능의 약화를 보완하기 위해 흔히 '케인즈주의 복지국가'(keynesian welfare state)로 알려진 사회체제를 통해 다양한 사회정책들을 발전시켜왔다. '고전적 복지국가'(classic welfare state)로 부를 수 있는 이 사회체제는 나라마다 편차는 있지만 국가의 강한 책임 아래 완전고용을 유지하고, 시장실패와 가족의 실패에서 기인한 다양한 사회적 위험으로부터 국민을 보호할 수 있는 사회적 보호장치를 갖추고(보편주의적 사회복지제도), 이를 통해 국민들에게 최소한의 인간다운 삶의 수준을(국민복지최저선, national minimum) 제공한다는 원리를 바탕으로 설계된 체제이다. 대부분의 선진국들은 이 체제를 통해 1960년대와 70년대에 지속적인 경제성장과 안정된 사회체제를 유지할 수 있었다. 하지만 한국은 IMF 사태 이후 시장제도의 결함(양극화)과 가족의 결함(저출산·노령화)이 심각히 노출되고 있지만 이를 보완할 수 있는 보편주의와 국민복지최저선에 입각한 사회정책들이 완비되지 않은 상태다. 김대중 정부 시기에 국가의 책임을 강화하는 다양한 사회정책들이 진행되었지만 아직도 많은 국민들이 사회안전망에서 배제되어 있다. 따라서 한국의 사회정책은 고전적 복지국가체제에서 완성된 사회정책의 보편주의와 국민복지최저선을 구현해야 할 과제를 안고 있다.

한편, 1960년대와 70년대 전성기를 구가한 고전적 복지국가 모델이 변화하는 경제사회구조에 적응하지 못함에 따라 여러가지 경제·사회적 부작용이 나타나면서 80년대 이후 사회정책은 새로운 전환기를 맞이했다. 가장 큰 문제점은 전반적인 경제성장의 둔화와 노인인구의 급증으로 복지정책의 재원 마련을 위한 경제적 기반이 축소되었다는 점이다. 또한 시장소득의 불평등이 커지면서 과세 기반이 축소되는 문제점이 발생했으며 높은 경제성장을 바탕으로 설계된 전통적 복지국가의 사회정책을 유지하는 데 드는 막대한 비용을 감당하기가 어려워지면서 기존 사회정책의 효율성을 강조하고 국가의 과도한 복지 책임을 완화하려는 노력이 나타났다. 또한 세금을 거두어 소득을 이전하는 기존의 복지정책들이 빈곤층과 실업자들에게 오히려 '복지 의존성'을 키워 시장경제에 적응하지 못하게 한다는 문제점이 대두되면서 취약계층의 취업가능성을 높이는 방향의 정책이 강조되었다. 거기에 관대한 연금과 상병수당(질병에 걸릴 경우 월급의 일정액을 지급하는 현금수당)이 노동시장에서 노동력을 퇴출시키는 부작용도 나타났다. 이러한 문제점을 극복하기 위해 사회복지제도의 재정적 지속 가능성을 높이고 취약계층의 고용가능성을 높이며 또한 기존 사회정책의 투자적 성격을 강화하는 방향으로 사회정책제도를 재편하려는 새로운 흐름이 등장했다. 아직 사회정책이 충분히 발달하지 않은 한국은 전통적 복지국가 모델의 문제점이 드러나지는 않지만 80년대 이후 복지국가에서 나타난 새로운 사회정책의 흐름을 흡수해야 하는 또다른 과제를 안고 있다. 정리하면 한국의 사회정책은 보편주의와 최저생활보장이라는 전통적 복지국가의 과제를 떠맡아야 하는 동시에 케인즈주의 복지국가의 문제점을 해결하려는 새로운 사회정책의 흐름도 흡수해야 하는 이중적 과제를 안고 있다. 전자의 과제는 한국 사회정책의 '사회적 보호 기능'을 강화하는 것이고 후자의 과제는 사회정책의 '투자적 기능'을 강화하는 것이다.

(2) 사회정책의 보호적 기능 강화

사회정책의 보호적 기능 강화는 질병·산재·노령·빈곤·실업 등의 사회적 위험에 노출되었을 경우 누구나 소득이 중단되지 않고 최소한의 삶을 유지할 수 있도록 보편주의적 사회복지망을 구축하는 것이다.

압축성장기 한국의 사회복지제도는 노동능력이 있는 사람은 사회보험으로 보호하고 노동능력이 없는 경우는 공공부조로 보호한다는 '사회보험+공공부조'의 형태로 설계되었다. 노인·아동·장애인 등의 보호를 위한 사회복지 써비스는 가족의 책임으로 남겨두었고 국가의 개입은 최대한 억제되었다. 그러나 이러한 씨스템은 노동시장의 양극화 추세, 가족기능의 약화, 그리고 저출산·고령화라는 새로운 조건에 적응하기 어렵다(Kim 2006, 17~25면).

사회보험의 경우 IMF 사태 이후 꾸준히 보편주의적 확대정책을 시행해 정규직 임금근로자층은 보편주의를 달성했으나 수백만명에 달하는 비정규직 근로자와 영세자영업자 등을 사회보험망으로 완전히 포섭하지 못해 대규모의 사각지대가 남아 있다. 〈표 2〉에서 보듯 정규직 근로자의 경우 가장 중요한 사회적 보호장치인 국민연금과 건강보험 그리고 퇴직금 등에서 90% 이상의 적용률을 보이고 있는 반면에 비정규직은 사회보험의 경우 20% 남짓, 퇴직금은 13.8%만이 적용을 받고 있다. 이것은 직업을 갖고 있다 하더라도 비정규직 같은 불완전고용 상태에 있는 근로자는 사회적 보호를 제대로 받지 못하며, 나아가 노동시장에서 완전히 퇴출되는 경우는 더 극한 상황으로 내몰린다는 것을 의미한다.

빈곤층의 최저생활을 보장해주는 기초생활보장법은 과거보다 생활보장 기능이 대폭 강화되었으나 아직도 최저생계비 이하의 소득으로

〈표 2〉 정규직과 비정규직의 사회보험과 퇴직금 적용률의 차이 (단위: %)

	국민연금	건강보험	고용보험	퇴직금
정규직 근로자	92.2	94.6	79.1	93.2
비정규직 근로자	21.5	24.8	23.2	13.8

출처: 통계청 「경제활동인구조사 부가조사」(2002. 8) 원자료.

살아가는 가구원수 약 177만명(전체 인구의 3.0%), 최저생계비보다 약간 많은 소득을 올리는 준빈곤층 86만명(약 1.8%)을 보호하지 못하고 있다. 노인이나 아동, 그리고 장애인 등 극빈층 위주로 제한적인 급여가 제공되던 사회적 써비스는 참여정부에서 급격히 확대되는 양상을 보이고 있으나 써비스 수준이나 대상에 있어서 중산층 등 일반국민으로 충분히 확대되지 못하고 여전히 가족의 책임과 부담으로 남아 있다.

정규직 근로자와 극빈층을 주 대상으로 불완전하게 작동하는 한국의 복지제도는 노동시장 양극화로 인한 불완전 고용층의 증가, 그리고 노령인구의 증가에 따른 가족의 부양부담 가중으로 나타나는 사회적 문제에 대처하기 어렵다. 무엇보다도 사회복지제도의 보편주의적 적용이 시급한 과제이다. 하지만 사회복지제도의 보편적 적용은 전통적 복지국가의 경험에서 보듯이 상당한 공적재원을 투입해야 하기 때문에 사회 전체가 이 문제에 부담감을 느끼고 있는 것도 사실이다. 여기에는 사회정책을 비용으로 인식하는 압축성장기에 형성된 고정관념도 상당한 영향을 미치고 있다. 그러나 사회의 발전단계에 따라 사회정책 지출이 비용으로 기능할 수도 있고, 혹은 투자적 기능을 할 수도 있다. 노동시장에서의 소득격차가 적고 민간부문에서의 고용창출이 활발하며 가족의 노인부양 기능이 강하게 남아 있는 사회에서 사회복지에 대한 과도한 지출은 비용이 될 수 있다. 하지만 양극화, 저출산·고령화로 상징되는 한국사회의 새로운 경제사회구조에서는 보편주의적 복지제도의 확충이 성장잠재력을 높이는 생산적·투자적 기능을 할 여지가 더욱 높다. 이러한 문제의식에는 몇가지 경제·사회적 근거가 있다.

첫째, 한국경제는 대외의존도가 매우 높고, 부의 대부분이 수출산업에서 창출되는 사회이다. 따라서 한국경제는 국제경제의 변동에 아주 민감하게 반응하며 국제적인 첨단 산업구조의 발달에 맞추어 국내의

〈표 3〉 주요국의 보건 및 사회복지 써비스산업 취업자 비중 (단위: %)

	미국	영국	스웨덴	덴마크	독일	한국
65세 이상 인구의 비율(2000)	12.4	15.7	17.4	15.1	15.9	7.2
전체 취업자 중의 비율(2001)	8.7	11.1	18.4	17.4	10.3	2.0

출처: ILO, *Yearbook of Labor Statistics*(2002).

산업구조를 민첩하게 재편해야 하는 항상적인 과제를 안고 있다. 그러나 산업구조조정은 원활한 노동력의 구조조정, 즉 노동시장의 유연화를 필요로 한다. 그런데 보편주의를 갖추지 못한 한국의 사회복지제도는 노동시장 유연화에서 파생되는 문제점, 즉 노동시장에서 탈락한 근로자들에게 충분한 생활보장 기능을 못하고 있다. 노동시장에서 이탈하는 즉시 임금과 사회복지 혜택에서 제외되어 생계의 위협을 받는 구조가 노동운동이 구조조정에 극심하게 저항하는 한 원인으로 작용하여 원활한 산업구조조정을 어렵게 만든다. 보편주의적 사회복지제도는 직업을 갖고 있을 때와 직업을 상실했을 때의 노동자들의 생활상의 격차를 줄여주기 때문에 노동시장 유연화의 중요한 전제조건이 된다. 즉, 보편주의적 복지제도의 확충은 국제경제에 대한 의존도가 높은 한국경제가 원활하게 작동할 수 있는 '사회적 기반'을 만들어줌으로써 경제에 상당한 순기능을 하게 된다.

둘째, 가족에게 부담이 전가되어 있는 사회적 써비스를 공공부문이 적극적으로 떠맡는 것도 일자리 창출이라는 경제적 기능을 갖게 한다. 한국은 〈표 3〉에서 보는 것처럼 선진국들에 비해 보건 분야와 사회복지 써비스 분야의 일자리 비중이 매우 낮은 나라에 속하는데, 이는 아동과 노인의 보건복지 분야의 공공써비스가 발달하지 않은 측면과 밀접하게 연관되어 있다. 다른 나라의 경험에 의하면 공공복지 써비스 확대를 통한 보건복지 분야의 일자리 창출은 중산층과 저소득층 여성의 고용창출로 이어진다. 따라서 이는 저소득층을 위한 공공부조의 재정부담 완화는 물론 세수 기반을 넓힘으로써 사회정책의 확대를 위한 경제적 기반이 된다. 동시에 공공복지 써비스의 확충은 노인과 아동부양에 대한 가계의 부담을 덜어주기 때문에 저소득층의 가계안정과 구매력 향상에도 간접적으로 영향을 미친다.

(3) 사회정책의 투자적 기능 강화

전통적 복지국가 이후의 선진국 사회정책의 변화 중 가장 중요한 것은 사회정책의 투자적 성격을 대폭 강화하는 것이며, 이 개념에 입각해 기존 사회정책 프로그램에 대한 재조명이 이루어지고 있다는 것이다(Esping-Andersen et al. 2003, 9~10면; OECD 2005). 투자로서의 사회정책 개념을 왜 한국사회의 새로운 사회정책 패러다임의 주요 원리로 수용해야 하는지 살펴보자.

아동복지는 투자적 사회정책의 대표적 예로서 가장 많이 언급된다. 이는 많은 사회문제의 근원이 아동기에 형성되며, 사회적으로 불리한 환경에서 자란 아동은 교육기회를 박탈당하고 노동시장의 하층에 편입될 확률이 높다는 데 근거한 것이다. 즉, 이미 문제를 드러냈고 이를 고치기 어려운 성인에 대한 지원보다 문제의 근원을 차단하는 쪽으로 지원을 집중하자는 입장이다. 따라서 국가가 아동의 교육과 육아환경을 양호한 상태로 유지하는 데 쓰는 예산은 생산능력이 없는 아동에 대한 비용 낭비가 아니라 미래의 사회문제를 예방하는 효율적인 투자이다. 이런 시각에서 보면 가족의 안정성을 높여주는 가족복지정책도 아동의 삶에서 기회 손실을 줄여주는 투자적 기능을 갖는다. 한국사회의 극심한 저출산 추세는 미래의 노동력 공급을 대폭 감소시킬 것으로 전망된다. 그리고 다가오는 '지식기반사회'에서는 단순한 노동력이 아닌 창의적이고 능동적인 노동력이 필요하다. 따라서 불리한 환경에 있는 아동의 인적자본을 늘리는 각종 공공프로그램은 한국사회의 성장 잠재력을 높이는 중요한 축이 된다.

여성을 위한 사회정책도 단순히 여성운동에 수동적으로 반응하는 것이 아니라 사회 전체의 효율적 작동을 위해 필요한 투자로 인식되고 있다. 부부 대부분이 맞벌이를 하는 서구사회에서 부모, 특히 여성에게 일과 가정을 양립할 수 있는 환경을 만들어주는 것은 아동의 양육환경 개선과 낮은 출산율을 높이는 데 가장 중요한 영역이다. 때문에 아동보육, 육아휴직 그리고 여성친화적 기업환경 등의 영역을 조정하여 일과 가정을 양립할 수 있도록 하는 여성정책 전반의 재조정이 필요하다. 한국이 OECD 가입국 중 가장 낮은 출산율을 보이는 것은 일과 가정을 양립할 수 있도록 지원해주는 공공프로그램이 절대적으로 부족한 것이 주요 원인 중 하나이다. 또한 여성들의 노동시장 참여율이 선진국에 비해 아주 낮은 것도 여성의 경제활동을 지원하는 사회적 프로그램이 충분히 갖추어져 있지 않기 때문이다. 여성의 경제활동 참여율을 높이는 것은 저출산으로 인한 노동력 부족 사태를 보완하는 의미 또한 갖고 있다.

실업자나 취약계층에게 생계비를 지원하는 것 외에 소득을 올릴 수 있는 기술획득과 일자리 기회를 주는 적극적 노동시장정책은 80년대 이후 서구에서 시작된 투자적 성격의 사회정책 흐름을 대표하는 영역이다. 최근에는 이 프로그램의 대상이 편부모가정, 장애인 등으로 확대될 필요성이 제기되고 있다. 지속적으로 늘어나는 노인인구의 비중으로 압박받는 연금재정 문제를 해결하기 위한 수단으로 노인들을 노동시장에서 계속 일하게 하는 프로그램도 투자적 성격을 갖는다. 노인들에 대한 일자리 창출은 연금지출을 줄이고 세수입을 늘려주기 때문에 연금과 기타 노인의료비의 재정압박을 줄이는 데 긍정적으로 작용한다. 한국의 급속한 저출산·노령화 추세는 과거에는 국가의 소득보장을 받고 생활하던 노인이나 실업자, 장애인 등의 계층을 노동시장으로 유인해야 할 필요성을 높이고 있다. 이들 계층을 노동시장에 머물게 하는 노동시장정책 프로그램은 저출산사회에서 예상되는 노동력 부족을 보충하고 고령화사회를 지탱하기 위한 재정적 원천을 넓힌다는 의미를 갖는다.

예방적 기능을 강화하는 공공의료에 대한 정부의 지원도 노령화사회에 대비한 투자적 의미가 강하다. 노인들은 통상 비노인보다 세배 이상의 의료비를 소비한다. 노인들이 의료시설에 의지하지 않고 건강한 노후를 보낼 수 있도록 중년기에서부터 적극적인 건강관리 프로그램을 가동하면 노인의료비의 상당 부분을 절약할 수 있다. 특히 스스로 건강을 관리하는 데 취약한 저소득층에 공공의료 프로그램이 적극적으로 개입할 필요가 있다. 한국은 다른 선진국과 비교할 때 공공의료의 기능이 대단히 취약하다. 의료의 예방적 기능을 강화하는 적정 수준의 공공의료체계의 확보는 의료비용의 낭비를 상당히 줄여줄 것이다.

4. 사회정책을 통한 성장잠재력 고양: 성장과 분배의 선순환

최근까지 사회정책에 대한 우리 사회의 주류적 인식은 사회정책은 비용이며, 가능한 한 국가의 사회정책적 개입은 적으면 적을수록 좋다는 것이었다. 하지만 앞에서 논의한 것처럼 사회정책은 사회 전체의 성장잠재력을 높이는 경제적 순기능을 갖는다. 특히 양극화, 저출산·

고령화, 가족기능의 약화 등 한국사회의 근본구조를 바꾸는 사회경제적 변화가 진행되는 상황에서는 사회정책의 투자적 성격에 더욱더 주목할 필요가 있다. 사회정책의 경제적 순기능과 투자적 성격에 주목하는 것은 한국사회가 성숙한 산업사회로 진입하면서 나타나는 성장잠재력의 저하 경향을 사회정책의 활성화를 통해 극복하는 가능성을 모색하는 것이다. 즉, 양극화, 저출산·고령화가 진행되는 상황에서 이 문제를 보완하는 소극적 수단으로 사회정책을 사용하기보다는 사회정책이 갖고 있는 경제적 순기능을 적극적으로 살려 성장잠재력을 높이고, 종국적으로는 분배가 성장을 돕고 성장이 분배를 촉진하는 선순환 구조를 만들어가자는 것이다.

교육, 보건의료, 아동보육, 노인 등에 대한 공공프로그램 강화는 노동력의 질 향상과 부족한 노동력 공급을 보완할 수 있는 충분한 잠재성을 갖고 있다. 또한 이 분야는 여성, 노인들의 일자리를 창출할 수 있는 매우 중요한 분야이기도 하다. 그리고 이 분야에 공공프로그램을 강화함으로써 유연하고 활동적인 노동시장이 구축되어 원활하게 산업구조조정을 할 수 있는 사회적 기반이 조성된다. 결국 다양한 사회정책 프로그램의 효과가 잘 결합되면 생산확대를 유발하여 경제의 성장과 발전에 기여할 통로가 확보된다. 동시에 사회정책에 대한 국가 차원의 지원 강화는 가구의 노인부양비, 의료비, 보육비 등의 가계부담을 줄여주는 효과를 가져올 수 있다. 국민연금과 기초생활보장법 등의 소득보장 프로그램도 소득재분배를 통해 가계수입을 증대시키는 효과를 가져다준다. 이러한 사회정책의 효과는 종국적으로 가계안정과 구매력 향상을 가져와 경제와 노동시장 양극화에서 파생되는 내수 위축을 완화하는 기제로 작용할 수도 있다. 물론 모든 사회정책이 경제적으로 순기능만 발휘하지는 않는다. 잘못 설계된 제도나 비효율적으로

운영되는 제도는 경제적 부작용을 초래한다. 그렇기 때문에 어떻게 사회정책제도를 설계하고 운영하는가에 따라 경제적 효과의 정도가 달라질 것이다. 분명한 것은 사회정책이 경제의 지속적 확장에 기여할 수 있는 충분한 잠재력이 있으며, 최근 한국사회의 구조적 문제로 떠오른 양극화, 저출산·노령화 문제를 극복해나가는 데 사회정책이 매우 중요한 역할을 담당할 수밖에 없다는 것이다.

| 참고문헌 |

국민경제자문회의(2006) 『동반성장을 위한 새로운 비전과 전략』, 교보문고.

Andersson, Jeny(2005) "Investment or Cost? The Role of the Metaphor of Productive Social Policies in Welfare State Formation in Europe and the US 1850~2000," *Paper to the World Congress in Historical Sciences* (unpublished).

Esping-Andersen et al.(2003) *Why We Need a New Welfare State*, Oxford University Press.

Kim, Yeon-Myung(2006) "Towards a Comprehensive Welfare State in South Korea: Institutional Features, New Socio-economic and Political Pressures, and the Possibility of the Welfare State," *Working Paper* No. 14, Asia Research Centre, LSE, UK.

OECD(2005) *Extending Opportunities: How Active Social Policy Can Benefit All*.

The World Bank(1993) *The East Asian Miracle: Economic Growth and Public Policy(World Bank Policy Research Reports)*, Oxford University Press.

고용의 위기에 대한 정책 대응 방향

전 병 유

1. 문제제기

외환위기를 계기로 우리나라에서도 고용문제가 심각하게 제기되고 있다. 성장만으로 고용문제가 해결되지 않고, 고용이 확대되더라도 빈곤문제가 해결되지 못하는 현상이 목격되고 있는 것이다. 외환위기 이후 증대한 고용불안 심리는 소비의 구조적 침체, 경직된 노사관계, 사회안전망의 부재, 사회적 신뢰의 약화 등 우리 사회의 중대한 경제사회적 현상들과 관련이 깊다. 과거에 대한 향수가 강한 사람들은 성장을 촉진해야만 고용문제가 해결된다고 한다. 그러나 이러한 주장을 하는 사람들은 현실을 아주 단순하게 보려는 사람들일 것이다.

논쟁적인 측면이 다분하지만, 선진국에서의 고용문제는 기존의 사회정책과 관련 제도들이 지나치게 경직적이다보니 경기가 회복되어도 높은 실업률이 꺾이지 않고 지속되는 문제였다. 이 때문에 OECD나 EU 등은 고용문제에 대해 전략적으로 접근하고 있다. 그러나 우리의 경우에는 제도가 경직적이어서 고실업이 지속되는 경향은 상대적으로 약하다. 우리나라는 외환위기 직후 실업률이 한때 8%대에 접근하기도 했지만, 3~4%대의 실업률을 유지하고 있다. 장기실업률의 경우에도 최근 들어 약간 증가하긴 했지만 여전히 낮은 수준이다. 그러면 우리나라의 고용문제는 무엇일까? 우리나라도 국가 전략적 차원에서 고용문제에 접근할 필요가 있는 것인가?

2. 고용문제의 현황과 전망

고용을 국가전략의 관점에서 본다는 것은 고용의 입장에서 고용정책수단을 활용하여 성장과 복지의 문제를 해결하려는 것이다. 단순히 고용정책을 마련하는 것이 아니라 고용의 관점에서 정책을 바라보는 것이라고 할 수 있다. 다시 말해 고용과 관련된 정책들이 성장, 복지, 교육·인적자원 부문과의 유기적 연계성을 확보해야 한다는 것이다. 고용문제에 관한 전략적 접근이 필요한 이유를 살펴보면 크게 네 가지로 정리할 수 있다.

첫째, 업종별 산업정책, 물가안정과 금리 중심의 거시경제정책, 건설 산업 및 각종 규제 수단을 동원하여 경기를 관리하는 방식 등 기존의 거시적 고용관리정책이 한계를 보이고 있다는 점이다. 물론 절제된 케인즈주의적 거시경제 관리정책을 통해 적정한 성장과 고용수준을 유지하는 것은 지속적인 고용성과를 거두기 위한 기본이다. 우리나라의 경우 이러한 거시경제 관리능력이 선진화되어 있지 못하지만 정확한 현황파악과 정밀한 예측능력을 가지고 거시경제의 변동성을 줄여 나가면서 안정적인 고용수준을 유지하는 것은 무척 중요하다. 또한 통화금리정책이나 조세재정정책에서도 고용이라는 정책적 목표를 중요하게 고려할 필요가 있다. 통화금리정책이 단순히 통화가치를 안정시키는 것이 아니라 안정적인 성장과 고용보장이라는 원칙하에서 운용되어야 하고, 조세재정정책도 엄격한 규율하에 움직이되 성장과 고용의 안정성을 확보하기 위한 재정의 경기안정화 기능을 포기해서는 안 된다. 그러나 이러한 정책들만으로는 고용을 중심으로 하는 많은 문제들을 해결할 수 없다. 과거 개발년대의 높은 성장률이 안정적인 거시경제 관리정책뿐 아니라 산업정책이 있었기에 가능했듯이, 좋은 고용성과를 위해서는 거시경제 관리정책뿐만 아니라 고용에 관한 전략적 접근을 필요로 한다.

둘째, 사회정책 지출 확대에 대해 고용친화적으로 대응할 필요성이 높아지고 있다. 소득증대에 따른 사회써비스 수요 증가, 개방과 구조조정에 따른 양극화 심화를 해결할 사회안전망의 확충, 그리고 고령화의 급속한 진전 등으로 사회복지와 관련된 지출이 크게 증가할 것으로 예상된다. 따라서 남북협력 및 통일에 따른 잠재적 재정부담을 고려할 때 사회복지정책을 고용친화적으로 전환할 필요가 있다. 빈곤의 문제를 단순히 저임금 일자리를 많이 만들어내는 것으로 해결하기는 어렵다. 외환위기 이후 매년 일자리가 평균 30만개 정도는 늘어나고 있으나 빈곤율은 크게 감소하지 않고 있다. 따라서 고용의 질을 개선해 빈곤을 해소하고 복지를 증진해야 하는 필요성이 커지고 있는 것이다. 이는 단순히 사회복지지출을 확대하는 것으로 해결될 수 있는 문제가 아니다.

셋째, 우리나라의 경우 전 생애에 걸친 교육훈련 씨스템이 미흡하여 인적자원의 낭비와 손실이 매우 크다. 학교-노동시장간 인력수급 불일치, 정규교육과 평생능력개발에 대한 투자의 불균형, 중장년층의 숙련 형성 및 노동이동의 장애, 저출산 및 고령화에 따른 유휴인력의 증가 등으로 국가 차원에서 인적자원을 형성하고 배분·활용하는 데 효율성이 크게 떨어져 있다. 고용과 교육·인적자원 간의 유기적 연계의 필요성이 높아지고 있는 것이다.

넷째, 우리나라 노동시장은 지나치게 이중구조화되어 있다. 대기업 정규직 노동자의 경직적 노동시장과 중소기업, 비정규직 노동자의 불안정한 노동시장이 공존하고 있다. 전반적으로 고용불안정성이 높은 와중에 국지적으로 경직적인 노동시장이 섬처럼 떠 있는 것이다. 한편으론 노동시장 유연화에 대한 요구가 증가하고 있고, 다른 한편에서는 고용불안의 폐해가 증가하면서 노동시장의 유연성과 안정성을 동시에 충족시킬 조건과 해법에 대한 요구가 커지고 있다. 이러한 문제들은 고용의 문제를 단순히 성장과 고용의 양의 문제로 보아서는 안되고 노동시장의 구조적 문제들에 대응하는 전략적 시각에서 바라보아야 한다는 것을 의미한다.

주요 선진국의 노동시장 문제는 주로 실업 함정의 문제였다. 한번 실업에 빠지면 개인이나 국가가 이 함정에서 쉽게 빠져나오지 못하는 구조적 문제를 가지고 있었고, 이에 대해 고용전략적 관점에서 대응했다. 그러나 우리나라의 경우 실업 함정은 상대적으로 약한 것으로 판단된다. 낮은 고용률로 대표되는 비경제활동 함정을 비롯하여 숙련불일치 및 인적자원의 사회적 낭비라는 저숙련 함정, 부문간 이동의 제한과 부문간 격차라는 이중노동시장의 함정, 일자리 창출은 이루어지지만 높은 저임금근로자 및 근로빈곤층 비율로 나타나는 빈곤 함정 등이 존재한다고 판단된다. 이러한 4대 함정의 존재는 고용이 성장과 분배의 관계에서 탈구되는 현상을 의미한다. 특히 정부의 정책과 제도가 환경변화에 탄력적으로 대응하는 능력이 취약하고, 이해관계자간 갈등과 대립이 네거티브 썸 게임의 함정으로 빠져들고 있어 시장이 자율적으로 해결하기 어려운 상황이다. 이러한 4대 함정의 존재는 국가가 정책적으로 개입해야 할 필요성을 제기한다.

3. 고용전략의 모색

일자리와 인적자원의 위기를 극복하기 위한 고용전략은 고용과 성장(생산성) 간의 관계를 복원하고 고용과 빈곤 간의 관계를 개선하는 것이다. 특히 한국의 국가고용전략은 자본주의 경제씨스템이 초래한 사회적 탈락자들을 사회 내로, 더 나아가 노동시장 내로 통합하는 역할에 그치는 것이 아니라 시장의 실패와 불완전성을 보완함으로써 자본주의경제의 장기적 안정성을 보장하는 기능을 담당해야 한다. 즉, 노동시장의 불확실성 및 불안정성을 줄임으로써 기업의 단기적 고용전략과 노동조합의 단기적인 임금전략에 의해 형성된 경제의 나쁜 균형을 해소하는 방향으로 설계되어야 한다. 이를 위해서는 다음 세 가지 정도의 전략적 방향을 설정할 수 있을 것이다.

첫째, 고용이 주요 정책의 수립과 집행에서 중요한 변수로 간주되어야 한다. 우선, 금리·환율·정부재정 등 고용성과에 영향을 줄 수 있는 거시경제 변수의 영향력이 과거에 비해 약화되기는 했지만, 거시경제정책을 효과적이고 효율적으로 운영하는 것은 전체 고용성과를 결정하는 데 가장 중요한 요소이다. 이를 위해 잘 조절되고 규율을 가진 케인즈주의적 거시경제 관리정책을 유지할 필요가 있다. 특히 거시경제

관리정책의 주요 지표로는 실업률이나 고용률보다는 전년대비 취업자 증가율 지표가 더 유용할 것이다. 피용자비율이 낮고 자영업의 비율이 높으며 실업급여 수급자의 비중이 낮은 우리나라에서 실업률은 고용 성과를 정확하게 반영하는 데 한계가 있고, 고용률은 구조적 지표로서 그 수치가 단기적으로 쉽게 변하지 않기 때문이다. 한편, 산업정책이나 지역 클러스터 정책 등에서도 고용효과를 따져볼 필요가 있다. 외환위기 이후 위축된 소비 및 투자의 회복을 위해서는 미시적인 구조조정이나 유연화 전략만으로는 한계가 있고 사회투자전략이 필요하다. 이는 공공사회 써비스 영역에서의 고용창출 전략으로 보완될 필요가 있다.

둘째, 유연성과 안전성을 동시에 높이는 노동시장정책이 필요하다. 장기적인 성장잠재력의 제고를 위해서는 경제주체들의 장기적인 행위양식을 구축할 필요가 있다. 노동시장정책은 근로자들의 고용불안 심리를 완화함으로써 근로자와 노동조합의 유연한 대응을 이끌어내고 장기적 관점에서 기업경영을 유도하고 경제의 전체적 성과를 높이는 데 기여하도록 해야 할 것이다. 물론 글로벌화와 기술변화에 대응하여 노동시장의 유연성을 높이는 것도 중요하다. 그러나 노동시장의 유연성을 높이는 방법을 단순하게 해석하여 해고의 유연성만으로 이해하는 것은 현실을 무시하는 정책이다. OECD(2006a)도 노동시장의 유연성 제고는 단순히 해고의 유연성을 높이는 것이 아니라, 해고와 관련된 절차를 투명하고 신속하게 처리할 수 있는 제도적 절차를 보장하는 것으로 파악하고 있다.

한편 대기업의 작업장과 직무의 혁신 등으로 내부 노동시장을 유연화하고, 비정규직 및 영세기업 근로자의 고용보호수준을 제도적으로 높이고 실업급여 등 사회보장 급여의 수준을 높여 사각지대를 축소함으로써 근로자 전체의 고용안정 심리를 회복하는 것이 중요하다. 지속적인 기업구조조정과 산업구조 및 기술 변화, 민간써비스 부문의 고용조정 등에 근로자들이 불안감 없이 유연하게 대응할 수 있도록 하기 위해서는 고용안정 써비스와 직업훈련 및 평생교육 등 적극적 노동시장정책의 수준을 주요 선진국 수준으로 높일 필요가 있다. 즉 노동시장의 유연화 정책이 성공하려면 사회안전망의 확충과 적극적 노동시장정책과의 연계가 대단히 중요하다.

셋째, 노동공급 확대 전략이다. 고용률 지표를 통해 장기적인 관점에서 능동화(activation) 전략에 입각한 노동의 공급을 확대하는 전략이 필요하다. 노동공급을 확대하면 기존 취업자를 대체하거나 실업률을 높일 것이라는 우려도 있다. 주요 선진국의 경험을 보면 노동공급의 확대가 반드시 기존 취업자의 일자리를 대체하지는 않은 것으로 나타나고 있고, 노동공급 확대가 상대임금의 하락을 유도하여 고용을 창출하고 소득-소비를 확대함으로써 거시적으로는 고용기회를 확대하는 효과가 있는 것으로 확인된다. 고령화 및 가족구조의 변모에 따른 인구 및 노동력 구조의 급속한 변화에 대응하기 위해, 여성과 고령자의 적극적인 노동시장 참여를 유도하는 제도적 씨스템을 완비하고, 청년층의 경우 학교에서 직장으로 원활하게 이행할 수 있도록 지원씨스템을 구축해야 한다. 이러한 국가고용전략의 방향에 따른 구체적 정책과제를 검토해보자.

(1) 고용창출전략

① 광범한 저생산성·저임금 고용 부문에서의 고용의 질 제고

국가 전체적으로 고용을 통해 생산성과 복지 수준을 동시에 높이기 위해서는 중소기업·자영업 부문의 구조조정으로 저임금·저생산성 영역을 축소 조정하고 고용의 질을 높일 필요가 있다. 우리나라의 경우 저임금·저생산성 부문의 경우 고용이 과잉되어 이 부문에서의 고용창출의 필요성은 상대적으로 낮은 상태로 판단되므로, 오히려 최저임금 인상과 적용 확대로 저임금-저생산 부문의 고용 비중을 축소 조정하고 고용의 질을 높여야 한다. 중위임금대비 최저임금의 비율이 2004년 현재 30% 수준을 벗어나지 못하고 있다. 주요 선진국들이 최저 40% 이상이라는 점을 고려하면 매우 낮은 편이다. 따라서 최저임금을 단계적으로 OECD 평균 수준으로는 인상할 필요가 있다.

또한, 임금소득보전제(In-Work Benefits)를 보완적으로 활용하여 저임금 근로계층의 탈빈곤을 제도적으로 보장할 수 있도록 최저임금제와 임금소득보전제와의 정책 조합을 꾀해야 한다. 우리나라처럼 이미 광범한 저임금 근로계층이 존재하고 있는 상황에서, 근로소득보전세제(EITC)와 같은 임금소득보전제는 저임금 일자리를 양산하는 효과보다는 저소득계층의 소득보전 효과가 더 클 것으로 판단된다. 단, 근로소득보전세제가 기업에 임금을 보전하는 정책으로 그치지 않기 위해서는 최저임금제가 보완적으로 기능하도록 해야 할 것이다.

중소기업과 자영업의 고용구조 개선 및 고용의 질 제고를 위해서는 중소기업을 지원하는 국가 차원의 산업전략이 필요하다. 우선 기존의 대기업 중심의 경제산업 정책기조를 수정할 필요가 있다. 우수인력과 R&D가 중소기업으로 유입될 수 있는 유인이 제공되어야 하며, 이를 위해 공공정책 및 공적자원을 중소기업으로 집중하는 정책적 전략이 필요하다. 그러나 중소기업에 대한 다양한 지원정책을 '선택과 집중' 이라는 원칙하에 재정비할 필요가 있고, '선택과 집중'에서 배제된 계층에 대해서는 사회정책적 접근을 강화해야 한다. 정부 지원에 의존하는 행태에서 벗어날 가능성이 없는 기업은 구조조정하는 방향으로 접근하고, 이에 대해서는 전직 지원, 직업훈련 등의 고용써비스를 결합해야 한다. 또한, 중소기업에 대한 지원은 개별적 자금지원 형태보다는 공공재(공동훈련, 공동복지, 근로환경개선)지원 형태로 접근한다는 원칙을 강화할 필요가 있다.

한편, 자영업도 사회정책 및 고용정책의 틀 속으로 끌어들여야 한다. 써비스산업의 구조조정 과정에서 자영업주들이 무리 없이 직업을 전환할 수 있도록 고용안정쎈터의 역할을 강화하고, 자영업주에 대한 고용안정과 컨썰팅 써비스를 강화해야 한다. 특히 준비되지 않은 자영업 진출-높은 퇴출률의 부작용을 줄이기 위해서는 충분한 정보제공과 교육이 중요하다. 자영업 창업 의사를 가진 사람들을 적극적으로 고용안정쎈터로 끌어들이고, 이들을 대상으로 지역 단위의 창업 관련 정보를 사전에 제공하는 씨스템을 강화함으로써 준비되지 않은 자영업 진출을 사전에 방지하도록 한다.

② 사회써비스 산업정책을 통한 고용창출

공공행정, 교육, 보건의료, 복지 등 사회써비스 부문에서 적절한 임금과 사회적 보호 수준을 갖춘 사회써비스 일자리를 공공부문 주도로 창출하는 전략이 요구된다. 사회써비스 부문에서의 고용창출 전략은 저임금·저생산성 부문의 고용조정에 대한 안전판 역할의 의미가 크다. 그뿐 아니라 광범한 복지 사각지대의 존재라는 복지정책의 실패와 사회써비스의 과소공급이라는 시장실패에 대응하면서 가사노동의 사회화·시장화를 촉진하고 고령사회에 대비하는 적극적 전략으로서의 의의도 크다.

현재 우리나라의 사회써비스는 여러가지 기준에 비추어볼 때 지나치게 적게 공급되고 있다. 우리나라의 사회써비스 고용 비중은 OECD

주요국의 사회써비스업 고용 비중에 비해 턱없이 낮고, 국민소득 수준, 부양인구 비율, 정부지출 비중 등을 고려한다 해도 그 비중이 크게 낮은 수준이다. 사회써비스의 경우, 국민소득이 증가함에 따라 규모가 확대되는 우등재임에도 불구하고 우리나라에서는 시장실패로 그 규모가 확대되지 못하고 있다.

공공부문 주도의 사회써비스 고용창출 전략은 경제적으로도 필요한 전략이고 지속 가능한 전략이다. 이 전략은 사회써비스 부문에서의 시장실패를 보완하여 시장을 적극적으로 창출하는 것으로 다양한 긍정적 효과를 유발한다. 국민소득 수준에 비해 사회써비스가 과소공급되고 있는 것은 정부실패(정부 규제의 실패)보다는 시장실패에 기인하는 바가 크다는 것을 의미한다. 이는 사회써비스 부문에서의 시장실패는 기술적인 문제나 정보 제한 등으로 사적인 거래·생산이 과다한 비용을 초래하는 경우(보육이나 간병) 또는 금전적인 조건이 개인의 사적인 선택을 크게 제약하는 경우(교육)에 발생할 가능성이 높기 때문이다. 따라서, 공공부문 주도의 고용창출은 새로운 시장을 창출하고 기존 시장을 확대하는 데 촉진자 역할을 할 수 있을 뿐만 아니라, 복지써비스 부담을 기업보다 국가가 책임짐으로써 기업 단위 노동비용의 축소 조정을 유도하여 기업의 경쟁력 제고와 고용창출에 기여할 수도 있다.

공공부문의 고용창출 전략은 정부의 예산적자를 유발하지 않는 지속 가능한 전략으로, 이때 초래될 수 있는 예산상의 문제는 노동력 공급 증가 및 시장의 창출·확대가 가져올 조세원(tax base) 확대로 동태적으로 해결할 수 있다. 특히, 공공부문 고용창출이 가사노동의 사회화 전략과 결합될 경우, 여성들이 서로의 자녀를 보육하거나 서로의 부모를 보호해주는 방식으로 가사노동이 시장화됨에 따라 새로운 시

장이 창출되고 GDP 증가와 세원의 확대로 이어질 수 있다.[1)]

또한, 사회써비스 중심의 공공부문 고용증가는 관료화된 정부의 팽창이 아니라 대부분 대국민써비스 기능의 확대를 의미한다. 따라서 예산낭비의 가능성이 적은 반면, 민간시장의 대체가능성이 문제가 될 수 있다. 그러나 민간시장이 시장실패로 위축된 상태에서는 민간시장 대체가능성은 상대적으로 낮고, 공공부문의 사회써비스가 민간부문의 사회써비스와 기능적으로 보완하면서 시장을 더욱 확대시키는 효과도 가져올 수 있을 것이다.

공공부문 고용창출은 가사노동의 사회화·시장화 전략과 결합해 추진되어야 효과적이다. 저임금 풀타임 근로자 가장이 있는 단독 부양가족의 경우, 추가적 소득원(second income)을 가지는 것이 빈곤으로부터 탈출하는 데 효과적일 수 있다. 여성의 높은 경제활동 참가율은 저출산·고령화 시대에 부양비의 악화에 대한 대안일 뿐만 아니라, 비전통적 가족 형태의 출현과 불안정한 노동시장으로 발생하는 빈곤가구로의 전락을 방지하는 중요한 수단이다.

공공부문 고용창출에서도 고용의 질이 보장되는 장치를 만들어야 한다. 공공부문의 고용창출이 기존의 공공근로와 같은 일시적인 소득보전형 일자리를 창출함으로써 또 하나의 저임금 일자리의 온상이 되어서는 안되며, 사회적으로 수용가능한 근로조건이 보장되는 온전한 일자리가 마련되어야 할 것이다. 사회써비스 고용은 노동시장의 이중

□■

1) 물론, 사적으로 이루어지던 가사노동을 시장화하려면, 개인적인 활동이 명백한 시장가치로 환산되어야 하고, 부작용을 줄이는 다양한 규칙과 조건을 세밀하게 설계해야 한다.

구조화에 따라 저임금 일자리로 전락할 가능성이 존재하는 부분이므로, 기득권을 보장·확대하는 방식이 아닌 형태로 기존의 공공부문에 준하는 최저 근로조건이 보장되도록 하고, 공공써비스를 민간에 위탁할 경우에도 근로조건의 최저기준 보장을 정부조달 계약조건으로 설정할 필요가 있다.

(2) 노동시장의 개혁

① 노동시장의 유연성 제고의 방향

OECD(2006b)는 노동시장의 이중구조화에 좀더 적극적으로 대응하기 위한 것으로 고용보호법제의 개선을 권고한다. 한편으로는 비정규직 보호를 강화하면서 사전고지기간의 차별화, 분쟁절차의 간소화, 퇴직금제도의 퇴직연금으로의 전환 촉진 등을 통해 정규직에 대한 과도한 보호를 완화할 것을 권고한다. 특히, 비정규직에 대한 제도적 보호의 틀을 갖추는 것은 매우 시급한 과제이다. 그러나 고용보호법제의 개선만으로는 경직성과 불안정성의 공존이라는 한국 노동시장의 문제를 해결하기는 어렵다. 특히 수량적 유연성이 초래하는 위험을 사회적으로 감당할 체제가 구축되지 않아 제도의 실효성이 떨어지는 상태에서 고용보호법제를 일방적으로 완화하는 것은 노동시장의 유연성과 안정성을 높이는 데 역효과만 초래할 가능성도 있다. 따라서 정규직 노동시장의 경직성에 대응해서는 기능적 유연화 전략이 유효하다. 우리나라 기업들의 기능적 유연화 수준이 낮은 것은 노동조합의 단기적이고도 경직적인 대응전략도 문제지만 기업들의 인적자원 관리 능력의 부재에 기인한 바도 크다. 고용안정과 생산성 향상, 고용안정과 임금자제의 맞교환이 이루어지는 장기적 고용전략을 지원하는 정책이 개발되어야 한다.

특히 근로시간이나 임금제도를 유연하게 운영할 경우, 근로자와 사용자의 이해가 일치할 수 있는 영역에서 유연화를 촉진할 수 있는 정책 수단을 개발할 수 있을 것이다. 그간 우리 사회에서 진행된 노동시장 유연화는 해고나 구조조정 그리고 그에 따른 고용불안으로 등치되었다. 이를 반전시킬 필요가 있다. 근로시간의 탄력적 조정, 단시간 근로 등 다양한 고용형태의 활용, 임금체계의 합리적 재편 등은 제도만 잘 설계하면, 일과 가정의 양립이라는 노동자의 이해에도 부합할 수 있기 때문이다. 특히 우리나라의 경우 단시간 근로형태가 크게 부족한데 이를 기업의 생산성과 근로자의 삶의 질을 동시에 높일 수 있는 대안으로 적극 모색해볼 수 있을 것이다.

② 사회안전망의 치밀한 제도 설계

우리나라 사회안전망의 첫번째 과제는 말 그대로 일자리를 상실할 경우 생계유지를 위한 최소한의 소득을 실질적으로 보전할 수 있는 씨스템을 구축하는 것이다. 이를 위해서는 우선 구직급여의 가입률 및 수혜율을 높임으로써 실질적인 사회안전망이 될 수 있도록 해야 한다. 설립 및 소멸이 빈번한 영세사업장과 노동이동이 빈번한 비정규직 등을 고용보험의 틀 내로 끌어들이는 방안이 필요한데, 예를 들어 세무행정체계와 피보험자 관리체계를 연계해 구축하는 등 사업주가 고용보험 적용을 회피하기 어렵도록 조세 및 사회보장 운영체계를 개선하는 방안도 고려해볼 만하다. 한편 실직기간이 장기화된 자발적 이직자에게 일정 기간 유예기간을 둔 후 실업급여를 지급하는 방안도 이제는 도입할 때가 되었다. 실업급여의 지급수준(최대 지급가능일, 1일 기준액 등)도 상향조정하여 실업급여가 실질적으로 생계보호의 역할을 할 수 있도록 한다.

두번째 과제는 적극적 노동시장정책과 연계해 노동시장으로 재진입하도록 촉진하는 것이다. 물론 수혜율 확대정책 자체가 적극적 노동시장정책과의 연계성을 강화할 수 있다. 실업급여 수급 확대는 고용안정쎈터의 다양한 취업지원써비스에 대한 접근도를 높이는 효과를 가지기 때문이다. 실질적으로는 거의 적용되지 않고 있지만 우리나라 고용보험법에는 취업이나 직업훈련을 거부할 경우 구직급여의 지급을 정지한다는 조항(제46조)도 있다. 또한 조기 재취업 수당제도나 훈련 연장급여제도를 도입했으나 이 역시 활성화되지 못하고 있는 실정이다. 조기 재취업 수당도 여성, 저학력자, 중고령자, 저임금자 등 취업 취약집단이 받기 어렵게 되어 있다. 따라서 적극적인 프로파일링 제도 등을 도입하여 취약 집단을 대상으로 하는 고용써비스가 결합될 필요가 있다.

세번째 과제는 실업급여를 여타 사회안전망 정책들과 연계해 취약계층의 사회안전망을 실질적으로 구축하는 것이다. 실업급여와 최저임금제도, 기초생활보장제도, 도입이 예정된 근로소득보전세제 등의 관계를 잘 설계해 취약계층의 사회적 최저수준을 확보하는 것이다. 최저임금의 수준을 OECD 수준으로 높이는 것도 중요하지만, 최저임금의 엄격한 적용과 무엇보다도 매년 노사간의 갈등을 유발하는 최저임금의 적정 수준 및 중장기적 목표에 관한 사회적 합의를 도출할 필요가 있다.

③ 적극적 노동시장정책에 대한 도약 투자(take-off investment)

적극적 노동시장정책의 효율성을 제고하고 성과를 정확히 평가하여 효과적인 정책에 자원과 예산을 집중하는 것도 중요하지만, 우리나라의 경우 적극적 노동시장정책이 신뢰를 확보하기 위해서는 한번의 도약이 필요한 싯점이다. 적극적 노동시장정책에 대한 투자는 외환위기 이후 단계적으로 확대되고 있지만, 여전히 구직자-구인자들이 만족할 만한 임계점을 넘어서지 못하고 있다. 이러한 맥락에서 2005년도의 6개 지역 시범사업은 고용안정써비스의 도약 계기를 마련한 실험이었다고 판단된다. 이 사업은 인력의 33.4%, 예산의 55.3%를 증가하는 선택과 집중을 통해 성공모델을 창출하기 위한 실험이었다. 맞춤형의 원스톱써비스, 지역 네트워크의 활용, 기업에 대한 써비스 개발 등 교과서적인 실험 사례들이 잘 적용되었다. 물론 실업급여-취업지원-직업훈련간 연계 강화, 써비스 콘텐츠 확충 및 전문성 향상, 유관 기관과의 네트워크를 내실화하기 위해 제도적으로 안정된 거버넌스의 구축 등이 향후의 과제로 남아 있지만, 적극적 노동시장정책의 도약 투자의 사례를 제시한 것으로 평가할 수 있다.

우리나라의 적극적 노동시장정책에서 또 하나의 중요한 과제는 정책의 사각지대에 놓여 있는 취약계층에게 정책을 효과적으로 전달하는 것이다. 이를 위해 적극적 노동시장정책 예산을 일반재정에서 조달하는 방안을 적극 고려할 필요가 있다. 우리나라의 경우, 고용보험의 고용안정사업과 직업능력개발사업을 위한 재원은 사업주만 부담하고 있고, 다만 고용보험 미가입자의 훈련을 위한 재원은 일반회계에서 조달된다. 이렇게 고용보험의 틀 속에서 사업주에게 부과하는 급여세 형태에 의존하는 적극적 노동시장정책은 두 가지 한계를 가진다. 첫째, 고용친화적이지 못하다. 우리나라의 사회보장분담금은 모두 급여세로 조달되고 있으며 사업주 부담을 기준으로 할 경우 임금총액의 17.6%, 노사부담분을 합산할 경우 24.7%로 다른 OECD 국가에 비해 크게 낮지 않은 수준이다. 둘째, 고용보험의 프로그램들이 기여자에게 한정됨에 따라 비정규직, 영세자영업자, 청년 신규 노동시장 진입자, 미취업

여성 등과 같은 취약계층에 대해 체계적인 지원이 이뤄지지 못한다. 변화되는 노동시장 환경과 다양한 정책 수요에 능동적으로 대처하기 위해서는 고용보험의 틀 속에 갇혀 있는 직업능력개발사업이나 고용안정사업 등 적극적 노동시장정책에 필요한 재원을 일반재정에서 적극 지원하는 방안을 모색할 필요가 있다.

(3) 능동화(activation) 정책을 통한 노동공급 확대

① 일과 직장의 양립(Work and Family Balance)

25~29세 여성의 경제활동 참가율은 지난 20년 사이 크게 상승했으나, 30~40대의 참가율은 답보상태를 면하지 못하고 있다. 이 계층이 경제활동에 참가하도록 하려면 일과 가족이 양립할 수 있는 실효성있는 정책이 필요하다. 일하는 엄마를 위한 보육지원이 보육품질에도 영향을 줄 수 있을 정도로 충분히 이루어져야만 고학력 여성들이 육아·교육 대신에 직장을 선택할 것이다. 출산·육아비용의 사회화를 적극적으로 추진하여 출산휴가 및 육아휴직제도의 실효성도 높여야 한다. 파트타임 또는 파트위크 등 탄력적 근무제도에 대한 비례보호제도를 강화하여 고학력자들의 현실적 선택지를 확대하는 것도 중요하다. 또한, 일-가족 양립 우수기업에 대한 포상뿐만 아니라, 구직자에게 일정 규모 이상의 회사의 경우 일-가족 양립 방침에 대한 정보를 제공하여 우수한 여성인재들이 일-가족을 양립할 수 있는 회사에 몰릴 수 있도록 할 필요도 있다.

한편 남녀차별 시정정책의 실효성도 높여야 한다. 남녀고용평등법이 도입된 지 18년이 되지만 차별시정의 효과에 대해서는 의구심이 적지 않다. 차별문제를 해결하는 실효성있는 대책을 강구하기 위해서 도입한 적극적 고용개선조치가 우리 기업의 고용 관행에 변화를 가져올 수 있도록 해야 할 것이다.

② **고령자의 근로생애 연장**(active aging)

고령자의 경우 아직까지는 경제활동 참가율이 선진국에 비해서 낮지 않지만 고령화가 진전되면서 참가율이 크게 떨어질 가능성을 배제할 수 없다. 따라서 지금부터라도 고용안정과 평생학습을 통한 중고령자의 근로생애 연장(active aging)을 위한 정책을 마련해야 한다.

중고령자의 고용률을 유지·제고하기 위해서는 고용안정과 재취업 촉진이 필요하다. 그러나 단기적으로는 중고령자의 재취업이 용이하지 않고 저임금 직종에 한정되는 경우가 많다. 따라서 조기퇴직 추세를 차단하여 고령자의 고용안정을 도모하는 정책이 우선적으로 필요하다. 이를 위해서는 연공급체계의 개선과 직무급제 도입, 임금피크제 등을 통한 정년연장, 연령차별과 같은 비합리적인 요소의 개선 등도 필요하지만, 교육훈련을 통해 고령근로자의 고용가능성을 높이는 정책이 요구된다. 특히 고령자의 경우 인적자원투자의 사적 편익이 낮기 때문에, 고령자 인적자원투자의 사회적 편익을 고려하여 이에 대한 정책적 지원이 필요하다.

다른 한편으로는 고령근로자의 근로가능성(workability) 제고를 통한 고용안정·생산성 제고가 필요하다. 고령친화적 작업환경 개선 지원 및 직업보건(occupational health) 증진 지원 정책은 고령자가 건강하게 자신의 생산성을 발휘할 수 있도록 작업조직 및 근로환경을 재설계함으로써 고령근로자의 근로가능성을 높이고, 기업의 고령자 고용유지에 기여할 수 있다.

동시에 중고령자 인적자원개발을 통해서 중고령자의 재취업을 촉진해야 한다. 중고령자의 노동이동은 앞으로 더욱 활발해질 것으로 판단된다. 따라서, 중고령자의 재취업을 지원하는 평생학습체계의 개발, 중고령자에 특화된 고용써비스의 구축 등이 필요하다. 연금 지급이 본격적으로 이루어질 경우 고령자의 노동시장 참여 유인이 낮아질 가능성이 있다. 이에 대비하여 고령자의 노동시장 유인정책(make working pay) 또한 준비할 필요가 있다.

| **참고문헌** |

전병유(2006) 「고용의 위기와 고용전략의 모색」, 『동향과전망』 66호.

OECD(1998) *OECD Employment Outlook*.

_____(2006a) *OECD Employment Outlook: Boosting Jobs And Incomes*.

_____(2006b) *Addressing Labour Market Duality in Korea*, OECD Report For Joint MOL/OECD Seminar on Labour Market Duality in Korea: An International Perspective.

연대와 혁신의 노사관계

조 성 재

1. 머리말

한국 사회경제의 현단계를 진단하고 미래를 설계하는 데 있어서 노사관계만큼 중요한 것은 없다. 양극화란 궁극적으로 소득분배의 악화이며 이를 둘러싼 일차적 배분과 분쟁의 지점이 노사관계이기 때문이다. 또한 현재의 답답한 상황을 돌파하여 새로운 사회를 그려보는 데도 노와 사의 생산적 관계를 상정하는 것은 필수적 과제일 것이다. 이 글은 이러한 목적에서 과거와 현재의 우리나라 대립적 노사관계의 흐름과 구조를 검토하고, 변화하는 환경과 주체적 여건 속에서 어떤 노사관계 비전을 수립해야 하는가를 논의한다. 결론부터 말하자면 노동운동의 기본 원리인 '연대'(solidarity)의 정신으로 돌아가야 한다는 지당한 가치를 복원하고자 하며, 그것이 개방된 현실 속에서 지속 가능하기 위해서는 바로 '혁신'의 가치와 더불어 추구되어야 함을 강조하고자 한다. 2장에서 현단계 한국 노사관계의 문제점을 역사적 관점, 구조적 관점, 그리고 고용을 중심으로 한 성과의 측면에서 평가해보고, 3장에서 환경과 주체의 변화를 검토한 다음 4장에서는 노사관계의 비전을 제시해본다. 마지막으로 5장에서 노사관계 비전의 의미를 재음미하면서 글을 맺고자 한다.

2. 현단계 한국 노사관계의 문제점

(1) 역사적 관점의 평가

우리나라 노사관계의 시기구분에서 1987년이 중요한 분수령이라는 것을 부정하는 사람은 없을 것이다. 1987년 이전에는 국가의 병영적 노동통제 아래 저임금·장시간 노동이 구조화되었으며, 노동운동은 한국노총으로 상징되는 제도권에 철저히 포섭된 상태였다. 그 외곽의 비합법 공간에서 성장해온 민주노조 운동은 1987년 정치적 민주화 시기에 폭발적으로 분출하여 수많은 노동조합의 결성으로 이어졌고[1] 파업 등을 통하여 근로조건을 획기적으로 개선하는 데 성공했다. 이렇게 억압과 착취에 대한 불만의 에너지를 결집하여 사용자와 정부에 대항하는 것을 '전투적 조합주의'라고 한다면 이 노선과 행태는 1990년대 초반까지 분배몫을 늘리고 작업장 내에서도 전제적 통제를 무너뜨리는 데 일정하게 성공했다고 볼 수 있다.

□ ■

1) 우리나라 노동조합 조직률은 1986년 12.3%에서 1989년 18.6%까지 상승한다.

전투적 조합주의는 노동자들의 임금을 획기적으로 올림으로써 내수 기반의 확충에도 기여한 바가 컸다. 그러나 한계기업을 중심으로 급격한 임금인상에 따른 부담이 현실화됐으며, 다른 한편으로 작업장 노사관계에서 힘의 우위를 회복하려는 사용자의 이른바 '신경영전략'[2] 등이 전면화되기 시작했다. 1980년대 후반 폭발적으로 증가한 노동조합 신설 움직임이 둔화되는 가운데 1990년대 중반은 노와 사가 어느정도 게임의 규칙을 정립해나가던 시기였으며, 이에 따라 분규 관련 각종 지표가 급속히 하락했다. 예를 들어 노사분규 발생건수는 1987년 3,749건에서 지속적으로 줄어들어 1997년에는 78건이 되었으며, 노동손실일수 역시 1987년 690만일에서 1997년에는 45만일로 크게 줄어들었다.[3]

그러나 1990년대 중반 고임금 부담을 피하기 위해 일부 기업에서 시도되던 명예퇴직 등이 외환위기를 계기로 정리해고로 확산·심화되었으며, 다른 한편으로 외주화(outsourcing)가 확대되고 노동배제적 자동화도 좀더 적극적으로 추진되었다. 특히 고용조정은 노사관계에 지울 수 없는 상처를 남겼는데, 기업들의 성장극대화 전략하에서 일반

□■

2) 대우조선 등을 중심으로 시행된 후 많은 기업으로 확산된 사용자의 노무관리 전략으로서 성과급 등에 연동하는 개별화된 평가 및 유인적 임금체계의 도입, 중간 감독자층의 권한 강화, 그리고 기업문화 운동 등을 통하여 병영적 통제를 대체하는 노조기피적 전략을 뜻한다.

3) 이하에서 설명하듯이 외환위기 이후 이 수치들은 다시 증가하는데, 분규발생건수는 462건(2004년)까지 올라갔으며, 노동손실일수는 1998년 이후 100만일을 줄곧 상회하다가 2005년에야 80만일 수준으로 하락했다. 자세한 것은 한국노동연구원 『2006 KLI 노동통계』 참조.

적이던 노동자들의 '내 회사' 의식, 심리적 계약은 여지없이 무너졌으며, 이에 따라 고용불안을 방지하기 위해 경영참여를 주요 내용으로 하는 단협개정 요구가 크게 늘어났다. 물론 그 이전에 구조조정이나 고용조정에 반발하는 노동조합의 단체행동이 심화되었는데, 그것은 투쟁의 강도나 지속도에서 과거 임금인상 투쟁을 훨씬 능가하는 것이었다. 그러나 지불능력이 양호한 일부 대기업에서는 사용자가 이윤극대화 전략 아래 단기적 수익 확보에 주력하는만큼, 노동자들도 이제 '벌 수 있을 때 최대한 벌고 보자'는 단기적 실리주의에 집착하게 되었다. 이러한 양태는 과거 저임금·장시간 노동에 대한 저항문화의 유습인 전투성과 결합되면서 '전투적 실리주의'라는 비아냥거림에 직면하기도 했다.

1987년 노동체제[4]는 과거 병영적 노동통제 아래 저임금·장시간 노동을 극복하고 노동자의 권리와 실리를 확장한 것으로 특징지어지지만, 외환위기와 같은 외부적 충격에 따라 불안정한 모습을 보이면서 전개되어왔다. 더욱이 이같은 성과는 주로 대기업과 공공부문 노조에 기반한 것으로서 기업별 노조체제의 한계를 고스란히 안고 있는 것이기도 하다. 11%대의 낮은 조직률과 파편화된 조직구조 속에서 중소·영세기업, 비정규직, 특수고용 노동자들은 조직적 보호의 바깥에서 여전히 열악한 노동조건에 노출되어 있다. 기업별 노조체제와 노동시장의 분단이 상호작용하면서 1차 노동시장과 2차 노동시장의 노사관계가 상이한 지향과 행동 양태를 보이고, 이것이 다시 대표성의 위기와 사회적 협의의 지체를 초래한다. 사회적 협의의 경우 1998년 2월 6일

4) 1987년 노동체제의 특성에 대해서는 장홍근(1999) 참조.

〈그림 1〉 노동운동의 존재인정 투쟁과 제도권으로의 흡수

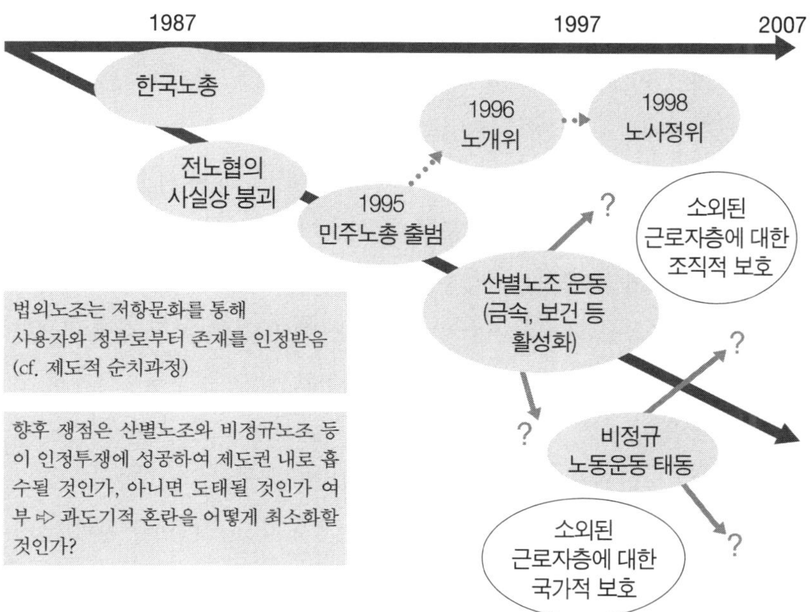

의 사회협약에서 볼 수 있듯이 외환위기 극복을 위한 고통분담과 노사정위원회의 출범으로 진전되기도 했으나, 약속 이행을 둘러싼 상호불신이 깊어지면서 1999년 이후는 한국노총만이 참여한 절름발이 신세를 벗어나지 못하고 있다.

한편 역사적 흐름을 비합법 노동운동의 합법화·제도화·순치화 차원에서 해석할 수도 있다. 주지하다시피 1987년 이전에는 한국노총을 국가 코포라티즘의 하위 파트너로서 포섭하고 여타의 민주적 노동운동, 심지어 기독교 계통의 인간적 조합주의조차 배제하는 것이 특징이었다(유범상 2006). 1987년 이후 민주노조 운동이 폭발적으로 분출했으나, 이들이 바로 제도적 인정을 받은 것은 아니었으며, 1990년경에는 정부와 사용자의 대대적 공세 속에 전노협을 사실상 와해지경으로까

지 몰아가기도 했다. 자주적이고 민주적인 노동운동은 1995년 민주노총이 출범하고 1996년 노사관계개혁위원회 활동에 공식 참여함으로써, 그리고 1998년 2월 6일 사회협약 후 1999년 합법화됨으로써 완전히 제도권 내로 진입하는 데 성공했다. 그러나 금속·보건 등의 산별교섭은 여전히 불안정한 상황을 보이고 있으며, 특히 여러 사내 하청이나 건설플랜트, 여성노조, 화물연대, 학습지 교사, 골프장 경기보조원 등의 사례에서 볼 수 있듯 비정규직과 중소영세기업, 특수고용 부문의 노동조합 운동은 교섭상대조차 불분명한 채 인정투쟁 단계에 머물러 있을 뿐이다. 이들이 현재 기업별노조가 1987년 이후 투쟁과정에서 제도화되었듯이 과연 초기업별 노조로 자리를 잡을 수 있을지 여부는 미래 한국의 노사관계와 관련하여 핵심적인 관심사항이라고 할 수 있다.

요컨대 1987년 이전의 왜곡되고 억압된 국가 코포라티즘 체제는 자주적이고 민주적인 노동운동의 발전에 따라 붕괴되고 노동자들은 상당한 수준의 노동권과 실리를 확보했으나, 기업별 노조체제의 한계 속에서 전투적 조합주의의 전리품은 일부 대기업과 공공부문에만 불균등하게 배분되고 사회 코포라티즘 체제는 불안정성을 면치 못하고 있다. 노사정간의 불신과 원초적 갈등은 이렇듯 역사적으로 심화되는 과정이었으며, 따라서 각 주체는 무형의 생산적인 관계를 형성하기보다는 조직적 힘과 법률적 문구에 의하여 권리를 지키려 하고 있다. 그나마 이러한 법과 제도의 사각지대에 방치되어 있는 비정규직이나 영세기업 노동운동이 그 존재를 인정받을 수 있는가, 아니면 다른 방식으로 이들을 국가나 사회가 포섭할 수 있는가 여부가 향후 노사관계 지형에서 대단히 중요할 것으로 보인다.

(2) 구조적 관점의 평가

한국은 일본과 더불어 기업별 노조체제를 구조적 특징으로 해왔다. 그러나 조직구조와 더불어 노사관계 씨스템에서 중요한 변수인 노노, 사사, 노사간 조율(coordination) 정도에 대한 평가에서 양국은 극명한 대조를 보인다.[5] 일본은 작업장 수준에서 기업·그룹·업종·전국 수준에 이르기까지 노노·사사·노사간 사전 정보교환과 협의가 매우 활성화되어 있어 막상 기업 단위의 단체교섭에서는 갈등 요인이 많지 않으며, 기업간 근로조건의 차이도 크지 않다는 특징을 지닌다. 이러한 씨스템은 결과적으로 서구 산별노조 및 산별교섭과 유사한 효과를 발휘한다. 그러나 우리나라의 경우 현대자동차 등 일부 대기업을 중심으로 유형교섭(pattern bargaining)이 발달하기도 했으나, 그것은 암묵적이고 불안정한 것일 뿐이다. 따라서 특히 기업 규모간 근로조건 격차가 크고, 타기업·타업종·타지역과 임금 및 단협을 비교하면서 사업장마다 유사한 교섭을 커다란 갈등 비용을 치르면서 매년 반복하고 있다. 더욱 문제인 것은 파편화된 조직과 교섭구조 속에서 2차 노동시장(소규모·영세, 비정규, 특수고용)의 근로조건을 대변해줄 책임 있는 조직이 발달하지 못했다는 것이다.

이 마지막 언급과 관련하여 한국노총이나 민주노총 등 총연맹 조직의 대표성과 리더십이 취약하다는 점은 대단히 중요하다. 양대 노총을 합쳐도 11%대에 불과한 조직률은 힘있는 교섭과 협의를 저해하는 요

□■

5) *OECD Employment Outlook*(2006)에 의하면 1995~2000년 기간중 임금결정의 집중도(centralization)와 조정력(coordination)에서 4점 만점에 한국은 둘 다 1점인데 비해, 일본은 집중도 1점으로 한국과 같지만 조정력에서는 4점으로 산별제도가 발달한 독일과 같으며, 스웨덴(3점)이나 호주(2점)보다도 높다.

인이다. 더욱이 우리나라는 기업별로 조직되어 협약이 11% 미만의 노동자에게만 적용되는 데 비하여 프랑스의 경우 9%의 조직률에도 불구하고 산별협약의 효력확장 제도에 의하여 90% 가까운 노동자들이 협약의 적용을 받고 있는 사실을 염두에 둘 필요가 있다.

또한 이들 총연맹은 흔히 과도한 '명분의 정치'에 매달리는 경향이 있다. 이에 따라 한국노총이 산하 조직이나 조합원의 실정과는 무관하게 때로 무원칙한 양보를 거듭하는가 하면, 민주노총의 경우 '전부' 아니면 '전무'식의 투쟁이나 최대강령만을 내세운 실현불가능한 총파업 투쟁을 남발하기 일쑤이다. 특히 대공장 노조들이 대부분 속해 있는 민주노총의 경우 총연맹이 대기업 노조를 제어하지 못하는 모습을 자주 보이기도 한다. 역으로 개별기업의 분규나 현안이 중앙 단위로 여과 없이 상향되어 명분의 노동정치에 편승하는 경우도 자주 발생했다. 이는 안정적인 사회적 대화나 협의를 불가능하게 한다.

사용자들의 경우도 상급단체에서 회원사간 의견을 조율하기보다는 공격적이고 원론적 선전전에 머무는 경우가 다반사다. 이에 따라 일부 대기업의 경우 양호한 지불능력을 토대로 정규직 조합원만을 포섭하는 노사담합이 일상화되어 있으면서도 노사관계와 노동시장 일반의 문제에서는 명분에 집착하는 경우가 허다하다. 사용자 사이의 조율과 정책개발의 미진은 업종별 사업자 단체 이외에 인사노무와 관련한 사용자 단체가 발달하지 않았다는 사정과도 관련된 것으로 보인다.

이렇듯 사측이나 노측 모두 기업별 노조체제 아래 실질적인 자원과 결정권은 기업과 사업장 단위에 집중돼 있는데도 중앙에서는 과도한 명분의 정치에 매달리는 모순적 양태를 보이고 있다. 이 과정에서 서구 산별노조나 지역별 노사정협의기구와 같은 제도가 발달할 여지가 적었으며, 이러한 중범위 수준(meso-level)의 교섭과 협의조차 질식된 상태가 우리나라의 사회적 협의를 더욱 곤란하게 하고 있는 것으로 보인다. 요컨대 중앙 차원의 노동정치와 기업별 노사관계 씨스템의 '나쁜 결합'에 의하여 노사관계의 대립성과 노동시장의 양극화가 부단히 재생산되어온 것이다.

(3) 고용을 중심으로 본 노사관계의 성과

다소 거칠게 구분하자면 1997년을 전후로 하여 전반부는 임금과 노동시간이, 후반부는 고용이 노사관계의 주요 쟁점이었다. 물론 임금수준과 고용량은 상호 연계되어 있기 때문에 두 가지를 따로 떼어서 생각할 수 없지만, 앞서 언급했듯이 외환위기를 거치면서 노동자들의 고용불안 심리는 매우 고조되었고 고용안정을 위한 단체협약상의 권리 확보 노력이 사용자들에게는 경영권 침해로 받아들여지면서 노사 갈등이 심화되는 과정을 겪었다. 그나마 이것은 정규직 기업별 노조에나 해당되는 분규이며, 2차 노동시장에 처한 노동자들은 안정적인 일자리와 소득을 얻으려는 원초적인 투쟁에 나설 수밖에 없는 형국이다.

다시 말해서 기업별로 파편화된 노조조직과 분단 노동시장 상황에서 고용이 불안정해지자, 정규직 노동자들은 고용안정 개념을 협소하게 해석하면서 자신의 고용을 지키기 위한 집단행동을 주저하지 않는다. 사용자들은 이미 고인건비가 소요되는 이들을 가능하면 로봇으로 대체하거나 공정 자체를 아웃쏘싱하고자 하며, 이는 다시 노사간의 고용을 둘러싼 갈등을 고조시킨다. 2차 노동시장의 1차 노동시장으로의 진입 노력은 더욱 치열해지며, 흔히 생존권 투쟁과 결부된다. 앞서 언급했듯 비정규직의 근로조건 개선 요구는 기업별 노조체제하에서 노사관계의 제도 밖에서 발생하기 때문에 갈등은 원초적이고, 1987년에 그러했듯이 격렬한 존재인정투쟁으로부터 시작한다. 이들의 투쟁은 고공농성, 단식, 투신, 분신 등 극한적 형태를 띠는 경우가 다반사이다.

이러한 기업별 체제의 경계 안팎에서 벌어지는 고용을 둘러싼 갈등, 그리고 정규직 인력운용의 일부 경직적인 측면은[6] 사용자의 노동배제적 자동화나 아웃쏘싱 시도는 물론, 해외진출을 촉진하여 다시 일자리의 불안정성을 높인다. 노사관계의 대립성이 외국인 투자유치에도 부정적임은 물론이다. 그리고 투자 부진은 일자리 창출을 저해하여 기존 일자리에 대한 노조의 집착을 강화한다. 결국 일자리를 둘러싼 대립적 노사관계와 투자 부진은 악순환의 함정에 빠져 있는 것이다.

3. 노사관계 환경과 주체의 변화

우리나라 노사관계가 직면하고 있는 새로운 환경으로서 개방화만큼 중요한 것은 없다. 글로벌 시대에 한반도의 개방은 그 자체로 추구해야 할 가치이지만, 노사관계 측면에서 그것은 환경과 조건으로 작동하며, 노사관계의 특성이 다시 개방의 정도와 폭에 피드백될 수 있다. 개방과 글로벌화는 우리나라뿐 아니라 선진 외국에서도 1980년대 이후 노사관계의 씨스템에 가장 큰 영향을 준 요인이라는 점에 주목해야 한

□■

6) 대표적으로 경직적으로 우상향하는 연령-임금 곡선이다. 경제학에서 이연임금체계(deferred wage system)라고 부르는 이 형태는 일본의 경험에서 볼 수 있듯이 장기고용과 지속적인 성장을 전제로 한다. 그러나 최근 나타나고 있는 바와 같이 수요변동이 심하고 기술발전이 빠른 상황에서 이 임금체계는 직무나 숙련, 생산성 수준과의 괴리도가 커지게 된다. 이 때문에 사용자들은 특히 고연령 저숙련자들을 가급적 빨리 퇴직시키고 젊은 인력으로 대체하려는 유인을 갖게 되는 것이다.

다. 예를 들어 개방이 확대될수록 통화정책 및 재정정책에서 국민국가의 재량권은 더욱 축소될 것이며, 결국 개방의 충격은 경제주체들간의 사회적 대화와 타협에 의하여 흡수되지 않으면 안된다. 역으로 이러한 준비태세가 유리한 개방전략을 보장하기도 한다. 아일랜드, 덴마크, 네덜란드 등 유럽 강소국 모델이 개방과 사회 코포라티즘을 공통적 특징으로 하는 것은 결코 우연이 아니다. 그러한 점에서 사회적 협의체제를 구축하는 것은 아무리 강조해도 지나치지 않다.

노사관계가 외부 충격에 대한 대응능력을 갖추기 위해 사회 협의주의를 실현해야 하는 것과 동시에 내부적으로 양극화에 대처해나가기 위해서도 사회적 대화, 사회협약 등은 필수적이다. 노동시장의 양극화는 시장의 힘에 의해 자연적으로 치유될 수 없으며, 국가와 사회 차원은 물론 업종과 지역 등 중범위 수준에서, 그리고 말단의 기업과 작업장 수준에서도 주체들간의 협조와 양보 속에서 새로운 해법을 모색해야만 한다. 내적으로 양극화는 노사관계의 환경이자 의제로서 향후 상당 기간 동안 각 주체들에게 무거운 짐을 지우게 될 것이다.

이밖에 경제구조의 지식정보화, 써비스화, 지역화 등이 빠르게 진행되어 인적자본의 중요성이 크게 부각될 것이라는 점, 저출산 추세 속에 노동력 구성의 고령화와 고학력화가 빠르게 진행되면서 일자리의 수급불일치가 심화될 우려가 있다는 점 등 노사관계를 둘러싼 환경이 급변하고 있으며, 향후에도 심대한 영향을 미치게 될 것이다. 예를 들어 물적자본보다 인적자본의 중요성이 높아지는 것은 노동의 교섭력을 높이는 요인이지만, 과거와 같이 조직률을 유지하고 투쟁성을 보존하는 것은 점점 더 어렵게 될 것이다. 이 과정에서 기술이나 숙련, 정보 접근성에 따른 격차가 심화되고 고용 없는 성장(jobless growth)이 일반화되어 새로운 양극화 문제가 대두될 수도 있다. 사회적으로 배제된 노동자들은 기존의 기업별 체제의 틀을 뛰어넘어 새로운 연대와 행동양식을 추구하기 때문에 노동운동과 노사관계의 지형 자체를 바꾸어버릴 수도 있다. 초기업 단위 조직과 교섭의 발달 정도, 그리고 그에 대한 우리 사회의 준비태세와 대응능력이 시험대에 오를 것이다.

좀더 가까이는 2007년부터 시행될 것으로 예정된 사업장 단위의 복수노조 허용과 노조 전임자 임금지급 금지에 주목할 필요가 있다.[7] 상급단체 수준에서는 1997년부터 복수노조가 허용되었지만, 기업과 사업장 단위에서는 일부 예외를 제외하고는 그동안 복수노조가 금지되어왔었다. 2007년부터 복수노조가 허용되면 한편으로는 자주적이고 민주적인 노동운동이 삼성과 같은 무노조 사업장에서도 활성화할 가능성이 있으며, 다른 한편으로 현대차와 같은 강성 노조 사업장에서는 사용자가 어용노조를 육성하려 할 수도 있다. 또한 직종별로 여러 노조가 분립할 수도 있는데, 이미 다양한 화이트칼라 노조가 결성되어 2007년 이후의 조직 활성화를 겨냥하고 있다. 그런데 이 모든 변화는 기존의 산별노조 운동, 그리고 비정규직 노동운동 등 초기업 단위 운

□ ■

7) 사업장 단위 복수노조 허용과 전임자 임금지급 금지는 1997년 노동법 개정 당시에 성안되었다가 시행을 5년 유예하고, 2002년에 다시 5년을 유예했다. 이에 따라 국제노동기구(ILO) 등의 비판을 받아왔기 때문에 2006년 말까지는 틀림없이 법이 개정될 것으로 예상된 바 있다. 그러나 2006년 9월 11일 한국노총과 경총, 그리고 노동부와 노사정위원회가 두 사안을 다시 3년간 유예하기로 합의했다. 역사적 의미를 갖는 사회적 합의라는 당사자들의 주장과 합의에서 배제된 민주노총과 학자들의 비판이 오가는 가운데 이 글의 교정이 이루어지는 싯점까지 국회의 처리 방침이 불투명한 상황이다. 이 글에서는 애초에 설정된 환경 변화의 틀을 그대로 유지하고자 하는데, 이는 법안 통과와 무관하게 우리나라 노사관계 지형을 설명하는 데 고려해야 할 사항들을 잘 보여줄 수 있기 때문이다.

동과 중첩되어 전개될 것이다. 특히 노조 전임자 임금지급 금지는 중소기업 노조는 물론 대기업 노조의 지위 또한 위협하기 때문에 노조의 규모를 키우고 초기업 단위로 결집하려는 경향을 촉진할 것이다. 또한 사용자는 노조기피전략을 더욱 강화하는 가운데 분할지배 전략, 혹은 일부에 대한 포섭 전술을 개발할 수도 있다. 법제도의 변화가 일파만파의 파급효과를 미치는 가운데 일견 매우 혼란스럽고, 교섭을 둘러싼 갈등이 증폭될 가능성도 배제할 수 없다. 그러나 5년씩 두 차례나 두 제도의 시행을 미루어왔기 때문에 더이상 연기할 명분이 없고, 그렇지 않아도 국제노동기준에 비하여 국내 제도가 미흡하다는 점을 감안하면[8)] 과도기적 혼란을 극복하고 조기에 새로운 노사문화와 관행을 정립하는 계기로 삼아야 할 것이다.

요컨대 노사관계를 둘러싼 환경과 주체의 여건이 변화하는 가운데 제도적 변화의 계기가 주어진 것이다. 노사관계의 역사적 흐름으로 보았을 때 기업별 조직과 교섭의 단점이 더이상 '1987년 체제'가 지속되는 것을 용인하지는 않을 것으로 보이며, 개방, 법제도 변화, 초기업 단위 노조를 추진해온 산별운동과 비정규직 운동의 발전 수준에 따라 '2007년 체제'가 등장할 것으로 전망된다. 그 내용이 무엇이 될 것인가를 정확히 가늠하기는 무척 어려우며, 현단계는 비전을 제시하고 여러 주체들간의 공론과 소통을 통하여 이를 다듬어나가려는 노력이 필요한 국면이다.

□■

8) 예를 들어 ILO 185개 협약 중 우리나라는 20개만을 비준하고 있다. 참고로 ILO 177개국 평균은 40개이며, OECD 국가 평균은 71개, EU 국가 평균은 89개이다. 다만 전임자 임금지급 금지는 이러한 협약이나 국제노동기준으로 명시화된 것은 아니며, 국가·기업·노조에 따라 다양한 사례와 관행이 존재한다.

4. 노사관계의 비전—연대와 혁신

미래의 노사관계는 정규직과 비정규직, 대기업과 중소기업, 직종간, 연령간, 성간, 학력간 격차의 축소를 지향하는 '연대의 원리'에 의하여 조직되어야 한다. 그것이 기계적 균등성으로 달성되는 것이 아니라 고숙련과 고부가가치의 선순환 구조하에서 실현되도록 '혁신의 원리'가 작동되어야 할 것이다. 다시 말해서 현재의 격차를 미래지향적으로 '최상의 경로'(high road) 전략으로 극복할 수 있도록 각 주체들이 양보와 타협, 지속적 투자와 인내를 관행화할 필요가 있다. 이같은 정신이 노사관계의 두 가지 틀인 교섭과 협의에서 구현될 수 있도록 중앙에서 지역, 업종, 기업, 작업장 수준에 이르는 중층적 대화구조를 구축하고, 갈등 요소를 사전적으로 조율함으로써 최종 교섭단계에서는 윈-윈 게임이 가능하도록 해야 할 것이다.

이처럼 연대와 혁신의 원리, 그리고 대화와 교섭의 적절한 배치 속에서 노사관계의 의제는 일자리를 위한 유연안정성 노동시장의 구축과 작업장 혁신의 달성이 이뤄져야 할 것인바, 이는 개방화라는 대외 환경, 그리고 양극화라는 대내 조건을 극복하기 위한 경로이다. 여기서 중요한 것은 양적 유연성인가, 질적 유연성인가라는 이분법적 사고가 아니라, 다양한 유연성의 선택지를 감안하여 노사가 협조적으로 '교섭된 유연안정성'(negotiated flexicurity)을 달성하고자 하는 태도의 변화일 것이다.

이때 유연성은 추상적 시장개념으로 환원할 수 없는 작업장 노사관계 수준의 구체적인 과제이다. 따라서 현재의 노사간 즉자적 이해관계에 기초한 고용유연성만이 중요한 것이 아니라 임금, 노동시간, 기능

〈그림 2〉 미래 노사관계의 의제 변화

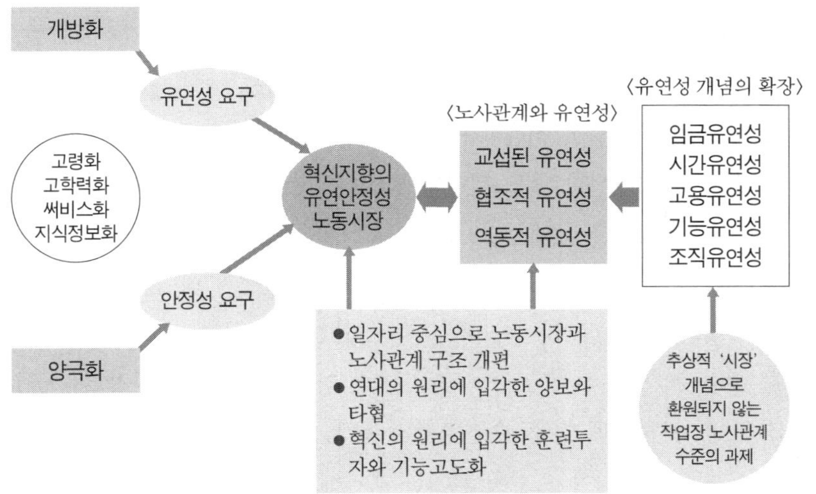

혹은 숙련, 조직 등 다양한 방식과 경로를 통해 유연성을 달성할 수 있으며, 그것은 안정성을 훼손하지 않으면서 작업장 혁신을 뒷받침하는 방식으로 확보되어야 할 것이다.

한편 안정성은 실업급여의 확충이나 사회보장의 증진, 직업소개기능의 활성화와 같은 사회안전망의 구비를 의미하는 데서 나아가 노동자 개개인들의 고용가능성(employability) 제고와 더불어 기업횡단적인 노동시장이 좀더 확대되는 것을 의미한다. 다시 말해서 수요변동과 기술변화 속도가 빠르며, 개방된 글로벌 경쟁 환경에서 구조조정이 상시화될 것으로 예상되기 때문에, 하나의 일자리에서 다른 일자리로 소득의 큰 손실 없이 이전할 수 있도록 자격과 훈련제도를 정비해야 함을 의미한다. 향후 초기업 단위 교섭이 활성화될 경우 이러한 노동시장 이슈가 비중있게 다루어져야 함은 물론이며, 그에 상응하여 기계적 연공성을 약화하고 직무나 직능을 좀더 많이 반영하는 임금체계에 대한 논의도 좀더 활성화될 필요가 있다.

노사의 중층적 교섭과 협의구조하에서 일자리의 양과 질을 제고하기 위한 노사의 협조가 요구되는데, 이러한 대응능력을 갖추는 데 실패할 경우 개방의 충격을 흡수하지 못할 뿐 아니라 구조적인 양극화 위기를 치유할 수도 없을 것이다. 법적 책임이 뒤따르는 교섭에 앞서 대화와 협의를 활성화하는 것은 의사소통의 미진 혹은 오해와 정보의 부족으로 인한 갈등을 미연에 방지한다는 차원에서 대단히 중요하다. 이때 노사관계 구조의 상층과 하층 상호간의 보완관계가 극대화되도록 해야 한다. 우선 작업장, 기업, 지역, 업종 단위의 '혁신'을 위한 환경을 조성하는 데 상층 수준에서의 협의가 활성화되어야 하며, 이는 상층 수준에서 갈등 요소를 최대한 제거하고 하층 수준의 타협에 대한 가이드라인을 제공한다는 것을 의미한다.

지역에서는 혁신 클러스터와 연계하고, 업종 차원에서는 훈련 및 자격제도와 연계하여 중범위 수준의 노사정 대화를 활성화하고, 기업 단위에서는 경영참가를 확장하려는 노력이 요구된다. 특히 당분간 큰 쟁점으로 작용할 원하청관계 및 산업공동화와 관련해 관계된 다수 노조와 다수 사용자 간의 긴밀한 협의와 공동의 목소리로 정부의 지원을 끌어내려는 노력이 필요할 것이다. 이러한 미시와 중범위 수준의 대화구도를 토대로 할 때 중앙 단위 사회적 대화가 좀더 안정적으로 이루어질 수 있다. 현재와 같이 과도한 명분의 정치에 얽매인 노사 지도자들에게 책임있는 타협의 공간을 열어주어야 한다. 노사정위원회 운영에 대한 기존의 경험을 보았을 때 지나친 합의 중심의 제도 틀이 각 주체들의 정치적 행동을 부추기는 경향이 있으므로 '합의 지향의 협의기구'로 성격을 바꾸고, 전문위원회 강화를 통하여 의제개발 등의 써비스기능을 강화하도록 해야 할 것이다.

이러한 중층적 대화와 협의기구의 발전에도 불구하고 역시 노사간의 이해 대립은 피할 수 없기 때문에 최종적으로는 교섭을 통하여 갈등이 조정되어야 한다. 이와 관련하여 2006년 6월 완성차 4사 노조가 조직형태를 산별로 전환하기로 결의한 것은 매우 고무적인 일이다. 앞서 누누이 강조했듯이 기업별 노조체제는 노동시장의 분절화와 상승작용을 일으키면서 양극화를 증폭시켜왔기 때문이다. 산별교섭은 또한 노사간의 갈등 요인을 외부화하여 작업장을 중립화하는 강점을 갖는다. 이제 작업장은 '혁신'의 공간으로 거듭나도록 하고, 고충처리 절차나 노사협의회와 같은 제도를 통하여 효과적인 문제해결 능력을 배양할 필요가 있다. 한편 산별교섭에서 실질적인 갈등 요소를 다루도록 하되, 의제와 형식에서도 다년간 교섭, 물가상승률 등에 연동하는 공식에 의한 임금결정, 훈련 및 직장 이동 지원 등 새로운 정책과 교섭관행을 개발할 필요가 있다.

5. 맺음말

노사관계의 역사와 구조, 환경변화, 주체 여건에 대한 분석 위에서 공통의 비전을 수립하는 작업은 특히 우리나라 노사관계에서 대단히 중요하다. 왜냐하면 노·사·정·공익 등의 지향점과 가치 자체가 매우 다르기 때문이다. 같은 비전을 추구해도 근본적인 이해 대립으로 노사는 화합하기 곤란한데, 사실 게임의 규칙이나 추구하는 목표에서 각 주체가 크게 다른 그림을 그리고 있는 것이다. 우리나라 노사관계의 구조적 기반은 일본형에 가까운 기업별 체제이지만, 노동계는 유럽식 산별노조 체제나 사회민주당의 지원을 받는 정책 참가를 희망한다. 사용자는 반대로 영미식 시장자유주의를 추구하기 때문에 노동조합 운동의 남은 근거지인 대기업과 공공부문의 경직성을 제거하는 데 몰두한다. 정부는 보수적으로 법과 제도를 운용하기 때문에 비정규직 운동의 대두나 산별노조 결성에 대해 기계적 중립성의 뒤로 숨기 일쑤이다.

한마디로 구체적인 실천 과제를 도출하고 상호이행을 촉구하면서 신뢰를 쌓아가는 노력 자체를 하기 어려운 구조적 분열의 상황에 처해 있는 것이다. 흔히 담론의 우위에 서고자 하는 노력은 노사 현안에 대한 힘대결과 결합되면서 지향점과 가치의 상이를 확인해줄 뿐이다. 이렇듯 현재도 그렇지만, 가까운 장래에 노사관계가 획기적으로 개선될 것이라는 희망을 갖기는 쉽지 않아 보인다. 바로 그 불가능한 지점을 냉철하게 주시하는 것에서 출발하여 연대와 혁신의 노사관계에 대한 공론화가 활성화되기를 기대해본다.

| 참고문헌 |

배규식·조성재(2003)「노동운동」, 이원덕 편『한국의 노동, 1987~2002』, 한국노동연구원.

유범상(2006)『한국의 노동운동 이념—이념의 과잉과 소통의 빈곤』, 한국노동연구원.

장홍근(1999)「한국 노동체제의 전환과정에 관한 연구, 1987~1997」, 서울대학교 사회학과 박사학위논문.

조성재(2004)「하도급구조와 중소기업 노동자의 주변화」, 고려대 아세아문제연구소『아세아연구』47권 4호(통권 118호).

교육문제의 실타래, 어디서부터 풀어야 하나?

남 기 곤

1. '수도꼭지 이론'(faucet theory)

미국의 교육 분야 연구에 있어 1966년에 제출된 소위 '콜만 보고서'(the Coleman Report)는 기념비적인 의의를 가지고 있다(Coleman et al. 1966). 정부의 요청에 의해 당시 존스 홉킨스 대학의 교수였던 콜만과 그의 동료들은 4천개 학교의 60만명에 달하는 학생들을 대상으로 교육격차의 현황과 원인에 대한 광범위한 실증 분석을 실시했다. 그 결과 백인이 다니는 학교나 소수인종(흑인)이 다니는 학교의 특성 그 자체는 별로 차이가 없는 것으로 나타났다. 교사의 질(quality)이나 봉급 수준, 커리큘럼 등은 어느 학교나 유사했던 것이다. 그럼에도 불구하고 흑인 학생은 백인 학생에 비해 학업성적이 훨씬 뒤처졌는데, 이는 어린 시절 그 학생의 가정환경과 밀접한 관련성이 있는 것으로 분석되었다. 결국 이 보고서는 학생들의 성적이 가정환경에 의해 결정적으로 영향을 받으며, 학교는 이 격차를 해소하는 데 별로 기여하지 못한다는 함의를 가지고 있었다.[1)]

콜만 보고서의 분석 결과와 같이, 학생들의 성적 격차를 완화하는 데 학교는 아무런 역할을 하지 못하는 것일까? 동일한 특성을 가진 교사가 동일한 커리큘럼으로 교육을 함에도 불구하고, 가정형편이 좋은 백인 학생들의 성적은 계속 상승하는 데 반해 그렇지 못한 흑인 학생들의 성적은 더욱더 뒤처지는 이유는 무엇일까?

이와 관련하여 헤인스(Heyns 1978; 1986)에서부터 시작하여 클리바노프와 하가르트(Klibanoff and Haggart 1981), 알렉산더와 엔트위슬(Alexander and Entwisle 1996), 엔트위슬 외(Entwisle et al. 1997) 등으로 연결되는 논의의 흐름에 주목할 필요가 있다. 이들의 문제제기는 기존 연구들처럼 1년 단위로 학생들의 성적 데이터를 분석해서는, 그 기간 동안의 성적 변화가 무슨 요인 때문에 발생했는지를 알 수 없다는 것이다. 학생들의 성적 변화를 학기중의 성적 향상 정도와 방학 전후의 성적 향상 정도로 나누어 살펴보면, 학교의 역할에 대해 좀더 다른 이야기가 가능해진다.

□■

1) 그 뒤 콜만 보고서의 내용은 많은 학자들에 의해 다양한 방식으로 재분석되고 논의되었다. 스미스(Smith 1972), 하누쉐크와 케인(Hanushek and Kain 1972), 젱크스(Jencks 1972) 등은 콜만 보고서의 내용과 유사한 결과를 제시하고 있는 반면, 루터 외(Rutter et al. 1979), 브리크와 드리스콜(Bryk and Driscoll 1988) 등은 학교 특성의 차이가 학생의 성적에 영향을 미칠 수 있음을 증명하고 있다. 1990년대 이후 다시 시작된 하누쉐크와 크뤼거(Krueger) 간의 '학급규모논쟁'(class size debate) 역시 이러한 논의의 연장선상에서 나온 것이다. 이에 대해서는 미쉘과 로스스타인(Mishel and Rothstein ed. 2002) 참조.

패널조사 자료인 '초기의 학교 연구'(Beginning School Study) 자료를 이용한 엔트위슬 외(Entwisle et al. 1997)의 분석 결과를 살펴보자. 〈표 1〉을 보면 학기중의 성적 향상 정도는 어느 학년에서나 그리고 어느 과목에서나, 가정환경에 의해 큰 차이를 보이지 않는다는 사실을 확인할 수 있다. 1학년에서 5학년까지 전체 성적 향상분을 보면 가정환경이 하위, 중위, 상위인 경우 읽기 시험은 각각 193.3점, 219.7점, 190.9점으로 나타나났고, 수학 시험은 185.8점, 196.6점, 186.3점으로 나타

〈표 1〉 가정환경 수준별 학생들의 학업 성적 향상 정도

	읽기			수학		
	가정환경(SES) 수준			가정환경(SES) 수준		
	하위 (327)	중위 (165)	상위 (161)	하위 (340)	중위 (166)	상위 (158)
학기중 성적 향상 정도						
1학년	56.7	68.6	60.8	49.0	52.9	45.0
2학년	48.0	45.4	40.1	42.9	43.5	42.2
3학년	31.2	35.6	33.7	36.0	35.9	35.6
4학년	33.1	41.0	31.7	33.2	33.6	35.7
5학년	24.3	29.1	24.6	24.7	30.7	27.8
전체 향상분	193.3	219.7	190.9	185.8	196.6	186.3
여름방학 이후 성적 향상 정도						
1학년	−3.7	−2.1	15.0	−4.8	−6.8	8.8
2학년	−3.5	1.8	8.5	−5.2	−0.6	3.3
3학년	1.6	2.5	14.9	−1.9	5.1	1.3
4학년	4.5	1.6	10.4	4.8	4.8	5.6
5학년	1.9	−4.1	−2.2	−0.9	1.6	5.9
전체 향상분	0.8	−0.3	46.6	−8.0	4.1	24.9

출처: Entwisle et al.(1997) 34면.
주: 캘리포니아 성취도 검사(California Achievement Test) 결과임.

났다. 가정환경이 중위인 경우가 약간 높고, 하위나 상위는 거의 비슷한 추세를 보인다. 반면 여름방학 이후의 성적 향상 정도는 전혀 다른 양상을 보여준다. 어느 학년에서나 그리고 어느 과목에서나, 가정환경이 상위인 학생의 성적 향상이 두드러지게 높다는 사실을 확인할 수 있다. 1학년에서 5학년까지 여름방학 동안의 전체 성적 향상분을 보면 가정환경이 하위, 중위인 학생은 읽기 시험의 경우 각각 0.8점, -0.3점의 증가를 보이고, 수학 시험의 경우 각각 -8.0점, 4.1점의 증가를 보였다. 반면 가정환경이 상위인 학생은 여름방학 동안의 성적 향상분이 읽기 시험은 46.6점, 수학 시험은 24.9점으로 매우 큰 플러스의 값을 보여주고 있다.

결국 이 결과는 학기중에는 가정환경이 좋은 학생이나 어려운 학생이나 성적 향상이 비슷하게 이루어지지만, 방학기간 동안에는 가정환경에 따라 성적 향상 정도가 크게 차이가 나는 것을 보여준다. 따라서 1년 단위로 보면 콜만 보고서처럼 가정환경이 성적 향상 정도에 큰 영향을 미치는 것으로 나타나지만, 이는 결국 학교가 문을 닫는 방학기간 동안에 발생하는 효과인 것이다. 콜만 보고서에서 주장하듯이 학교가 성적 격차 해소에 영향을 미치지 못하는 것이 아니라, 오히려 학교는 학생들의 교육 격차 해소에 중요한 영향을 미치고 있다. 학기중에 학교는 가정환경이 어려운 학생도 그렇지 않은 학생과 거의 비슷한 정도로 성적 향상이 이루어지도록 만들고 있는 것이다. 문제는 학교가 닫히는 방학기간 동안 가정환경에 따른 격차가 심각하게 발생한다는 사실이다.

이러한 현상을 엔트위슬은 '수도꼭지 이론'(faucet theory)이라 부른다. 학기중에는 모든 학생에게 수도꼭지가 열려 있다. 학업에 필요한 모든 자원이 학생들에게 제공되기 때문에, 누구나 성적을 향상할 수 있다. 반면 여름방학이 되면 가정환경이 어려운 학생들에게는 수도꼭지가 잠기게 된다. 가정에서 제공되는 자원은 매우 빈약하고 좋지 못한 이웃의 환경에 노출되는 시간이 많아진다. 반면 가정환경이 좋은 학생들에게는 가정에서의 수도꼭지가 열려 있고, 이를 통해 방학 동안에도 다양한 형태의 자기계발을 이룰 수 있다. 물론 학기중에도 가정형편이 좋은 학생은 가정으로부터 좀더 많은 교육자원의 투자를 받는다. 그럼에도 불구하고 학기중에 이들에게서 추가적인 성적 향상이 나타나지 않는다는 사실은, 그만큼 학교로부터 흘러나오는 자원의 양이 충분하기 때문에 가정형편이 어려운 학생도 특별히 불이익을 받지 않는다는 것을 의미한다.

한국의 경우 학생들에게 수도꼭지는 어떻게 열려 있을까? 모든 학생들에게 공평한 교육기회가 제공되고 있는 것일까?

2. 무엇이 문제인가?

한국의 교육현실은 누구에게나 불만스러운 것 같다. 학생은 학생 나름대로, 학부모는 학부모 나름대로, 그리고 교사는 교사 나름대로 이러저러한 불만을 토로한다. 정부는 전문가들의 자문을 받아가며 수차례에 걸쳐 대학입시제도도 바꾸고 교과과정도 개편해봤지만, 그럴 때마다 오히려 새로운 문제가 불거지면서 원성만 더 사곤 한다. 특히 교육문제는 실타래처럼 얽혀 있어서, 정확한 길을 모르면서 과욕을 부리면 십중팔구 실이 더 꼬이게 마련이다.

그렇다면 한국교육에 무엇이 문제인가? 문제가 무엇인지를 정확히 이해하는 것은 문제를 해결하는 기본 출발점이 된다. 여기서 잠시 미국의 초중등교육에 시장경쟁 씨스템을 도입해야 한다고 주장하는 대표적인 시장친화적 개혁론자인 하누쉐크가 미국의 교육현실을 어떻게 분석하고 있는지 살펴보자(Hanushek 1998).

우선 그는 교육을 통해 국민들의 인적자본을 향상하는 것이 미국의 경제발전에 중요한 원동력이라고 주장한다. 이와 더불어 교육이란 세대간 소득의 관련성, 즉 부유한 가정의 자녀가 다시 부유해지는 경향을 제한하는 역할을 함으로써, 사회구성원들에게 균등한 기회를 제공하는 핵심적인 요소라는 점 또한 강조하고 있다. 미국사회는 교육의 발전을 위해 막대한 자금을 투자해왔지만, 초중등교육의 성과는 별로 좋지 못한 상황이다. 각종 국제적인 시험 결과를 보면 미국 학생들의 성적은 중하위권에 머물고 있으며, 백인과 흑인(혹은 소수인종) 간의 성적 격차는 오히려 확대되는 추세를 보이고 있다. 이에 반해 고등교육(대학 및 대학원)의 성과는 우수한 수준을 유지하고 있다. 미국의 기업들은 대학 졸업자들에게 더 높은 임금을 지급하는데, 이는 대학 재학 기간 동안 인적자본의 향상이 좀더 증대되고 있음을 나타낸다. 외국의 많은 우수한 학생들이 미국의 대학에 입학하고자 유학을 오고 있다. 이러한 상황을 보건대 적어도 고등교육의 질(quality)에는 문제가 없는 것으로 보인다. 결국 하누쉐크에 따르면 미국교육에 있어서 핵심적인 문제는 초중등교육 단계에 학생들의 학업 성적이 좋지 못하다는 것이고, 이를 해결하기 위해서는 학교의 책무성(accountability)을 강화하고 학교간 경쟁을 촉진하는 교육개혁이 필요함을 강조하고 있다.[2)]

□■

2) 교육부문에 경쟁씨스템을 도입하는 것이 어떠한 효과가 있는지에 대해서는 치열한 논쟁이 진행되고 있다. 이에 대한 개괄적인 소개는 졸고(2005) 참조.

이러한 측면에서 본다면 한국의 교육성과는 미국과는 정반대의 모습을 보여주고 있다. 중학교와 고등학교까지 한국 청소년들의 학업성적은 매우 우수한 것으로 평가된다. 2003년 OECD에서 실시한 '학업성취도 국제비교'(PISA, Programme for International Assessment) 분석 결과를 보면, 만15세 한국 학생들의 평균성적이 40개국 가운데 문제해결력은 1위, 읽기 영역은 2위, 수학 영역은 3위, 과학 영역은 4위인 것으로 나타났다. 2000년에 실시한 1차 PISA 결과나 1995년, 1999년, 2003년에 국제교육성취도평가협회(IEA)에서 실시한 '수학·과학·성취도 추이변화 국제비교 연구'(TIMSS, Trends in International Mathematics and Science Study)에서도 한국 학생들의 학업성적은 최상위권을 유지하고 있다.

반면 고등교육의 성과는 낮은 수준에 머물러 있는 것으로 보인다. 양적인 측면에서 대학 입학생과 졸업생 수는 크게 증가했지만, 질적인 측면에서 많은 문제가 제기되고 있다. 대학 졸업자의 임금 프리미엄은 계속 감소하는 추세를 보이고, 대졸 신입사원들의 현장 적응력이 떨어진다는 산업계의 비판의 목소리가 끊이지 않는다. 우수 학생들의 외국유학 경향도 여전하다. 이와같은 사실에서 유추해본다면 한국교육의 가장 시급한 문제는 오히려 고등교육의 성과를 어떻게 높일 것인가 하는 점이라 볼 수 있다. 중등교육 단계까지 국제적으로도 우수한 성과를 보이는 학생들이, 고등교육 단계에 진입 이후 왜 뚜렷한 성과를 보이지 못하는 것인지에 대한 성찰이 요구된다.[3)]

□ ■

3) 지면의 부족으로 이 글에서는 고등교육 문제는 다루지 않는다. 전문대학 교육의 문제에 대해서는 졸고(2006a; 2006b) 참조.

그렇다고 해서 한국의 중등교육에 문제가 없는 것은 아니다. 학생들의 높은 학업성적이 어떠한 요인에 의해 달성되었는지 그 내부를 들여다보면, 막대한 규모의 사교육이 자리잡고 있음을 확인할 수 있다. 2005년 현재 사교육비(학원이나 개인과외비 등을 합한 것임) 총액은 22조원으로 GDP의 2.79%에 달하며, 이 비율은 시계열적으로 계속 증가하는 추세다(남기곤 2006c). 사교육에 투자하는 비용과 시간을 감안할 때, 과연 한국 학생들의 학업성적 향상 정도가 '효율적'(efficient)인지 의문이다. 학생들의 교육이 학교에서 이루어지는 공교육이 아니라 사교육에 의존하는 경향이 강해지면, '균등한 기회'(equal opportunity)를 제공한다는 교육의 목표 또한 위협받게 된다. 정부의 지원에 의해 무료로 혹은 매우 값싸게 누구에게나 제공되는 공교육과 달리, 사교육은 학생의 가정환경에 결정적으로 영향을 받기 때문이다.

앞에서 살펴보았듯이 미국의 경우 가정환경에 차이가 있더라도 학기중에는 부유한 학생이나 가난한 학생이나 성적 향상 정도가 비슷했다. 반면 학교로부터 교육자원의 수도꼭지가 잠기는 방학기간 동안, 가정환경에 따른 격차가 확대되었다. 사교육의 영향력이 강한 한국사회에서는 이와는 다른 모습을 보여줄 가능성이 있다. 방학기간은 물론 학기중에도 공교육만큼이나 사교육으로부터 흘러나오는 교육자원의 양이 많고, 따라서 어떤 사교육을 얼마만큼 받고 있는지에 따라 성적 향상 정도가 크게 영향을 받을 수 있다. 그리고 이는 결국 학생의 가정환경과 직접적인 관련을 맺게 될 것이다.

사교육의 문제는 단지 비용이 많이 든다는 효율성 차원의 문제만이 아니라, 가정환경에 따라 실질적인 의미의 교육기회가 제한된다는 측면에서 형평성 차원의 문제를 제기한다. 초중등교육의 발전을 위해서는 사교육에서 흘러나오는 교육자원의 양을 줄이고 공교육에서 흘러나오는 교육자원의 양이 최대치가 되도록 해야 한다.

3. 어떻게 해야 할까?

사교육은 사실 어제오늘의 문제가 아니다. 본격적인 경제개발이 시작되기 전인 1960년대에도 명문 중학교에 입학하기 위한 사교육이 극성을 부렸다. 1968년 서울 초등학교 5~6학년생 가운데 사교육을 받는 학생의 월평균 과외비는 1만 5천원으로 현재 화폐가치로 치면 약 30만원 정도였다. 과외·가정교사 수는 3만여명이었는데 당시 초등학교 6학년 학생수가 10만명이라는 점을 감안하면 매우 큰 규모였음을 알 수 있다.[4] 사교육은 국민 정서상 늘 원성의 대상이 되었고, 따라서 그동안 정부는 사교육을 억제하기 위해 각종 정책을 시행해왔다. 1980년에 실시된 과외금지조치는 그중 가장 강력한 정책이었고, 실제 사교육이 감소하는 효과가 있었다. 그러나 이 조치는 1980년대 후반부터 점차 완화되다가, 2000년 4월 헌법재판소로부터 위헌 판결을 받으면서 완전히 폐지되었다. 2004년 정부는 'EBS 방송강의'나 '방과후 보충수업'과 같은 프로그램을 시행하여, 정부가 직접 나서서 일반인들의 사교육에 대한 수요를 충족시키려는 정책을 실시하고 있다. 그러나 아직까지 이러한 정책의 효과는 불확실한 것으로 보인다.

고교평준화제도가 오히려 사교육을 부추긴다는 일부의 논의 역시, 평준화제도만 해체되면 사교육 문제가 사라질 것이라는 환상을 심어

□■

4) 『동아일보』 2005년 2월 2일자.

준다는 점에서 위험할 수 있다.[5] 1969년 중학교 단계에, 그리고 1974년 고등학교 단계에 평준화제도(무시험전형제도)가 도입된 주요한 이유 중 하나는 사실 '사교육 억제'에 있었다. 당시 평준화제도 도입은 입시경쟁이 해소되면 사교육 수요가 감소할 것이라는 기대에서 비롯되었다. 30여년이 지난 지금 사교육 억제를 위해 시행된 평준화제도가 사교육을 증대하는 주범으로 거론되는 것은 참으로 아이러니한 현상이다.

사실 이러한 주장을 뒷받침하는 근거 또한 취약한 것으로 보인다. 수준이 비슷한 학생들끼리 모여서 공부를 하면 특별히 과외를 받아야 하는 수요가 감소하지 않겠느냐는 논리가 그럴듯하게 들리지만, 실제로 그런지는 불투명하다. 이주호·홍성창(2001)의 분석에서는 평준화지역이 비평준화지역에 비해 사교육비가 더 높은 것으로 나타나고 있다. 하지만 일반적으로 평준화지역이 비평준화지역보다 도시 규모가 크고 지역 경제 여건이 양호한 경우가 많기 때문에, 단순히 가구소득만을 통제한 회귀분석 결과를 신뢰할 수 있는지 의문이다. 동일한 자료를 추정방법을 달리하여 분석한 이주호·김선웅(2004)에서는, 평준화지역과 비평준화지역 사이에 사교육비 지출이 차이가 나지 않는 것으로 나타났다. 또한 다른 자료를 이용하고 분석한 김현진·최상근(2004)이나 채창균(2005)에서도 평준화지역이 비평준화지역보다 사교육비 지출이 높지 않음을 보여주고 있다. 또한 학교선택권이 보장된 자립형 사립고등학교 학생들 중 사교육을 받는 학생의 비율은 68.2%로, 인근 지역 학생들보다 오히려 더 높은 수준인 것으로 나타났다(김주후 외 2005). 이

□■

5) 평준화제도의 해체가 가져다줄 수 있는 부작용에 대해서는 졸고(2006d) 참조.

러한 연구결과들은 평준화제도가 사교육비를 부추긴다는 주장이 현실적인 설명력을 가지고 있지 못함을 보여준다.

그렇다면 한국은 왜 이렇게 사교육의 비중이 높은 것인가? 세계 각국의 사교육(shadow education) 추세를 검토한 브레이(Bray 1999)의 통찰은 시사하는 바가 크다. 개발이 늦게 이루어진 나라일수록, 졸업장이 직업 선택의 기준으로 사용되고 시험위주의 교육이 이루어지는 경향이 좀더 강하다.[6] 왜 그럴까? 스리랑카나 케냐와 같은 나라에서는 근대적인 부문과 전통적인 부문 사이에 간극이 매우 크고, 높은 소득을 받는 근대적인 부문의 직업을 얻기 위해서는 졸업장을 취득해야 하는 경우가 많다. 일본이나 한국에서는 '어떠한 직업이냐'가 더 중요하다. 높은 소득이 보장되는 우수한 기업의 우수한 직업은 주로 유명 대학 출신들로 충원된다. 이에 따라 이들 유명 대학 시험에 합격하기 위한 압력이 강한 사교육 수요로 연결되는 것이다. 이러한 현상을 브레이는 '후발발전효과'(late development effect)라 부른다. 영국과 같은 사회는 좋은 자격증을 가진 사람과 그렇지 않은 사람 사이에 생활수준의 격차가 크지 않고, 어떤 사람이 어떠한 직업을 가질 것인지를 결정하는 다른 메커니즘이 존재하기 때문에, 사교육 수요가 크지 않은 것이다. 따라서 사교육을 줄일 수 있는 가장 중요한 방법은 소득이 높은 직업과 그렇지 않은 직업 사이에 존재하는 경제적 격차를 축소하는 작업이라 할 수 있다.

□■

6) 이 부분에 대해서는 학교체계에 대해 분석한 로널드 도어(Ronald Dore)의 논의를 사교육 부문으로 확장하여 설명한다.

결국 사교육의 문제는 단순히 교육만의 문제가 아니라 노동시장의 구조와 관련되어 있음을 알 수 있다. 학업성적이 직업세계의 성공을 보장해주는 구조가 존재하는 한, 학업성적을 올리기 위한 구성원들의 투자와 노력은 계속될 수밖에 없다. 단순히 대학입학시험 제도를 변경한다거나 평준화제도를 해체한다고 사교육 문제가 해결될 것으로 기대하기는 어렵다. 그렇다고 해서 기업들의 이윤극대화 원리에 의해 결정되는 노동시장 성과에 대해 정부나 교육단체가 개입할 수도 없다. 또한 높은 소득이 보장되는 우수한 직업은 학생들로 하여금 열심히 공부하여 인적자원을 향상하도록 유인하는 역할을 하기 때문에, 직업간 소득 격차를 축소하는 것이 국가경제 전체적으로 바람직한 것인지도 사실 불분명하다.

지금까지의 논의를 통해 확인된 사실은 사교육에 의존하는 경향이 강할수록 국가의 전체적인 교육에는 효율성과 형평성의 측면에서 문제가 야기된다는 점, 그럼에도 사교육 문제를 해결할 수 있는 획기적인 방법을 찾기가 어렵다는 점이다. 그렇다면 해결책은 장기적이고 점진적인 방법에서 찾을 수밖에 없다. 학생들이 사교육을 선호하는 이유는 공교육보다 무언가 더 나은 점이 있기 때문이다. 이윤추구를 위해 움직이는 사교육의 경쟁력을 완전히 따라잡기는 어렵겠지만, 그 격차를 줄여나가는 노력을 꾸준히 기울일 필요가 있다. 학급당 학생수를 줄여 교사와 학생 간의 접촉을 늘리고, 다양한 교육기자재를 갖춤으로써 학교에서 이루어지는 교육의 질을 높여나가야 한다. 그뿐 아니라 훌륭한 교사를 양성하고 이들이 학교교육에 전념할 수 있도록 보상과 경쟁씨스템을 갖추어야 한다. 이처럼 공교육의 질을 높이는 사업을 꾸준히 진행함으로써 공교육과 사교육의 간격을 좁혀나가는 것, 이를 통해 수도꼭지에서 흘러나오는 사교육 자원의 양을 점차 줄여나가는 것이 해결책이 될 수밖에 없다.

당연한 이야기이지만 사교육 비중이 높은 한국의 교육 상황에서 가장 큰 피해를 보는 계층은 사교육을 받지 못하는 학생들이다. 가정환경이 어려워서 사교육을 받지 못함에 따라 학업성적이 낮아지는 계층의 교육문제에 정부가 깊숙이 개입할 필요가 있다. 가정환경이 부유하고 학업성적이 높은 학생들은 스스로 공부할 수 있는 여건이 되고, 대학 진학 이후 노동시장에서 충분한 보상을 받는다. 물론 이러한 학생들의 교육문제까지도 정부가 책임지는 것이 바람직하지만, 현실적으로 예산문제가 걸림돌이라면 우선적으로 가정환경이 어려운 학생의 교육문제에 정책의 촛점을 맞출 필요가 있다. 시장실패 상황에서 정부의 개입은 필요하고 당연한 조치이다. 이들에 대한 교육에 우수한 교사를 배정하고, 학급 규모도 더욱 줄여나갈 필요가 있다. 학급 규모의 효과에 관한 미국의 논쟁을 보더라도 저소득층 자녀에게는 학급 규모 감소가 효과적이라는 사실에 대부분의 연구자들이 동의하고 있다. 방과후 혹은 방학기간 동안에도 이들의 교육이 체계적으로 이루어질 수 있도록 해야 한다. 이 역시 단순히 시간 채우기 식이 아니라 우수한 교사와 다양한 프로그램에 의해 진행되어야 할 것이다. 1996~1997 학기에 미국의 시카고 공립학교에서 실시되었던 하위 성적 학생들을 대상으로 한 '여름방학 프로그램'(Summer Bridge Program)은 참고할 필요가 있다.[7)]

□■

7) 이 프로그램에는 3학년, 6학년, 8학년 학생 중 하위 성적자(시험 성적이 일정 수준 이하인 자) 2만 1천여명이 참가했는데, 이들은 방학기간 동안 90~140시간의 교육을 받았다. 학생들은 시카고 공립학교의 학생수가 좀더 적은 학급(대략 16명선)에

교육문제에 있어 마법과 같은 해결책은 없다. 공교육에 투자를 강화하고 유인체계를 도입해 우수한 학교를 만들어나가는 것, 그리고 그 과정에서 가장 소외를 받는, 가정환경이 열악한 학생들을 최우선적으로 배려하는 것, 그 지점에서부터 시작할 수밖에 없다. 그리고 이는 단순히 정부의 정책에 의해서만 이루어질 수 있는 문제는 아니다. 교육담당자들의 '참교육'에 대한 열정이 처음처럼 다시 타오를 수 있기를 기대한다.

| 참고문헌 |

김주후 · 정택희 · 정수현 · 김주아(2005)「자립형 사립고등학교 시범운영 평가보고서」, 한국교육개발원 연구보고서, CR 2005-16.

김현진 · 최상근(2004)「고교평준화제도와 사교육비 지출의 관계 분석」,『한국교육』 31권, 1호.

남기곤(2005)「교육 부문에의 경쟁의 도입, 성과가 있는가?—미국 교육 경제학의 실증 분석 결과가 한국의 평준화 제도에 주는 함의」,『동향과전망』 65호.

_____(2006a)「잊혀진 절반(Forgotten Half)에 대한 교육은 성공하고 있는가?」,『경제와사회』 70호.

_____(2006b)「직업교육 체계의 현황과 문제점」, 제32차 한국교육개발원 교육

□■

서 집중적인 교육을 받았다. 많은 분석 결과들은 이 프로그램이 하위 학생들의 성적 향상에 효과적이었음을 보고하고 있다.

정책포럼 주제발표문.

_____(2006c)「사교육 산업 규모의 시계열 추이 분석」, 한국교육개발원 '입시산업과 대입정책' 쎄미나 자료집.

_____(2006d)「시장의 힘은 한국의 교육을 구원할 수 있을까?」,『문학동네』 2006년 봄호.

이주호·김선웅(2004)「학교 정책과 과외의 경제 분석」, 이주호·우천식 편『중등교육 평준화 정책의 분석과 대안』, 한국개발연구원.

이주호·홍성창(2001)「학교 대 과외—한국 교육의 선택과 형평」,『경제학연구』 49집, 1호.

채창균(2005)「평준화와 사교육비」, 제1회 한국교육고용패널 학술대회 발표논문.

Alexander, Karl L. and Doris R. Entwisle(1996) "Schools and Children at Risk," Alan Booth and Judith F. Dunn (ed.), *Family-School Links: How Do They Affect Educational Outcomes?*, Mahway, N.J.: Erlbaum.

Bray, Mark(1999) *The Shadow Education System: Private Tutoring and Its Implication for Planners*, Paris: United Nations Educational, Scientific and Cultural Organization.

Bryk, S. and M. E. Driscoll(1988) *The High School as Community: Contextual Influences and Consequences for Students and Teachers*, WI: National Center on Effective Secondary Schools, University of Wisconsin Madison.

Coleman, James S., Ernest Q. Campbell, Charles J. Hobson, James McPartland, Alexander Mood, F. D. Weinfeld and R. L. York(1966) *Equality of Educational Opportunity*, Washington, D.C.: U.S. Government Printing Office.

Entwisle, Doris R., Kark L. Alexander and Linda Steffel Olson(1997) *Children, Schools, and Inequality*, Boulder, Colorado: Westview Press.

Heyns, Barbara(1978) *Summer Learning and the Effects of Schooling*, New York: Academic Press.

_____(1986) "Summer Programs and Compensatory Education: The Future of an Idea," Working Paper, National Institute of Education, Chapter One Study Team, Conference on the Effects of Alternative Designs in Compensatory Education, Washington, D.C.

Klibanoff, Leonard S. and Sue A. Haggart(1981) *Summer Growth and the Effectiveness of Summer School*, Technical Report to the Office of Program Evaluation, U.S. Department of Education, Mountain View, CA: RMC Research Corporation.

Mishel, Lawrence and Richard Rothstein ed.(2002) *The Class Size Debate*, Washington, D.C.: Economic Policy Institute.

Rutter, M., Peter Mortimer and Barbara Maugham(1979) *Fifteen Thousand Hours: Secondary Schools and Their Effects on Children*, Mass: Harvard University Press, Cambridge.

Smith, Marshall(1972) "Equality of Educational Opportunity: The Basic Findings Reconsidered," Frederick Mosteller and Daniel P. Moynihan (eds.), *On Equality of Educational Opportunity*, New York: Random House.

제 6 부

지역발전

클러스터에 기초한 경제발전전략 · 지역 거버넌스와 사회적 합의 모델
지역균형발전과 지역금융씨스템 · 지방화와 주민생활 써비스 혁신체제

클러스터에 기초한 경제발전전략

이 정 협

1. 서론

최근 세계적으로 지역혁신체제나 클러스터[1] 정책만큼 경제발전전략으로 집중적인 관심을 받고 다양한 시도가 이루어진 경우도 찾기 힘들다. 클러스터 접근을 통해 지역혁신을 지원하고, 기술 파급효과를 촉진하며, 규모와 범위의 경제를 창출하고, 지역의 지속적인 자생적

□■

1) 지역혁신체제와 클러스터는 이론적 뿌리가 다르고 접근방식에서 차이가 있다. 그래서 연구자들에 따라 두 개념을 구분해서 사용하기도 하고 이들의 차이를 규명하는 것이 중요한 연구 주제로 부각되기도 했지만, 개념적으로 유사하기 때문에 호환해서 사용하는 경우가 많다. 본고에서도 특별한 경우가 아니면 이 두 개념을 구분하지 않고 클러스터로 통일해서 사용하기로 한다.

발전을 강화함으로써 성공적인 경제발전의 기초를 확립할 수 있다는 믿음이 생겨났기 때문이다(Raines 2002). 이런 장점이 정책수립 및 집행자들 사이에 공유되면서 클러스터 접근이 폭넓게 확산된 것이다. 우리나라도 참여정부에 들어서면서 지역혁신체제 구축이나 혁신 클러스터 육성은 산업발전을 위한 가장 핵심적인 정책수단으로 부각되었다.

그러나 참여정부에서 추진하는 다양한 정책들이 구체적인 성과를 창출하고 '균형발전과 역동적 경제성장'(국가균형발전위원회 2003)이라는 본래의 목표를 달성할 수 있을지에 대해서는 비판적인 의견들이 많이 나오고 있다. 예를 들어 이용숙(2003)은 클러스터가 무한경쟁의 세계화 시대에서 살아남으려는 개별 지역의 생존전략이기 때문에 불균형성장 전략일 수밖에 없는 구조적인 한계를 갖는다고 주장한다. 그리고 권오혁(2004)은 학습과 혁신에 기초한 지역혁신체제의 구축은 지역산업을 육성하는 데 일부분에 불과하며, 지역혁신체제를 혁신 클러스터 실현을 위한 정책적 수단으로 삼는 것은 잘못된 접근이라고 설명한다.

필자는 참여정부의 클러스터 사업들이 성과를 창출하기 어렵다는 이들 주장들에 대체적으로 동의하지만, 성과를 내지 못하는 이유에 대해서는 다소 다른 생각을 갖고 있다. 가장 근본적인 차이는 지역혁신, 특히 클러스터에 접근하는 방법의 차이에서 비롯된다. 참여정부의 클러스터 사업을 비판하는 대부분의 입장은 클러스터 개념에 대한 이론적 비판에 기초해서 출발한다. 그러나 과도한 이론화는 오히려 문제를 더 복잡하게 만들 뿐이며 구체적인 대안의 제시를 어렵게 한다.

필자는 클러스터 방식이 갖는 유용성을 누구보다도 인정하지만, 이 개념의 유용성이 이론의 깊이에 있다고 생각하지는 않는다. 오히려 클러스터 접근의 유용성은 문제해결을 위한 수단으로서의 경쟁력에 있다고 본다. OECD(2001)는 클러스터 정책을 실용적이고 문제해결 지향적인 수단으로 간주하며, 이를 위해 지역이 처한 상황에 따라 적극적으로 다양한 수단을 조합하고 조정해야 한다고 권고한다.

따라서 참여정부의 클러스터 정책에 대한 비판적 검토는 이론적 검토에 기초한 선험적 평가보다는 우리나라 지역들이 당면한 문제를 해결할 수 있도록 다양한 수단을 효과적으로 동원하고 적용할 수 있는 제도적 기반을 갖추어가고 있는가라는 관점에서 이루어져야 할 것이다. 이를 위해서 본고에서는 레인스(Raines 2002)가 제시한 '클러스터 정책의 라이프싸이클에 따른 단계별 정책'의 틀에 따라 참여정부의 클러스터 정책을 비판적으로 검토하고 대안을 제시하고자 한다.

2. 문제해결 수단으로서의 클러스터 접근과 단계별 정책요소

(1) 클러스터 접근의 특징: 실용적이고 문제해결 지향적인 정책개입 수단

매우 다양한 클러스터 개념이 존재하지만 대체로 클러스터는 "상대적으로 가까운 위치에 있는 기업과 연구소 그리고 공공기관의 네트워크이며, 이들 클러스터에서는 부문간 연계를 통해 지역의 경쟁우위를 창출하고 갱신하는 특징"(Raines 2002)이 나타난다. 클러스터 정책이란 이러한 "클러스터가 형성되고 출현하며 성장할 수 있도록 지원하고 촉진하기 위한 일련의 정책적 조치"(OECD 1999)로 정의할 수 있다.

레인스는 클러스터와 클러스터 정책에 대한 다양한 문헌연구를 통해 클러스터와 관련된 현상을 "다양한 클러스터와 이들 클러스터의 개발수요에 대한 여러 정책적 대응"(Raines 2002)이라고 설명한다. 이러한 결론은 OECD(2001)의 연구결과에서도 동일하게 나타난다. 클러스터는 각 클러스터가 처한 고유한 특성을 바탕으로 구성되기 때문에 씰리콘밸리와 같이 유일한 형태의 이상적인 클러스터만 있는 것은 아니며, 클러스터별로 규모, 연계수준, 연구개발 투자 정도, 혁신제품의 비중 등에 있어서 다양한 형태로 나타난다. 따라서 이상적 유형과 최고의 사례를 전제로 한 클러스터 정책은 실패할 수밖에 없으며, 해당 클러스터의 특성에 맞는 방식으로 정책이 추진되어야 한다고 OECD(2001)는 권고하고 있다.

클러스터 접근이 갖는 강점은 지역 차원에서 지속적으로 혁신을 도모하고 이것을 지역의 경쟁력 강화로 연계하는 종합적인 틀을 제공한다는 데 있다. 이 틀을 기초로 혁신의 장애요소를 확인하고 제거하며, 네트워크를 조성하고 강화하는 등 다양한 방식의 정책적 개입이 가능하다. 이때의 정책적 개입은 대단히 실용적이고 문제해결 지향적인 방식으로 이루어진다. 물론 클러스터 기반의 정책수단들은 규제개선, 산학연계, 투자유치 등 대부분 시행되고 있는 정책들이라는 측면에서 기존의 정책들과 차별성을 찾기가 힘들다. 그러나 각 지역의 구체적인 정책수요를 반영한 종합적인 관점에서 개별 정책들이 엮어질 때 기존의 정책들이 클러스터 정책으로 바뀐다고 할 수 있다(이정협 2001). 따라서 "클러스터 개념의 이론적 기반이나 정책적 적용이 단지 새 병에 든 낡은 와인 혹은 재포장된 기존의 개념들의 차용(Raines 2002)"이라는 비판은 오히려 클러스터 접근이 갖는 장점을 부각한다고 생각된다.

(2) 클러스터 정책의 라이프싸이클에 따른 단계별 정책행위 요소

지금까지 클러스터 접근은 실용적이고 문제해결 지향적인 성격을 갖고 있으며 정책의 대상에 따라 정책의 목표와 수단이 달라질 수밖에 없다는 점을 살펴보았다. 참여정부의 클러스터 사업에 대한 정확한 평가가 이루어지려면 각 지역별로 문제를 제대로 진단하고 구체적으로 도달하고자 하는 목표를 설정했는지, 또한 그 목표를 달성하는 데 필요한 적절한 수단을 집합적으로 동원할 수 있는 제도적 기반이 조성되었는지를 따져봐야 한다. 이런 점에서 정책결정의 단계별로 다른 유형의 정책행위를 요구하는 레인스의 라이프싸이클 모델은 평가의 준거로서 유용하다고 판단된다.

이 모델은 기본적으로 분석과 실험, 평가와 적응의 반복적 과정을 거친다. 그리고 각 단계별로 적합한 정책의 선택은 경제적 수요, 정책의 역사, 제도적 구조, 제도적 · 개인적 가치, 자원의 획득 가능성 등의 결합에 의해 제약을 받는다. 〈그림 1〉은 정책을 선택하는 데 영향을 미치는 변수들과 정책행위들을 정책단계별로 양식화한 것이다.

레인스는 클러스터 정책에 대한 평가가 일반적으로 부족하다는 점

〈그림 1〉 라이프싸이클 모델에 따른 클러스터 정책단계별 정책요소

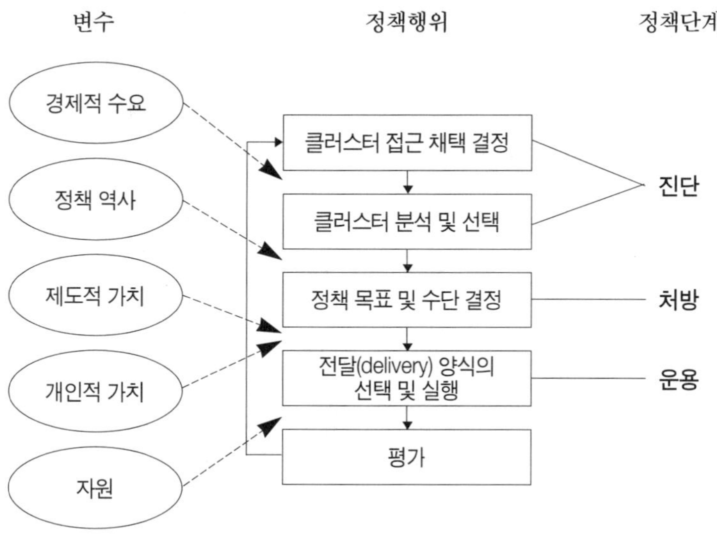

출처 : Raines(2002).

을 고려해 평가단계를 제외하고 클러스터 정책의 라이프싸이클 모델을 세 단계로 구분한 다음 각각의 정책행위를 다음과 같이 설명했다.[2)]

첫째는 진단단계로, 이 단계에는 새로운 정책개입의 필요성 혹은 기존 정책개입의 변화의 필요성을 결정하는 단계이다. 이 단계는 대체로 클러스터 접근이 필요한지를 결정하고 클러스터의 측면에서 경제를 분석하며 대상 클러스터를 선정하고 선정된 클러스터에 대한 정책수요를 확인하는 작업으로 구성된다.

둘째는 처방단계로, 이 단계는 첫번째 단계에서 확인된 경제적 요구조건들에 맞는 정책적 대응수단들이 개발되는 단계이다. 이 단계에서는 주로 정책목표를 구분하며 적합한 일련의 정책수단들을 디자인하고 선택하는 작업을 하게 된다.

마지막은 운용단계이다. 이 단계는 실행단계로 구체적인 정책 거버넌스에 따라 일련의 정책전달체계에 맞추어 실행의 책임이 할당되고 조정되는(refined) 단계이다.

3. 참여정부 클러스터 사업의 구조와 한계

참여정부는 지역혁신체제를 구축하고 지역별로 전략산업 클러스터를 적극적으로 육성함으로써 지역의 잠재력과 비교우위를 극대화하는

□■

2) 클러스터 정책의 수행에서 평가는 매우 중요한 요소이다. 그러나 참여정부의 클러스터 사업에 대한 평가가 아직 보편화되지 않은 상태이기 때문에 평가단계의 요소를 무리하게 구체화할 필요가 없어서 본고에서는 레인스(Raines 2002)의 틀을 가감없이 수용하기로 한다.

역동적 균형발전을 추진하고자 했다(국가균형발전위원회 2003). 지난 3년 반 동안 꾸준히 사업을 추진해왔으며, 2006년 5월에 있었던 참여정부 3주년 씸포지엄에서 국가균형발전위원회(2006)는 국가균형발전정책이 성과확산기로 진입한 것으로 평가했다. 아래에서는 참여정부의 클러스터 사업의 구조를 살펴보고 이러한 사업구조에서 각 클러스터 사업 주체들이 정책단계별로 적합한 정책적 행위를 효과적으로 실행할 수 있는 제도적 틀을 갖추었는지에 대해 비판적으로 검토하고자 한다.

(1) 참여정부 클러스터 사업의 내용과 구조

그동안 국가균형발전위원회(이하 균발위)와 산업자원부가 중심이 되어 클러스터와 관련해 추진한 사업들은 크게 다음과 같이 구분할 수 있다. 첫째, 국가균형발전 5개년 계획 수립, 국가균형발전특별회계의 신설 등 균형발전을 위한 제도적 기반의 확립, 둘째는 지역혁신협의회 운영 등 지역혁신체계 구축, 셋째는 정부 R&D 예산의 지방비율 확대 등 지역의 기술혁신을 위한 연구개발 지원 확대, 그리고 마지막으로 대덕연구개발특구 지정과 산업단지 혁신 클러스터화 등 혁신 클러스터 육성 기반 조성 등이다(국가균형발전위원회 2005).

아래에서는 참여정부의 혁신 클러스터 사업의 기획과정에서 나타난 특징을 토대로 이들 사업들이 어떤 방식으로 작동되는지를 살펴보고자 한다. 〈그림 2〉는 국가균형발전 시행계획 수립을 위한 체계를 설명한 것이다. 균발위가 방향을 제시하고 이에 맞추어 산업자원부가 수립지침을 작성한다. 이렇게 작성된 수립지침은 균발위의 심의를 거쳐 관련 부처와 시도에 전달된다. 관련 부처와 16개 지방정부는 산업연구원의 도움을 받아 부문별 시행계획과 지역별 시행계획을 수립한다. 이때 각 시도별 지역혁신협의회는 지역별 계획을 심의하는 역할을 맡는다.

〈그림 2〉 국가균형발전 시행계획 수립 체계도

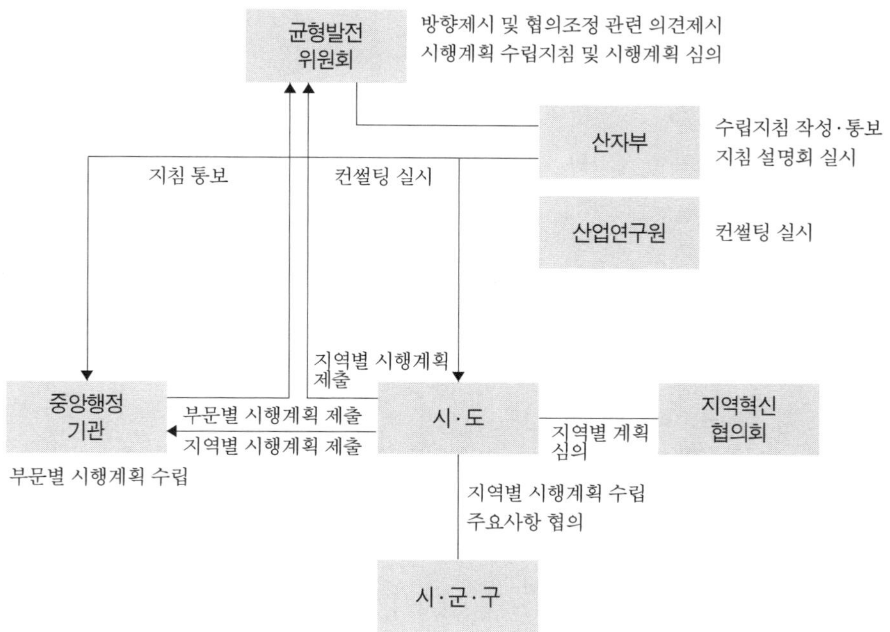

출처: 국가균형발전위원회·산업자원부(2006).

2006년의 부문별 시행계획 수립에는 15개 부처와 5개 청 등 20개의 중앙행정기관과 균발위 등 2개 위원회가 참여했다. 부문별 시행계획에는 지역혁신체제 구축, 지역대학 육성이나 지역 과학기술 진흥 및 지역혁신역량 증대 등 매우 다양한 사업들이 포함되어 있다. 그리고 지역별 시행계획은 16개 시도가 참여하여 작성했다. 지역별 시행계획은 주로 지역의 전략산업 육성과 관련된 내용들이 담겨 있다.

시행계획 수립을 통해 확인된 참여정부의 클러스터 정책의 구조는, 각 지방정부가 부처별 지역혁신정책을 해당 지역의 전략산업 육성 차원에서 조합하는 매트릭스 방식이라고 할 수 있다.[3] 권오혁(2004)은 이와같은 방식이 조립식 라디오의 부품을 끼워 맞춘 후 전선을 적절히 연결하는 공학적 접근을 연상하게 한다고 비판한다. 물론 이런 기획과정은 시간이 지나면서 더욱 정교한 형태로 발전해갈 것으로 기대할 수 있다. 기획뿐만 아니라 집행과 평가과정도 시행착오와 학습을 통해 더욱 진화해갈 것이다. 그러나 이런 방식의 사업구조가 구체적인 성과를 창출하고 클러스터를 구성하는 주체들에게 그 성과가 공유될 수 있는, 실제로 작동 가능한 구조인지는 매우 불투명하다. 아래에서는 이러한 사업구조에서 클러스터 정책단계별로 적절한 클러스터 정책행위가 이루어질 수 있는지를 살펴보고자 한다.

(2) 클러스터 정책 라이프싸이클에 입각한 참여정부 클러스터 정책 평가

① 진단단계

참여정부 클러스터 사업의 기본 단위는 16개 광역자치단체로 제약된다. 이런 제약은 몇가지 측면에서 클러스터 사업의 진단단계에서 정책행위가 바람직하게 작동하는 것을 구조적으로 막게 되는데, 그 내용을 살펴보자.

먼저 이런 사업구조에서는 클러스터 접근이 지역경제의 발전을 위해 유효한 접근방법인가를 판단하는 것 자체를 허용하지 않는다. 재정자립도가 낮은 광역자치단체들은 중앙정부의 재원을 확보하기 위해 경쟁적으로 관련 사업을 추진할 수밖에 없기 때문이다.

□■

3) 대덕연구개발특구와 산업단지 혁신 클러스터화 사업은 운영방식에서 이런 틀과는 다소 차이가 있다. 이들 사업은 중앙정부가 주도하는 사업으로 지방정부의 접근이 매우 제한되어 있고 사업의 범위가 특구와 국가산업단지 내로 제약되어 있어 본고에서는 이 사업들에 대해서 구체적으로 검토하지 않았다.

다음으로 대상 클러스터 선정에 있어서 심각한 제약이 발생한다. 왜냐하면 대부분의 산업 클러스터의 공간적 범위는 몇개의 행정구역에 걸쳐 있기 때문이다. 울산의 자동차 클러스터를 예로 들어서 설명하면, 현대자동차가 입지한 울산을 중심으로 서쪽으로는 대구, 남쪽으로는 부산, 창원까지 연결되는 지역들이 울산의 자동차 클러스터에 포함된다(이정협 외 2005).

마지막으로 클러스터에 대한 구체적인 정책수요의 진단이 어렵다. 우리나라는 오랫동안 중앙집권적 국가운영 씨스템 아래 있었고, 이제까지 개별 지역이 자기완결적인 혁신체제를 구성해본 경험이 전혀 없다. 수도권의 기획 및 연구개발 기능과 동남권을 중심으로 생산기능의 기능적 분업체계가 이루어져 있다. 그리고 대덕은 국가 전체를 대상으로 하는 연구개발의 거점으로 조성되었고, 이곳에서 창출된 다양한 연구개발 성과를 전국적으로 활용하고자 하는 여러 시도들이 대덕연구개발특구 사업을 통해 이뤄지고 있다. 따라서 개별 클러스터의 정책적 수요는 국가 전체의 혁신체제를 구성하는 다양한 기능들이 지역에서 어떻게 구조적으로 결합되고 그 과정에서 어떤 차별적인 특징들이 나타나는지를 통해서 분석되고 도출될 수 있을 것이다(Bathelt 2003).

② 처방단계

현재 지방정부들이 제시한 정책목표는 대부분 지역의 전략산업을 육성하는 것으로 요약할 수 있다. 이들 목표의 달성을 위해 동원할 수 있는 대부분의 정책적 수단들은 중앙정부의 인력양성사업, 연구개발사업 등이다. 이런 상황에서 최선의 지역별 시행계획은 유능한 지방의 기획자가 정부 각 부처별로 경쟁적으로 확대하는 지역 정책들을 각 지역의 실정에 맞게 수용하는 것이다. 따라서 현재의 사업구조에서는 각

지역이 클러스터의 정책목표를 구체화하기 어렵고 설령 정책목표를 뽑아낸다고 하더라도 동원할 수 있는 수단에 제약이 매우 크다고 할 수 있다.

OECD(2001)의 권고안에 따르면 기술투자가 오히려 지역 차원의 혁신을 방해하기 때문에 중앙 및 지방정부에서 투자를 결정하지 않는 것이 어떤 경우에는 중요한 정책적 개입이 될 수 있다고 설명한다. 그러나 현재의 사업구조에서 각 클러스터별 상황에 맞는 차별화된 정책 적용은 불가능하다고 할 수 있다. 그리고 이런 불일치는 시간이 지날수록 더 확대될 가능성이 높다. 그 이유는 관련 부처들이 조직논리에 따라 신규 클러스터 사업을 발굴하고 기존사업을 지속적으로 확대해나갈 것이기 때문이다.

③ 운용단계

클러스터 사업의 거버넌스 구조와 사업수행 체계는 지역의 여건이나 사업목표에 따라 매우 다양하게 구성될 수 있다(Raines 2002). 정책의 수행을 민간부문에 위탁하는 등 매우 분산된 구조를 취할 수도 있고 공공부문의 감독과 지시하에 정책의 집행이 이루어질 수도 있다. 그리고 사업의 수행을 위해 기존의 정책전달체계를 강화할 수도 있고 전문 중재기관을 설립할 수도 있다. 그러나 참여정부의 클러스터 사업구조에서는 운용단계에서 이와같은 다양성과 유연성이 보장되지 않는다.

또다른 약점은 사업의 최종 책임주체가 분명하지 않다는 것이다. 부처에서 경쟁적으로 생산된 클러스터 관련 정책을 지역 차원에서 조합하는 방식의 사업구조에서는 최종 성과를 책임질 주체를 확인하기 어렵다. 이런 측면에서 지방정부나 (관련 부처를 뛰어넘는) 중앙정부가 책임주체로 고려될 수 있다. 지방정부는 지역의 미래에 대해 스스로 결정하고 사업을 추진하다는 측면에서 매우 바람직한 책임주체라고 할 수 있다. 그리고 최종적인 성과의 창출을 위해서는 제도개선 등 중앙정부 차원의 적극적 개입이 요구되기 때문에 중앙정부가 책임을 지는 하향식 클러스터의 기획 및 추진도 적극적으로 도입할 필요가 있다.

4. 대안적 클러스터 육성의 방향

(1) 성공가능한 클러스터를 도출하고 클러스터 창출의 성과를 구성원들이 공유할 수 있는 구체적인 목표를 정해야 한다.

클러스터의 성공 가능성은 관련된 가치사슬을 통해 최종적으로 도출된 상품이 세계시장에서 경쟁력을 가질 수 있느냐에 달려 있다. 이러한 목표는 관련 분야의 세계적 생산 네트워크에서 해당 클러스터가 차지하는 위치를 확인하고, 클러스터가 축적한 역량을 분석함으로써 구체화될 수 있을 것이다. 예를 들어 동북아시아의 역동적 변화의 틀 속에서 전략적 차별화가 가능한 분야를 찾는다면 성공 가능한 클러스터의 구체적인 목표를 발견할 수 있을 것이다. 우리나라는 산업화와 정보화 과정에서 고유한 기술자산을 축적했다. 이러한 기술자산에 새로운 기술자산을 융합하여 신제품의 구상과 개발이 이루어질(송위진 외 2004) 때 성공적인 클러스터 육성이 가능하리라 판단된다.

또한 클러스터가 지속 가능하기 위해서는 클러스터에 연계된 전후방 산업과 관련 산업에 종사하는 구성원들도 성과를 공유할 수 있는 방식으로 목표가 설정되어야 한다. 예를 들어 세계시장에서 성공한 민간 대기업과 벤처기업들이 적극적으로 참여함으로써 클러스터 사업의 성과는 달성될 수 있는데, 특히 세계시장에서 가격경쟁력과 품질경쟁력을 확보한 삼성전자, 현대자동차, LG전자 등 대기업들에 주목할 필요가 있다. 이들 기업들의 경쟁력은 대부분 국내에 뿌리내린 생산씨스템에 근거한다. 클러스터 정책은 이들 대기업들이 가진 국가 내부의 생산씨스템을 확대하고 강화하는 방식으로 기획되고 추진되어야 한다. 이런 방식으로 클러스터 주체들이 성과를 공유할 수 있는 전략 수립이 가능하리라고 생각된다.

클러스터 전략이 성공하려면 클러스터의 공간적 단위가 적절해야 하는데 16개 시도를 기초로 한 현재의 클러스터 사업의 추진방식에는 다소 보완이 필요하다. 이와 관련해 이동우 외(2003)는 전국을 3~5개의 권역으로 구분하는 초광역경제권의 설정이 필요하다고 주장한다. 그러나 현재의 행정체제로는 이런 권역 재조정이 가능하지 않으며 가능하더라도 시간이 많이 걸릴 것이다. 따라서 인접한 여러 개의 광역자치단체 혹은 떨어져 있지만 기능적으로 연계된 광역자치단체들이 클러스터 사업의 기획과 추진의 주체가 될 수 있도록 중앙정부가 컨쏘시엄 형태의 사업을 마련하는 것도 대안이 될 수 있다고 생각한다.

(2) 정부개입의 방향이 정해지고 구체적인 정책적 수단이 확보되어야 한다.

클러스터 육성의 목표가 설정되면 정부의 역할이 분명하게 나타날 것이다. 아래에서는 클러스터의 가치사슬에 따라 예상할 수 있는 정부의 역할을 살펴보고자 한다.

우선 클러스터의 가치사슬에서 생산되는 최종 제품이 세계시장에서 경쟁력을 확보하기 위해 정부가 무엇을 해야 하는지를 고려해볼 수 있다. 이 부분은 주로 제도개선과 인프라 구축과 관련된다. 가령 동북아경제중심추진위원회(2003)에서 시범사업으로 제시한 텔레매틱스(telematics) 산업을 예로 들 수 있다. 이 산업이 활성화되어 관련 분야의 클러스터가 육성되려면 초기에 중앙정부가 수요 진작과 시장조성에 필요한 제도개선 등을 이끌어내야 한다. 그리고 교통정보통합과 관련한 인프라 구축 등 핵심 인프라 확충도 선행되어야 한다.

둘째, 정부의 적극적 개입으로 적정규모의 시장이 확보되면 시장 메커니즘에 의해 기업의 투자확대와 파생 신산업의 창출 등이 이어질 것이다. 이때 정부는 인력양성과 연구개발 등으로 관련 기업의 혁신역량을 강화할 수 있도록 지원할 수 있다. 예를 들어 자동차산업의 경우 2, 3차 하청업체들의 혁신역량이 강화될 수 있는 지원씨스템이 구축되어야 할 것이다. 이런 관점에서 참여정부가 추진하는 지방대학을 통한 중소기업 지원은 클러스터 전략의 극히 일부분에 지나지 않음을 알 수 있다.

셋째, 벤처 역동성을 이용해 이 부문에 새로운 기업의 진입을 활성화할 수 있어야 한다. 지난 외환위기 이후 한국전자통신연구소(ETRI) 등 정부 출연 연구소에서 분리해 창업된 기술벤처의 등장은 공공부문으로부터 민간부문으로 기술이 이전되는 중요한 메커니즘으로 작동하고 있다. 중앙정부는 이를 촉진하기 위해 지적재산권의 정비나 인쎈티브를 마련하고 있다. 이러한 벤처 역동성이 강화되려면 인쎈티브 정비 수준을 넘어서서 국가 전체의 혁신체제에서 정부 출연 연구소의 역할에 대한 재규정과 조직운영 방식의 근본적인 변화가 있어야 할 것이다.

넷째, 공정경쟁 환경의 조성, 마케팅 지원, 시장표준의 확대 등 우리나라 기업들이 중국 등 세계시장으로 진출할 수 있도록 제도적 지원을 해야 할 것이다. 특히 삼성전자나 현대자동차에 납품하는 업체들이 다른 세계적인 업체들에 납품을 할 수 있다면 우리나라가 글로벌 부품 공급지의 역할을 하게 될 것이다. 또한 이들 업체들에 납품하는 2, 3차 부품업체들도 수요가 확대되어 기술능력 확대에 투자할 수 있는 여력이 생길 것이다.

다섯째, 혁신 클러스터 사업과 국가혁신체제 사업, 나아가 거시경제 정책 간에 유기적인 연계가 필요하다. 아무리 좋은 제도적 장치들도 서로 긴밀하게 연결되지 못하면 오히려 부작용을 낳고 효율성을 떨어뜨릴 수밖에 없다. 국가 내부의 다양한 제도적 장치들이 서로 연결되어 전체의 보완적 결합이 높아지는 방향으로 조성될 필요가 있다. 그런 측면에서 혁신 클러스터 사업과 국가 연구개발 사업 중심의 국가혁신체제 사업 간에 긴밀한 연계가 더욱 요구된다. 뿐만 아니라 금융씨스템, 기업지배구조, 노사관계 등 전체 경제씨스템의 구성과 발전방향도 조화를 이루어야 클러스터의 활성화가 가능할 것으로 판단된다(강현수·정준호 2004).

(3) 적절한 추진체계가 갖추어져야 한다.

이와같은 클러스터 사업은 민간기업이 중심이 되고 대학과 연구소 등이 참여하여 사업을 기획하고 추진하되 중앙정부는 연구개발·인력양성·인프라 구축·제도개선 등을 통해 사업이 효과적으로 추진되도록 지원하는 역할을 맡는 것이 바람직하다.

기술융합적 특성을 갖는 분야에서 경쟁력 있는 클러스터의 육성이 가능한데 이런 분야의 경우 다수 기업과 다양한 부처, 그리고 지자체가 참여하기 때문에 이들 이해당사자들을 효과적으로 연계 및 조정하는 역할이 요구된다. 따라서 중앙정부 차원의 통합조정기구를 클러스터 사업의 중요한 추진체계로 고려할 필요가 있다.

클러스터 사업에 있어서 지방정부의 역할 또한 중요하다. 그러나 클러스터 사업의 기획 및 추진 경험이 부족한 우리나라의 현실을 고려할 때 중앙정부가 전략수립 및 추진에 보완적인 역할을 담당할 필요가 있다. 이를 위해 해당 분야의 전문지식과 경험을 갖춘 중앙의 전문가와 지역적 특성에 대한 구체적인 지식을 가진 지역의 전문가로 구성된 통합전문가 그룹을 형성하여 분석 및 진단에 기초한 기획이 가능할 것이다. 그리고 클러스터 기반의 지역혁신은 지역발전의 비전과 전략의 변화를 가져오므로 지방정부는 노조, 시민단체 등 이해관계자간 논의를 통해 합의를 도출하고 다양한 자원을 동원하는 역할을 맡아야 한다.

(4) 클러스터 브랜드를 확보하고 우리나라 기업들이 국내에서 축적한 클러스터 역량에 기초해 세계로 진출할 수 있는 토대를 제공해야 한다.

국내 대기업들 혹은 벤처기업들이 자발적 유인에 의해 클러스터 사업에 참여할 수 있다면 글로벌 브랜드의 클러스터가 우리나라에도 생겨날 수 있을 것이다. 현대자동차의 울산, 삼성전자와 LG전자의 구미, 포스코의 포항 등이 그런 예가 될 것이다. 이들은 우리가 벤치마킹의 대상으로 삼는 노키아의 울루와 에릭슨의 시스타 이상으로 어필할 수 있다. 이들 대기업이나 벤처기업들이 스스로를 "Pride of Korea"로 인식하게 된다면 클러스터의 중요한 주체로서 자기 역할을 할 수 있을 것이다.

우리의 고유한 클러스터의 모델이 확보되면 대기업들이 치열한 세계시장의 경쟁에서 지속적으로 경쟁력을 유지·강화할 수 있는 공간관리 전략을 제공할 수 있다. 우리나라의 대기업들은 리버스 엔지니어링(모방 생산)으로 선진국을 따라잡는 단계에서 벗어나 연구개발 등 혁신활동을 통해 새로운 제품을 개발하고 일부 분야에서는 시장표준을 선점하고 선도해야 하는 위치에 있다. 그러나 대기업들은 아직 글로벌 차원에서 뚜렷한 클러스터 전략을 갖고 있지 않은 것으로 판단된다. 저임금 노동력을 활용하기 위해 동남아시아로 섬유나 의류 그리고 가

전부문에 대한 투자가 이루어지는 수준이거나, 시장진입을 목적으로 중국이나 미국에 생산공장을 만드는 수준에 불과하다. 세계시장 표준을 장악하고 이를 지속적으로 유지하기 위해 세계적으로 산재한 지역적 자산들을 생산 네트워크로 통합하고 관리하는 역량은 아직 부족해 보인다.

따라서 잘 짜인 국내 클러스터를 기초로 외부로부터 지속적인 유입이 이루어지고 다시 강화된 역량을 기초로 외부 투자가 이루어지는 선순환씨스템의 구축이 절대적으로 필요하다. 예를 들어 울산에 현대자동차를 중심으로 세계적으로 경쟁력을 갖춘 자동차 클러스터가 조성된다고 가정해보자. 이곳에 투자하면 현대자동차에 납품할 기회를 얻게 되고 동시에 네트워크 관계를 통해 유무형의 경쟁력을 갖출 수 있기 때문에 세계적인 부품업체들의 투자가 이루어질 것이다. 그리고 이곳에서 형성된 클러스터의 네트워크 관계는 현대자동차가 해외에 투자할 때 활용할 수 있는 중요한 집합적 자산이 된다. 따라서 이곳에서 일하는 노동자들의 네트워크 역량은 해외투자에서 반드시 필요한 요소가 될 수 있다. 이를 통해 대기업들이 국내의 잘 짜인 클러스터 성과를 기초로 세계의 생산 네트워크를 지배하는 전략을 효율적으로 전개해나갈 수 있다고 판단된다.

5. 결론

한 국가의 미래의 경쟁력이 국가적 차원에서 이루어지는 산업정책과 투자뿐만이 아니라 지역적 차원에서 클러스터를 육성하고 활용하는 능력에도 달려 있다는 믿음이 OECD 국가들 사이에 공유되면서 다양한 정책적 시도들이 이루어져왔다. 새로운 지식의 지속적 창출과 확산을 위해 모든 지역의 잠재력을 극대화하고 이를 효과적으로 활용함으로써 지속적 발전의 조건을 창출하겠다는 것이 국가균형발전의 출발점이었다는 측면에서 참여정부의 문제인식은 이들 OECD 국가들의 정책적 지향과 궤를 같이한다고 평가할 수 있다(국가균형발전위원회 2003).

그러나 레인스의 클러스터 정책 라이프싸이클 모델에 기초해서 참여정부의 클러스터 사업을 평가해보면 이들 사업들이 구체적인 성과를 창출하고 그 성과가 클러스터를 구성하는 주체들에게 공유될 수 있도록 실제 작동 가능한 사업구조를 갖는지는 불분명하다. 클러스터 진단단계에서는 클러스터의 기획 및 추진의 공간적 단위가 16개 시도로 제약되어 있어서 적절한 대상 클러스터의 선정과 구체적인 정책수요의 진단이 어려운 것으로 파악된다. 처방단계에서는 경쟁적으로 확대되는 부처별 사업을 지역 차원에서 조합하는 방식으로 사업구조가 강화되고 있어서 클러스터 정책목표의 구체화와 차별적 정책수단의 발굴에 구조적인 제약을 받는다. 마지막으로 운용단계에서는 클러스터 사업구조와 수행체계의 다양성이나 유연성이 보장되지 않고 사업의 최종 책임주체가 분명하지 않다는 점이 문제점으로 지적되었다.

따라서 클러스터 전략이 경제발전전략으로 자리매김하기 위해서는 다음과 같은 대안들이 현재의 사업구조에 반영되어야 한다고 생각한다.

첫째, 성공적인 클러스터의 도출과 클러스터 구성원들이 공유할 수 있는 구체적인 목표 설정.

둘째, 정부의 명확한 개입 방향의 결정과 구체적인 정책수단의 설계.

셋째, 바람직한 클러스터 추진체계의 확보.

넷째, 클러스터 브랜드의 창출과 클러스터에 기초한 글로벌 공간관리 전략의 구상.

이제 우리나라의 클러스터 논의는 단순한 선진국 따라잡기 혹은 국내 씨스템에 대한 대안 없는 비판의 단계를 벗어나야 한다. 그것은 세계적인 경쟁력을 갖춘 우리나라의 씨스템을 확인하고 그것을 확대하고 강화하는 방향에서 이루어져야 한다. 앞에서 제안한 대안들이 반영되어 우리 현실에 적합한 클러스터 전략이 더욱 구체화되고 확산되기를 기대한다.

| 참고문헌 |

강현수·정준호(2004) 「세계의 지역혁신 사례 분석—관련 이론, 성공 요인 및 실패 사례」, 『응용경제』 6권 2호, 27~61면.

권오혁(2004) 「지역혁신체계론의 이론적 전개와 정책적 함의에 관한 비판적 검토」, 『응용경제』 6권 2호, 5~26면.

국가균형발전위원회(2003) 「국가균형발전의 비전과 과제」.

국가균형발전위원회(2005) 「국가균형발전 대국민보고서」.

국가균형발전위원회(2006) 「국가균형발전 3년의 성과와 향후 과제」, 3주년 씸포지엄 발표자료.

국가균형발전위원회·산업자원부(2006) 「2006년도 국가균형발전시행계획」.

동북아경제중심추진위원회(2003) 「동북아경제중심 추진의 비전과 과제」.

송위진 외(2004) 「한국 국가혁신체제 발전 방안 연구」, 『정책연구』 2004-02, 과학기술정책연구원.

이동우 외(2003) 「자립적 지역발전을 위한 지역단위 설정 연구」, 『국토연』 2003-

14, 국토연구원.

이용숙(2003)「지역혁신체제론의 비판적 재검토—무엇을, 누구를 위한 지역혁신체제인가?」,『동향과전망』59호, 141~82면.

이정협(2001)「지방과학기술진흥을 위한 혁신 클러스터 전략」,『과학기술정책』11권 4호, 2~13면.

이정협·김형주·손동원(2005)「한국형 지역혁신체제의 모델과 전략 1—지역혁신의 공간적 틀」, 과학기술정책연구원 연구보고서 2005-02.

Bathelt H.(2003) "Geographies of Production: Growth Regimes in Spatial Perspectives 1—Innovation, Institutions and Social Systems," *Progress in Human Geography*, 27(6), 789~804면.

Hassink R.(1999) What Does the Learning Region Mean for Economic Geography?, *The Korean Journal of Regional Science*, 6, 93~116면.

OECD(1999) *Boosting Innovation: The Cluster Approach*.

OECD(2001) *Innovative Clusters: Drivers of National Innovation System*.

Raines P.(2002) "Clusters and Prisms," Raines P (ed.), *Cluster Development and Policy*, Ashgate, 159~77면.

지역 거버넌스와 사회적 합의 모델

조 형 제

1. 문제제기

세계화가 진전되면서 지역의 중요성이 새롭게 부각되고 있다. 지구적 차원의 경제활동이 증가하고 있음에도 동종 기업 및 유관기관들의 공간적 집적과 상호작용에 따른 혁신 클러스터(cluster)의 출현과 확산은 특정 지역의 중요성을 부각하고 있는 것이다. 지역발전은 또한 지방분권과 긴밀하게 연결된다. 지역의 특성을 파악하고 신속하게 대응하기 위해서는 중앙정부가 지역에 자율적 권한을 부여할 필요가 있다.

우리나라에서도 참여정부 들어 지역균형발전과 지방분권을 위한 새로운 움직임이 활발하게 전개되고 있다. 2004년말 제정된 국가균형발전특별법과 지방분권특별법은 중앙정부가 특별법을 통해 지역발전의 의지를 천명했다는 점에서 획기적 의의를 지닌다.

이 글은 '지역 거버넌스'의 관점에서 우리나라 지역발전의 현실을 살펴본 후, 지역발전의 과정에서 발생하는 이해관계자간 갈등 해결방식을 '사회적 합의' 모델을 통해 제시하고자 한다. 이 글은 일정한 제도적 조건의 제약 아래 지역발전을 추진해가는 행위 주체들의 '제도적 역량'을 강조한다는 점에서 신제도주의의 입장을 취한다. 신제도주의는 제도의 구조적 측면에 촛점을 맞출 뿐 아니라, 이를 통해 주체의 행위를 설명하려는 목적을 가지고 있다.[1]

한편, 지역발전 과정에서는 이해관계자간에 갈등이 발생하게 마련이다. 이러한 갈등을 어떻게 관리하고 해결하는가가 지역발전의 성패를 결정하는 중요한 과제로 부각된다. 이 글에서는 '사회적 합의' 모델의 개념을 사용하여 지역 내 이해관계자간의 갈등 해결방식을 제시하고자 한다.

이 글은 다음과 같이 구성된다. 2절은 지역 거버넌스와 사회적 합의 모델과 관련된 이론적 자원을 검토한다. 신제도주의의 관점에서 지역 거버넌스의 유형을 정리하고, 그에 상응하는 지역 이해갈등의 해결방안을 제시하고자 한다. '제도적 역량'의 개념을 사용하여 제도적 조건의 변화에 유연하게 대응하는 유·무형의 주체적 능력에 촛점을 맞춘다.

3절은 2절의 개념들을 적용하여 참여정부 들어 추진되고 있는 지역발전정책을 개관한 후 지역 거버넌스의 초보적 형태인 지역혁신협의회의 현황을 평가한다. 이와 관련하여 현재의 지역발전 과정에서 나타나는 이해관계자간의 갈등을 성장연합의 개념을 중심으로 살펴본다.

□■

1) 신제도주의에 대해서는 2절에서 자세하게 논할 것이다.

4절은 3절의 현실 평가에 기반하여 대안적 지역발전의 모델을 제시한 후, 사회적 합의를 통해 이해갈등을 해결하고 바람직한 지역발전을 실현할 수 있는 방안을 모색한다.

2. 이론적 자원

(1) 신제도주의와 거버넌스

신제도주의의 관점에서는 특정 주체의 행위를 유·무형의 다양한 제도적 조건과 연관시켜 이해한다. 동일한 주체라고 하더라도 어떠한 제도적 조건에 처해 있는가에 따라 다양한 방식으로 대응한다는 것이다(하연섭 2004). 물론 동일한 제도적 조건 아래서도 행위자의 특성에 따라 다양한 대응이 가능하다. 따라서 모든 지역은 행위자들의 주체적 역량이 제도적 조건과 상호작용하는 가운데 다양한 형태로 발전하게 된다.

신제도주의의 관점에서 '제도적 역량'(institutional capacity)이 중요한 의미를 지니는 것은 이런 맥락에서이다. 제도적 역량이란 특정한 환경에서 행위 주체가 활용하는 복합적이고 유동적으로 진화하는 유·무형의 인프라(infrastructure)를 지칭한다. 즉, 해당 환경과 상호작용하는 가운데 지속적으로 진화해가는 특정 주체의 행위 능력을 지칭하는 것이다.

특정 지역의 제도적 역량은 시민단체의 번성, 집단간의 상호작용, 개별이익을 넘어서는 연합, 공동목표의 형성 등을 통해 구체화될 수 있다. 달리 말해서 제도적 역량의 형성이란 지식, 관계, 자원 등 상호신뢰에 입각한 사회자본(social capital)의 동원능력을 증가시키는 것을 의미한다.[2] 동일한 행위 주체라고 하더라도, 이러한 사회자본을 얼마나 동원할 수 있는가에 따라 영향력의 정도가 달라진다(Cars et al. 2002).

제도적 역량과 연관해 주목해야 할 행위 주체의 개념으로는 거버넌스(governance)가 있다. 최근 들어 지역발전과 관련하여 정부(government) 중심의 접근이 한계를 드러내고 정부와 기업, 공공과 민간 등 다양한 이해관계자들(stakeholder)이 함께 참여하는 협력적 통치의 틀인 거버넌스 개념이 각광받고 있다.

거버넌스의 핵심은 다양한 이해관계자들간의 네트워크이다. 네트워크란 수직적 위계서열(hierarchy)도 수평적 시장거래도 아니다. 네트워크는 사회자본을 매개로 기능한다. 즉, 거버넌스란 상호신뢰에 입각한, 다양한 행위자들간의 협력관계이다. 정부와 다양한 민간 행위자들이 어떻게 협력하는가에 따라 지역발전의 양상이 결정되는 것이다(Leach and Percy-Smith 2000).

특정 지역의 발전은 정부와 민간의 다양한 행위자들로 구성되는 거버넌스가 어느만큼의 제도적 역량을 발휘하는가에 따라 다양하게 전개된다. 여기서 지역 거버넌스(regional governance)란 "지역 정책의 결정에 있어서 정부 주도의 통제와 관리방식에서 벗어나, 지역 내 이해관계자가 주체적인 참여자로서 협의과정을 통해 정책을 결정하고 집행해나가는 사회적 통치씨스템"(김용웅 2001)을 지칭한다. 달리 말하면, 민간 역량과 정부 역량이 협력체제(public-private partnership)를

2) 사회자본은 자발적 결사체, 사회적 신뢰, 호혜의 규범 등으로 구성된 협력적 잠재력의 총합이다(Coleman 1990).

형성하여 지역발전을 함께 추진해가는 자율적 통치씨스템을 지칭하는 것이다. 지역발전의 양상은 거버넌스가 상호신뢰에 입각하여 동원하는 지식, 관계, 자원 등 사회자본, 즉 제도적 역량의 정도에 따라 상이하게 전개된다.

(2) 지역 거버넌스의 유형

세계화가 진행됨에 따라 대부분의 지역들은 경쟁적으로 경제발전을 추진하고 있다. 그러나 경제발전을 추진한다고 하더라도 거버넌스의 성격에 따라 다양한 변이가 가능하다. 지역 거버넌스는 이를 구성하는 개별 행위자들의 이해관계와 제도적 역량의 발전 정도에 따라 다양한 유형으로 나타난다.

〈그림 1〉은 지방분권의 정도와 지역 내 이해관계자의 참여 정도에 따라 지역 거버넌스의 유형이 다르게 형성되는 것을 동태적으로 보여준다. 중앙집권적 통치가 이루어지는 시기에는 지역발전도 중앙정부가 주도하는 것이 당연하다. 우리나라의 경우에는 1980년대까지의 시기가 중앙정부 주도형(I)에 해당된다고 할 수 있다. 그러나 1990년대 들어 지방자치가 진전되고 지역 내 이해관계자의 참여가 증대함에 따라 지역 거버넌스의 유형이 다르게 나타난다. 지방분권의 초기에는 이해관계자의 참여가 낮은 상태에서 지방정부가 주도하는 지방정부 주도형(II) 거버넌스가 나타난다.

우리나라의 경우 지역별로 차이가 있지만, 대부분의 지역이 아직도 I유형에서 II유형으로 넘어가는 과도기에 해당되거나, II유형에 속하는 것처럼 보인다. 지방분권과 이해관계자의 참여 정도가 증가함에 따라 지역 거버넌스의 유형은 좀더 민간이 주도하는 양상을 띠게 된다. III유형은 지방정부와 민간부문(경제사회, 시민사회)이 대등하게 참여

〈그림 1〉 지역 거버넌스의 유형

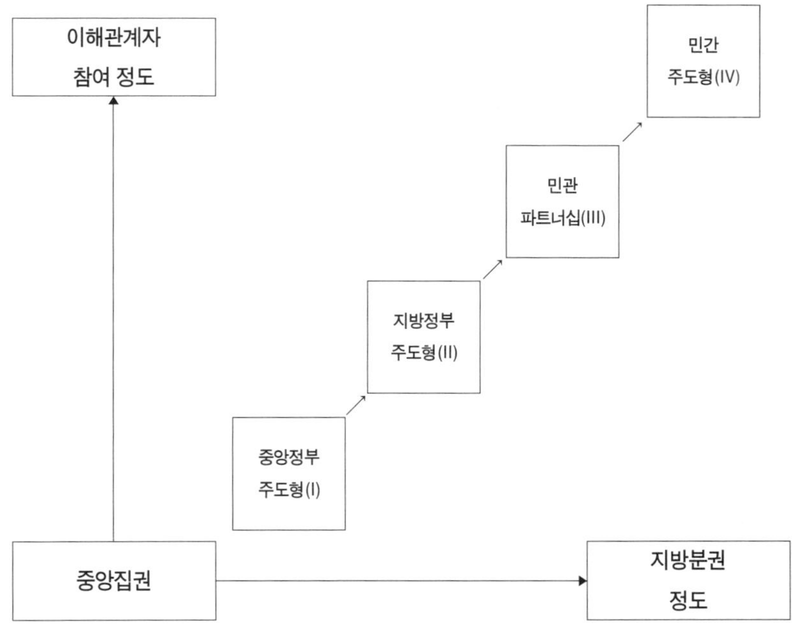

출처: 차미숙·박형서·정윤희 외(2003) 153면에서 수정 인용.

하는 민관 파트너십 형태의 지역 거버넌스를 지칭하는 것이고, IV유형은 민간부문이 주도하는 민간 주도형의 지역 거버넌스를 지칭한다. III유형과 IV유형은 외국에서는 이미 실현된 지역도 있지만, 우리나라에서는 실현 가능성을 지닌 지역발전의 모델로서만 존재할 뿐이다.

지방분권과 이해관계자의 참여가 진전됨에 따라 지역 거버넌스의 유형은 점차 민간이 주도하는 양상으로 변화된다.[3] 민간이 주도하는

3) 지역 거버넌스의 유형이 반드시 I유형에서 IV유형으로 순차적으로 진화해가는 것

경우에도 시민사회와 경제사회 중 누가 거버넌스를 주도하는가에 따라 지역 거버넌스의 성격이 달라질 수 있다. 민간 주도의 거버넌스 중에서도 가장 바람직한 유형은 민주적 거버넌스이다. 민주적 거버넌스란 여러 행위 주체들의 자발적 참여와 수평적 관계에 기초한 상호의존 및 협력을 특징으로 한다. 즉 정부의 공공정책 과정을 시민사회에 개방하여 민간의 자발적 역량을 끌어들이는 것이 민주적 거버넌스의 핵심이다(성도경 외 2004).

주민들의 민주적 참여가 경제적 효율성을 직접적으로 증진하는 것은 아니다. 그러나 민주적 거버넌스는 민주적 의사결정을 가능케 함으로써 장기적으로 좀더 나은 지역발전에 기여한다. 대표성의 위기에 직면한 지방의회 등 대의제 민주주의의 한계를 보완하기 위해서도 주민들의 직접적 참여를 확대하는 민주적 거버넌스를 발전시킬 필요가 있다.

(3) 사회적 합의 모델

지역 거버넌스에 아무리 많은 사람들이 민주적으로 참여하더라도 지역발전의 주도 세력과 그로부터 배제되는 세력간의 이해갈등이 발생하게 마련이다. 또한 동일한 지역발전의 목표를 지향하여 거버넌스에 참여하더라도 서로간의 이해갈등이 발생할 수 있다. 따라서 이러한 갈등을 어떻게 관리하고 해결하는가가 지역발전의 성패를 결정하는 중요한 과제로 부각된다.

이 글에서는 지역 거버넌스에 참여한 행위자들로 구성되는 '성장연

□■

은 아니다. 특정 유형의 지역 거버넌스는 대내외적 조건의 변화에 따라 상이한 경로를 통해 실현될 수 있다.

합'(growth coalition)의 개념을 사용하여 지역 내 주요 행위자들간의 이해갈등을 동태적으로 밝히고자 한다. 여기서 성장연합이란 현재의 지역발전에서 이익을 보는 행위자들의 연합을 의미한다(Peterman 2000).

지역 거버넌스와 관련하여 이해갈등을 자율적으로 조정해내는 방식인 '사회적 합의'(social corporatism) 모델에 주목할 필요가 있다. 사회적 합의 모델이란 노사 등 이해관계자 대표가 잘 조직된 상태에서 국가와 협의하여 정책결정이 이루어지는 모델을 말한다. 그러나 기존의 사회적 합의 모델은 그 경직성으로 인해 대표들간의 폐쇄적 담합이 이루어지거나 관료적 부패가 발생할 여지가 있기 때문에 부정적 평가가 존재하는 것도 사실이다. 특히 사회자본이 충분히 형성되지 못한 우리나라에서 사회적 합의 모델이 성공하리라고 낙관하기는 대단히 어렵다. 그러나 우리는 기존의 사회적 합의 모델의 한계를 극복한 '유연한' 사회적 합의 모델의 필요성을 지역사회 차원에서 제기할 필요가 있다. 지방의회 등 대의제민주주의에만 의존할 수 없는 상태에서는, 노사뿐 아니라 공익적 시민단체 등 다양한 행위 주체들이 참여하여 지역사회 내 집단간의 이해갈등을 조정하고 사회적 합의를 이끌어내는 유연한 갈등해결의 메커니즘을 마련할 필요가 있는 것이다. 특정 사안에 대한 관련 당사자들의 사회적 합의는 '지역사회협약'의 형태로 대내외에 공표되고 이행될 수 있다.

3. 참여정부의 지역발전 정책 평가

(1) 국가균형발전정책과 지역혁신체제

우리나라에서도 세계화에 대응하기 위한 중앙정부 차원의 지역발전정책이 전개되어왔다. 1990년대 후반 국민경제의 경쟁력 강화를 위해 국가혁신체제(national innovation system)의 발전을 주장하던 중앙정부는 그 연장선상에서 지역경제의 혁신능력을 강화하고 균형발전을 도모하기 위해 지역혁신체제(regional innovation system)의 구축을 주장하기 시작했다.

2002년 산업자원부는 대구, 부산, 광주, 경남 등 이미 지원을 받고 있던 4개 지역의 후속사업으로서 나머지 3개 권역(9개 시·도)을 대상으로 하는 '지역산업진흥사업'을 발표했다. 이는 종래의 공업발전법을 대체하여 1999년에 제정된 '산업발전법'에 의거하여 비수도권 9개 시도 지역의 산업발전전략을 구체화하기 위해 추진된 것이다. 이로써 지역혁신체제론에 입각한 비수도권 13개 시도 지역발전정책의 밑그림이 완성됐다.

중앙정부의 지역발전정책은 참여정부 들어 국가균형발전특별법과 그에 입각한 국가균형발전위원회가 대통령 직속 상설기구로 설립되면서 본격적으로 추진되기 시작했다. 국가균형발전위원회를 설립한 것은 지역균형발전에 대한 중앙정부의 의지를 보여주고 각 부처들의 지역 관련 정책을 조정하기 위한 것이라는 점에서 바람직하다고 할 수 있다(김선배 2003). 그러나 국가균형발전위원회는 정책 집행 기능을 갖고 있지 않은 위원회에 불과하기 때문에, 이 기구의 영향력은 대통령의 주관적 의지에 의존한다는 점에서 취약성을 드러내게 된다.

2004년에 국가균형발전위원회가 주도하여 수립된 지역혁신발전 5개년계획은 중앙부처의 지역 관련 정책들을 지역 차원에서 종합한 것이다.[4] 지역혁신발전 5개년계획에 포함된 지역산업진흥사업, 지역혁신체제 특성화사업, 지방대학육성사업(누리), 지역인적자원개발 실행계획 등은 지역혁신체제론에 입각하여 지역의 전략산업을 집중적으로 육성하기 위한 중앙정부의 산업정책이다. 그러나 지역혁신체제론이 지역 차원의 내생적 혁신능력을 필수적 요소로 강조한다는 것을 감안하면, 지역발전정책을 중앙정부가 추진하는 것 자체가 모순이다. 각종 지역발전정책의 성패는 궁극적으로는 지역 차원의 혁신능력이 내생적으로 어떻게 형성되는가에 달려 있다. 중앙정부의 지역발전정책이 동일하게 시행되더라도 지역 거버넌스의 제도적 역량이 어떻게 발휘되는가에 따라 특정 지역의 발전은 상이하게 전개될 수 있는 것이다.

(2) 지역혁신협의회와 지방정부

중앙정부가 상명하달식으로 지역의 혁신능력을 향상하려는 데서 초래되는 모순은 지역혁신협의회에서도 나타난다. 2004년 참여정부는 지역발전을 총괄하기 위한 지역 차원의 기구로 '지역혁신협의회'를 설립했다. 중앙정부의 특별법과 지방정부의 조례에 따라 구성된 지역혁신협의회는 지자체, 지방대학, 기업, 시민단체의 대표 등 관련 전문가들로 구성된다(국가균형발전위원회 2003, 29면).

그러나 지역혁신협의회는 지역 거버넌스의 초보적 형태임에도 불구하고 중앙정부에 의해 위로부터 만들어졌다는 '태생적 한계'로 인해 자생력을 획득하지 못하고 있다. 대부분의 지역혁신협의회는 지역 시민사회의 자발적 혁신역량에 의해 설립된 것이 아니라 중앙정부의 방침에 의거하여 지방정부가 설립과 운영을 주도하고 있다. 따라서 현재

4) 국가균형발전위원회는 국가균형발전특별법에 의거하여 2004년에서 2008년에 걸친 국가균형발전 5개년계획을 수립했는데, 지역혁신발전 5개년계획은 그중 일부로서 광역자치단체별로 자기 지역의 특성에 맞는 발전계획을 수립한 것이다.

까지는 주로 중앙정부의 지역발전정책을 형식적으로 심의하거나 추인하는 기구로서 기능하는 데 그치고 있다.

지역혁신협의회가 지역발전을 위한 거버넌스로서 명실상부한 역할을 수행하기 위해서는 지방정부로부터 일정한 자율성을 확보한 상태에서 지역 시민사회의 대표성과 전문성을 최대한 이끌어내야 한다. 그리하여 중앙정부의 지역발전정책을 수동적으로 심의하는 통로(channel)에 그치는 것이 아니라, 지역사회의 특징에 부합되는 자발적 혁신역량을 모아내고 이를 중앙정부에 적극적으로 전달하는 허브(hub)로서의 역할을 수행해야 한다.

그런데 지역혁신협의회는 중앙정부로부터의 자율성을 확보하지 못하고 있을 뿐 아니라 지방정부로부터의 자율성도 확보하지 못하고 있다. 지역혁신협의회의 의장을 지방대학의 총장 등 민간인이 맡고 있음에도 불구하고, 지방자치단체장이 여전히 본위원 및 분과위원의 임명권을 갖고 있을 뿐 아니라 운영예산조차 지방정부의 보조에 전적으로 의존하고 있는 실정이다.

이처럼 중앙정부와 지방정부로부터 자율성을 확보하지 못하다보니 지역혁신협의회는 정책 기획 및 추진에 자율성을 갖지 못한 경우가 대부분이다. 달리 말하면, 지식, 관계, 자원 등 상호신뢰에 입각한 제도적 역량을 발휘하지 못하고 있는 것이다. 현재와 같이 지역혁신협의회가 상설기구가 아닌 협의체 형태로 구성될 경우, 이는 지역 내 경제주체들의 이해관계에서 벗어나 합리적으로 운영되기 어려울 뿐 아니라 사실상 지방정부의 독주를 허용할 가능성이 높다. 그렇게 될 경우 지방자치단체장의 홍보수단으로 전락할 가능성 또한 높다.

요컨대, 지역혁신협의회는 지역혁신체제를 추진할 거버넌스의 초보적 형태임에도 불구하고, 지역발전을 주도할 만한 제도적 역량을 확보하지 못하고 있다. 지역별로 일정한 차이는 있겠지만, 현싯점에서 지역혁신협의회의 실상은 형식적으로 운영되는 또 하나의 '관변단체'에 지나지 않는다.

(3) 성장연합의 현실

지역혁신협의회가 이처럼 부진한 이유는 무엇인가? 여기서는 지역발전을 실제로 주도하는 행위자들로 구성된 성장연합의 개념을 통해 지역 거버넌스의 현황을 살펴보기로 하자. 현싯점에서 우리나라 대부분 지역의 거버넌스는 지방정부와 토착자본이 중심인 성장연합에 의해 주도되고 있다. 참여정부가 지향하는 지역혁신체제가 실질적으로 진전되고 있다기보다는, 지방정부와 토착자본 중심의 성장연합이 중앙정부의 지역발전정책에 편승하여 각종 정부보조금의 수혜와 공단조성, 공공기관 이전 등의 개발수요를 독점하고 있다는 평가가 좀더 현실에 가깝다.

지역발전의 성장연합은 구체적으로 어떻게 구성되어 있는가? 〈표 1〉에서 보는 바와 같이, 현재 우리나라의 지역발전은 보수정당과 관료가 장악한 지방정부에 의해 주도되고 있다. 지방정부는 토착 중견기업들과 함께 성장연합을 주도하며, 글로벌화되지 못한 일부 대기업도 성

〈표 1〉 지역 거버넌스의 구성 현황

	주요 행위자	평가
지방정부	보수정당, 관료	기획능력 부족
민간기업	토착 중견기업, 일부 대기업	제조기술 중심, 연고주의
지방의회	토호 중심의 보수정당(다수파)	낮은 대표성, 정책개입 부족
시민사회	관변단체 중심	자생력 부족, 낮은 시민참여
지방대학	누리, BK 등의 수혜 대학	보조금 배분에만 주로 관심

장연합에 동참하고 있다. 지방의회 역시 보수정당이 장악하고 있기 때문에, 지방정부에 대한 견제 기능을 제대로 해내지 못한다. 시민사회에서는 관변단체들이 기업사랑운동 등에 참여하고 있고 주민들의 자발적 참여는 아주 미미하다. 지방대학은 중앙정부의 보조금을 배분받는 데 주로 관심이 있을 뿐, 지역발전에 적극적으로 기여하지 못한다.

이런 성격의 성장연합은 기존의 개발지상주의의 틀을 벗어나지 못하는 지역발전을 추진할 뿐이다. 따라서 지역혁신체제의 본래 취지와는 거리가 먼데도, 중앙정부의 보조금을 받기 위해 지역혁신과 관련된 '수사'(rhetoric)를 사용하고 있다. 또한 성장연합의 행위 주체들은 양적 성장 위주의 지역발전을 위한 전근대적 연고주의를 동원한다.[5] 이런 맥락에서 지역혁신협의회가 실질적 거버넌스라기보다 중앙정부의 지원을 받기 위한 형식적 기구로 기능하는 것은 당연하다.

이에 따라 지역 내부 행위자들간의 이해갈등이 발생하는 것은 필연적이다. 대부분의 지역에서는 지역발전의 수혜자인 성장연합과 이로부터 배제된 행위자들 사이에 이해갈등이 표출된다. 지역발전에서 성장연합으로부터 배제된 행위자들은 어떤 사람들인가? 대기업에 납품하는 중소기업, 그리고 자영업자와 정규직·비정규직 노동자들이 바로 그들이다. 이들은 성장일변도의 지역발전 과정에서 비용절감의 대상으로 이용당하고 지역경제의 불안정으로 도산과 고용조정의 위협에 노출된다. 개혁정당이나 진보정당은 지방의회에서 소수파에 지나지 않을 뿐 아니라, 중앙집권적 정당문화의 지배 아래 지역의 현실을 고

□■

5) 지방정부와 토착자본이 주도하는 지역정치의 현실에 대해서는 『시민과세계』(2006년 하반기)의 「주제기획—지역, 권력, 민주주의」에 실린 사례연구 참조.

려한 정책 대안을 마련하지 못하고 있다. 시민단체들 또한 비판과 감시에 주력한 나머지 지속 가능한 발전과 분배·복지를 동시에 실현할 수 있는 정책 대안을 제시하지 못하고 있다. 그밖에 중앙정부의 보조금 배분에서 소외된 지방대학들도 불만을 토로할 뿐 지역발전에 적극적 역할을 수행하지 못하고 있다.

요컨대, 이들은 성장연합에서 배제되어 피해를 본다는 점에서 공통점을 지니지만, 상호신뢰와 협력에 기초하여 지역발전의 새로운 대안을 제시할 만한 제도적 역량을 지니고 있지는 못하다. 일부 노동조합만이 자신들의 경제적 권익을 실현하기 위해 집단행동에 나서고 있을 뿐이다.

이상에서 살펴본 것처럼, 참여정부의 지역발전정책이 지역혁신체제론의 관점에 입각하여 지역의 내생적 발전을 지향하고 있음에도, 지역발전의 실상은 지역혁신체제와는 거리가 먼 것이 사실이다. 보수정당이 장악한 지방정부를 중심으로 구성된 성장연합은 종래의 성장일변도 정책을 추진하고 있는 데 비해, 이로부터 배제된 행위자들은 대안적 지역발전정책을 구체화하지 못하고 있다. 이와같은 양적 성장일변도의 지역발전은 수혜자인 성장연합과 그로부터 배제된 대다수 주민들 간의 사회적 양극화를 심화하고, 그로 인해 지역구성원간의 상호불신과 이해갈등이 증폭되고 있다. 이는 간헐적인 시위나 집단행동으로 표출된다.

4. 대안적 지역발전의 모색

현시점에서 참여정부의 지역발전정책은 내생적 지역발전의 역량을 배양하고 지역혁신체제를 구축하는 것과는 상당한 거리가 있는 것처럼 보인다. 개발지상주의에 입각한 지방정부 중심의 성장연합은 지방토착자본의 이익을 극대화하는 방향의 양적 성장을 추구하고, 이런 경향은 행정중심복합도시 건설, 공공기관 이전 등 중앙정부의 대형 프로젝트와 결합하면서 심화된다. 또한 이와같은 양적 성장은 지난 지방선거에서 보수세력이 압승함에 따라 별다른 견제 없이 더욱 촉진될 것으로 전망된다.

전국적으로 볼 때, 현재 각 지역의 발전유형은 개발지상주의라는 점에서 별다른 차별성을 보이지 않는다. 이들은 경쟁적으로 중앙정부의 보조금을 배분받고 '기업사랑운동' 등을 통해 기업투자를 유치하면서 지역발전을 추진할 것으로 전망된다. 이러한 지역발전의 추세는 결과적으로 지역간 불균형발전을 촉진할 것이다. 이번 지방선거에서 당선된 경기도지사의 '대수도론'은 이러한 우려를 현실화한 예라 하겠다.

우리나라의 지역발전이 기존의 개발지상주의에서 벗어나 진정한 의미의 지역혁신체제를 실현하고 지역구성원의 분배와 복지를 향상하는 방향으로 추진될 수는 없는 것일까? 바람직한 지역발전은 어떻게 가능한 것일까?

대안적 지역발전을 실현하기 위해서는 우선 중앙정부로부터 좀더 많은 자율성을 확보할 필요가 있다. 지역의 내생적 발전을 위해서는 중앙정부의 상명하달식 정책을 일방적으로 집행하는 것이 아니라, 지방분권을 통해 지역의 고유한 사정에 맞는 지역발전정책을 추진해야 하기 때문이다. 이를 위해서는 지방분권운동의 부활이 필요하다. 참여정부 초기의 기대와는 달리 지방분권이 실질적으로 이뤄진 정도는 실망스럽기 짝이 없다.

그러나 지방분권이 실현되더라도 현재와 같은 성격의 성장연합이 지역 거버넌스를 구성한다면, 지역발전은 성장일변도로 가기 때문에 지속적 발전이 불가능할 뿐 아니라 사회적 양극화와 갈등을 더욱 증폭시킬 것이다. 이는 상호불신을 강화함으로써 지역 전체를 비생산적 갈등의 악순환에 빠지게 만들 공산이 크다.

그럼, 현재의 지역발전이 지닌 문제점을 극복한 대안적 지역발전의 모델은 어떤 것이고, 그것을 실현할 수 있는 방법은 무엇인가?

① 지역발전의 목표: 지속 가능한 발전과 욕구충족형 복지사회의 연계

지역발전의 목표는 양적 경제성장을 일방적으로 추구하는 것도 아니고 성장과 무관하게 분배와 복지를 추구하는 것도 아니다. 지역발전의 바람직한 목표는 지속 가능한 경제성장과 주민들의 기본 욕구를 충족하는 복지의 선순환 구조를 만드는 것이어야 한다. 그러기 위해서는 환경친화적인 방향으로 지역경제의 구조 고도화가 이루어져야 할 뿐 아니라, 고임금·고숙련을 통해 주민들의 분배와 복지가 충족될 필요가 있다.

이와같은 지역발전의 목표는 지역 구성원들이 지역혁신체제 구축을 통한 내생적 발전의 필요성에 동의하는 것을 전제로 한다. 물론 성장과 분배가 자동적으로 조화를 이루는 것은 아니다. 그러나 지속 가능한 지역발전의 목표를 정립하는 과정에서 지역 구성원들의 이해관계가 일치하는 부분이 의외로 크다는 것을 발견할 가능성도 존재한다. 분배의 확대가 내수기반을 확대하여 지속 가능한 발전에 기여하는 동반성장의 토대가 마련될 수 있을 것이다.

② 지역발전의 주체: 새로운 발전연합의 형성

지역발전의 목표는 지역 거버넌스의 성격에 따라 달라진다. 지역 거버넌스의 구성과 지향에 따라 맹목적으로 양적 성장을 추구할 수도 있고 성장과 복지를 동시에 실현하는 지속 가능한 발전을 추구할 수도 있다.

지속 가능한 발전을 추진할 새로운 발전연합은 중소기업과 자영업, 그리고 정규직·비정규직 노동자의 이해에 기초한 노동조합과 시민단체를 중심으로 구성된다.[6] 정치적으로는 이들의 이해를 대변하는 개혁정당과 진보정당이 지방의회의 다수파를 형성할 필요가 있다. 물론 새로운 발전연합에는 지속 가능한 지역발전에 이해를 같이하는 토착 중견기업과 대기업, 그리고 지방대학 등이 참여할 수 있다. 발전연합의 지지기반이 좀더 넓게 확대되어야만 지역 거버넌스가 안정될 수 있다.

이와같은 지역 거버넌스는 지역 구성원들의 민주적 참여를 필수 요소로 한다. 대의제 민주주의의 기능이 약하기 때문에 이를 보완하기 위해서는 지역 구성원들의 자발적 결사체인 노동조합 및 시민단체의 적극적 참여와 협력이 활성화될 필요가 있다. 지역 구성원들의 광범위하고 민주적인 참여를 통해서만, 발전연합은 새롭게 설정한 지역발전의 목표를 달성하게 될 것이다. 새로운 발전연합의 형성을 전후하여 개혁정당 또는 진보정당의 지방정부 장악이 기대된다. 발전연합의 지방정부가 수립되더라도 시민사회는 지방정부로부터의 자율성을 일정하게 유지하면서 지방정부에 대한 비판과 감시, 참여와 협력의 균형을 유지할 필요가 있다.

□■

6) 새로운 발전연합은 기존의 성장연합과는 달리 양적 경제성장만을 추구하는 것이 아니라, 경제성장과 분배·복지가 선순환을 이루는 지속 가능한 사회발전을 추구한다.

③ 지역발전의 수단: 민주적 거버넌스의 제도적 역량 구축

새로운 발전연합은 내생적 지역발전을 실현하는 데 필요한 제도적 역량을 어떤 수단을 통해 강화할 수 있는가? 현재의 상호불신 상태에서는 제도적 역량이 강화되기 어렵다. 먼저 양보를 하는 쪽이 손해를 볼 수밖에 없다고 생각하는 '죄수의 딜레마'에 빠져 있기 때문이다. 그렇기 때문에 각자 집단행동을 통해 자신의 이익을 극대화하는 '나쁜 균형'의 상태가 지속되고 있다.

상호신뢰를 얻는 데 가장 용이한 수단은 이해관계가 직접 상충되지 않거나 상대적으로 덜 민감한 사안부터 공동사업을 시작하는 것이다. 예컨대 지역 차원에서 저출산 고령화 대책, 일자리 창출이나 교육훈련 사업 등을 공동으로 추진하는 것이 좋은 출발점이 될 수 있을 것이다. 이러한 공동사업을 통해 상호신뢰가 형성되면 새로운 발전연합으로 구성된 민주적 거버넌스가 탄생하는 것이다. 이를 바탕으로 지식, 관계, 자원 등을 광범위하게 동원할 수 있는 제도적 역량을 강화한다. 이에 따라 새로운 발전연합은 제도적 환경변화에 유연하게 대응하는 유·무형의 인프라를 갖추게 될 것이다.

④ 지역사회협약

끝으로, 대안적 지역발전의 모델은 그 핵심적 특징을 '사회적 합의'로 집약할 수 있다. 사회적 합의 모델은 노사단체의 대표자뿐 아니라 공익적 시민단체를 비롯하여 지역사회의 다양한 구성원들이 함께 참여하여 사회집단간의 조정과 협력을 통해 사회적 합의를 형성하고 집행하는 지역발전을 지향한다.

사회적 합의는 지역발전의 목표와 수단, 주요 현안 등 다양한 차원

〈표 2〉 대안적 지역발전의 모델

	주요 내용
지역발전의 목표	지역혁신체제 구축을 통한 내생적 발전 지속 가능한 경제성장과 주민 복지의 선순환 구조
지역발전의 주체	새로운 발전연합: 중소기업과 자영업, 노동조합과 시민단체를 중심으로 토착 중견기업과 대기업, 지방대학도 참여
지역발전의 수단	일자리 창출, 교육훈련 등 이해상충이 덜한 공동사업의 추진을 통한 사회자본 형성; 지식·관계·자원 등의 제도적 역량 강화
사회적 합의 모델	지역발전의 목표와 수단, 현안 등에 대한 사회집단간의 조정과 협력; 지역사회협약을 통해 추진

에서 이루어질 수 있고, 필요할 경우 지역사회협약의 형태로 구체화될 수도 있다. 사회적 합의의 범위는 특정 현안의 해결부터 지역사회 전체를 포괄하는 광범위한 것에 이르기까지 가능하다. 지역사회협약은 저출산 고령화 대책과 같은 장기적 성격을 지닌 사업을 대상으로 할 수 있고, 노사분규와 같은 특정 형태의 갈등에 대한 단기적 성격을 지닌 사업을 대상으로 할 수도 있다. 사회적 합의 모델이 제대로 작동하기 위해서는 각 부문의 대표성과 전문성이 강화되어야 할 뿐 아니라, 주민투표제, 주민소환제 등 지역주민들의 직접적 참여도 지속적으로 활성화할 필요가 있다.

현시점에서 대안적 지역발전의 모델이 실현되기를 기대하기는 어렵다. 참여정부의 지역발전정책은 실패한 실험에 그치고 말 가능성이 커져가고 있다. 그러나 우리 사회의 개혁과 진보를 진심으로 희망한다면, 이 글에서 제시한 대안적 지역발전의 모델은 그 핵심적 항목으로 반드시 추진될 필요가 있다. 분권화되고 골고루 잘사는 지역사회로의 발전 없이 우리 사회의 실질적 진보란 불가능하기 때문이다. 지역사회의 풀뿌리 수준부터 시작하여 지역발전의 정책 대안을 구체화하고 실현하기 위한 개혁진보세력의 진지한 성찰과 새로운 모색이 그 어느 때보다도 절실하다.

| 참고문헌 |

김선배(2003)「국가균형발전을 위한 지역혁신체제 정책모형과 과제」,『충북개발연구』14권 2호.

김용웅(2001)「지속 가능한 지역발전 과제와 전략」, 국토연구원 편『국토』236호.

성도경 · 박희봉 · 장철영(2004)「사회자본과 거버넌스 증진을 위한 정부와 시민사회의 역할」,『대한정치학회보』12집 1호.

차미숙 · 박형서 · 정윤희 외(2003)『지역발전을 위한 거버넌스 체계 구축 및 운용방안 연구』, 국토연구원.

참여사회연구소(2006)「주제기획—지역, 권력, 민주주의」,『시민과세계』9호.

하연섭(2004)『제도분석—이론과 쟁점』, 다산출판사.

Cars, Goran, Patsy Healey, Ali Madanipour and Claudio de Magalhaes(2002) *Urban Governance, Institutional Capacity and Social Milieux*, Aldershot: Ashgate.

Coleman, J.(1990) *Foundations of Social Theory*, Cambridge: Harvard University Press.

Leach, Robert and Janie Percy-Smith(2000) *Local Governance in Britain*, Basinstoke: Palgrave.

Peterman, William(2000) *Neighborhood Planning and Community Based*

Development: the Potential and Limits of Grassroots Action, Thousand Oaks: Sage Publication.

지역균형발전과 지역금융씨스템

송 홍 선

1. 서론

국가의 발전전략이 지역간 균형발전 패러다임으로 전환됨에 따라 하부구조인 금융자원 배분씨스템에도 변화가 예상된다. 금융자원이 뒷받침되지 않는 개발전략은 실행가능하지 않기 때문이다. 그런데 균형발전 패러다임은 이윤극대화의 결과로 야기되는 자본의 지역편중(불균형적 집중) 경향과 어느정도 긴장관계를 유지할 수밖에 없으며, 그 때문에 불균형발전전략에서는 생각할 수 없는, 금융자원 배분씨스템에 대한 일정한 규제가 불가피할 수 있다.

그렇지만 정부의 금융정책 어디에도 균형발전을 위한 금융씨스템의 개혁 내지 재배치 징후를 찾기는 쉽지 않다. 정부의 금융정책에는 대형화, 겸업화, 증권화, 동북아금융허브 등 금융회사 경쟁력 강화와 관련된 논의만 무성한 것이 사실이다. 왜 그런가? 지역균형발전을 주요 국정과제로 삼고 있으면서도 지역금융에 관한 논의는 왜 제기되지 않는가? 필자는 결론적으로 그 원인을 지금의 지역혁신체제 중심의 단선적인 균형발전전략에 있다고 본다. 혁신체제 중심의 균형발전전략은 과거 불균형발전전략과 크게 다르지 않으며 엄밀하게 보면 지역균형발전전략이라고 보기 어렵다. 이런 상황에서 지역금융에 대한 논의가 올바른 관점에서 제기되기 어렵다.

본고에서는 참여정부의 지역균형발전전략을 재검토하고, 참여정부가 추진중인 지역혁신체제에 더하여, 혁신전략 구축이 어려운 낙후지역의 실업과 빈곤을 완화하는 전략, 특히 고용유발계수가 높은 산업을 지원하는 전략(이하 고용전략)을 제안하고 그에 걸맞은 이원적인(two-tier) 지역금융씨스템을 제안한다.

2. 지역균형발전의 전략

(1) 균형발전의 두 전략: 혁신전략과 고용전략

지역균형발전은 앞서나가는 특정 지역의 성장을 억제하는 것이 아니라 낙후지역의 소득수준과 삶의 질을 향상하는 전략이다. 다만, 어떤 철학과 전략을 가지고 낙후지역의 소득을 높일 것인가에 따라 동원되는 정책수단이 다를 수 있다. 국가균형발전위원회(2003)는 이와 관련하여 동태적 균형과 통합적 균형 개념을 제시하고 지역혁신체제와 클러스터 전략을 역동적 균형전략으로 제시한다. 또한 통합적 균형전략은 전국 최소 기준 달성을 위한 중앙정부의 지원 확대 등을 통해 달성될 수 있다고 언급하고 있다. 그런데 정부의 통합적 균형 달성을 위한 인식이 갖는 가장 큰 문제점은 통합적 균형 달성을 단순히 사회정책상의 문제로 인식함으로써 '경제정책으로서의 통합적 균형전략'을 제시하는 데 실패하고 있다는 점이다. 이처럼 통합적 균형을 사회정책 차원에서 접근할 경우 통합적 균형의 달성 가능성은 재정 건전성에 의존하게 된다. 국가 재정이 뒷받침되지 못하면 통합적 균형은 실현불가능하게 된다. 때문에 본 논문은 지속 가능한 통합적 균형의 달성을 위해 사회정책과 경제정책을 동시에 추구할 필요가 있음을 제안한다. 재정정책이 낙후지역 저소득층의 생활기반을 담보하는 사회정책의 수단이라면, 금융정책은 낙후지역의 고용을 창출하고 저소득층의 자활을 지원하는 경제정책의 수단이라 할 수 있다. 통합적 균형은 재정정책과 금융정책의 결합을 통해 지속 가능하며 달성 가능한 개념이 되는 것이다.

필자는 역동적 균형을 실현하는 전략으로 혁신전략을, 그리고 통합적 균형을 달성하는 전략으로 금융정책과 결합된 고용전략을 제시한다. 여기서 혁신전략은 참여정부의 지역혁신체제와 클러스터 등 동태적 균형 달성을 위한 전략을 포함한다. 그리고 고용전략은 낙후지역의 실업 및 빈곤 극복을 위해 고용창출을 극대화하는 낙후지역개발을 지칭한다. 문제는 고용극대화를 강조하는 고용전략은 기본적으로 이윤극대화를 목적으로 하는 금융자본의 환영을 받기 어렵다는 점이다. 따라서 고용전략은 금융자본에 일정한 규제를 가하는 사회정책적 요소를 내포하며, 대신 정부는 금융자본에 다른 형태의 인센티브를 제시할 필요가 있다. 금융정책을 수단으로 하는 고용전략은 미국에서 현재 광범위하게 채택되고 있다.

(2) 혁신전략의 의의와 한계

혁신전략의 핵심은 자본의 기대수익률(expected return)을 높여주는 환경을 조성하는 것이다. 고부가가치 생산에 필요한 개별 혁신주체들의 경쟁력을 높이는 여건을 만들어주고 이들이 공식적·비공식적 네트워크를 강화할 수 있도록 함으로써 사회적 자본의 축적을 유도한다.

지역균형발전에 혁신전략을 도입하는 것은 시장경제 논리에 기반하고 있다. 낙후지역은 발전된 지역에 비해 자본의 기대수익률이 낮을 수밖에 없는데, 이런 낙후지역의 개발에 자본의 자발적 참여를 기대할 수는 없다. 낙후지역은 물류자본, 인적자본 등이 부족하고 고용불안과 낮은 구매력으로 자본의 기대수익률이 높을 수 없다. 이러한 악순환으로 낙후지역은 더 낙후되고 고용불안과 빈곤이 재생산된다. 따라서 지역균형발전이 시장경제 논리에 입각해 추진되기 위해서는 기대수익률을 높일 수 있는 여건을 지원해주는 정책이 불가피하다. 참여정부가 추진하는 지역혁신체제 혹은 클러스터는 혁신전략을 통해 낙후지역의 내생적인 산업발전을 유도하는 정책으로서 몇몇 나라에서 경험적 사례가 발표되고 있다.

그런데 혁신전략이 지역균형발전을 위한 보편타당한 전략인지는 더 검토해볼 필요가 있다. 가령, 혁신투자전략은 양질의 노동력과 고숙련, 높은 교육수준을 필요로 하는 산업에서 성공할 가능성이 높다. 혁신은 상호작용과 학습을 통한 가치창출에 의해 가능하기 때문이다. 따라서 저숙련, 저교육, 빈곤이 재생산되고 있는 낙후지역개발에 혁신전략을 적용할 수는 없다. 혁신전략이 지역균형발전전략으로 유효한 경우는 혁신주체가 형성되었지만 그들간에 네트워크 효과가 제대로 작동하지 못하는 지역일 것이다.

따라서 혁신전략은 몇몇 조건을 만족하는 어느 특정지역에 적용될 수 있는 개발정책이지, 지역을 골고루 발전시키는 균형발전전략으로서는 한계가 있다. 실제로 특정 지역, 예를 들어 미국 씰리콘밸리는 혁신전략의 대표적 성공 케이스이지만, 그 효력이 캘리포니아주의 다른 지역으로 확산되지는 않고 있다.

혁신전략만으로 균형발전전략을 구성할 수 없는 이유는 현실 경제에서도 관찰된다. 미국의 벤처캐피탈 등 사모투자는 지역적으로 매우 편중되어 있다. 1991년부터 2000년 동안 미국 벤처캐피탈 투자의 65%가 캘리포니아주, 매써추쎄츠주, 뉴욕주, 텍사스주, 콜로라도주에 편중되었다. 벤처캐피탈 투자가 다른 지역으로 확산되는 추세는 발견하기 힘들며, 오히려 1990년대 후반 들어 5개 주로 벤처캐피탈의 집중 현상은 심화되고 있다. 반면 같은 기간 동안 경제적으로 낙후한 하위 25개 주에 대한 벤처캐피탈 투자는 전체의 3.5%에 불과했다. 벤처캐피탈의 지역 편중이 미국경제의 지역간 불균등을 심화하고 있는 것이다.

(3) 고용전략의 의의

양질의 노동력과 자본 여건을 갖춘 지역과 그렇지 않은 지역의 개발정책은 다를 수밖에 없으며 또 달라야 한다. 고용전략은 혁신전략과 달리 저숙련, 빈곤 지역에 대한 개발정책이라 할 수 있다. 고용전략은 고용 유발계수가 높은 산업, 주로 전통산업에 대한 금융지원을 강화하여 고용증대와 빈곤 탈피를 도모한다. 자본의 입장에서 전통산업은 상대적으로 수익률이 낮은 산업이지만, 고용 및 빈곤 탈피의 관점에서 전통산업은 고용유발효과가 크고 구매력의 전반적인 증대를 가져올 수 있는 산업이다. 미국에서 지역개발정책은 주로 고용전략 측면에 맞추어져 있으며 씰리콘밸리 등 혁신정책과는 지역균형발전에서 상호보완적인 관계를 유지한다.

고용전략은 자본의 입장에서 매력적이지 않기 때문에 정부가 자본을 유인하는 적극적인 개입이 필요하다. 정부는 재정을 통해 민간자본을 유인하는 펌핑(pumping)기능을 하기도 하고, 또 민간자본의 참여를 강제할 수 있는 사회정책 차원의 규제도 동원할 필요가 있다. 외국자본의 한국금융에 대한 영향력이 증대하고 글로벌스탠다드의 확산으로 금융자본에 사회정책적 규제를 강제할 수 있느냐는 반론도 있을 수 있지만, 우리는 이같은 규제가 미국 자본주의에서 쉽게 발견되는 역설을 확인할 수 있다. 미국의 지역재투자법(CRA, Community Reinvestment Act)은 사회정책 목적의 대표적인 강제적인 지역개발정책이다. 그렇다고 이 법이 규제일변도의 정책은 아니며 다른 비즈니스 기회나 부가적인 편익을 제공해 강제로부터 오는 민간자본의 저항을 완화하고 있다. 미국은 이같은 사회적 규제가 이미 제도적으로 착근된 상태이며 고용창출 목적의 금융기관 대출이나 투자가 2000년대 들어 크게 늘어나고 있고, 이를 위한 지역금융기구들도 융성하고 있다. 자금조달에서의 어려움이 낙후지역 상공인들의 주요한 경영 애로사항이 되고 있는 상황에서 지역재투자법의 지원 프로그램은 지역개발정책의 주요한 수단이 되고 있다. 미국의 이같은 고용전략은 지역개발 금융씨스템의 구축 등을 바탕으로 한 금융적 접근이란 점에서 케인즈주의적 복지정책에 기반한 60년대 영국 지역균형발전정책에 나타난 고용전략과는 차이가 있다.

3. 균형발전전략과 이원적(two-tier) 지역금융씨스템

지역균형발전이 혁신전략과 고용전략에 의해 상호보완적이고 통합적으로 수행되기 위해서는 지역금융씨스템도 두 전략에 조응하여 이원적으로 구축되어야 할 것이다. 혁신전략과 관련된 금융씨스템은 외환위기 이후 벤처 금융체제의 구축과정에서 상당한 제도적 진전을 이루었다. 반면 고용전략과 관련된 지역금융씨스템은 우리나라 금융정책사에서 고려된 적이 거의 없다. 때문에 본고에서는 고용전략 관련 금융제도와 관련해 미국의 사례 분석에서 시사점을 얻는 것으로 대신한다.

(1) 혁신주도형 금융체제

상대적으로 낙후된 지역이더라도 산업과 대학 등 잠재적인 혁신주체들이 존재하는 지역의 경우 혁신전략을 통해 균형발전의 역동성을 제고하는 것이 중요하다. 그런데 이런 혁신투자는 투자 프로젝트에 대한 정보가 지극히 불균등하기 때문에 금융자원을 조달하는 데 실패하는 과소투자 가능성을 항상 안고 있다. 때문에 혁신투자는 전통적인 거시통화정책이나 재정정책을 통해 활성화될 수 있는 것이 아니다.

슘페터주의자들에 의해 개념화된 혁신씨스템 접근은 혁신주체 상호간의 작용을 통한 학습을 중시하기 때문에 정보비대칭에 따른 과소투자를 완화하는 데 효과적이다. 특히 혁신씨스템을 지역 단위로 추진하는 지역혁신씨스템은 지리적 근접성 덕분에 암묵적 지식을 보유한 혁신주체간의 상호작용적 학습이 효과적으로 이루어질 수 있다. 이러한 혁신씨스템에 기반한 자본은 이미 근접자본(proximity capital)이라는 용어로 개념화되고 있다.

현실에서도 혁신투자는 지역에 기반한 벤처캐피탈의 형태로 존재한다. 미국 엔젤투자의 72%가 50마일 미만 지역에 투자됐고, 영국 엔젤투자의 67%가 100마일 미만, 캐나다 엔젤투자의 53%가 50마일 미만 지역에 투자됐다는 연구 결과도 제시되고 있다. 벤처캐피탈 역시 자신의 평판자본을 유지하고 포트폴리오 기업에 대한 정보를 수집하며 경영자문을 수행하기 용이한, 지리적으로 근접한 기업에 투자하는 것이 일반적이다(Black and Gilson 1998).

지역혁신체제에서 금융부문은 자금을 조달하는 것 즉 헌신자본(patient capital)으로 참여하는 것과, 혁신투자에 대한 모니터링을 수행하는 것, 그리고 헌신자본의 회수를 용이하게 함으로써 투자자의 투자 유인을 제고하는 것 등의 역할을 수행한다. 따라서 혁신주도형 금융씨스템은 혁신투자에 대해 이처럼 자금조달, 모니터링, 회수와 관련된 어려움을 해결해줄 수 있도록 설계되어야 한다.

① 자금조달 이슈

먼저 자금조달과 관련하여 가장 중요한 점은 혁신투자 기업의 성장단계에 맞는 자금지원을 동원해 단계적 금융(staged finance)이 가능하도록 하는 것이다. 초기 R&D단계는 기업 규모가 작고 담보도 부족하며 매출이 발생하지 않아 외부자금을 유치하기가 무척 어렵다. 창업자 혼자 혁신투자의 위험을 고스란히 부담하는 것도 큰 어려움이다. 따라서 이 단계에서는 위험을 공유할 수 있는 주식 형태의 헌신자본의 도움이 절실하며, 창업자 외에 친인척, 엔젤투자 등을 적극적으로 유인할 수 있는 씨스템을 갖추는 것이 중요하다.

매출이 조금씩 발생하고, 성장성이 예견되는 창업단계(start-up stage)에서는 엔젤투자나 벤처캐피탈 등의 주식 조달과 함께 은행 대출을 통한 부채자금 조달이 가능하도록 여건을 조성할 필요가 있다. 그리고 초기성장단계(early growth stage)가 되면 비록 손익분기점을 넘지는 못하지만 현금 흐름에 대한 낙관이 확산되어 은행 대출을 좀더 수월하게 이용할 수 있게 된다. 그리고 매출이 급증하는 고속성장단계(accelerating growth stage)에 이르면 사모주식 조달 외에 기업공개

(IPO) 등을 통해 공모주식과 채권 조달이 가능하다.

이렇게 볼 때 혁신투자 자금조달에서 핵심은 초기의 위험을 공유할 수 있는 주식자본을 벤처기업들이 수월하게 이용할 수 있게 도와주는 금융 인프라를 갖추는 것이다. 우리나라는 창업 3년 미만의 벤처기업에 벤처캐피탈이 투자하는 비중이 2001년 59%, 2002년 43%, 2003년 34%, 2004년 21%로 크게 감소하고 있어 정책자금의 확대, 신용보증 확대 등을 위한 제도 개선이 필요한 싯점이다(재경부 2005). 이런 점에서 중소기업청(SBA)을 중심으로 대출을 보증한다거나 중소기업전용투자회사(SBIC)[1]에 정부가 채권발행 보증을 함으로써 벤처기업 자금조달을 지원하는 미국의 사례는 시사적이다.

또한 창업 단계에서 필요한 주식자금의 조달에 있어서 벤처캐피탈, 정부보증 외에 은행의 역할을 강화할 필요가 있다. 다만 은행이 직접 본체(in-house)에서 벤처기업에 투자할 경우 저위험의 은행 부채를 고위험 벤처사업에 투자하게 되어 리스크 관리 면에서 바람직하지 않으므로, 은행이 유한책임사원(limited partnership)으로 벤처캐피탈에 참여하는 미국, 유럽 등에서의 방식을 적극 활용할 필요가 있다. 은행은 이미 지역 상공인 등과 밀접한 연관을 맺으며 신뢰자본을 축적하고 있기 때문에 주식자금의 조달에 일정한 역할을 할 수 있다. 그러면서도 산업과 은행의 분리원칙이 유지되도록 지분투자 상한이나 의결권 행사를 제한하는 등 분명하고 엄격한 감독과 규율을 적용할 필요가 있

□■

1) SBIC는 중소기업청의 벤처기업 육성책으로 1958년에 설립되었으며 정부가 대출 혹은 채권발행을 보증해주는 민간투자회사이다. 벤처기업에 대한 대출, 주식출자, 경영자문 등을 수행하며 은행이 설립한 SBIC가 1960년대만 해도 2/3에 이를 만큼 은행의 기여가 크다.

다. 실제로 유럽과 미국 은행들은 벤처기업 혹은 벤처캐피탈에 대해 오래전부터 지분투자를 하고 있다.[2)]

미국 벤처캐피탈에서 은행의 역할은 90년대에 10%대를 유지하고 있다. 대공황 이래 글래스-스티걸 법(Glass-Steagal Act)상의 은행업과 산업자본의 분리 원칙을 지켜온 미국이지만 이 원칙과 별개로 은행(지주회사)이 중소기업전용투자회사 등을 통해 중소벤처기업을 포함한 산업자본에 투자할 수 있도록 했다. 그러다 1999년 금융현대화법의 제정으로 금융지주회사도 산업자본에 광범위하게 투자할 수 있는 사모펀드(private equity fund) 등 머천트뱅킹(merchant banking) 업무를 할 수 있게 되었다. 우리나라는 2004년에 간접투자자산운용법을 개정하여 은행들이 사모펀드의 총괄책임자(general partner)가 될 수 있게 했으나 투자목적이 지배권의 획득으로 제한돼 벤처기업 투자에는 어려움이 있다.

② 모니터링 이슈

혁신투자에서 금융씨스템의 두번째 역할은 개인(창업자)의 기술능력과 경영능력 등을 모니터링하는 것이다. 혁신투자에서 정보문제가 심각하게 제기되는만큼 이 문제를 어떻게 완화(모니터)하느냐는 투자의 성패를 결정하는 중요한 변수가 된다. 이와 관련한 실질적인 이슈는 벤처캐피탈이 벤처기업에 대한 경영 감시, 나아가 경영권을 행사할 수 있는가이다. 현재 우리나라 벤처캐피탈은 법적으로 벤처기업에 대해 자문역할만 수행할 수 있다. 창업 경영자의 경영능력에 대해 신뢰

2) 벤처캐피탈에서 미국은 연기금의 비중이 높고, 유럽은 은행의 비중이 높다.

가 없는 한 벤처기업에 선불리 투자하기 힘든 구조이다. 창업경영자의 능력이 부족하고 도덕적 해이 등의 우려가 있는 경우에도 이를 견제할 장치가 마땅치 않은 것이다. 미국의 경우 창업기업의 경영자는 벤처캐피탈에 의해 필요에 따라 교체될 수 있도록 하고 있다. 우리나라도 관련법을 개정하여 창업투자회사가 7년 이내 창업기업에 대해 경영 지배를 할 수 있도록 법개정을 추진중인 것은 주목할 만하다(재경부 2005).

③ 투자자본의 회수 이슈

혁신투자에 헌신한 자본은 투자자본을 회수함으로써 투자 싸이클을 종료한다. 회수(exit)는 크게 기업공개와 인수(acquisition)로 대별되는데, 두 방법은 금융씨스템에서 다른 의미를 갖는다. 기업공개는 자본시장의 발달이 전제되어야 하는 데 비해 인수는 자본시장의 발달을 반드시 필요로 하지 않는다. 미국과 독일은 벤처캐피탈이 두 가지 회수방식을 대조적으로 사용하는 좋은 사례이다. 미국은 1990년대 나스닥시장의 발전과 함께 기업공개가 벤처캐피탈의 지배적인 회수방법이 되었다. 인수를 통한 기업공개는 비공개기업간의 거래에 한정되어 있다. 반면 독일은 인수를 통한 방식이 일반적이다. 특히, 벤처기업의 창업주가 외부투자자의 지분을 되사들이는 환매(buyback)가 대부분이다.

회수는 벤처투자와 벤처캐피탈의 발전에 있어 일정한 의미를 갖는다. 벤처캐피탈이 어떤 회수 방법을 택하느냐는 벤처기업의 입장에서 매우 민감한 문제가 될 수 있다. 회수는 벤처기업의 경영과 경영권 측면에 영향을 미친다. 벤처캐피탈은 벤처기업의 인사, 재무, 회계 등에 대한 경영지원을 함께 수행하는데 기업공개를 통해 지분을 매각할 경우 벤처기업은 인사, 재무 등 중요한 자산을 잃게 된다. 제3자 인수의 경우 말 그대로 제3자가 인사, 재무 등을 새로운 방식으로 백업하기 때문에 이슈가 되지 않는다. 경영 측면에서 보면 인수가 기업공개에 비해 유리하다고 할 수 있다. 그러나 벤처창업자의 경영권 측면에서 보면 기업공개가 유리하다. 기업공개는 기존 창업주 등 주주의 경영권에는 영향을 미치지 않기 때문이다. 그러나 3자 인수의 경우 기존 경영진과 경영권 분쟁 소지를 안을 수밖에 없다.

이를 근거로 블랙과 길슨(Black and Gilson 1998)은 벤처기업 및 벤처캐피탈산업이 발전하기 위해서는 자본시장의 발달을 통한 기업공개가 인수보다 효과적이라고 주장한다. 창업주는 지식과 기술능력, 그리고 경영권을 자신의 의사에 반해서 빼앗기는 것을 가장 두려워하기 때문이다. 자본시장이 발달한 나라에서는 벤처캐피탈과 벤처기업 간에 경영권 유지와 관련하여 경영권은 보호된다는 암묵적인 신뢰가 형성되어 있고, 그것이 벤처기업과 벤처캐피탈의 장기적 협력과 신뢰의 바탕이 된다. 독일에서 벤처캐피탈이 발달하지 못한 것은 창업자의 경영권 유지 측면에서 유리한 기업공개시장이 발달하지 못했기 때문이다.

4. 고용전략과 지역개발 금융씨스템

(1) 지역개발 금융씨스템의 전제

혁신주체의 형성이 미비한 낙후지역의 경우 혁신체제와는 다른 지역개발전략이 필요하다. 필자는 금융 소외 혹은 차별이 존재하는 지역에서 신용의 접근성을 높이고 자활을 지원하는 '사회정책'이 가미된 '금융지원 프로그램'을 통해 지역개발이 가능하다고 본다.

이같은 금융지원 프로그램의 중요한 원칙은 금융 접근성을 높이면서도 그 내부에 효율성 논리가 작동하는 지속 가능한 제도여야 한다는 것이다. 이는 결국 그 재원을 마련할 방법을 찾을 수 있을 때, 그리고 그 재원이 고용전략과 연계되어 새로운 가치를 창출할 수 있을 때 가능하다. 재원과 관련해서는 두 가지 제약이 있다. 첫째, 정부 재정을 활용할 경우 재정적 어려움에 직면하거나 재정 제약으로 금융 소외자에게 골고루 기회가 주어지지 않을 수 있다. 둘째, 그렇다고 민간자본의 참여를 강제할 수도 없다. 낙후지역에서 고용창출 목적의 투자를 감행할 경우 기대수익률이 낮을 수밖에 없기 때문에 정부는 이런 제약 아래서 민간자본의 참여를 유도하는 방안을 생각해야 한다. 정부의 재정 제약과 민간의 참여 제약을 동시에 극복할 수 있는 제도를 설계하는 것이 지속 가능한 지역금융씨스템 설계의 핵심 과제인 것이다.

이와 관련하여 선진국의 경험은 크게 두 가지 측면에서 주목할 만하다. 한 가지 방법은 민간자본에 대한 규제를 강화하는 것이다. 미국은 오랫동안 주(州)간영업을 규제하고 지역재투자법을 제정하여 은행자금이 지역사회에서 환류하도록 강제했다. 또다른 방법은 기대수익률을 높이도록 정부가 민간자본의 낙후지역 금융지원을 보증해주거나 매칭펀드에 직접 참여하는 방법 등을 활용하는 것이다. 두 가지 방법이 현실에서 병행적으로 시행되는 나라가 미국이다.

미국의 지역개발 금융씨스템은 우선 민간자본의 참여를 강제하는 법체제(주간 영업규제, 지역재투자법)를 근간으로 하고 민간자본에 어느 정도의 수익률을 보장하도록 대출보증(loan guarantee)을 적극적으로 제도화하거나 정부가 직접 매칭펀드에 투자자로 참여하여 지역개발 벤처캐피탈 등을 활성화하는 구조로 이루어져 있다.

(2) 미국 지역개발 금융씨스템의 특징

〈그림 1〉은 미국의 지역개발금융체제의 기본구조를 보여준다. 고용전략을 통한 지역발전을 가능케 하는 상위 법률로서 지역재투자법이 존재하고, 그 법의 규율을 받으면서 저소득층 혹은 낙후지역의 개발금융을 지원하는 금융회사가 부담하는 손실을 일정 정도 보전해주거나 공동으로 위험을 공유하는 지역개발금융기관펀드(CDFI Fund)가 존재한다. 이 펀드는 지역개발과 관련된 다양한 자금조달 기관들, 가령, 주식자금을 지원하는 지역개발벤처캐피탈(CDVI), 부채자금을 지원하는 지역개발금융기관(CDFI), 저소득층 자영업자의 자활을 지원하는 마이크로크레딧(Microcredit) 등에 대해 정부 공신력을 바탕으로 지원을 하게 된다. 미국의 지역개발금융체제는 몇가지 특징을 가진다.

첫째, 낙후지역과 저소득층을 위한 금융 관련 법률이 존재한다. 앞서 언급했듯이 이윤창출보다 고용창출을 우선적인 목적으로 운영되는 지역개발금융기관이 장기적으로 존재하기 위해서는 사적 자본의 이윤동기를 일정 정도 규제할 수밖에 없다. 지역재투자법은 지역개발금융

〈그림 1〉 미국의 지역개발 금융씨스템

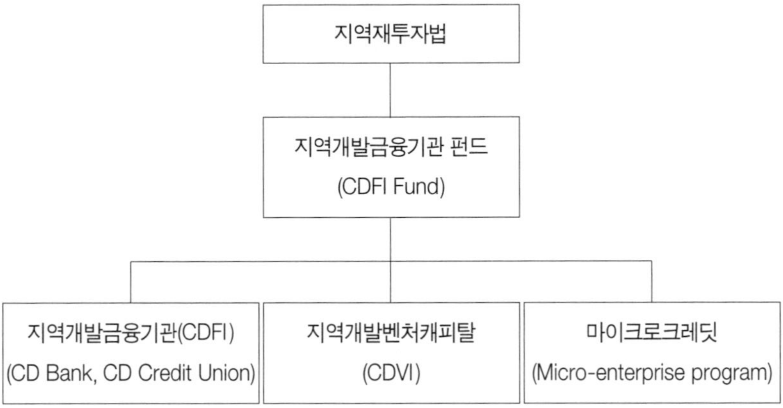

기관, 지역개발벤처캐피탈, 마이크로크레딧 등에 대해 민간자본의 참여를 강제한다. 이런 규제가 없다면, 사적 금융자본 중 누가 지역개발금융기관에 투자를 하겠는가.

그렇지만 지역재투자법은 사적 금융자본을 일방적으로 규제하는 법률은 아니다. 지역개발금융에 사적 금융자본이 얼마나 기여하고 있는가를 평가(rating)하되, 평가 결과를 가지고 강제적인 벌칙을 부과하지는 않는다. 대신, 평가 결과를 시장에 공개하여 해당 금융자본의 평판자본에 영향을 미치게 하고, 또 금융기관의 인수, 합병, 개발지역 내의 신규 지점 신설 등을 감독 당국이 인허가할 때 지역재투자평가와 관련한 평가 등급을 참고하고 있다. 일종의 시장규율(market discipline)을 통하여 지역재투자법이 실효성을 갖도록 하는 것이다. 또한 금융회사들도 지역재투자법과 관련된 대출(CRA 대출)이 새로운 비즈니스 기회를 창출하는 긍정적 측면이 있다고 평가하고 있다. 새롭고 수익성 있는 비즈니스 기회를 포착하기 위한 마케팅 전략에도 부합하는 것이다.

이렇게 볼 때 지역재투자법은 타율적인 규제의 차원을 넘어 윤리경영, 기업의 사회적 책임 등을 이끌어내는 데 유익한 수단으로 발전하고 있다.

둘째, 정부가 조성한 지역개발펀드가 적극적인 역할을 수행한다는 것이다. 지역개발펀드는 지역개발에 민간자본을 끌어들이고 매칭펀드에 정부가 직접 참여하기 위하여 클린턴 정부 시절에 조성되었다. 레이건, 부시 등 1980년대 공화당 집권기에는 지역개발정책이 상대적으로 외면받았다. 지역재투자법은 유명무실했고 주간 영업규제도 점차 약화되고 있었다. 그러다 클린턴 행정부 들어 지역개발금융기관을 지원할 수 있는 지역개발금융기관 펀드가 설립되는 등 지역개발정책은 다시 활성화되었다. 정부가 전액 출자하여 재무성 산하에 설립한 이 펀드는 250개 이상의 지역개발금융기관에 대출, 출자, 보증 등의 방법으로 자금을 지원하고 있다. 그 공익적 명성 덕분에 이 펀드의 지원을 받는 것 자체가 투자자에게 상당한 평판효과로 작용하고 있으며 상업은행 등 지역개발금융기관에 대한 투자자들은 이 펀드로부터의 자금조달 여부를 해당 금융기관을 평가하는 주요한 기준으로 인식하고 있다.

셋째, 지역개발금융체제가 주식조달부터 부채조달, 나아가 경영컨썰팅 업무까지 수행한다는 점이다. 낙후지역의 전통산업은 고용창출효과로 지역경제 활성화에 미치는 영향이 크지만, 지역개발금융기관으로서는 금융지원에 따른 신용위험 등에 노출되어 있다. 따라서 지역개발금융기관들은 지분투자 등을 통해 위험을 공유하기도 하고, 생산성 향상을 위한 업무 프로쎄스의 개선, 인사 및 노무관리씨스템의 정비 등을 위해 전통기업에 대해 적극적인 컨썰팅 업무까지 수행하게 된다.

지역개발금융기관은 중소기업을 지원한다는 점에서는 일반 상업은행이나 신용협동조합과 다른 점이 없으나 고용유발계수가 높은 지역개발 프로젝트에 전문적으로 금융지원을 하기 때문에 별도의 인허가를 받는다.

지역개발은행은 감독 당국의 건전성 규제를 받기 때문에 비정부기구(NGO) 등 비영리조직에 의해 운영되는 지역개발금융기관에 비해 써비스를 수행하는 데 한계는 있으나, 미국의 상업은행들은 지역재투자법 관련 평가 등급을 좋게 받기 위해 지역개발은행업의 인허가를 받는 경우가 많다.

지역개발벤처캐피탈은 기업의 사업 위험을 공유할 수 있도록 주식자본을 투자하는 금융기관으로 1990년대 이후 미국에서 크게 팽창하고 있다. 수익을 목적으로 한 벤처캐피탈이 아니라 고용창출과 빈곤퇴치를 위한 벤처캐피탈이라 할 수 있으며 조직의 운영과 형태는 다른 벤처캐피탈과 동일하지만, 고용유발계수가 높은 기업에 대한 투자를 목적으로 한다는 점에서 분명한 차이가 있다.

영리목적의 합자회사인 전통적인 벤처캐피탈과 달리 지역개발벤처캐피탈은 비영리조직이 40%에 달한다. 그렇지만 이 캐피탈은 영리조직이든 비영리조직이든 지역개발과 고용창출 등이 존립 목적이기 때문에 실업률이 높고 비숙련 노동자가 많은 지역에 투자한다. 때로는 저소득 주민을 더 고용하라고 기업에 요구하기도 하며 환경친화적이고, 여성 혹은 소수민족이 경영하는 기업을 선호하기도 한다.[3] 또한 이 캐피탈 역시 지역개발금융기관과 마찬가지로 투자기업에 대해 광범위한 기술, 경영지원을 수행한다. 투자기업들의 경쟁력이 높지 않기 때문에 지역개발벤처캐피탈이 직접 혹은 외부 전문가를 활용해 해당 기업의 경영을 자문해주는 것이 일반적이다. 이 두 기관은 은행, 정부, 재단, 기업 등이 주요 자금공급자들이며 은행 비중이 높은 것은 역시 은행의 지역재투자법 관련 등급 평가에서 지역개발벤처캐피탈 투자를 중요시하기 때문이다. 이 캐피탈의 활성화가 지역재투자법과 얼마나 밀접한 관련이 있는지 짐작할 수 있는 대목이다.

5. 한국적 지역금융체제의 구축을 위하여

본고에서는 이원적인 지역균형발전전략을 제시하고 지역금융씨스

3) 지역개발벤처캐피탈은 전통적인 벤처캐피탈과 달리 고용창출 효과가 큰 제조업 비중이 매우 높다. 이 캐피탈이 투자한 기업의 50% 정도가 1999년 당시 제조업이었으며, 고성장 업종인 써비스업은 26% 정도에 머물렀다.

템을 여기에 맞게 구축할 필요성을 주장했다. 지역균형발전전략은 지역혁신씨스템을 구축하는 혁신전략뿐만 아니라 낙후지역에서는 고용유발계수가 높은 기업을 지원(고용창출을 통한 빈곤 극복)하는 고용전략을 병행할 필요가 있다. 즉 혁신전략과 고용전략을 동시에 지원하는 이원적 씨스템을 구축해야 한다. 혁신금융체제와 관련해서는 초기 창업자와 투자자 간 정보문제를 완화하는 제도가 좀더 정비되어야 하고, 고객기반과 지역사회에서 공식적·비공식적 네트워크를 형성하고 있는 상업은행이 벤처캐피탈에 투자할 수 있도록 하는 좀더 근본적인 대책이 필요하다. 이를 통해 혁신기업의 성장순환에 조응하는 단계적 금융씨스템을 구축해야 한다.

고용전략을 위한 지역개발금융과 관련해서는 미국의 지역재투자법처럼 강제성 있는 규제제도를 도입하면서도 은행들이 그 제도로부터 부가적인 편익을 얻을 수 있도록 하는 유인 부합적인(incentive compatible) 은행의 공공성 강화 제도를 도입할 필요가 있다. 이를 바탕으로 낙후지역 기업들의 다양한 자금조달 요구(대출, 주식자금 등)를 충족할 수 있는 지역개발 금융기구들을 육성해야 하며, 이를 위해 정부는 매칭펀드 방식의 직접 참여도 검토할 필요가 있다.

고용전략을 위한 지역개발 금융체제를 구축하는 데 있어 유의해야 할 원칙은 지역개발금융이 효율성과 공공성을 동시에 성취함으로써 제도 자체가 지속 가능하고 생산적이어야 한다는 것이다. 낙후지역에 대한 지역개발정책은 사회정책과 금융정책 요소를 모두 내포하는만큼, 공공성과 효율성 어느 한쪽만 강조해서는 안될 것이다. 따라서 지역개발금융은 재정 보조나 특수은행에만 의존할 수는 없으며, 궁극적으로는 민간금융기관의 참여가 필수적이다. 미국의 지역재투자법과 관련 펀드 및 지역개발 금융기구들은 바로 이런 요건들을 만족시키는 방향으로 발전해왔다. 우리나라 역시 공공성과 효율성을 동시에 추구하는 유인 부합적인 규제 없이는 지역개발, 지역금융, 나아가 지역개발 금융회사들이 지속적으로 성장하는 데 한계가 있을 수밖에 없다.

역사적으로 볼 때 지금도 존재하는 총액대출한도제도는 지역 중소기업의 금융지원 대책으로는 한계가 있어 보이며 중소기업 의무대출제도는 위반에 따른 벌칙이 크지 않고 자산운용에 대한 직접 규제라는 점에서 세련되지 못한 정책이다. 수도권과 지역 간의 산업 및 금융 양극화는 이같은 불철저한 지역금융정책이 빚어낸 결과이다. 이런 점에서 일반은행들에 금융의 공공적 역할을 법적으로 강제하는 미국의 지역재투자법은 글로벌 금융경쟁으로 금융소외 내지 금융차별이 심화되는 외환위기 이후의 금융환경을 고려할 때 우리나라 지역금융정책과 관련하여 시사하는 바가 크다.

| 참고문헌 |

국가균형발전위원회(2003)『국가균형발전의 비전과 과제』.

재정경제부(2005)「벤처활성화 대책 관련 모음집」, http://www.mofe.go.kr.

Black, B. and R. Gilson(1998) "Venture Capital and the Structure of Capital Markets: Banks versus Stock Markets," *Journal of Financial Economics* No. 47, 243~77면.

FRB(2001) "Survey of the performance and profitability of CRA-related lending," http://www.federalreserve.gov.

Holyoke, T.T.(2001) "Community Organization and Community Reinvestment Act Lending in Washington, D.C.," Federal Reserve Bank of Chicago, 340~62면.

지방화와 주민생활 써비스 혁신체제

이 인 재

1. 문제의 구조

우리나라는 절대빈곤의 문제가 상존하는 상황에서 근로빈곤층의 확대 그리고 인구구조 변화에 따른 새로운 복지욕구의 증대 등으로 기존의 복지씨스템으로는 대처할 수 없는 근본적 위기를 맞이하고 있다. 그동안 정부는 삶의 질 향상과 참여복지 등을 슬로건으로 내걸고 보건의료·복지·고용·보육·교육·생활체육·문화·여가 등 여러 사회부문에서 다양한 제도를 도입, 확충하는 데 노력해왔다. 그러나 아직도 우리나라의 일상생활 관련 써비스는 잔여적인 성격을 벗어나지 못하고 있으며 민간부문과 공공부문의 공급자들이 각 써비스 부문별로 서로 고립되어 분절적으로 써비스를 제공하고 있다.

변화된 사회환경에 대응하기 위해서는 국가의 역할은 물론이고 사회써비스 제공체계를 바꿔야 한다. 첫째, 저출산·고령화, 사회적 양극화가 초래한 사회적 불평등이 심화되는 현실에서 사회통합을 실현하기 위해서는 국가의 역할 변화가 필수적이다. 경제성장과 주민 관리 중심의 '발전국가'에서 기본생활보장과 주민자치 중심의 '사회써비스 국가'로 국가의 역할이 변화되어야 하는 것이다. 그리고 사회써비스 제공 씨스템도 중앙집중형 체제에서 분권형 체제로 전환되어야 할 것이다.

둘째, 사회써비스 제공의 분권화가 필요하다. 여기서 사회써비스의 분권화는 두 가지 의미를 갖는다. 하나는 중앙정부 중심의 사회써비스 체계에서 지방으로의 분권을 의미하며, 또 하나는 공공 중심에서 공공과 민간의 협력 중심으로의 변화를 의미한다. 셋째, 공공과 민간의 거버넌스 구축이 필요하다. 사회써비스 통합체계는 새로운 의미의 공동체 건설과 공공·민간의 협력적 거버넌스에 기초한다. 거버넌스는 기존의 수직적이고 위계적인 하향식 통치체계로부터 정부와 민간 협력 체계로의 변화, 다양한 분야의 조직 및 활동의 관리 및 운영방식을 의미한다. 즉 거버넌스는 공공부문, 지역사회, 기업 등과 같은 다양한 조직체의 관리·운영방식으로 네트워크형 조직 및 작동방식이 좀더 효율적이라는 점을 함축한다.

'사회써비스 국가'로의 변화를 위해서는 무엇보다 지방정부의 역량 강화가 중요하다. 이를 위해 중앙정부와 지방정부 간의 수직적·종속적 관계를 수평적·협조적 관계로 전환해나가야 할 것이다. 정부간 네트워크가 효율적으로 작동하기 위해서는 지방분권화를 통해 지방정부의 자율성과 책임성을 높이고, 중앙-지방정부간의 수평적이고 협력적인 관계를 형성해야 한다. 그리고 복지정책에 대한 지방의 자치역량이 높아져야 한다. 지방정부의 자치역량 강화의 핵심은 현재의 분절적·

단편적 써비스 제공체계를 수요자 중심의 통합적 써비스 제공체계로 바꾸는 것이다.

2. 주민생활 써비스 제공체계의 현황과 평가

(1) 중앙정부 중심의 사회써비스 제공과 지방정부의 미약한 정책역량

사회써비스는 중앙정부의 해당 부처에서 내려진 결정이 시군구 행정조직과 특별행정기관 등 별도의 전달경로를 거쳐 최종수요자에게 전달된다. 기초자치단체의 역할은 중앙의 복지정책을 단순히 읍면동으로 전달하는 것에 국한되어 지역 특성에 맞는 정책 개발에는 미흡했다. 그리하여 대부분의 지역에서 지역별 복지자원의 편차가 간과된 획일적이고 일률적인 복지사업이 시행되고 있다.

(2) 중앙부처 및 시군구 써비스 전달부서간 연계 미흡

보건과 복지의 부분적 연계를 제외하면 고용·문화·평생교육·생활체육·안전·주거 등 중앙부처의 써비스간 연계는 물론이고 시군구 차원에서도 연계가 이루어지지 않고 있다. 분야별 사업에서도 많은 부처가 써비스를 중복 제공한다. 중앙부처마다 독자적인 지방전달체계를 마련하고 있어 이것이 초래하는 비효율성과 중복 문제를 최소화하는 것이 절실한 실정이다. 그런 한편 현재 사회복지부문에서는 사회복지사무소의 설치 및 긴급지원체계 수립, 고용부문에서는 고용안정쎈터의 확충, 보건의료부문에서는 도시보건소의 확충 등 전달체계의 개선과 부족한 인력의 확충 등이 시도되고 있다. 따라서 개별 부처별로 추진되는 전달체계 구축방안을 통합·연계하여 중복 문제와 비효율성을 최소화할 필요가 있다.

(3) 민간써비스 자원간 연계 미흡 및 자원배분 중복

현재 중앙 차원이나 지역 차원에서 분야별 민간자원 제공기관들간의 네트워크가 미비하여 써비스 제공 대상 선정에서 혼선이 빚어지고 사업의 중복, 사각지대가 발생하고 있다. 이로 인해 자원의 적정한 배분이 이루어지지 못하고, 역할분담과 조정에 의한 써비스의 심화 및 확장 또한 이루어지지 못하고 있다. 한편 사회적으로 사회공헌과 봉사활동이 강조되고 각 부처의 사회복지 써비스 확대로 민간 위탁단체와 기관이 증가하면서 중복 해소, 연계·조정의 필요성이 급증하고 있다. 중앙부처의 써비스 지원 예산, 사회복지 공동모금회, 기업의 사회공헌기금, 아름다운재단 등 규모있는 지원 부처와 기관 간에도 연계가 미흡하여 개별기관이나 단체가 여러 곳에 중복 지원을 해도 점검이 안되는 경우가 생긴다.

(4) 공공과 민간 간 연계·협력 미흡

기존의 민관협력은 정부 주도 방식이거나 일부 복지단체에 한정되는 경우가 대부분이다. 현재 사회복지사업법에 의거해 설치된 지역사회복지협의체는 보건·복지간 네트워크로 한정되어 다양한 써비스간 통합적 요구를 담지 못하며 참여단체의 대표성 문제, 민간단체들의 참여 배제, 자문회의 수준의 회의방식 등으로 여러가지 한계를 드러내고 있다. 그 결과 접근성과 통합성을 갖춘 써비스를 제공하지 못하고 수요자인 국민이 찾아다녀야 하는 불편한 씨스템으로 작동되고 있다. 공공과 민간영역의 써비스가 공급자 중심으로 제공되고 있고, 써비스의 실질적 수요자인 주민들은 필요한 써비스를 제공받기 위해 개별기관이나 부서를 직접 방문해야 하는 실정이다. 복지선진국인 호주의 경우 25개 부처가 시행하는 소득지원은 400개소 센터링크를 통해 원스톱으로 제공되고, 대민써비스의 경우 관련 비용을 중앙정부가 주정부에 지원, 주정부는 이를 다시 민간기관에 위탁하여 써비스를 제공하고 있다. 즉, 주민은 센터링크에서 정부가 지원하는 모든 소득지원을 원스톱으로 받고, 지역 내 민간기관이 제공하는 모든 써비스도 제공받는다.

3. 주민생활 써비스 혁신체계 비전과 기대효과

'주민생활 써비스체계 혁신을 통한 써비스 수준 제고'라는 비전을 달성함으로써 다음과 같은 성과를 기대할 수 있다.

(1) 주민써비스 수요 증대에 효과적 대응

향후 폭발적으로 늘어날 주민써비스 수요 증대에 가장 효과적이고 효율적인 대응 방안을 구축할 수 있다. 또한 공공부문의 분절된 써비스체계로 인한 중복·낭비 요소를 제거하고 공공부문의 적절한 역할 설정이 가능하다. 민간부문 자원이 체계적으로 참여함으로써 향후 공공부문의 써비스 공급 및 예산 확대에 대한 부담도 일정 정도 경감할 수 있다. 그뿐만 아니라 민간부문의 독자적 써비스 체계망 구축 및 자원봉사 인력의 대량 참여로 지속적이고 안정적인 대국민 써비스를 제공할 수 있게 될 것이다.

(2) 공공부문 사회써비스 통합적 체계 구축

주민써비스 체계의 통합 조정으로 써비스 만족도를 높여야 한다. 읍

〈그림 1〉 주민생활 써비스 혁신체계 비전

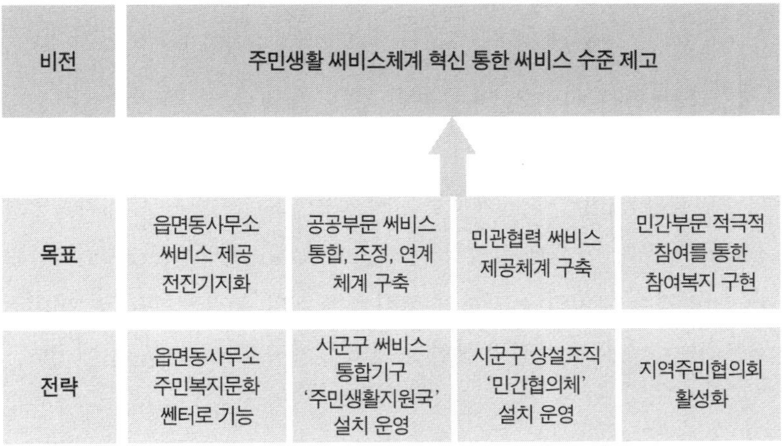

비전	주민생활 써비스체계 혁신 통한 써비스 수준 제고			
목표	읍면동사무소 써비스 제공 전진기지화	공공부문 써비스 통합, 조정, 연계 체계 구축	민관협력 써비스 제공체계 구축	민간부문 적극적 참여를 통한 참여복지 구현
전략	읍면동사무소 주민복지문화 쎈터로 기능	시군구 써비스 통합기구 '주민생활지원국' 설치 운영	시군구 상설조직 '민간협의체' 설치 운영	지역주민협의회 활성화

면동 사무소의 주민복지문화쎈터로의 전환으로 주민복지 써비스에 대한 접근도를 향상해나갈 수 있을 것이다. 그리고 다양한 써비스를 통합·연계·조정함으로써 주민들의 요구에 대한 맞춤형 써비스를 구성할 수 있다. 나아가 공공과 민간의 긴밀한 협력을 도모해 주민의 복지욕구에 통합적으로 대응, 주민들의 만족도와 체감도를 획기적으로 개선할 수 있다.

(3) 지역복지 거버넌스 체계 마련

민간참여 실질화와 지역복지 거버넌스 체계를 마련함과 아울러 기초자치단체의 기획능력 강화로 지방분권체계 확립에도 기여해야 한다. 지역 공공기관간 연계·통합·협력의 확대로 지역 중심의 써비스 행정체계를 구축할 수 있을 것이다. 민간의 자율성·책임·권한 강화와 지역 단위 시민사회단체의 참여폭 확대로 지역사회 내의 민관 거버넌스체계를 구축한다.

4. 주민생활 써비스 혁신체제 구축 과제

주민생활 써비스 혁신체제를 구축하는 것은 지방정부의 자치역량 강화와 공공과 민간의 협력적 거버넌스체계의 안정화를 과제로 삼는다. 지방정부 자치역량 강화의 핵심은 현재의 분절적·단편적 써비스 제공체계를 수요자 중심의 통합적 써비스 제공체계로 바꾸는 것이다.

(1) 읍면동 사무소 주민통합 써비스 전초기지화

읍면동 사무소를 주민복지문화쎈터로 전환하여 써비스 전달체계의 전초기지로 만들고 이를 통해 지역주민들이 각종 사회써비스를 원스톱으로 받게 하여 사회복지 써비스의 국민체감도를 높여야 한다.

① 읍면동사무소의 현장성·전문성 강화

통합써비스 전달체계의 개편은 지방분권에 부응하는 시군구 중심의 주민생활 지원 기능을 확충하고, 이에 걸맞은 집행부서를 구축하는 동시에 복지체감도를 높일 수 있도록 읍면동에 일선 창구로의 현장성 및 전문성을 강화하는 것이다. 읍면동사무소는 공공부조 대상자 및 저소득층에 대한 심층상담, 현장방문, 사후관리 등 찾아가는 써비스를 실현하며, 주민생활 지원써비스와 관련해 종합적인 정보 제공, 상담, 관련 기관 의뢰·연결 등 일선 창구 역할을 담당한다. 이를 통해 지역주민들은 중앙과 지방정부가 지원하는 각종 사회써비스 지원을 원스톱으로 받을 수 있다. 뿐만 아니라 공공과 민간에서 제공하는 각종 써비스를 안내받으며, 수요자 종합상담이 가능하도록 읍면동사무소를 통합써비스 전달체계의 전초기지로 전환할 경우 써비스의 국민체감도를 획기적으로 향상할 수 있을 것이다.

② 주민복지문화쎈터로 기능 전환

읍면동 사무소를 '주민복지문화쎈터'로 개편하며, 쎈터 내에 '주민생활지원팀'과 '행정민원팀'의 2개 팀을 설치하는 방안을 추진할 필요가 있다. 주민생활지원팀은 사회복지직과 행정직이 함께 사회복지 등 주민생활 지원 업무를 전담하도록 하며, 행정민원팀은 기존 행정업무 수행체계를 효율적으로 정비하여 담당하도록 한다. 특히 주민생활지원팀은 시군구가 기획한 주민복지업무를 집행할 체계로서, 주민 상담, 정보 제공, 관련 기관 의뢰 기능을 강화하여 복지·고용·보건·문화·평생학습·주거·안전·생활체육 등 각종 써비스를 원스톱으로 이용할 수 있는 일선 창구로 개편하되, 업무 내용은 지역 여건에 따라 조정하도록 해야 할 것이다.

(2) 공공부문 써비스 통합·조정·연계체계 구축

① 기초지방자치단체 통합체계 구축

주민생활 써비스 통합체계 구축을 위해 시군구에 주민생활지원국을 설치한다. 복지·고용·보건·평생학습·생활체육·안전·주거 등 주민생활써비스의 통합·연계·조정체계를 구축하는 것이다. 주민생활지원국은 부처에서 분절적으로 생산되는 써비스 상품을 대상자별로 통합한 후 민간과 협력하여 맞춤형 써비스를 제공하는 공공전달체계의 핵심이다. 선진국의 전달체계 개편 추세는 중앙부처에서 지방 조직에 이르기까지 통합적인 추세를 보이고 있다. 일본과 영국의 경우 기존의 복지담당 부처와 고용담당 부처가 통합되었고, 지방조직에서는 복지와 보건, 고용, 기타 사회써비스, 나아가 정부의 공공써비스 전체를 통합적으로 제공하고 있다. 일본이 보건까지를 연계하려 한다면, 영국은 고용 범주, 미국은 사회써비스 범주, 그리고 호주의 경우에는 모든 공공써비스 범주까지를 포함하는 좀더 확대된 통합써비스로 나아가고 있다.

② 시군구와 읍면동의 역할분담

읍면동이 통합성이 향상된 현장써비스를 제공할 수 있는 일선 창구로 정비되는 것을 전제로 시군구의 사회복지담당 부서를 확대 개편하여 기획·조정·자원관리 기능을 강화해야 한다. 통합써비스 제공체계의 핵심 중 하나는, 시군구는 기획·조정·관리업무, 읍·면·동은 일선 대면써비스 중심으로 업무를 분장하는 것이다. 기존 사회복지업무, 특

〈그림 2〉 주민생활지원국과 주민복지문화쎈터의 역할 구분 모형

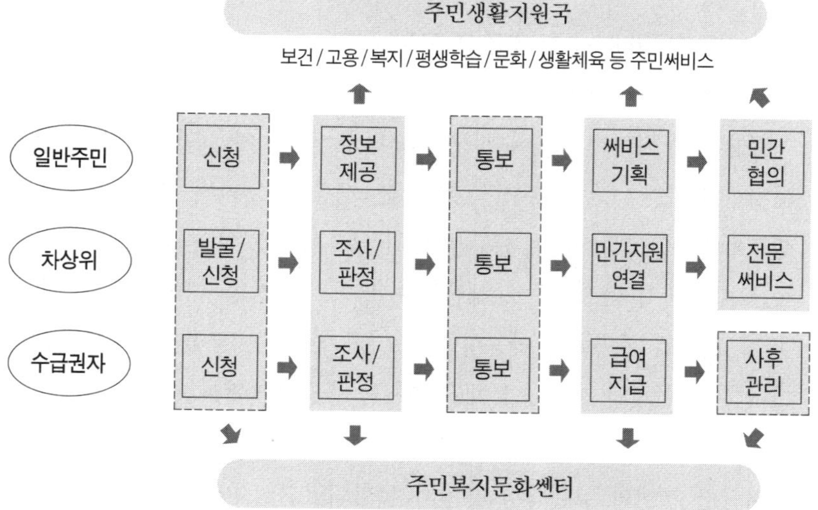

히 기초생활보장제도를 비롯한 공공 부조 업무 중 대상자 선정을 위한 자산 조사는 시군구에서 담당하고 발굴, 초기상담, 써비스계획, 사후관리(확인조사)는 읍면동(주민복지문화쎈터 '주민생활지원팀')에서 담당한다. 신규업무로서 주거복지·문화·생활체육·고용지원·보건써비스 연계 강화를 위하여 시군구는 관련 프로그램의 기획·관리, 기존 공공기관·민간시설과의 연계 기반 마련을 담당하고, 읍면동은 실제 통합적 써비스 제공을 위하여 정보 제공, 상담, 의뢰, 연계를 담당하도록 해야 할 것이다. 아울러 업무 확대와 재배치가 이루어지는 시군구 팀과 읍면동 주민생활지원팀 간 의사소통구조(사례회의 등)를 마련해야 한다. 공공행정체계 개편 결과 주민생활지원국과 주민복지문화쎈터 역할 구분을 설명하면 〈그림 2〉와 같다.

(3) 민관협력 써비스 제공체계 구축

① 민관협력 네트워크 구축

민관협력에 의한 대상자별 주민생활 써비스 전달체계를 구축해야 한다. 대상자별 써비스 체계를 구축하여 공공과 민간의 써비스 제공기관들 사이의 협력적 관계를 바탕으로 써비스 대상자별로 보건·복지·고용·문화·생활체육·평생학습·주거 등의 써비스를 연계하여 제공토록 해야 할 것이다. 복지단체와 기관 외 종교단체, 기업, 노조, 자원봉사(새마을 운동단체 포함), 문화, 고용, 풀뿌리시민단체 등 써비스를 제공하는 모든 사회단체들을 국가 써비스 전달체계에 포함해야 한다. 공공기관은 물론 기업의 사회공헌, 노조조직, 써비스기관, 시민단체 등 공공 및 민간의 자원 보유 기관들을 망라한 네트워크를 구축하고 이들간의 정보 공유 및 합리적 배분씨스템의 구축을 통해 민관이 지역사회 내의 자원 총량을 적절히 배분할 수 있는 체계를 구축해야 할 것

〈그림 3〉 민관 네트워크 구축 개요

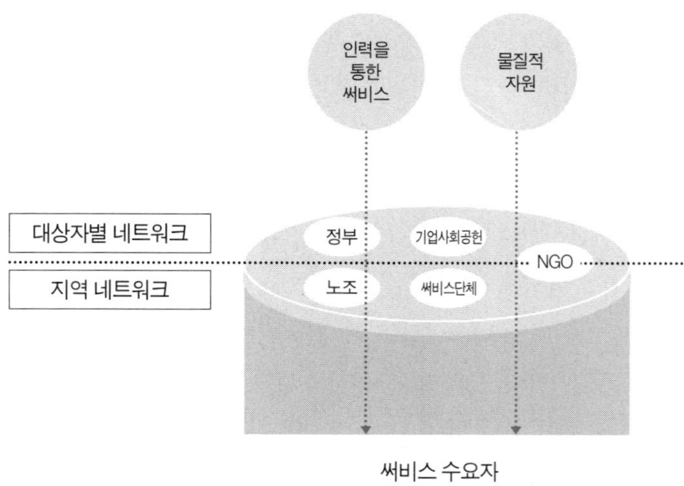

이다. 민관 네트워크 구축의 개요는 〈그림 3〉과 같다.

② 민관협력 네트워크 구축 방안

새롭게 구상되는 주민생활 써비스 제공체계는 민간과 공공 간의 파트너십을 기초로 한 협치체계, 즉 민관협의체로 구성되어야 한다. 민관협의체의 주요 임무는 지역별 통합써비스에 대한 종합계획 및 심의·조정, 사후점검 기능이 될 것이다. 이러한 협의체의 활성화를 위해서는 몇가지 원칙이 필요하다. 첫째, 추진과정, 운영방식, 구성방식 등에서 민간의 책임성과 자율성이 구현되어야 한다. 중앙정부가 일괄적·일방적으로 그리고 전국적으로 동시에 추진방침을 내려보내는 식의 하향식 구조에서 탈피해야 한다. 이를 위해 중앙과 지방에 민관합동 추진기구를 구성, 지역주민협의회와 민관협의체에 대한 철저한 자율적 구성, 상향식 의사수렴 절차 반영, 지역별 특성 고려, 지역 여건별 차등 추진 등의 원칙을 확립할 필요가 있다. 둘째, 써비스 계획수립과 예산 집행과정에서도 민간의 권한이 확보되지 않는 한 민관협력에 의한 써비스 혁신은 불가능할 것이다. 회계감사를 제외하고는 민간이 행정과정에 결합하고 권한을 갖도록 해야 한다. 관은 민간을 진정한 수평적 파트너로 인정하고 기존의 관 주도 관행을 바꿔야 한다. 민관협의체의 구성이나 운영은 현재 사회복지사업법에 기초하여 진행되는 지역사회복지협의체의 구성 및 운영방식과 유사할 것이다. 그렇지만 민관협의체가 결정적으로 다른 점은 지역주민 써비스를 구성하는 포괄적인 영역을 망라한다는 점과 지역주민협의회라는 순수 민간조직들만의 협의기구를 바탕으로 구성된다는 점이다. 이는 민관협의체가 지방자치단체에 의해 일방적으로 구성되거나 대표성을 부여받는 것을 막을 수 있다는 것을 의미한다.

지역주민 통합써비스 제공체계를 구축하기 위해서 가장 중요한 인프라 중 하나는 정보망의 통합적 관리씨스템이다. 현재 공공분야에서 이루어지는 관련 정보로는 보건복지부의 보건과 복지 관련 정보, 노동부의 고용 정보, 문화관광부의 문화 및 생활체육 정보, 여성가족부의 보육 정보, 건설교통부의 주거 및 사고안전 정보, 농림부의 농촌보건 및 농촌복지 정보, 정보통신부의 민원지원 관련 정보, 교육부의 육아 및 평생교육 정보 등이 있다. 따라서 지역주민 통합지원 정보써비스를 고려할 때 주민복지문화쎈터에 있는 담당 공무원이 이들 정보를 통합적으로 제공해야 한다. 동시에 민간체계와 지역주민의 접근체계가 공공체계와 함께 고려되어야 할 것이다.

(4) 민간부문 적극적 참여를 통한 참여복지 구현

① 지역주민협의회 구성

민간부문의 적극적 참여를 통해 참여복지를 구현해나가야 한다. 이를 위해 민간 자율 조직인 지역주민협의회를 구성해 민간단체와 기관의 써비스 주체화를 지원해야 할 것이다. 아울러 민간의 써비스·자원 제공기관들이 대상자별 써비스 분과에 참여하여 여러 사업을 추진하도록 지원할 필요가 있다. 이념과 정치적 성향을 떠나 지역사회에 써비스를 제공하는 모든 단체와 기관, 개인들이 안정된 써비스 제공체계에 결합하여 지속성을 가질 수 있는 씨스템이 필요하다. 몇몇 단체만 참여하여 권력화된 기존의 복지민관협의체를 대폭 개편하여, 지역에서 써비스를 제공하는 단체와 기관, 동아리, 학생 자원봉사 등까지 종합적으로 체계화해야 한다. 특히 기업, 노조 등의 참여로 써비스 제공에 필요한 인력을 확보하고 이들을 민관의 전문조직과 연계시켜야 한다.

② 민간참여 활성화 방안

민간참여 활성화 방안은 크게 세 가지로 정리할 수 있다. 첫째, 민간과 민간 간의 협력체계 강화가 필요하다. 민간의 참여와 민간간의 협력체계를 구축하기 위해서 앞서 언급한 바 지역주민협의회를 구성해야 한다. 지역주민협의회는 복지·보건·고용·문화·교육·생활체육·주거 등과 관련한 민간의 써비스와 자원 제공 기관들이 노인·아동·장애인·실직자 등 대상자별 써비스 분과에 참여하여 상호간의 정보교환, 써비스·자원 배분 방식, 공동사업 개발, 대상자별 사례관리를 행할 수 있도록 해야 한다. 여기에는 종합사회복지관을 포함한 지역 내 사회복지기관은 물론, 종교기관, 기업, 노조, 봉사단체, 문화단체, 생활체육단체 및 기타 지역사회단체 등이 망라될 필요가 있다. 그렇게 해서 써비스 대상자를 중심으로 분야별 써비스를 연계하여 제공하는 것을 목적으로 운영되어야 하며 현장에서 써비스를 제공하는 민간의 자발적 조직으로 민간의 역량과 판단에 의해 운영되도록 해야 한다.

둘째, 자원봉사활동과 기부의 사회화 및 조직화가 필요하다. 민간자원 활성화의 핵심 중 하나는 자원봉사활동과 기부문화를 확장하는 것이다. 먼저 자원봉사가 갖는 개인의 변혁 가능성을 사회개혁 차원으로 승화해야 하며, 사회운동이 갖는 사회개혁의 전망은 건전한 시민의 자원봉사활동과 연결되어야 한다. 이것은 곧 시민운동의 미시적 차원으로의 하향 관심을 의미하는 동시에 자원봉사의 거시적 차원으로의 상향 관심을 의미하는 것으로 자원봉사활동의 의미를 확대하는 것이다. 현재까지 주로 통용되던 봉사, 희생과 같은 개인 차원의 자원봉사 의미를 확대하여 자조(自助)와 자기변혁을 자원봉사활동의 중요한 목표로 설정해야 한다. 자원봉사활동의 의미는 박애와 이타주의에 기반한 봉사와 시혜의 측면에서 벗어나야 하며, 시민생활의 모든 영역과 관련된 지역활동으로 확대되어야 한다. 그럴 때 자원봉사활동은 사랑과 자기희생을 바탕으로 한 개인이 타인에게 자신이 지닌 무언가를 제공하는 사적인 행위가 아니라 공익성 또는 공공성을 띠는 행위가 되는 것이다. 기부문화의 의미도 좀더 적극적으로 해석되어야 한다.

셋째, 기업 등 민간참여 확대로 지역써비스 제공 역량을 강화해야 한다. 기존의 지역사회복지협의체를 더욱 확대하여 지역에서 써비스를 제공하는 단체와 기관, 동아리, 학생 자원봉사 등까지 포괄하는 체계를 갖추도록 해야 할 것이다. 이를 위해 기업, 노조 등의 적극적인 참여를 이끌어내 자원봉사 인력을 대량으로 확보하고, 각종 써비스 제공에 필요한 인력을 큰 규모로 확충하며, 민관의 전문조직과 연계토록 해야 한다. 공공부문도 자신의 역할수행에 필요한 인력을 확충하며 기

〈그림 4〉 지역주민 통합써비스 제공체계 전체 구도

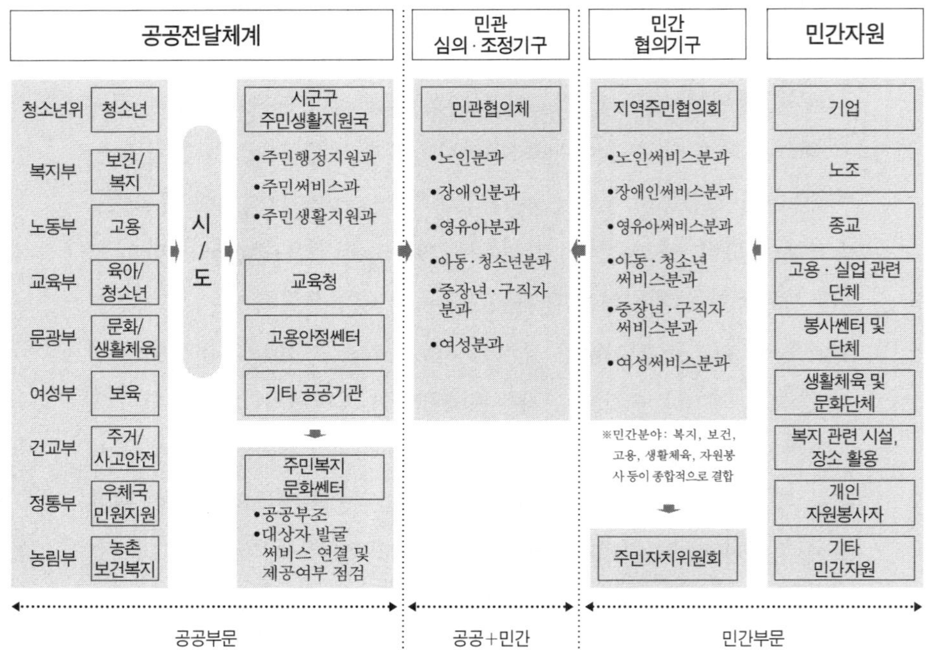

존 인력의 재배치 및 재교육을 활성화해야 한다. 민간부문의 역할 강화를 통해 지방자치단체의 주민생활 써비스에 대한 관심과 책임성을 높이고 현실적합성과 기획력을 강화할 수 있을 것이다.

(5) 주민통합 써비스 제공 체계 종합 구도

공공부문의 전달체계 개편과 민간참여 체계로서의 협의체 구성 등을 포함한 지역주민 통합써비스 제공체계는 〈그림 4〉와 같이 정리된다. 〈그림 4〉에 나타난 바와 같이 공공부문에는 주민생활지원국과 주민복지문화쎈터로 전달체계가 이루어지며, 민간부문에서는 지역주민협의회와 민간협의체의 구축으로 주민들의 참여체계를 확립할 수 있을 것이다. 이에 따라 보건·복지·고용은 물론 문화·생활체육·평생교육·주거 등에 관련된 민관과의 유기적 결합 속에 지역주민 중심의 통합적 써비스 체계를 수립할 수 있다. 이러한 새로운 체계는 그동안 중앙정부에서 기획된 써비스가 지방자치단체의 전달체계에 각기 분절적으로 전달되던 상태를 벗어날 수 있도록 해줄 것이다. 특히 읍면동의 주민복지문화쎈터에서 이들의 써비스 욕구가 파악되면 지역주민협의회 등에서 논의되어온 민간써비스 상태를 점검하면서 시군구의 주민생활지원국에서 이러한 욕구를 충족시킬 수 있는 최대한의 써비스 제공량과 방식을 고려할 수 있을 것이다. 그렇게 한 후 사례관리의 방식으로 이에 대한 해결책을 제시하고, 이를 읍면동 주민복지문화쎈터가 지역주민에게 통보한 뒤 지속적으로 관리하는 방식을 강구해나가야 한다.

| 참고문헌 |

변재관 외(2000) 『참여형 지역복지체계론』, 나눔의 집.

이인재 외(2003) 『공공복지업무의 효율적 연계방안—공공복지전달체계를 중심으로』, 보건복지부.

이태수·이인재 외(2005) 『지역주민통합써비스 제공체계 구축방안』, 저출산고령사회위원회.

에필로그

새로운 씨스템으로의 이행을 위하여

정건화 / 조형제

1987년 이후 한국사회는 대통령 직선제를 계기로 오랜 군부독재의 시대를 마감하면서 정치적 민주화가 크게 진전되었다. 그러나 형식적 민주주의, 절차적 민주주의의 성취에 상응하는 민주주의의 내실화는 커다란 진전의 계기를 맞지 못하고 병목상태에 빠져 있다. 정치는 점차 형식화되었고 사회 각 계층과 집단은 자신들의 협소한 이해관계만을 내세운 채 대립했다. 우리는 이런 상황을 '민주화의 덫'에 걸린 상황으로 진단한다.

그 한가운데 국가가 있다. 민주화 이후 안정적으로 제도화되지 못한 정치적 경쟁은 국가능력을 급격히 제약했다. 한국에서 정치적 경쟁은 사회갈등을 조율하고 조정하기보다는 오히려 갈등을 증폭하고 정치적 리더십의 확보를 어렵게 했다. 특히 여소야대 상황하에 행정부와 의회의 대립은 국가자율성은 물론 국가능력을 심각하게 저하했고 이는 우리 사회의 씨스템적 위기를 가져오고 있다.

세계화가 진행될수록 국민국가간 경계는 약화되어가지만 '공동체로서의 사회'를 제도적으로 구현해낼 수 있는 단위는 여전히 국민국가일 수밖에 없다. 국가는 한편으로는 글로벌 경쟁시대에 필요한 국가경쟁력 강화에 정책역량을 쏟아야 하지만, 다른 한편으로는 세계화 과정에서 필연적으로 발생하는 양극화와 사회통합의 위기를 수습하고 해결할 책임도 그 어느 때보다 커진다.

또 인류사회는 이미 재생산이 가능한 범위 이상으로 지구자원을 소비함으로써 생태계 자체의 부존자원 총량을 잠식·훼손하고 있다. 국가는 생태위기라는 인류 공동의 위기에 직면해서 '지속 가능한 발전'(sustainable development)을 위해 국제사회와 협력하고 생태문제 해결에 능동적으로 참여해야 한다.

이처럼 한국사회가 겪는 문제점과 국가에 요구되는 역할들을 들여다보면 그 안에는 우리 사회 고유의 역사적 요인과 함께 현대 산업사회의 보편적 문제들이 중첩되어 있음을 알 수 있다. 서구에서는 수백년의 긴 역사를 통해 순차적으로 진행된 정치체제와 사회체제의 발전 및 위기가 한국의 경우엔 불과 50여년의 기간에 압축적으로 진행되었기 때문에 '비동시성의 동시성'이라는 표현이 적합하다고 할 수 있다.

글로벌 자본주의 시대에 요구되는 새로운 국가의 역할은 무엇보다도 국민국가라는 공간구조 속에서 경제순환구조의 통합성을 증진하고 계층간, 지역간, 산업부문간 이해관계의 조정과 그에 기초한 상생(win-win)의 발전전략, 즉 형평과 효율의 선순환을 가능케 하는 발전전략을 실행하는 것이며 그 바탕 위에서 민주적이고 공동체적인 사회통합을 실현하는 것이다. 따라서 연대·혁신·개방의 가치가 실현될 수 있는 새로운 국가운영 씨스템을 구축하기 위해서는 전통적인 정당정치의 강화를 넘어서는 '정치의 재구성'이 필요하다. 그 핵심은 국가와 시민사회 간의 연관을 강화하는 데 놓여 있다. 대의제 민주주의 씨스템 자체의 문제점이 제기되는 현실에서 국가와 시민사회의 연관을 강화하는 새로운 국정운영 씨스템이 필요한 것이다.

세계화시대에 시민사회는 위축된 국가와 불완전한 시장의 대안으로 새롭게 주목받고 있다. 시민사회의 역할이 강조되는 결사체 민주주의(associative democracy)는 시장의 자기파괴성, 국가의 경직성과 억압성의 폐해를 시정할 수 있는 대안적 민주주의이다. 특히 노동, 복지, 실업, 보건의료, 교육, 범죄 등의 분야에서 시민 결사체는 국가와 시장을 능가하는 문제해결 능력과 집행 능력을 보유하고 있는 것으로 평가된다.

새로운 씨스템은 정치영역에서 정당 중심의 대의제 정치와 시민사회의 광범위한 참여를 통한 결사체 민주주의의 결합을 강조한다. 대의제 민주주의가 노정하고 있는 결함을 시정하고 이를 개선·보완하기 위한 대안적 민주주의로 제시되는 것이 결사체 민주주의이다. 결사체 민주주의는 외부의 강제나 타율적 규제가 아니라 국가의 권한 위임과 결사체 내부의 자율적 규제에 의해 효과적으로 달성될 수 있다. 물론 이때의 결사체들은 수직적·폐쇄적 네트워크가 아니라 수평적·개방적 네트워크가 되어야 한다.

이 경우에도 국가는 방관자가 아니라 사려깊은 조정자로서 민주적 관여를 수행하면서 결사체를 통한 사회자본(social capital)의 형성과 민주적 거버넌스(democratic governance)의 창출에 기여해야 한다. 과거에는 정부의 개입이 시민사회의 성장을 왜곡했지만 분권화된 국가에서는 사회자본의 형성에 도움을 줄 수 있다. 민주적 거버넌스에서는 사회 각 행위주체들의 자발적 참여가 중요하고 이를 위해 국가의 역할이 변해야 하는 것은 틀림없지만, 그럼에도 불구하고 국가가 여전히 중요한 행위자인 것도 분명하다.

새로운 씨스템은 과거 발전국가모델이 지니는 단점과 한계를 극복하고, 변화된 국제·국내적 환경에서 개방·혁신·연대의 원리에 기초해 공동체적이고 민주적인 사회발전을 위한 새롭고 적극적인 국가 역할을 주창한다. 이를 위해 시민사회에 존재하는 사회집단들을 정치 영역에 참여시키되, 조정자로서 국가의 역할을 중심에 놓고 사회의 핵심계층 집단간 힘의 불균형과 갈등을 해결하는 제도와 관행을 통해 생산성연합(productivity coalition)과 분배연합(distribution coalition)을 동시에 추구해야 한다. 구체적으로는 혁신적 경쟁을 중시하는 산업정책과 연대를 실현하는 사회정책을 강조하며 동북아시아의 평화와 번영을 위한 개방적 네트워크를 지향해야 한다. 이는 결사체 민주주의 원리를 도입한 새로운 코포라티즘(neo-corporatism, 사회적 협조)이라 할 수 있다. 코포라티즘적 합의기제를 신자유주의적 세계화의 흐름 속에서 낡은 유물이거나 시대착오적인 것으로 보는 관점은 잘못된 것이다. 오히려 세계화시대를 맞아 이해관계가 대립되는 사회집단간의 조정과 협력은 사회안정을 위해서뿐만 아니라 한 나라의 경제발전을 위해서도 필수적 조건이 되었다.

양극화문제를 해결하기 위한 분배연합을 형성하려면 사회협약의 전통적 당사자인 기업(기업가 단체)과 노동조합의 특권적 지위를 어느정도 양보하고 비정규직 노동자 또는 실직자 등을 포함한 사회적 취약집단들의 이해가 반영되는 협약이 체결되어야 한다. 그런 점에서 전체사회의 이익과 화합하고 유대감을 확립할 수 있는 사회적 협약이 필요하며, 이를 위해서 다양한 개혁지향적 사회집단의 대표들이 참여하는 것이 당면한 사회경제적 문제에 대해 국민적 이해를 넓히고 사회적 연대와 결속을 강화하는 데 도움이 된다. 이는 새로운 코포라티즘의 또다른 특징으로 코포라티즘의 외연을 수직적·수평적으로 확장하는 것을 의미하며 동시에 코포라티즘과 결사체 민주주의의 결합을 의미한다.

생산성연합과 분배연합을 동시에 추구하는 국가모델로서 스웨덴, 핀란드, 아일랜드, 오스트리아, 벨기에, 네덜란드 등의 유럽 강소국(强小國)들이 있다. 이들 국가들은 한편으로 금융부문에서 자본시장의 역할이나 노동시장에서 유연성 확보를 적극적으로 받아들이면서 동시에 적극적인 노동시장정책과 사회정책을 통해 고용확대와 사회안전망 구축을 시도한다. 아울러 지역발전기구(RDA: Regional Development Agencies)와 혁신 클러스터 정책으로 기업간 네트워크 외부성에 기초한 중소기업의 발전전략을 추구한다.

한국경제의 산업구조적 특성, 즉 무역의존도가 높은 제조업 중심 수출지향형 경제라는 특성은 유럽의 강소국들과 유사하며 따라서 비슷한 경제구조를 지닌 이들 국가에서 작동하는 사회적 합의 모형의 성립조건과 작동 가능성에도 면밀히 천착할 필요가 있다. 사회적 합의기제는 신자유주의적 세계화의 흐름 속에서 그 중요성이 강조되어야 한다. 치열해지는 국제경쟁과 빠르게 변화하는 세계경제 환경에 신속하게 적응하기 위해서는 국민경제의 경제주체들인 노사정과 시민사회가 적극적으로 사회집단간의 이해관계를 조정하고 협력하도록 하는 씨스템 구축이 긴요하다. 유럽의 강소국들은 세계경제 변화에 신속하게 적응하기 위해 이런 씨스템을 만들어낸 것으로 평가된다.

IMF 위기를 배경으로 우리 사회에서 여러 차례 시도된 노사정위원회 등의 사회적 합의모델의 실험은 실패한 것으로 평가된다. 정치영역이나 노동시장에서 노동조합의 역량이 취약하고 국가가 공공부문에서 노동시장 유연화를 적극 추진하는 상황에서 노동진영과의 사회적 타협이 실현될 가능성은 애초부터 아주 낮았다. 더욱이 오랜 기간에 걸쳐 구조화된 대립적 노사관계와 그에 따른 상호신뢰 부족, 타협경험 부재는 국가·자본·노동 3자가 서로 양보없는 비협조적 게임을 지속하도록 했다. 따라서 이 모델이 그대로 한국사회에서 실현될 가능성은 매우 낮은 것이 사실이다.

그러나 올해 들어 저출산고령화 추세에 공동으로 대응하기 위해 이해관계자들간의 사회적 합의가 이루어진 사실은 중앙 차원의 사회적 합의모델이 진전될 일말의 가능성을 보여준다. 또한 산별 노조로의 재편 움직임과 울산, 순천 등 지역 차원의 사회적 합의모델의 출현은 중범위 차원에서 이해관계자간의 협력이 불가능한 것은 아님을 보여준다. 현재의 교착 국면을 돌파하기 위해서는 제도적·법적 차원에서 사회적 합의를 뒷받침하는 조건을 확충하는 것과 더불어, 중층적으로 이해관계자들의 소통과 협력의 성공사례를 만들어가야 할 것이다. 한국사회는 새로운 씨스템으로 시급하게 이행할 필요가 있고, 이행의 시간은 가능한 단축해야 한다.

| 글쓴이 소개 |

구갑우具甲祐　북한대학원대 교수

김양희金良姬　대외경제정책연구원 연구위원

김연명金淵明　중앙대 사회복지학과 교수

김연철金鍊鐵　고려대 아세아문제연구소 연구교수

남기곤南奇坤　한밭대 경제학과 교수

송홍선宋洪善　예금보험공사 연구위원

안병진安秉鎭　창원대 국제관계학과 교수

양문수梁文秀　북한대학원대 교수

양재진梁在振　연세대 행정학과 교수

이건범李建範　한국금융연구원 연구위원

이남주李南周　성공회대 중어중국학과 교수

이인재李寅載　한신대 재활학과 교수

이일영李日榮　한신대 국제학부 교수

이정협李政協　과학기술정책연구원 부연구위원

전병유田炳裕　한국노동연구원 선임연구위원

정건화鄭建和　한신대 경제학과 교수

정준호鄭埈毫　강원대 부동산학과 교수

조성재趙性載　한국노동연구원 연구위원

조형제趙亨濟　울산대 사회과학부 교수

한반도경제론

새로운 발전모델을 찾아서

초판 1쇄 발행 • 2007년 1월 15일
초판 3쇄 발행 • 2017년 10월 10일

지은이 • 한반도사회경제연구회
펴낸이 • 강일우
책임편집 • 안병률
펴낸곳 • (주)창비
등록 • 1986년 8월 5일 제85호
주소 • 10881 경기도 파주시 회동길 184
전화 • 031-955-3333
팩시밀리 • 영업 031-955-3399 편집 031-955-3400
홈페이지 • www.changbi.com
전자우편 • human@changbi.com

ISBN 978-89-364-8535-1 03300